"新视界"职业教育
旅游文化系列教程

总主编 ◎
总主审 ◎

U0587501

Chinese Tourism Geography

中国旅游地理

主　编　侯　琳　张志友

副主编　张　杰　冯义雄　苏丙杰

参　编　朱　娟　何琼盆　钱永红　刘晓霞

　　　　唐茜茜　李天飞　李　绒　王海荣

　　　　李正佐　苏艳玲

重庆大学出版社

图书在版编目（CIP）数据

中国旅游地理 / 侯琳，张志友主编. --重庆：重
庆大学出版社，2022.8

"新视界"职业教育旅游文化系列教程

ISBN 978-7-5689-3334-6

Ⅰ.①中… Ⅱ.①侯… ②张… Ⅲ.①旅游地理学—
中国—职业教育—教材 Ⅳ.①F592.99

中国版本图书馆CIP数据核字（2022）第104202号

中国旅游地理

ZHONGGUO LÜYOU DILI

主 编 侯 琳 张志友

策划编辑 牟 妮 尚东亮 安 娜

责任编辑：王 波 版式设计：安 娜

责任校对：谢 芳 责任印制：赵 晟

*

重庆大学出版社出版发行

出版人：饶帮华

社址：重庆市沙坪坝区大学城西路21号

邮编：401331

电话：（023）88617190 88617185（中小学）

传真：（023）88617186 88617166

网址：http://www.cqup.com.cn

邮箱：fxk@cqup.com.cn（营销中心）

全国新华书店经销

重庆升光电力印务有限公司印刷

*

开本：787mm×1092mm 1/16 印张：20.5 字数：479千 插页：8开3页

2022年9月第1版 2022年9月第1次印刷

ISBN 978-7-5689-3334-6 定价：57.00元

总　序

当前，提高教育教学质量已成为我国高等职业教育的核心问题，而教育教学质量的提高与职业院校内部的诸多因素有关，如办学理念、师资水平、课程体系、实践条件、生源质量以及教育质量监控与评价机制等。在这些因素中，不管从教育学理论还是从教育实践来看，课程体系都是一个非常重要的因素，而教材作为课程体系的基础载体，是"三教"改革的重要组成部分，是职业教育改革的基础。

2019年《国家职业教育改革实施方案》的颁布以及"中国特色高水平高职学校和专业建设计划"的启动，标志着我国职业教育进入了新一轮的改革与发展阶段，课程建设与教学改革再次成为高职院校建设和发展的核心工作。职业教育教材作为课程建设与教学改革的重要组成部分，不但对学生的培养质量起着关键作用，也决定着学校的核心竞争力和可持续发展能力。

2020年10月，由重庆青年职业技术学院和四川绵阳职业技术学院牵头成立了"成渝地区双城经济圈文化和旅游产教联盟"（以下简称"联盟"），旨在切实提高成渝地区旅游类专业人才培养质量，推动成渝地区文化和旅游产业协同发展，共同为职业教育添彩，为文化旅游赋能。

联盟与重庆大学出版社组织策划和出版的"'新视界'职业教育旅游文化系列教程"（以下简称"系列教程"），以多所职业院校的课程改革成果为基础，具有以下特点：

一、强调校企"双元"合作开发，注重学生职业核心能力培育

系列教程紧跟旅游产业发展趋势和行业人才需求，以典型岗位（群）的职业技能要求为目标，以"掌握基础、深化内容、理实结合、培养能力"为宗旨；关注旅游行业新业态、新模式，实时对接产业发展"新工艺、新技术、新规范"的要求；吸收旅游行业企业管理者深度参与，实现校企合作，强化学生专业技艺培养。

二、遵循学生职业能力培养的基本规律，增强学生就业竞争力

系列教程紧密结合岗位（群）技能对职业素质的要求，突出针对性和实用性，综合各位职教专家和老师提出的宝贵意见，教学设计中有机融入创新精神和自主学习内容，培养学生思辨、实践的能力。

三、坚持以立德树人为根本任务，思政教育贯穿教材编写

系列教程始终注重知识传授与价值引领相结合，将思政教育置于课程教学目标首位，有意、有机、有效地融入思政元素。根据课程特点、教学内容，梳理各自蕴含的思政点，以文本、视频、实践、心得书写等方式嵌入教材中，实现专业课程教育与思政教育同向同行。

四、建立普适性多媒体教学资源，以学生喜闻乐见的形式凸显理论和实践任务

系列教程强化"学习资料"功能，弱化"教学材料"属性。根据每门课程的内容特点，配套数字化教学资源库，提供电子教学课件、教学素材资源、教学网站支持等；注重活页式、工作手册式新型教材开发，实现教材立体化、多功能作用，为学生即时学习和个性化学习提供支撑。

随着职业教育发展的不断深入，创新型教材建设是一项长期而艰巨的任务。本系列教程的编写，除了相关职业院校老师们辛勤的耕耘奉献，也得到了联盟成员中诸多旅游企业的积极参与和大力支持，在此致以诚挚的谢意！

由于编者水平所限，不足之处在所难免，教程编写委员会殷切期望各位同行和使用者提出宝贵意见，让我们一起为职业教育的蓬勃发展贡献力量。

"'新视界'职业教育旅游文化系列教程"编写委员会

2021年5月

前　言

本书是为贯彻落实教育部《关于全面提高高等教育质量的若干意见》（教高〔2012〕4号）、《高等学校课程思政建设指导纲要》等文件精神，结合信息技术手段而出版的高质量"互联网+"教材。本书将课程相关的学习素材（包括二维码、在线答题、多媒体课件、教案、习题库等）通过信息技术手段与纸质教材紧密结合，将知识系统化、立体化，从人文到科技，理论到实践，多层面、多角度地讲解和拓展知识点。

本书先是简要介绍了中国旅游地理学和中国旅游地理区划，随后总体介绍了中国自然旅游资源和中国人文旅游资源，最后详细分析了西南旅游区、青藏旅游区、西北旅游区等十个旅游区的旅游地理环境、旅游资源特征以及区内各省的自然地理环境、人文地理环境和旅游资源，内容翔实、选材新颖。本书既可作为高等职业院校、应用型本科院校旅游管理专业的教材，也适合旅游相关从业人员阅读和参考。

本书的特色及亮点如下：

（1）创新的教学理念和编写模式。以"互联网+"的模式为前提，以书本为载体，以丰富的内容为依托，以多媒体设备为工具，翻转课堂，强化学生的主动性和积极性，增强课堂的互动性和趣味性。

（2）旅游地理知识和思政教育互融。通过设置"大事记""人物谈"等小栏目，以及将红色旅游资源纳入景点介绍，将文化自信、艰苦奋斗、开拓进取、奉献精神、革命精神等思政元素融入教材内容中。

（3）紧扣行业发展，对标专业要求。本书不仅融合了合作企业提供的优秀景区景点导游词、视频、音频等电子资源，还通过设置"导考指引"小栏目，对标全国导游资格证考试大纲内容，及各省最新"十四五"旅游业发展规划，介绍旅游发展新格局，注重基础性、实用性、先进性。

（4）巧妙融入国际化元素，设置"新视野"小栏目，从国际视野角度拓展相关景区的国际影响等。

（5）设置"课前思考""试一试""课后拓展思考"等栏目增强本书的互动性。

全书共分为12章，参与编写的老师有：四川工程职业技术学院的张杰（第1章）、苏丙杰（第2章）、侯琳（第3、12章）、朱娟（第4章）、唐茜茜（第6章）、何琼盆（第7章）、钱永红（第11章）、张志友（学习目标、大事记等栏目）、刘晓霞（各章导言、思政元素等内容），南充文化旅游职业学院的李绒（第5章）、冯义雄（第8、9章）、李天飞（第10章），南充科技职业学院苏艳玲（人物谈、新视野等栏目），江苏非凡智旅信息技术有限公司王海荣（二维码资源制作），以及四川省童蒙雅正文旅集团有限公司李正佐（二维码资源提供）。

本书在编写过程中得到了江苏非凡智旅信息技术有限公司、四川省童蒙雅正文旅集团有限公司的大力支持和帮助。为反映行业发展最新动态，在编写过程中参考了一些专家、学者的著作和文献，转引了各地人民政府网，各省、自治区、直辖市文化和旅游厅网，各景区官网等相关资料，本书中所有地图均为中华人民共和国自然资源部官网标准地图服务系统提供的、具有审图号的公益性地图，在此一并致谢。另外，由于编者水平有限，书中疏漏之处在所难免，敬请专家和读者朋友批评指正。

编　者

2022年5月10日

目　录

第1章　中国旅游地理概述

马可·波罗

马可·波罗（Marco Polo，1254年9月15日—1324年1月8日），意大利旅行家、商人，代表作品有《马可·波罗游记》。1254年，马可·波罗生于威尼斯一个商人家庭，据称17岁时，马可·波罗跟随父亲和叔叔前往中国，历时约四年，于1275年到达元朝的首都，与元世祖忽必烈建立了友谊。他在中国游历了17年，曾访问当时中国的许多古城，到过西南地区的云南和东南地区。回到威尼斯之后，马可·波罗在一次威尼斯和热那亚之间的海战中被俘，在监狱里口述旅行经历，由鲁斯蒂谦写出《马可·波罗游记》。

《马可·波罗游记》（又名《马可·波罗行纪》《东方见闻录》）记述了马可·波罗在东方最富有的国家——中国的所见所闻，是研究我国元朝历史和地理的重要史籍。后来在欧洲广为流传，激起了欧洲人对东方的热烈向往，对以后新航路的开辟产生了巨大的影响。同时，西方地理学家还根据书中的描述，绘制了早期的"世界地图"。在《马可·波罗游记》中，他盛赞了中国的繁盛昌明：发达的工商业、繁华热闹的市集、华美廉价的丝绸锦缎、宏伟壮观的都城、完善方便的驿道交通、普遍流通的纸币等。《马可·波罗游记》打开了欧洲的地理和心灵视野，掀起了一股东方热、中国流，激发了欧洲人此后几个世纪的东方情结；许多人开始涌向东方，学习东方，以致欧洲经历了翻天覆地的变革。许多中世纪很有价值的地图，是参考游记制作的。许多伟大的航海家扬帆远航，探索世界，是受到马可·波罗的鼓舞和启发。

学习目标

知识能力目标：

了解中国旅游地理研究的发展历程；

熟悉中国旅游地理学习的方法；

掌握旅游休闲活动的内涵及其活动系统；

掌握中国旅游地理的区划方案。

思想素质目标：

了解中国特色地理学科体系；

了解旅游行业的国家战略，关注现实问题。

　　地理学是研究地球表面各种自然现象和人文现象分布规律和空间结构关系的科学。人类活动与地理环境的关系是其研究的基础。根据研究对象的侧重，地理学有自然地理学和人文地理学两大分支学科。前者主要研究由地貌、大气、水体、生物、土壤等自然要素所构成的自然地理环境及其对人类活动的影响；后者侧重于研究由人口、聚落以及各种政治、经济、文化等社会现象所构成的人文地理环境，特别是"人"与"地"之间的种种关系，当然也包括人类旅游活动与地理环境的关系。

　　无论是古代或现代的旅游活动，都是在一定空间范围内展开的，其目的、距离、规模和效果无不受到地理条件的制约，具有明显的区域差异。旅游资源，也就是地理环境中那些具有旅游价值的自然因素和人文因素，是开展旅游活动的必要条件，而开发、利用这些资源是发展旅游业首要任务之一。于是，一门新兴的地理学分支——旅游地理学应运而生。

　　旅游地理学研究的主要对象是旅游地理环境，即地理环境中与旅游活动有关的部分。它研究的课题是人类旅游活动与地理环境的关系，因此它属于人文地理学的范畴，与人口地理、聚落地理、经济地理、政治地理等并列为人文地理学的分支学科。

1.1　中国旅游地理学概述

中国人的
"诗与远方"

　　近现代，伴随着旅游和旅游业的发展，旅游地理学也逐步发展起来。国外旅游地理学的研究始于20世纪20年代，至20世纪80年代初，世界现代旅游地理学形成初步框架。中国地理学家涉足旅游地理的研究起步于20世纪30年代，但由于中国近现代旅游业发展落后，中国现代旅游地理曾长期处于停滞沉寂状态。在中国，真正有系统地开展旅游地理学的研究始于20世纪70年代末期，经过50多年的发展，已取得了令人瞩目的成就。

1.1.1　旅游休闲活动与地理环境

　　1948年联合国大会通过的《世界人权宣言》明确指出，"任何人都享有休息、消遣的权力"；1989年各国议会旅游大会通过的《海牙旅游宣言》，进一步明确"每个人都享有休息、消遣、周期性带薪休闲日，利用假期进行旅行和在本国或国外旅游中获益的权利"。自此，休闲、旅游已成为一种大众性社会文化活动和以满足体验需求为主的综合性消费活动。

1）休闲活动与旅游活动

休闲活动是指人们扣除谋生所需时间，满足吃饭、睡觉等生理活动所必要的时间，以及家务活动时间之外，在其完全可自由支配的时间内，不受其他任何条件限制，可凭个人意志，随心所欲所进行的自娱自乐活动。其最大特点是具有自主性、自由性、消遣性、参与性。我国著名经济学家何伟还特别强调其文化性。休闲是人们闲情所致，是满足人们各方面需要而处于一种文化创造、文化欣赏、文化构建的生存和生命状态。特别是现代休闲活动，通过人群共同的行为、思想、情感，创造文化氛围，传播文化信息，构建文化意境。

旅游活动是人们为了特定的目的而离开他们常住的环境，前往某些地方并做短暂停留（不超过一年）的活动。其主要目的不是从访问地获取经济收益。旅游活动具有目的性、异地性和暂时性等特征，是一个求新、求异、求美、求知、求乐的过程。从本质上分析，旅游活动是一种新型的物质文化的消费形式，它超出了人们的一般消费水平，尤其重视精神内容，追求愉悦体验；是一种积极而健康的社会交换形式，旅游活动中人们借助自然界的美景和丰富的社会场景，调动了人际交换的主动性，其情感自然、纯洁、融洽、信任、能达到别的交换形式所达不到的效果；是一种综合性的审美活动，在旅游活动中可以尽情欣赏异域自然风光之美，领略异乡文化之奇妙，在充实和发展美的过程中，达到人生真善美的统一。

休闲活动与旅游活动相互涵盖、互为联系，如图1-1所示。首先，休闲属性是旅游活动的基本属性之一，这是因为旅游活动的时间完全属于旅游者可自由支配的时间，其活动特征具有与休闲行为相一致的品性；其次，从旅游活动行为结构分析，观光游览、文体活动、与人交往，均属于休闲活动的行为，所不同的是在异地他乡，故而旅游活动的实质是一种异地休闲活动。因此，现代旅游活动往往称之为旅游休闲活动。

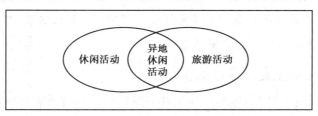

图 1-1 休闲活动与旅游活动关系示意图

2）旅游休闲活动系统及其构成要素

旅游休闲活动是由若干子系统及其要素构成的大系统，一般由旅游休闲活动的功能系统、空间系统、要素系统构成。

（1）旅游休闲活动的功能系统及其构成要素

旅游休闲活动具有动态性和发展性特点，各构成要素都显示出不同功能而又互为条件，即旅游休闲活动的主体为旅游者，旅游休闲活动就是旅游者的活动；旅游休闲活动的客体是旅游资源和经开发建设的旅游产品，一般称其为旅游吸引要素，是旅游者进行旅游休闲活动的对象物；旅游休闲活动的介体或媒体为旅游业，是为旅游者进行旅游休闲活动所提供各种条件和服务的中介系统。

（2）**旅游休闲活动的空间系统及其构成要素**

旅游休闲活动是旅游者从通常居住地通过空间位移到达目的地，然后又回到原居住地的全过程，是由旅游客源地、旅游目的地和旅游中间体构成的空间系统。客源地即产生旅游者的地方或旅游者的出发地；目的地即旅游者的到达地，包括目的地在内的各类旅游吸引要素和旅游设施、旅游服务；中间体主要是指交通运输，及由此产生的旅游者的空间位移。

（3）**旅游休闲活动的供求系统及其构成要素**

旅游者旅游休闲活动的全过程可概括为行、游、住、食、购、娱等内容，即六大需求要素，作为旅游目的地必须提供其相应设施和服务，谓之六大服务要素。"行"即交通运输条件，要求大交通通达、小交通顺畅，做到舒适、安全、快捷；"游"即游览观光，要求旅游吸引物不仅数量丰富，而且特色性强、品位高、地域组合好；"住"即住宿，不仅要求住宿设施服务规范，而且其建筑风格要有民族风格、地域特色；"食"即饮食，包括酒食、茶饮、菜肴等，要求特色化、精细化、品牌化；"购"即旅游购物，包括工艺美术品、土特产品、日用品等，要求文化内涵深厚及结构性优化；"娱"即娱乐，不仅要求有足够的娱乐场所，而且要求娱乐项目民族化、地方化、民俗化。

谈一谈：

1.赌博、色情、迷信等是否属于休闲活动，怎样才算健康文明的休闲活动？

2.城外郊游是休闲活动还是旅游活动？

3）**旅游休闲活动系统与地理环境**

旅游休闲活动是在一定的地理环境条件下进行的，旅游者旅游休闲活动的目的、规模和效果，都会受到地理环境的制约。早在1979年，澳大利亚学者N. Leiper就曾提出旅游休闲活动系统受那些对旅游活动产生相互影响的自然、文化、社会、经济和技术等因素所构成的外部环境，亦即地理环境的影响，如图1-2所示。

从图1-2可看出，在一个人文环境极为优越的国家和地区，新产生的旅游客源一定丰富；在一个自然生态环境优美、政治稳定、社会治安条件好、人民生活态度积极而友善、信息和流通状况好、出入境手续简便等良好自然人文地理环境条件下，一定会成为魅力巨大的旅游目的地。

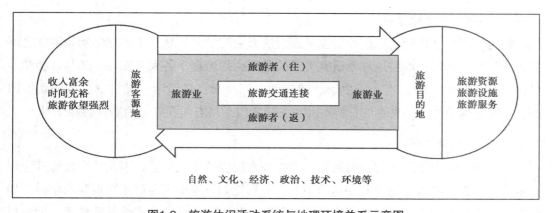

图1-2　旅游休闲活动系统与地理环境关系示意图

（据N. Leiper，转引自Boniface BG & Coopercp，1987，P4）

1.1.2　中国旅游地理学的理论与方法

旅游地理学(Geography of Tourism)是伴随着旅游业的发展而逐步兴起的一门新兴学科，在国际上，有游憩地理学、闲暇地理学、观光地理学、娱乐地理学或康乐地理学等别称。名称虽有不同，但其研究对象却基本一致，即旅游地理学是研究人类旅行游览、休闲娱乐、康乐消遣等活动与地理环境以及社会经济发展相互关系的一门学科。按照其学科体系，中国旅游地理属于区域旅游地理学的范畴。其研究对象是中华人民共和国这个特定地域范围内人类旅游活动与地理环境以及与社会经济的相互关系。

1）中国旅游地理学的研究内容

旅游地理学的研究内容取决于本学科所研究的对象。因此，中国旅游地理学研究的主要内容包括中国旅游地理学的一般理论、旅游地理学的学科实践、旅游开发与规划、中国的旅游资源、中国旅游地理区划、中国旅游可持续发展等问题。但由于旅游地理学所研究的内容具有很强的社会经济性，受政治体制、思想意识等多种主客观因素的影响，因此其研究内容必须从实际出发，结合本国国情，参照国内外研究探索的新成果，把中国旅游地理研究内容和任务探索引向既有深度和广度，又有现实作用的轨道。

2）中国旅游地理学的学科属性

（1）综合性部门地理学

旅游地理学是从地理学角度研究人类旅游活动与地理环境以及社会经济发展相互关系的一门学科，无疑属于地理科学范畴。从旅游活动的行为性质看，旅游又是一种文化活动，被视为部门人文地理学。由于旅游业是一项经济产业，又可视为部门经济地理学。旅游地理学与自然地理学关系很密切，尤其研究自然旅游资源离不开自然地理学。因此，旅游地理学是一门综合性部门地理学。

（2）**新兴的边缘学科**

旅游地理学是伴随着旅游业的发展而发展起来的学科，是介于地理学和旅游学之间的边缘学科；同时，旅游地理学研究涉及的范围，除地理学各大分支外，还与社会学、民俗学、心理学、考古学、历史学、建筑学、园林学、环境学、经济学关系密切。因此，旅游地理学是一门具有综合特点并与上述各门学科有内在联系的新兴边缘学科。

（3）**应用性学科**

旅游地理学应旅游业的发展需要而产生并直接服务于旅游业，因此特别注重其应用性研究。欧美一些旅游业比较发达的国家，一直把旅游地理视为应用性很强的学科，如研究娱乐土地的利用和规划，国家公园和其他公共场所的开辟与容纳量的估算，度假村的发展和定位等，在中国同样被广泛运用于旅游发展规划等应用方向。

3）**中国旅游地理学的研究方法**

现代中国旅游地理除了运用科学方法论及现代技术和方法外，实践中更多的是运用传统的方法，如实地考察、文献资料分析、旅游地图、比较分类等。

（1）**实地考察法**

为获取旅游资源、环境、景区景点和旅游线路的第一手资料，实地考察是基本方法之一。实地考察包括全面考察、重点考察、典型考察、抽样考察等形式。通过实地考察能加深对旅游地理的感性认识，并有助于升华为理性认识。

（2）**文献资料分析法**

文献资料分析法是运用充分掌握的资料进行科学理论分析，以说明各个区域旅游现象的时空分布特征及其区域差异性特点，以制定相应的旅游发展战略和策略的一种方法。文献资料包括考察报告、统计数据、工作总结、区域社会经济发展规划、历史文献等。

（3）**旅游地图法**

旅游地图法是将各类景物、景点及旅游路线、设施等内容，用特定符号表现于地图上的一种方法。旅游地图包括导游图、旅游交通路线图、资源图、综合图、各类专题图等类型，是旅游开发、管理、研究及旅游者的必备工具，从中可以了解旅游资源地域分布规律和差异、旅游资源开发进程、旅游业发展状况等。

（4）**分类对比法**

分类对比法是运用旅游学观点，把各种风景形态特征进行分析比较，以把握其本质属性及其异同的一种方法。中国旅游地理是一个庞杂的知识系统，只有通过区域对比分析，才能把握区域发展的地位和特色。如按其旅游景观吸引对象可分成综合类、专门类（游泳、登山、狩猎）等。

当然，除上述介绍的方法外，还有许多其他研究方法。总体上，中国旅游地理的研究在方法上已经历了现象描述、定性解释、模型化和计量化三个阶段。而定性描述并未过时，定量分析也需逐步发展和完善，其研究方法的发展趋势是二者的有机结合。

1.1.3　中国旅游地理学的发展

1）中国旅游地理学的发展历程

中国旅游地理学研究初步始于20世纪30年代，系统开展研究是从1979年开始，40余年来经历了以下四个阶段。

（1）第一阶段（1978—1989年）

1978年改革开放之后，尤其是1982年首批国家级风景名胜区、国家森林公园设立和1987年我国6项遗产列入世界遗产名录，旅游业作为新兴的特殊产业得到了迅速的发展，同时旅游资源家底不清、各类地域旅游发展缺乏技术指导等大量实际问题制约着旅游业的发展，旅游地理学则致力于从地理学角度为这些问题提供答案，主要探讨旅游资源或景观分布形成规律、合理开发利用旅游资源和规划布局旅游区等，例如，1982—1989年，在涉及旅游地理的百余篇论文中，区域开发类约占71%。

这个阶段，旅游地理学界通过认真思考和探索，基本明确了旅游地理学的研究对象、内容、方向和路径，为中国旅游地理学的研究奠定了良好的基础，具体的研究议题主要涉及旅游资源、旅游环境、旅游业发展、旅游区划、旅游目的地等，研究方法侧重定性探讨，提出的观点有较大的实践指导意义，但可验证性比较薄弱。此阶段受国际相关研究的影响，中国旅游地理学者从人地关系的视角，开始对环境容量测算、旅游者行为规律进行探讨。

（2）第二阶段（1990—1999年）

1990—1999年，随着国民收入的大幅提高，国内旅游快速兴起，各级政府对旅游业发展也日益重视。由于旅游需求激增，中国掀起旅游资源开发热潮，推动旅游资源调查评价与旅游开发规划研究增多，在大量个案经验的基础上，对区域旅游开发规划理论和模式有了初步总结，完成了大批具有较高使用价值的规划报告。同时，关于旅游业对环境负面影响、旅游市场的区域性、旅游的发展阶段等问题的研究需求增加，可持续旅游、遗产旅游、城市旅游、事件旅游、旅游者行为、旅游流、旅游地演化等逐渐受到关注，自然保护区、风景名胜区、森林公园等也明确要在保护的前提下适度发展生态旅游。而且，注重系统总结已有研究成果，进行国内外对比分析，出版了反映当时国内外最新研究进展的《旅游地学概论》《旅游地理学》等著作。

本阶段旅游地理学理论在实践中得到进一步验证和提高，对国外研究的学习借鉴也逐渐加强，例如，运用马斯洛需求理论、旅游地生命周期理论等国外理论分析中国问题。但在方法运用上，仍然以定性描述为主，缺乏深入细致的调研和较适用的定量分析。

（3）第三阶段（2000—2011年）

2000—2011年，中国旅游业保持着快速发展的势头，在国民经济发展中的地位显著提高，旅游资源调查评价、旅游规划和景区质量等级评定步入规范化阶段，不少省份首次编制了省级旅游发展总体规划，旅游地理学在其中发挥了重要作用，产生了较为深入的系统性研究成果。同时地质公园、湿地公园、农业文化遗产地等兼具保护与游憩利用的保护地类型开始出现，关于地质旅游、湿地旅游、农业文化遗产旅游的研究逐渐增多，集中在地质、湿地或农业文化遗产旅游资源的评价与利用以及相应地域的建设管理方面，特别是一些较知名的旅游地，同时又是世界遗产地和某类国家级保护地，如丽江古城、张家界、九寨沟和黄山等成为热点研究对象。该阶段快速的旅游需求扩张使得中国旅游业发展中的深层次问题逐步显现，如旅游资源利用与自然生态保护之间的冲突、城市发展与游憩用地如何配置等，相应地旅游可持续发展成为重要研究议题，"生态旅游""低碳旅游""影响因子""旅游容量""社区参与""空间结构"等成为旅游地理研究高频关键词。

这个阶段一些解释性较强的国外理论模型逐步引入，例如，计划行为理论、地方依恋理论、行动者网络理论、生态足迹理论等。而且更加灵活应用定量方法，例如，用于确权的熵权法、德尔菲法等，用于特征描述的各种聚类分析，以及用于影响分析的多种回归模型。同时学界开始注重总结并提出旅游地理学研究的中国本土理论。

（4）第四阶段（2012年至今）

2012年以来，我国旅游业进入质量提升阶段，通过旅游缓解人民日益增长的美好生活需要和不平衡不充分的发展之间的矛盾成为我国旅游业发展的主要任务，而且生态文明建设、脱贫攻坚、交通强国、文化强国等国家战略对中国旅游地理研究提出了新的要求，研究问题呈现"多元化"特征，全域旅游、旅游扶贫、旅游与遗产保护、国家公园与自然保护地游憩利用、国家文化公园建设、文旅融合、高铁旅游、旅游高质量发展与社会福祉等成为热点问题，尤其是对一些典型区域的旅游发展模式开展了重点研究，如一带一路沿线、长江国际黄金旅游带、黄河流域、边境地区、青藏高原等。相应地，空间生产、社会交换、可持续生计、生态系统服务、生态效率等相关学科的理论在旅游地理研究中的应用也逐步增加，并对传统模型进行了调整完善，应用研究不断深入，促进了中国本土化旅游地理学理论体系的完善。同时，中国旅游地理学者发表在国际刊物上的成果越来越多，国际影响力逐步扩大，提升了对全球旅游地理研究的贡献度。

本阶段由于新技术手段的使用，研究方法不断更新与完善。如大数据为旅游时空行为研究提供便利，计量经济模型深化了旅游影响分析，空间分析模型促进了空间相关、空间溢出等旅游地理现象的探索；质性研究的重要性被重新强调；参与式制图、眼动实验等新兴数据搜集方法逐步推广；基于长期监测的旅游景观变化进行了分析等。

2）中国旅游地理学发展的趋向

为适应并解决中国旅游业未来发展中不断出现的各种复杂难题，中国旅游地理学在未来的相当长时期内，应向既顺应世界潮流又具有自己特点的方向发展。

（1）拓展研究内容

中国旅游地理在研究内容上要开拓视野，尤其要从以研究旅游目的地的旅游资源研究，拓展到对各大子系统全方位、综合性的研究，而且要始终把握住"资源环境与发展"的理论主线。

（2）把握时代脉搏

中国的旅游业在经历了政治接待、民间外交、旅游创汇、扩大内需、脱贫致富和新农村建设等发展阶段和发挥其相应功能后，如今已进入到国家发展战略新阶段。对于中国旅游地理的研究能精准应对，及时研究当代旅游发展中所出现的新问题。

（3）理论研究与实用研究相结合

理论研究是学科发展的灵魂和精髓，实用研究是学科发展的动力，坚持理论研究与实用研究相结合的宗旨，是学科发展的生命力所在。中国旅游地理学今后的研究目标是不断努力使之达到理论与实践的完美结合。

（4）开展跨学科的合作研究

跨学科研究是21世纪科学技术发展的趋势，也是现代地理科学的固有特点。旅游地理学也应吸取相关学科的知识营养和研究方法，以提高自己的决断能力。尤其是发展中的现代旅游业，是一个产业联系面广，而本身结构又比较松散的产业，发展中所涌现并需要解决的问题大都具有很强的综合性特点，更需要多学科的协同和合作。

1.2　中国旅游地理区划

旅游区是指含有若干共性旅游资源或旅游景观的地域综合体。依据2003年我国颁布的《旅游规划通则》，旅游区是以旅游及其相关活动为主要功能的空间或地域。一般将旅游资源相对集中、类似，与邻区有显著地域差异，而区内政治、经济、文化联系较为密切的地区，划分为一个旅游区。旅游区一般包含许多旅游点和旅游带，是一个地域面。

区划指对地区进行分类，是依据某种目的及标准将地域进行分隔。旅游区划是将区域内部相似性最大、差异性最小，与邻近区域差异性最大、相似性最小的旅游地理现象，从地域上加以划分，形成各具特色而又相对完整的旅游地理区块。按不同的标准，旅游区划包含多种类型，如旅游资源区划、旅游地理区划、旅游文化区划、旅游综合区划等。

想一想：为什么要进行旅游区划，旅游区划的目的和意义是什么？

1.2.1　旅游地理区划的原则

1）旅游地域的完整性原则

考虑到旅游资源形成的地域性及我国现有体制下的行政管理体系，旅游规划应保持地域的完整性，以有助于旅游规划和管理。

2）旅游特色的相似性原则

在保持地域完整性的基础上，将旅游特色相近或相同的区域划分为一处，构成区别于其他地域的差异性，形成特色鲜明的旅游区。区域核心的形成要以文化为根基，地域文化根基在很大程度上是各旅游区特色与魅力形成的核心和灵魂所在，引导各旅游区的整体开发方向，并使各旅游区之间能够协调互补地发展，从而强化区域旅游优势。

3）综合分析与主导因素相结合的原则

旅游业是综合产业，涉及面很广，追求整体效益是旅游区划的主要目标。按综合分析原则的要求进行分区时，从旅游资源的总体特征出发，综合分析各种旅游资源在空间组合上的共同特征，根据这些特征相似性和差异性程度进行区划，使划分出的区域单位是一个完整的综合旅游区而不是某一类或某几类旅游资源区；主导因素原则强调区划要反映区域分异主导因素，并选取反映区域分异主导因素的主导指标作为划分依据，从而使划分出的各区具有鲜明区域旅游资源特点。综合性原则体现了从众的原则，主导因素原则体现了从主的原则。因此，以某一主导因素为中心，同时兼顾横向及纵向的旅游各方条件，才能重点突出，平衡各方。

4）定性分析与定量计算相结合的原则

定性分析主观性较强，定量计算能提供理论支撑，二者有效地结合，旅游区划才更具科学性。

5）旅游现状与远景发展一致的原则

旅游是随社会发展、科技进步、人类的审美观念、价值取向的变化而变化的。因此，旅游区是动态的概念，旅游区划要适应和预见诸多变化，才有现实意义。

此外，有的学者还提出方便性原则、系统性原则、相对一致性和多级性原则等，它们是任何区划都要遵循的基本原则。

1.2.2　中国旅游地理区划

1）中国旅游地理区划方案列举

由于旅游活动的特殊性，目前中国旅游地理区划尚未建立一套完整的旅游区划指标体系，主要采用的是定性分析方法，也有采用定量分析和定性分析相结合的方法，因而，中国旅游区划尚未形成共识。不同学者因教学及科研的需求，先后提出了不同的区划方案，如表1-1所示。

表1-1　中国旅游区划方案列举

序号	研究者	时间	区划依据	区划结果
1	郭来喜	1985年	中国旅游资源特征	将全国划分为9大旅游带，29个旅游省，149个基本旅游区
2	周进步	1985年	以地域方位名称加旅游资源主导因子命名的方法	将全国划分为9个旅游区
3	濮静娟	1987年	以舒适度指数和风效指标为依据，划分中国大陆地区旅游季节气候区	将全国划分为3个旅游气候大区，18个旅游气候区和22个旅游气候小区
4	雷明德	1988年	旅游资源成因类型的共同性	将全国划分为9个一级旅游地区
5	阎守邕	1989年	对中国旅游资源区域特征和旅游环境的区域差异进行定性和定量分析	将全国划分为8个一级旅游资源区和41个二级旅游资源区
6	孙文昌	1990年	以旅游景观的区域分异为基础，以几种主要综合经济区划方案为参照	提出10大旅游区的中国旅游区景观——经济区划
7	陈传康	1991年	考虑文化的传统和现代结合，将观光游览与科学文化导游相结合	把全国划分为7个一级旅游文化区
8	钱今昔	1993年	从旅游资源欣赏的角度	将全国划分为8个旅游区
9	石高俊	1994年	依据地貌、气候和人文旅游资源的宏观特征	将全国划分为10个旅游资源区
10	宋德明	1994年	从旅游资源形成的地理基础和旅游资源区域特征的角度	将全国划分为10个旅游资源区和77个旅游资源亚区
11	杨载田	1994年	采用地域方位名称、文化景观和自然风光三因子综合命名法	将全国划分为8个旅游区，下分若干省，省下又分若干游览区
12	罗兹柏	2011年	以地理区位为基础，以区域文化差异为背景，以旅游资源组合为依据	将全国划分为12个旅游大区，每个省和直辖市为一个旅游亚区
13	刘琼英	2012年	考虑各旅游区自然环境整体性、特色性，社会经济环境和历史文化的相似性，旅游线路设计的方便性	将全国划分为7大一级旅游区，每个省和直辖市为一个旅游亚区

　　纵观以上方案，虽各有差异，但划分的标准大多依据区域现有旅游资源的内容、行政区域的完整性、现代人类的旅游观念、未来一定时期的旅游业发展方向等诸方面，意在突出地域旅游资源优势，在自然地理环境和地域文化等方面进行整合，从而得出不同的方案。

2）本书中国旅游地理区划方案

　　本书以旅游地理区划的基本原则为指导，广泛吸收已有各区划方案的优点，突出资源条件的相对一致性和文化底蕴的近似性，采用地域方位加旅游景观主导因素复合命名法，将中国分成10个旅游区，如表1-2、图1-3所示。

表1-2　本书中国旅游地理区划方案

序号	旅游区名称	包含的省份或直辖市
1	西南旅游区——奇山异水、民族风情	云、贵、川、渝
2	青藏旅游区——世界屋脊、雪域秘境	青、藏
3	西北旅游区——塞外美景、丝路足迹	蒙、宁、甘、新
4	中原旅游区——名山大河、华夏寻根	豫、晋、陕
5	华中旅游区——烟波浩渺、浪漫荆楚	鄂、湘
6	华南旅游区——连天山海、岭南风韵	桂、粤、闽、琼
7	华东旅游区——烟雨山水、诗画江南	赣、皖、苏、浙、沪
8	京华旅游区——山海胜迹、京鲁重地	京、津、冀、鲁
9	东北旅游区——林海雪原、关东风情	黑、吉、辽
10	港澳台旅游区——一国两制、海天归一	港、澳、台

西南旅游区——奇山异水、民族风情：该区有中国罕见的保存完好的少数民族古镇，被誉为中国历史文化名城的丽江古城，有流传于民间不屈不挠同强权势力作斗争的阿诗玛的故事，有佛教四大名山之一的普贤菩萨的道场峨眉山，有在长征中挽救了红军、挽救了党，具有转折意义的遵义会议会址，有少年离家投身革命，自称是"中国人民的儿子"——邓小平的故乡小平故里，有位于重庆沙坪坝区缅怀英烈的革命遗迹渣滓洞和白公馆，有在"5·12"汶川地震中体现"一方有难，八方支援"的汶川特别旅游区等。

青藏旅游区——世界屋脊、雪域秘境：该区有被公认为"人类最后一片净土"的可可西里的美丽传说，有见证唐蕃"和同为一家"的布达拉宫和大昭寺，有清朝确立西藏合法继承人的"金瓶掣签制度"，有神奇而丰富的藏传佛教文化，有新中国成立后为了加强对少数民族的管理和实现共同繁荣而颁布的民族政策和宗教信仰政策等。

西北旅游区——塞外美景、丝路足迹：该区有古老的"丝绸之路"，今天它已成为中国特色大国外交"一带一路"中的"新丝绸之路经济带"，还诞生了著名的20世纪中国人民自强不息、艰苦奋斗，彰显爱国主义的"两弹一星"精神。在内蒙古有世界史上杰出的政治家、军事家，一代天骄成吉思汗的陵墓，有贯彻习近平总书记"两山"理论和"塞罕坝精神"的杨林景区。在宁夏有展示回族民俗文化、饮食文化、农耕与商贸文化的中华回乡文化园，有镇北堡西部影视城，电影《大话西游》《新龙门客栈》《红高粱》等曾在此取景。在甘肃有著名的三大佛教石窟艺术之一的敦煌莫高窟。在新疆有以雪山冰川、高山湖泊为主要特征的天山天池，有浓郁民族风情和瓜果飘香的吐鲁番葡萄沟等。

中原旅游区——名山大河、华夏寻根：该区有"禅宗祖庭"少林寺达摩祖师与嵩山的故事，有以考古发掘甲骨文和青铜器而闻名于世的河南安阳殷墟景区，有开凿于北魏孝文帝年间世界上绝无仅有的皇家石窟——龙门石窟，有具有丰富文化内涵的云台山，有规模宏大、艺术价值高，被称为"世界八大奇迹之一"的秦始皇兵马俑，有13朝古都长安留下来的众多恢宏的古建筑，如大雁塔、大明宫等，有唐玄宗与杨贵妃的爱情故事以及"西安事变"发生之地捉蒋亭的陕西临潼华清池景区，有中国共产党领导红色革命的圣地的延安革命纪念馆，有四大佛教名山之一的五台山，有保存最为完整的古城——平遥古城，有"寻根问祖"的洪洞大槐树，有以"险"著称，"中华第一关"雁门关，有造像气势宏伟、内容丰富多彩，体现中国雕刻艺术的宝库云冈石窟等。

华中旅游区——烟波浩渺、浪漫荆楚：该区有因为三国文化而闻名的赤壁古战场景区，有当今世界最大的水力发电工程——三峡大坝水利工程，有彰显爱国主义精神与浪漫主义情怀的屈原故里，有反映中国古代教育成就四大书院之一的岳麓书院，有诞生一代伟人毛泽东，中国四大革命纪念地之一的韶山风景名胜区，有因为辛亥革命和抗击疫情被习近平总书记冠以"英雄的城市"的武汉等。

华南旅游区——连天山海、岭南风韵：该区有当今世界最古老、保存最完整的人工运河，并有着"世界古代水利建筑明珠"美誉的灵渠，有国家确定的全国12个红色旅游景区之一的"两江红旗，百色风雷"——百色起义纪念园区，有集华侨文化、中西建筑、风土民俗、科普教育等多元素于一体的开平碉楼文化旅游区，有全方位呈现孙中山从出生、成长到进行革命活动的相关历史遗迹的孙中山故里，有位居世界主题景区前列，成为中国在世界旅游业标杆的广州长隆度假旅游区，有产生于宋元、成熟于明清，集居住和防御功能于一体，把生土夯筑技术推向极致的福建土楼，有曾被评为"中国最美的城区"的厦门鼓浪屿，有文化魅力十足，被称为海南民族文化"活化石"的槟榔谷黎苗文化旅游区，有汇聚中国著名历史人物鉴真、黄道婆的故事以及道家文化、龙文化于一体的三亚南山大小洞天国际化旅游风景区等。

华东旅游区——烟雨山水、诗画江南：该区旅游资源丰富、历史文化厚重。有中国共产党的诞生地——中共一大会址，有中国近代伟大的民主革命先行者孙中山先生的陵寝——中山陵，有集世界生物圈保护区、世界文化与自然遗产、世界地质公园于一身的自然保护地——黄山，有世界遗产委员会认为的世界上最长、最古老的人工水道，也是工业革命前规模最大、范围最广的土木工程项目——隋唐大运河，有中国古代道教建筑的露天博物馆、西太平洋边缘最美丽的花岗岩——三清山，有全国唯一一个以陶瓷文化为主题的5A级景区——景德镇古窑民俗博览区，有被誉为"中国革命的摇篮"的井冈山，也有中国最早的大型水利工程，也是世界上最早的水坝——良渚遗址。

京华旅游区——山海胜迹、京鲁重地：该区自然风光旖旎，历史文化厚重。有雄秀的苍山、波澜的湖海、天下第一泉和"人间仙境"蓬莱阁，有彰显我国古代帝王皇权地位和身份的宫殿、园林、陵墓，有中国古代伟大的防御工程万里长城，有享誉中外的儒家经典文化、燕赵文化，有"至圣先师"孔子故里，有中国共产党革命斗争圣地沂蒙山、白洋淀，有被誉为"新中国从这里走来""中国命运定于此村"的西柏坡，有体现我国体育高峰的奥林匹克公园，有彰显国外影子的五大道历史文化街区等。

东北旅游区——林海雪原、关东风情：该区有鲜卑、契丹、女真等多民族留下的众多历史遗迹和民俗文化，有与北京故宫一同成为了中国仅存的两大完整的明清皇宫建筑群的沈阳故宫，有震惊中外东三省沦陷的"九一八事变"以及少帅传奇，有抗日战争时期留下的可歌可泣的抗联精神，有《林海雪原》描述的解放战争时期剿匪的精彩故事，有新中国建设时期铁人王进喜的大庆精神，有体现习近平总书记生态文明理念"两山思想"的著名的长白山景区等。

港澳台旅游区——一国两制、海天归一：本区有荣获"东南亚地区规模最大的娱乐休闲公园""世界最大的水族馆"等多项殊荣的香港海洋公园，有见证香港回归中华人民共和国而举行仪式的香港会议展览中心以及金紫荆广场，有祀奉帮助商人和渔人化险为夷的妈祖的妈阁庙，有东望洋炮台及灯塔，有因为《阿里山的姑娘》这首台湾民谣而闻名的阿里山，有因为"一个国家，两种制度"的构想而成功回归的香港和澳门。

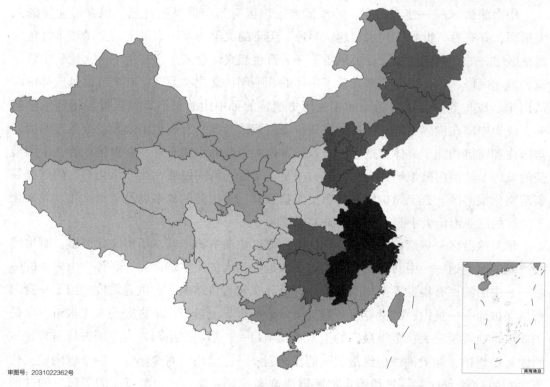

审图号：2031022362号

图1-3　本书旅游地理区划方案

拓展与思考

1.请分析本书列举的各个中国旅游区划方案的优缺点。

2.你最喜欢中国古代哪位文化名人？请根据你对他的了解，结合本书的中国旅游地理区划方案，分析其文化成就的取得与地域文化之间的关联，制作简短的PPT并汇报。

第2章 中国旅游资源概述

徐霞客

徐霞客（1587年1月5日—1641年3月8日），名弘祖，字振之，号霞客，南直隶江阴（今江苏江阴市）人。明代地理学家、旅行家和文学家，足迹遍及我国现今21个省、自治区、直辖市，所到之处探幽寻秘，并记有游记，记录观察到的各种现象、人文、地理、动植物等状况。

万历三十六年（1608年），二十二岁的徐霞客终于正式出游。临行前，他头戴母亲为他做的远游冠，肩挑简单的行李，离开了家乡。从此，直到五十四岁逝世，他绝大部分时间都是在旅行考察中度过的。徐霞客在跋涉一天之后，无论多么疲劳，无论是露宿街头还是住在破庙，他都坚持把自己考察的收获记录下来，为后人留下了珍贵的地理考察记录。

徐霞客的游历可分为三个阶段：

第一阶段为万历四十一年（1613年），28岁以前的准备阶段。重点放在研读祖国的地理文化遗产，并凭兴趣游览太湖、泰山等地，没有留下游记。

第二阶段为万历四十一年（1613年）至崇祯六年（1633年），历时20年，他游览了浙、闽、黄山和北方的嵩山、五台山、华山、恒山诸名山。但游记仅写了一卷，约占全书的十分之一。

第三阶段为崇祯九年（1636年）至崇祯十二年（1639年），历时4年，游览了浙江、江苏、湖广、云贵等江南大山巨川，写下了9卷游记。

明崇祯九年（1636年），徐霞客远游至云南丽江后，因足疾无法行走，仍坚持编写《游记》和《山志》，基本完成了260多万字（遗失达200多万字，只剩下60多万字）的《徐霞客游记》。崇祯十三年（1640年），病况愈甚，云南地方官用车船送徐霞客回到江阴。

徐霞客不仅是中国的，也是世界的。徐霞客在国际上具有不同凡响的影响力。《徐霞客游记》被学术界列为中国最有影响力的20部著作之一，除中国大陆与台湾外，现在美国、日本、新加坡等国都建立了"徐霞客研究会"。徐霞客在地学，特别是岩溶地貌的考察研究方面，居于当时世界的领先地位。徐霞客与13世纪西方大旅行家马可·波罗有着许多相似之处，分别被推尊为"东、西方游圣"。徐霞客及《徐霞客游记》在世界各国所享有的这些影响和声誉，是中国旅游走向全球的重要文化基石之一。

知识能力目标：

了解旅游资源的概念、分类与特点；

掌握自然旅游资源与人文旅游资源的分类；

掌握中国典型的自然旅游资源与人文旅游资源。

思想素质目标：

学会对旅游资源进行审美，培养"读万卷书、行万里路"的精神；

感受祖国旅游资源的丰富，强化民族自豪感。

2.1 旅游资源概述

中国是世界上国土面积仅次于俄罗斯和加拿大的第三大国，广袤的国土面积、复杂的自然结构和突出的地域差异形成了优美多样的自然旅游资源；中国也是四大文明古国之一，悠久的历史、灿烂的文化和多彩的民俗风情催生了丰富多彩的人文旅游资源。熟知中国旅游资源，是学习中国旅游地理的前提。

2.1.1 旅游资源的概念及分类

旅游资源是指在自然界和人类社会中，凡是能对游客产生吸引力，为旅游业所开发利用，并可产生经济效益、社会效益和环境效益的各种事物或现象。

中国世界遗产网官网二维码

旅游资源按照其成因，可以分为自然旅游资源和人文旅游资源两大类。自然旅游资源指凡能使人们产生美感或兴趣的、由各种地理环境或生物构成的自然景观。人文旅游资源是人类创造的反映各时代、各民族政治、经济、文化和社会风俗状况，具有旅游功能的事物或因素的总和。自然和人文旅游资源种类繁多、形式各异，从不同角度出发，自然和人文旅游资源所涵盖的范围有所不同，本书将自然旅游资源分为地质地貌、气象气候、水体水域、植物动物四大部分，将人文旅游资源分为历史遗迹、古建筑、民俗风情、宗教、现代五大部分，如图2-1所示。

2.1.2 旅游资源的特点

旅游资源的首要前提就是要具有观赏性，能从生理或心理上满足人们对美的追求，因此其价值上必须具有观赏性；其次，旅游资源往往是由多种要素综合在一起的，孤立的景物很难形成具有吸引力的旅游资源，因此旅游资源在构景上具有综合性；第三，旅游资源作为地域环境的产物和一部分，必然受到地理环境的影响和制约，因此旅游资源在空间分布上具有地域性；第四，旅游资源的景观特征会随时间的变化而变化，不同的季节会形成旅游业的淡旺季差异，因此旅游资源在时间上也具有季节性；最后，从一段时间上讲，旅游资源很容易受到旅游者的破坏和影响，但从更为长远的时间考虑，旅游者在消费旅游资源时，只是从中获得美的满足，对旅游资源本身不会造成消耗，旅游资源可以重复利用，因此旅游资源又具有脆弱性和永续性的特点，如图2-1所示。

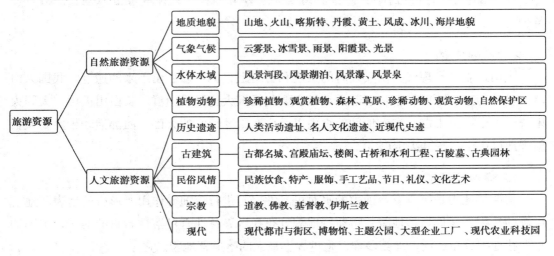

图2-1 旅游资源的分类

2.2　中国自然旅游资源概述

　　自然旅游资源是自然地理环境中，能使人们产生美感或兴趣，具有旅游功能的景象。自然旅游资源主要包括地质地貌旅游资源、气象气候旅游资源、水体水域旅游资源、植物动物旅游资源。中国地域辽阔，各种自然要素的分布与组合千差万别，造就了我国多彩的自然景观。

2.2.1　地质地貌旅游资源

　　内力地质作用造成了地表的高低起伏，形成了山地、高原、盆地和平原的不同地形；外力地质作用通过多种方式，对地表不断进行风化、侵蚀、搬运和堆积，从而形成了喀斯特、丹霞、雅丹、冰川等地貌。

　　地貌条件是自然景观存在的基础，不同的地貌具有不同的形态美，可以开展观赏活动；某些地形地貌也具有科学属性，可以开展科学考察活动；还有些特殊的地形地貌可以开展休闲、游乐或体育探险活动。

1）山地地貌

中国是世界上山地旅游资源最为丰富的国家之一，奇峰怪石、异洞幽谷等构成了山地地貌的主要审美内容。家喻户晓的中华五岳和世界知名的珠穆朗玛峰更是中国山岳地貌景观的典型代表。中国名山众多，如四大道教名山、四大佛教名山、庐山、雁荡山、贺兰山等。

做一做：请用表格的形式总结我国四大道教名山和四大佛教名山的位置、海拔、特色。

2）火山地貌

火山地貌是指现代火山喷发时的景观和历史上火山喷发后留下来的遗迹。我国火山活动可分为东、西两个带：东部活动带主要包括五大连池火山群、长白山火山、大同火山群、大屯山火山群、东南地区的火山以及广东雷琼地区的火山；西部活动带主要包括新疆地区火山、腾冲火山群。

3）喀斯特地貌

喀斯特地貌是指具有溶蚀力的水对可溶性岩石进行溶蚀等作用所形成的地表和地下形态的总称，又称岩溶地貌。喀斯特地貌分布在世界各地有可溶性岩石的地区，中国的喀斯特地貌分布广泛、地貌多样，是世界上最大的喀斯特地貌区之一。

喀斯特景观有地上、地下景观之分，常见的地表景观主要有石芽、石林、峰林、溶蚀洼地、天生桥等；常见的地下景观主要有溶洞、地下河、地下湖等。其中旅游价值最大的为地下溶洞，溶洞中的石钟乳、石笋、石柱、石幔等都很具有观赏价值。"中国南方喀斯特一期"由云南石林喀斯特、贵州荔波喀斯特、重庆武隆喀斯特共同组成，2007年被评选为世界自然遗产；广西桂林、贵州施秉、重庆金佛山和广西环江组成的"中国南方喀斯特二期"项目于2014年入选世界自然遗产，作为对"中国南方喀斯特"的拓展。

谈一谈：

1.云南路南石林与宜宾兴文石海的岩石为何呈现出不同的颜色？

2.张家界的石英砂岩峰林地貌与喀斯特地貌有何异同？

4）丹霞地貌

丹霞地貌即以陆相为主的红层发育的具有陡崖坡的地貌。该地貌形成的必要条件是砂砾岩层深厚，垂直节理发育，因在广东省北部仁化县丹霞山有典型发育而得名。中国的丹霞地貌广泛分布在热带、亚热带湿润区，温带湿润—半湿润区，半干旱—干旱区和青藏高原高寒区。福建武夷山、甘肃张掖、云南老君山、江西龙虎山、四川窦圌山等是中国丹霞地貌的典型代表。由于红色砂页岩有较好的完整性，易于雕塑，故大量的石窟、石刻创作于红色砂页岩分布地区，如乐山大佛、大足石刻、云冈石窟、麦积山石窟等。

2018年，贵州赤水、福建泰宁、湖南崀山、广东丹霞山、江西龙虎山、浙江江郎山组成的丹霞地貌组合入选世界自然遗产。

5）黄土地貌

黄土地貌是指第四纪时期形成的淡黄色粉砂质土状堆积物所形成的各种地表形态，"黄土塬""黄土梁""黄土峁"是黄土地貌的主要类型。黄土在世界上分布相当广泛，呈东西向带状断续地分布在南北半球中纬度的森林草原、草原和荒漠草原地带。中国是世界上黄土分布最广、厚度最大的国家，其范围北起阴山山麓，东北至松辽平原和大、小兴安岭山前，西北至天山、昆仑山山麓，南达长江中、下游流域，面积约63万平方公里，其中以黄土高原地区最为集中和典型。

6）风成地貌

"风成地貌"是指风力对地表松散碎屑物的侵蚀、搬运、堆积作用而形成的地貌，主要分为风蚀地貌和风积地貌两大类。风蚀地貌的主要类型有风蚀石窝、风蚀蘑菇、雅丹、风蚀城堡、风蚀洼地等，如新疆乌尔禾的风蚀魔鬼城和罗布泊的雅丹地貌。风积地貌形态最突出的是各种沙丘和戈壁，如敦煌月牙泉的鸣沙山和宁夏中卫的沙坡头。

7）冰川地貌

冰川是极地或高山地区由多年积累起来的大气固体降水在重力作用下，经过一系列变质成冰过程而形成的天然冰体。冰川作用包括侵蚀、搬运、堆积等。冰川地貌是指由冰川作用塑造而成的地貌，按成因分为冰川侵蚀地貌和冰川堆积地貌两类。其常见的形态类型主要有角峰、刀脊、冰塔林、冰碛湖等。

8）海岸地貌

海岸地貌是指海岸在构造运动、海水动力、生物作用和气候因素等共同作用下所形成的，分布于海岸带附近的各种地貌形态的总称。其中，波浪是海岸地貌发育的主要力量，包括海蚀穴、海蚀崖、海蚀拱桥、海蚀柱、海滩等多种形态。

我国大陆海岸线从鸭绿江口到中越边界的北仑河，长达18 400公里，拥有多种类型的海岸地貌资源。大连金石滩、河北昌黎黄金海岸、山东青岛海岸、江苏连云港、浙江舟山、福建平潭岛、厦门鼓浪屿、海南三亚天涯海角、台湾清水断崖、广西红树林海岸等都是较为著名的海岸景观资源。

2.2.2　气象气候旅游资源

云雾、冰雪、晴雨、霞光等天文现象常常以奇特的形式与色彩出现，在大自然中表现出千姿百态的特征，或虚无缥缈、或奇丽壮观、或神秘幽邃，以满足人们求新求异的旅游心理。某些气象气候不仅能增加旅游资源的观赏性，其本身也是重要的旅游资源。由于一些气象气候与天文现象的可见率和出现频率较低，如极光仅仅在高纬度地区才能见到、海市蜃景等也是可遇而不可求的；一些气象气候具有明显的动态变化性，如佛光、夕阳等现象稍纵即逝。这更增加了气象气候旅游资源的稀有性。

气象气候旅游资源不仅具有最基本的观赏与体验功能，还有休闲度假功能、疗养健身功能、感悟生命等功能。气象气候旅游资源大致可分为云雾景、冰雪景、雨景、阳霞景、光景等类型。

1）云雾景

气温下降时，空气中所含的水蒸气凝结成小水点，形成云雾。云雾瞬息万变，尤其在山区，忽而像山谷堆雪，忽而如轻烟缠绕，映衬得山峰更加清秀；远望云雾，能给人"山在虚无缥缈间"之感，身在其中，又给人"只在此山中，云深不知处"之感。

云雾结合山地的地形地貌，能提升旅游资源的观赏价值。我国有许多著名胜景与云雾有关，如"黄山云海""庐山云雾""草堂烟雾""泰山云海玉盘"等。

2）冰雪景

冰雪本身除了作为观赏旅游对象外，还可开发成各种体验、度假、休闲性质的景观，常用于发展冰雪体育运动和冰灯、冰雕节庆旅游活动。在我国，许多冬季下雪的地区都有一些著名的雪景，如"太白积雪""江天暮雪""西山晴雪""断桥残雪""林海雪原"等都是著名的雪景。

雾凇雨凇又是冰雪景中精美而特殊的存在，雾凇又称树挂、雪挂，是在低温的雾天里细小的雾滴在树枝、电线等物体上所形成的白色而松软的凝结物。雨凇，也叫冰凌、树凝，是超冷却的降水碰到温度等于或低于0℃的物体表面时所形成玻璃状的透明或无光泽的表面粗糙的冰覆盖层。吉林市松花江畔的雾凇景最为典型，享誉全国。

3）雨景

不同的雨景能给予人不同的体验，江南烟雨能给人一种朦胧美，而夏季的暴雨冲去炎热，却给人一种爽朗之感。赏雨、听雨是体验雨景的一大趣味，许多著名的景色也会因雨而显得更加灵动而富有层次。我国有许多著名的雨景胜迹，如江南烟雨、巴山夜雨、峨眉山的"洪椿晓雨"、湖南的"潇湘烟雨"、蓬莱的"漏天银雨"等，都极具观赏价值。

谈一谈：你知道有哪些描写"雨"的古诗词?

4）阳霞景

阳霞景包括旭日、夕阳和云霞，霞景包括：朝霞、晚霞、彩云、雾霞等。由于霞景瞬息万变，因而对游人有极大的吸引力。旭日夕阳就是日出日落，观赏日出和日落历来就是旅游活动的一项传统形式。通常情况下，霞景和旭日夕阳都是组合在一起的。

我国霞景中最有名的是泰山岱顶四大奇观之一的"晚霞夕照"。此外，贵州毕节的"东壁朝霞"、江西彭泽的"观客流霞"、浙江东钱湖"霞雨锁岚"等都是著名的霞景。我国著名的旭日夕阳观景点有泰山的日观峰、华山的东峰、庐山的汉阳峰、峨眉山的金顶和北戴河的鹰角亭等地。

5）光景

光景是由大气发生光学现象而产生的美景，包括海市蜃景、佛光、云隙光、极光等。

海市蜃景，是光线经过不同密度的空气层后发生显著折射，使远处景物显示在半空中或地面上的奇异幻景。常发生在海上或沙漠地区。幻景呈正像的为"上现蜃景"，一般出现在春夏之交的海上，以山东蓬莱仙境最为有名。幻景呈倒像的为"下现蜃景"，一半多出现在夏季的沙漠地区。

佛光出现的条件是天空晴朗无风，阳光、云层和人体（物体）三者同处倾斜45°的一条直线上，人位于云层与阳光之间。以峨眉山金顶最为多见，近几年，在黄山、庐山、泰山也有发现。

云隙光是从云雾的边缘射出的阳光，照亮空气中的灰尘而使光芒清晰可见。观赏云隙光最重要的还是水汽与灰尘的条件。因此云隙光在多云的天气比较常见；晴朗的日子里，则常发生于日落时分。比较好的观测地点在海滨或湿气重的山谷地区。

极光是一种绚丽多彩的等离子体现象，其发生是由于太阳带电粒子流（太阳风）进入地球磁场，在地球南北两极附近地区的高空，夜间出现的灿烂美丽的光辉。在南极被称为南极光，在北极被称为北极光。我国黑龙江漠河地区和新疆阿尔泰地区也有机会看到极光。

2.2.3　水体水域旅游资源

自古以来，"亲水"一直烙印在中华儿女血液中，"山无水不活""上善若水""气乘风则散，界水则止"等思想充分说明了水的重要性。水体水域旅游资源既可观赏，又可进行游泳、划船、冲浪、漂流、垂钓等活动，对旅游者充满了吸引力。

水体水域因所处地域、时间和观赏背景不同，呈现出不同的美，观赏水体水域的美可从形态美、声音美、色彩美、味道美、影像美等方面去体验。水体水域旅游资源主要有风景河段、风景湖泊、风景瀑、风景泉。

1）风景河段

中国河流众多，流域面积广。风景河段是指风景优美、具有旅游开发价值的河流的某个区段。在众多河流中，目前已列入国家级重点风景名胜区的河流有长江、鸭绿江、漓江、富春江-新安江、瑞丽江、雅砻河、阳河等；而被列为地方级风景名胜区的河流就更多了。除长江、漓江、楠溪江、富春江-新安江、京杭大运河等少数江河已开发水上旅游外，风景河段的开发潜力还较大。

2）风景湖泊

湖泊是陆地上洼地积水形成的水域宽广、水量交换缓慢的水体，也是陆地上最大的水体。中国习惯用的陂、泽、池、海、泡、荡、淀、泊、错和诺尔等方言来称呼湖泊。湖泊按成因可分为构造湖、火山湖、冰川湖、堰塞湖、潟湖等；按湖水盐度高低可分为咸水湖和淡水湖。我国湖泊分布具有范围广、不均匀、相对集中的特点。我国名湖风景区众多，主要有杭州西湖、鄱阳湖、洞庭湖、太湖、滇池、洱海、千岛湖、青海湖、五大连池、镜泊湖、日月潭等。

想一想： 你所知道的湖泊都有哪些称谓？请举例。

3）风景瀑

瀑布是流水从河床陡坎悬崖处倾泻而下形成的水体景观，瀑布形成的原因，主要是水流对河底软硬岩石的差别侵蚀的结果。此外，还有因山崩、断层、熔岩堵塞、冰川等作用而形成的瀑布。影响瀑布的主要景观要素是形态、幽秀程度、奇特程度及其特有的文化内涵。我国最著名的三大瀑布景观分别是黄果树瀑布、黄河壶口瀑布、镜泊湖瀑布。

4）风景泉

泉是地下水的天然露头，是地下含水层或含水通道呈点状出露地表的地下水涌出现象。许多泉水具有重要的旅游价值，是一种独特的水体旅游资源。泉水不仅具有观赏价值，某些泉水还具有康体疗养的旅游功能。中国以泉为主体旅游资源而闻名的旅游地和景点很多，最具代表性的是云南大理蝴蝶泉、甘肃敦煌月牙泉、山西太原晋祠难老泉、西安骊山华清池、杭州西湖虎跑泉、山东济南趵突泉、青岛崂山矿泉。

想一想： 月牙泉到底会不会干涸？

2.2.4 植物动物旅游资源

植物动物旅游资源，是指能够开发利用并能满足旅游者的旅游需求，由生物个体、种群、群落及生态系统所构成的各种生物过程与现象的总称。植物动物旅游资源的开发和利用形成了赏花旅游、观鸟旅游、狩猎旅游、垂钓旅游、科普旅游、森林康养旅游等旅游形式。

在中国，动植物不仅具有观赏性，人们也根据其特征赋予了相应的寓意，如荷花代表高洁，梅花代表坚韧不拔，竹代表虚怀若谷，鸽子代表和平，鸳鸯代表夫妻和睦等。因此在观赏动植物旅游资源时，不仅要欣赏动植物旅游资源的风采美、嗅味美，还要欣赏其寓意美、奇特美。

1）植物旅游资源

我国是世界上植物资源最丰富的国家之一，在我国各个不同的自然地带，自然植被种类极为丰富。从旅游的角度来看，植物旅游资源有珍稀植物、观赏植物、森林旅游资源、草原旅游资源。

珍稀植物是人类保护的主要对象，既具有科学价值，又具有旅游观赏价值。如已被列为国家一级保护植物，有"植物活化石"之称的银杏、银杉、珙桐、水杉等。

观赏植物是旅游景观中重要的构景元素和欣赏对象。如松、柏、杉、竹、银杏及各种花卉等；其中花以其色、香、韵、姿的四大美学特征成为植物体中最美的部分，成为人们观赏的主要对象，如梅花、兰花、荷花等。

我国森林面积居世界第六位，森林旅游资源丰富。为充分保护和合理开发森林旅游资源，中国建立了森林公园，如湖北神农架国家森林公园、浙江雁荡山国家森林公园、河南嵩山国家森林公园、四川瓦屋山国家森林公园、广西桂林国家森林公园等。

草原以其广袤的自然景观、悠久的民俗风情，成为现代旅游的热点。草原上的植物群落随着季节的变化展现出不同的风貌，具有观赏价值；在草原上还可开展骑马、狩猎、野营、美食、动植物考察以及体验少数民族的传统文化、风俗习惯等旅游活动。中国草原面积辽阔，类型多样，野生动植物资源丰富。著名的草原有内蒙古呼伦贝尔东部草原、内蒙古锡林郭勒草原、新疆伊犁草原、川西高寒草原、那曲高寒草原等。

2）动物旅游资源

我国具有多种气候条件，从寒温带、温带、暖温带、亚热带到热带，以及西部高原高原气候，植被随气候条件相应变化，动物生活的外界环境极为多样，因而，动物种类非常丰富，特产种类也比较多。从旅游角度看，动物有观赏动物和珍稀动物。

观赏动物不同的形态外貌、生活习性、活动特点、鸣叫声音，既可供观赏娱乐，同时还可开展狩猎、比赛等旅游活动。有一些由动物个体因某种原因而聚集形成的特殊动物群，既是地学工作者等科考人员进行科学研究的对象，又是非常具有观赏性的旅游吸引物。

珍稀动物指野生动物中具有较高社会价值，现存数量又极为稀少的珍贵稀有动物。我国国家一级保护动物有68种，其中有些还是中国所特有的。大熊猫、金丝猴、白鳍豚和白唇鹿被称为中国四大国宝动物。

3）自然保护区

自然保护区是指国家为了保护自然环境和动植物资源，将一定面积的陆地或水体划分出来，并经各级人民政府批准而进行特殊保护和管理的区域。在自然保护区可有限制地开辟出部分地段作为旅游资源，供游客观赏，使游人在潜移默化中形成保护自然、保护生物资源的自觉意识。自然保护区可开展的旅游活动主要包括科考旅游、健身旅游、文化娱乐型旅游和观赏游览型旅游等内容。

2.3 中国人文旅游资源概述

人文旅游资源即人文景观，是人类创造的，反映各时代、各民族政治、经济、文化和社会风俗民情状况，具有旅游功能的事物或因素的总和。它是人类历史文化的结晶，是民族风貌的集中反映，既含有人类历史长河中遗留的精神与物质财富，也包括当今人类社会的各个侧面。人文旅游资源具有历史性、传承性、民族风格和地方特色。

我国人文旅游资源种类繁多，存在形式各异。主要包括历史遗迹旅游资源、古建筑旅游资源、民俗风情旅游资源、宗教旅游资源、现代旅游资源等。

2.3.1 历史遗迹旅游资源

历史遗迹旅游资源是指能够对旅游者产生吸引力，满足旅游体验要求，能够为旅游业所利用并产生效益的历史遗迹。它反映了历史上各个时代人类生产生活的情景，是人类历史的见证、文化的载体，记录了国家和民族的发展，具有重大的历史价值。历史遗迹旅游资源大致可包括人类活动遗址、名人文化遗迹和近现代史迹三大部分。

1）人类活动遗址

人类活动遗址反映的是古代人生产生活的场景，包括古人类遗址、古战场遗址、古聚落村落遗址。著名的古人类遗址如北京直立人遗址、山顶洞人遗址；著名的古战场遗址如长平之战遗址、台儿庄战役遗址；著名的古聚落村落遗址如大汶口文化遗址、商周聚落遗址等。

2）名人文化遗迹

名人文化遗迹反映的是古代人类文化、科学发展的历史过程，包括名人故居、名人遗迹等。中国名人故居很多，如四川眉山三苏祠、四川广安邓小平故居、浙江绍兴鲁迅故居等；著名的名人遗迹如湖北襄阳的古隆中、河南登封的郭守敬观星台等。

3）近现代史迹

近现代史迹反映的是近现代人类生产生活和经济文化活动的场景，如红军长征遗迹、抗日活动遗迹、鸦片战争遗迹、吴淞炮台遗迹等。

2.3.2 古建筑旅游资源

古建筑泛指现存的各类有历史价值的建筑物、构筑物、街区、村落、城市的旧城区乃至整个古城。它是古代先民在从事农牧业生产和探索自然环境变化规律的背景下形成的，是古代社会一定历史的缩影。凡能吸引旅游者前往观赏，并产生经济效益和社会效益的古建，都可视为古建筑旅游资源。

一座有代表性的古建筑往往集中了当时的文化、艺术的精华，反映了当时的历史阶段和水平，可满足人们的访古心理、求美心理、求知心理。典型的古建筑旅游资源有古都名城、宫殿庙坛、楼阁、古桥和水利工程、古陵墓、古典园林等。

1）古都名城

古都在历史上多作为王朝的都城所在地，是特定时期政治、经济、文化中心，集中了全国的资源，最能够体现某一时期各领域的最高成就，加之古都具有悠久的历史，因此它们往往能够成为国际旅游和国内旅游的热点。中国著名的八大古都是北京、西安、洛阳、开封、南京、杭州、安阳、郑州。

历史文化名城是因深厚的文化底蕴和发生过重大历史事件而青史留名的城市。这些城市，有的曾是王朝都城；有的曾是当时的政治、经济重镇；有的曾是重大历史事件的发生地；有的因为拥有珍贵的文物遗迹而享有盛名；有的则因为出产精美的工艺品而著称于世。它们的留存，为人们回顾中国历史打开了一个窗口。截至2022年，国务院已将141座城市列为国家历史文化名城，并对这些城市的文化遗迹进行了重点保护。

2）宫殿庙坛

宫，在秦以前是居住建筑通用名；殿，原指大房屋。宫殿，是古建筑中最高级、最豪华的类型，是帝王专有的居所，所以可以集中人力与物力，不惜工本地建造，同时以建筑艺术烘托出皇权至高无上的威势，使它们成为一个时代建筑技术和艺术的代表。历史上著名的宫殿有汉朝时期的长乐宫、未央宫，隋朝时期的仁寿宫，唐朝时期的大明宫，明清时期的故宫等。

庙坛是人们为遵从礼制的要求而产生的一种祭祀建筑，包括天坛、太庙、孔庙等。庙主要是用来祭祀先贤或祖先的，如祭祀孔子的孔庙（又称文庙）、祭祀关羽的关帝庙（又称武庙）、纪念诸葛亮的武侯祠等；坛主要是用来祭祀天地自然或神明的，如天坛、地坛、社稷坛等。

3）楼阁

楼阁为两层或两层以上的建筑，古代楼阁建筑多为木结构，有多种构架形式。以方木相交叠垒成井栏形状所构成的高楼，称井干式；将单层建筑逐层重叠而构成整座建筑的，称重屋式。中国古楼阁分布广泛，形制多样，或用来纪念大事、或用来宣扬政绩、或用来镇妖伏魔、或用来求神拜佛，其中较为出名的是四大名楼：江西南昌滕王阁、湖北武汉黄鹤楼、山东烟台蓬莱阁、湖南岳阳岳阳楼。

查一查：请查找一下四大名楼及其对应的文人及其作品。

4）古桥和水利工程

桥梁不只是一种连接两岸的工具，也是一种建筑艺术和人文景观。中国古桥建造技艺高超，目前仍有大量古桥保存下来，如被誉为"中国第一桥"的赵州桥，距今已有1 400余年的历史，其所采用的空腔式拱券做法为世界首例。河北赵县赵州桥、福建泉州洛阳桥、北京卢沟桥、广东潮州广济桥并称为"中国四大古桥"。

中国自古便是农业大国，十分重视水利工程的建设，留下了大量著名的水利工程，如都江堰、京杭大运河、郑国渠、灵渠、坎儿井等。

5）古陵墓

陵墓多选址于形胜壮观、自然环境优美的地区，许多陵墓不仅地上地下建筑辉煌，而且殉葬品丰富。陵墓的格局建造展现了古代地理和建筑科学的精华；陵墓中的殉葬品为了解当时社会状况和文学、艺术、科技的发展提供了珍贵的资料。陵墓作为旅游资源，可分为帝王陵墓、纪念陵墓、悬棺墓。

中国著名的陵墓有秦始皇陵、汉武帝刘彻的茂陵、唐太宗李世民的昭陵、唐高宗李治和女皇武则天的合葬陵乾陵、成吉思汗陵、明太祖朱元璋的明孝陵以及陵墓群——西夏王陵、明十三陵和清东陵、清西陵等。

导考指引：请概括中国帝王陵墓发展的几个阶段及其特点。

6）古典园林

古典园林由山石、水体、生物、建筑等构景要素组成，是具有生活、游憩和观赏功能的人为造景园地。中国古典园林讲究源于自然、融于自然、高于自然，在造园过程中融入了"天人合一"的思想观念。

中国古典园林历史悠久，被公认为"世界园林之母"，荟萃了中国古代文学、绘画、雕塑、哲学等文化艺术，是东方园林的典型代表，与山水画、烹饪、京剧一起被称为"中国文化四绝"，是中华民族建筑艺术的结晶，因而是重要的人文旅游资源。从园林所处的地理位置来看，主要分为北方园林、江南园林和岭南园林；从园林的隶属关系来看，可将园林分为皇家园林、私家园林、寺观园林和公共园林。

北方园林主要集中分布在北京、西安、洛阳、开封等古都，最为著名的有圆明园、颐和园和承德避暑山庄；江南园林主要分布在长江下游三角洲地区，集中在苏州、扬州、无锡、杭州、南京、湖州等城市，著名的有拙政园、留园、狮子林、个园、何园、豫园等；岭南园林主要集中分布在珠江三角洲地区，其风格介于北方园林和江南园林之间，兼有一些国外造园手法，是中西合璧的产物，现存著名的岭南四大园林是顺德清晖园、东莞可园、番禺余荫山房和佛山梁园。

导考指引：区别中国四大名园、江南四大名园、苏州四大名园、岭南四大名园。

皇家园林是专供帝王休息享乐的园林，规模宏大、气派宏伟，建筑色彩富丽堂皇，建筑体型高大，著名的有颐和园、承德避暑山庄等；私家园林是供皇家的宗室外戚、王公官吏、富商大贾等休闲的园林，建筑小巧玲珑，色彩淡雅素净，著名的有苏州的拙政园、狮子林等；寺观园林一般只是寺观的附属部分，其中园林部分的风格更加淡雅，如四川青城山的古常道观、江苏扬州大明寺等；公共园林是具有公共游览性质的园林，既有私家园林的幽静曲折，又是一种集锦式的园林群，较著名的如杭州西湖、扬州瘦西湖、昆明西山滇池等。

2.3.3　民俗风情旅游资源

由自然环境的差异而形成的社会习尚叫"风"，由社会环境不同而形成的习尚称"俗"。中国是一个统一的多民族国家，各地不同的风土民情是历史文化遗产的重要组成部分，也是人文旅游资源的一个重要部分。

民俗风情旅游资源内涵丰富，包括有形（物质）和无形（精神）两大类型。有形的民俗风情旅游资源有民族饮食、民族特产、民族服饰、民族手工艺品等；无形的民俗风情旅游资源有民族节日、民族礼仪与禁忌、民族文化与艺术等。

以目前的旅游发展来看，各类民俗风情旅游资源通常是通过民族节庆来展现，在各类节庆中，民族饮食、特产、服饰等都可以通过传统节日中的各种项目展现出来。如彝族的火把节、藏族的雪顿节、傣族的泼水节、回族的开斋节、蒙古族的那达慕大会等。

2.3.4　宗教旅游资源

宗教旅游资源是指能激发旅游者的旅游动机，具有一定旅游价值和旅游功能，并能产生良好的经济效应、社会效应和生态效应的各种宗教事务或现象的总和。它的种类与内容非常丰富，从大的方面看，既有物质性的，又有观念性的和行为性的，具体而言，包括宗教圣地、宗教神迹、宗教名山、宗教建筑（寺庙、宫观、教堂等）、宗教文化艺术、宗教礼仪、宗教活动（佛事、法会、节庆）、宗教饮食、宗教名人等。

1）道教旅游资源

道教是中国的本土宗教，创立于东汉末年，其基本教义是以"自然无为""清静寡欲"等方式达到返璞归真、羽化飞升的目的。金元以来，全国道教形成了全真道和正一道两大教派。全国著名的道教旅游资源除四大道教名山外，还有江西的三清山、陕西的终南山、江苏句容的茅山、山东青岛的崂山、甘肃平凉的崆峒山、江苏苏州的玄妙观、湖北武汉的长春观等。

2）佛教旅游资源

佛教约创立于公元前6世纪，其基本教义是以"苦、集"二谛说明人生的本质及其形成的原因；以"灭、道"二谛指明人生解脱的归宿和解脱之路。中国佛教包容了北传佛教、南传佛教和藏传佛教三大体系，禅宗是佛教中国化的代表。全国著名的佛教旅游资源除四大佛教名山、四大石窟和布达拉宫外，还有贵州铜仁的梵净山、江苏无锡的灵山、重庆的大足石刻、河南洛阳的白马寺、浙江杭州灵隐寺、青海西宁的塔尔寺等。

3）基督教旅游资源

基督教是信奉耶稣基督为救世主之各教派的统称，创立于1世纪，其基本教义有

"上帝创世说""原罪救赎说""天堂地狱说"。目前基督教有天主教、东正教、新教三大教派。中国著名的基督教旅游资源有天津老西开教堂、上海沐恩堂、上海佘山圣母大教堂、广州圣心大教堂、哈尔滨圣·索菲亚教堂等。

4）伊斯兰教旅游资源

伊斯兰教创建于7世纪初，在中国曾称"清真教""回教"等，其基本教义包括思想方面的"六大信仰"和行为方面的"五功""善行"。目前伊斯兰教有逊尼派、什叶派、苏菲派三大教派。中国著名的伊斯兰教旅游资源有福建泉州的清净寺、浙江杭州的真教寺、陕西西安的化觉寺、新疆喀什的艾提尕尔清真寺等。

谈一谈：你眼中的宗教是怎样的？

2.3.5 现代旅游资源

现代旅游资源是指现代人造的吸引物或吸引因素，包括满足现代人类文明生活需要的现代都市和其他现代人工景观。它们是人类现代文明的丰硕成果与旅游业可持续发展的物质基础。现代旅游资源具有强烈的时代感、规模宏大、投资大、科技含量高和美学效果好等特征。现代旅游资源大体可以分为现代都市与街区、现代人造景观两大类。

1）现代都市与街区

现代都市与街区是在特定时代的都市环境中，对人们具有旅游吸引力的各种客观事物与现象的总和。现代都市与街区通常都是历史悠久、文物荟萃、建筑密集、古迹众多、人文景观丰富多彩、交通便利、设施齐全、旅游供给条件优越、物产丰富、商业发达之地，同时也是现代科技、知识、信息的集中地。由都市风光、都市风情、都市文化、都市购物、都市娱乐构成的都市旅游已成为人们旅游的又一大需求。北京、上海、深圳、武汉、成都、重庆、西安、香港等都是全国著名的旅游大都市。

2）现代人造景观

现代人造景观是为满足人们生产生活和休闲娱乐的需要，依靠资金、科技，在改造自然和利用自然的过程中所创造出来的各种景观。常见的现代人造景观包括博物馆、主题公园、大型企业工厂、现代农业科技园等。

博物馆是为社会和广大群众服务的、非营利的永久性机构。它为达到研究、教育、欣赏的目的，征集、保护、研究、传播并展出人类及人类环境的物证。中国博物馆数量众多，类型丰富，比较有代表性的博物馆有：上海博物馆、河南博物院、北京故宫博物院、南京博物院、中国历史博物馆、中国民族博物馆、苏州博物馆等。

主题公园是为了满足游客多样化休闲娱乐需求而建造的，具有特定主题且包含多种服务设施的旅游吸引物。它以其特有的主题文化，将科学技术、娱乐内容、休闲要素和服务接待设施融于一体，吸引着旅游者。中国著名的主题公园有：中华民俗村、锦绣中华、欢乐谷、世界之窗、云南民族村和世界园艺博览园、海南三亚的南山文化旅游区等。

大型企业工厂是工业旅游的核心载体。工业旅游是工业企业利用其自身的厂区、生产工艺等作为资源开展的旅游活动，是对工业资源的深化利用。目前，青岛啤酒厂、首都钢铁总公司、燕京啤酒厂、北京景泰蓝厂、四川西昌卫星发射基地等，已在积极发展工业旅游。

现代农业科技园以生态、环保为理念基础，辅以农业资讯、农业生产、地区农业文化的具有一定旅游观光、休闲度假、开阔视野、增加知识的综合性场所。目前，各级各类农业科技园区正在飞速发展，已成为全国乡村旅游的重要旅游支撑点。

拓展与思考

中国旅游资
源导考指引
参考答案

1.请用结构图的形式默写出旅游资源的分类。

2.请你对自己家乡的旅游资源按照旅游资源的分类进行调研和统计，制作简短的PPT并汇报。

第3章　西南旅游区

——奇山异水　民族风情

学习目标

知识能力目标：

了解本区自然与人文旅游地理环境及旅游资源特征；

熟悉本区各省市自然与人文地理概况；

掌握本区各省市重点旅游资源及旅游线路。

思想素质目标：

领会巴蜀精神内涵；

深刻把握成渝地区双城经济圈建设重大战略意义；

了解西南主要民族的发展历史，理解和认同我国的民族政策；

在红色文化熏陶中接受爱国主义教育，增强对党、对社会主义的认同。

西南旅游区，包括四川、云南、贵州、重庆 3 省 1 市。本区除川西、滇西属于地形大势中的一级阶梯外，其余均位于二级阶梯上。其自然地理区域主要可分为四川盆地、云贵高原、横断山区三个差异较大的地理单元。由于地势反差极大，气候与生物垂直分异明显，种群类型丰富多彩，因此自然旅游资源独具特色。此外，本区还是我国少数民族聚居区，不同的民俗风情呈现出不同的文化特色，对国内外旅游者有着很大的吸引力。

3.1 西南旅游区概述

3.1.1 旅游地理环境

1）自然地理环境

（1）地理结构复杂多样

该区域的地貌结构复杂多样，包括四川盆地、云贵高原、横断山区三个差异较大的地理单元。四川盆地位于四川省的东部与重庆市西部，是中国四大盆地之一。云贵高原由云南高原和贵州高原组成，是我国西部高山高原向东部低山丘陵的过渡地区。横断山脉是青藏高原东部一系列南北向平行山脉的总称，它是受青藏高原隆起挤压而形成的。

西南区旅游
资源概览

（2）岩溶地貌广泛分布

本区到处可见溶洼、峰丘、峰林、溶洞、落水洞、天生桥等岩溶地貌，尤以云贵高原地区最为典型，堪称世界上岩溶地貌发育最典型、最完美的自然博物馆，也是闻名于世的岩溶风景游览胜地。由云南石林、贵州荔波、重庆武隆共同组成的"中国南方喀斯特（一期）"已于2007年6月被评为世界自然遗产。

（3）受地形影响的热带、亚热带季风气候

由于地域辽阔，地势高低悬殊，气候也复杂多样，各地区之间差异明显，除川西高原属高寒气候外，其余地区大部分属于热带、亚热带气候。四川盆地北有山地屏障，冬季较国内同纬度地区温暖湿润，秋季降水仅低于夏季。川西山地为独特的青藏高原气候，但其位置偏东，西南季风可溯河谷而上，水热条件较高原其他地区为佳，垂直变化明显。云贵高原西部受热带气团控制，气温较高；夏季受海拔高度影响，天气凉爽。

2）人文地理环境

（1）悠久的历史文化

本区是我国古人类的起源地之一，距今170万年的云南元谋直立人就在这里生息繁衍；古老的三星堆文化，填补了巴蜀城市文明早期起源和发展史的空白。三星堆遗址的发掘，从此打破了中华民族起源于黄河流域的传统学术观点，形成了古蜀地区也是中华民族文明发源地之一的新观念。本区自古就是我国与东南亚各国经济文化交往的陆路通道，我国的丝绸和工艺品经过该地区运往印度、缅甸等国，属于南方丝绸之路重要组成部分。南方丝绸之路是由四川为起点，经云南出缅甸、印度、巴基斯坦至中、西亚的中西交通古道，包括历史上有名的蜀身（yuān）毒道和茶马古道等。

（2）独特的民风民俗文化

巴蜀文化为四川盆地的区域文化。与中国其他地域文化，如中原文化、吴越文化、荆楚文化一样，是中华文化的重要组成部分，有着悠久的历史和鲜明的地域特征。其源头可追溯到新石器时代晚期文明起源之时。它拥有从李冰父子治水后形成的优越农耕文明；有独特的巢居、栈道、笮桥和梯田林盘四大文化习俗，这些均是今天旅游胜景的资源基础之一。

本区为我国少数民族聚居且人口最多的地区，占全国少数民族总人口的一半，分布着彝族、藏族、羌族、壮族、瑶族、苗族、傣族、布依族、拉祜族等多个少数民族。各少数民族有着各自独特的语言、服饰、礼仪、习俗、建筑，是极具神秘魅力的民俗风情旅游资源。

（3）日益改善的交通及飞速发展的经贸

由于近年来国家西部大开发战略的实施，脱贫攻坚、乡村振兴工作的开展，该区交通、通信等基础设施日益改善，经贸发展日趋繁荣，未来发展潜力巨大。通过"一带一路"所带来的机会，西南地区各省加大了经济的开发力度，发掘潜在能力，把文化资源、自然资源转化成为经济发展的热点。例如，云南在发展经济时，找准自己的定位，从旅游着手，大力发展与周边国家的旅游合作，开展"串联"旅游的项目。如西双版纳与老挝、缅甸相连，开发西双版纳—老挝、西双版纳—缅甸、西双版纳—缅甸—老挝的旅游路线。

议一议： 请交流讨论后归纳完善下列表格。

地貌单元	组成范围	地形特点	气候特点	资源特点
横断山脉区				
云贵高原				
四川盆地				

3.1.2　旅游资源特征

1）自然景观奇观荟萃

本区自然景观更具"天然去雕饰"之自然美。区内雪山茫茫，山高谷深，湖光水色，奇花异草，珍禽异兽无所不有，其中不少自然奇观在我国乃至世界也是独一无二的。尤其是本区属于长江上游河段，具有落差大、水流急、峡谷深的特点，造就了本区雄、险、奇、幽的峡谷风光，如著名的峡谷景观长江三峡和虎跳峡等。

此外，本区也是我国喀斯特地貌发育最典型、分布最广泛的地区。云南、贵州两省及四川省南部，是碳酸岩类岩石广泛分布的地区。喀斯特地貌中，最具观赏价值的当属石芽、峰林和溶洞，著名的有云南石林，贵州黄果树瀑布群、织金县的织金洞、独山仙人洞、安顺龙宫及娄山溶洞等，堪称一座座"溶洞博物馆"。

2）生物资源丰富多样

本区属于我国自然地理南北、东西交接地带，保存有原始的自然生态环境，动植物资源丰富且有明显的过渡性特征，珍稀动植物名扬中外，云南更是被誉为"植物王国"。著名的珍稀动植物有大熊猫、川金丝猴、滇金丝猴、亚洲象、金茶花、红豆杉、连香树等，因此也设立了众多的自然保护区，如四川卧龙自然保护区、贵州梵净山自然保护区等。

3）宗教名山、古迹众多

本区有多处举世闻名的宗教名山和古迹。四川西南部的峨眉山是我国四大佛教名山之一，四川佛教石刻具有多、大且相对集中的特点，除乐山大佛与大足石刻外，还有一大批石刻佛像。四川的青城山是我国道教发源地之一。云南丽江古城、大观楼、西山龙门、长江三峡两岸的白帝城、僰人悬棺、丰都鬼城等古迹都是本区著名的人文旅游资源。

4）少数民族风情浓郁

本区是我国少数民族聚居最多的地区之一，有藏、彝、苗、傣、白、布依、哈尼等多个少数民族，这些少数民族都有着悠久的历史、灿烂的文化、独特的民居建筑、丰富多彩的民俗和礼仪、传统的民族节日、多姿多彩的舞蹈，是吸引旅游者的重要人文旅游资源。

3.2　天府之国　安逸四川

课前思考

1.观察图3-1中四川省最高峰是哪座？对于这座山峰，你都了解哪些信息？

2.你最想了解四川省的哪个城市？为什么？

分省（区、市）地图—四川省

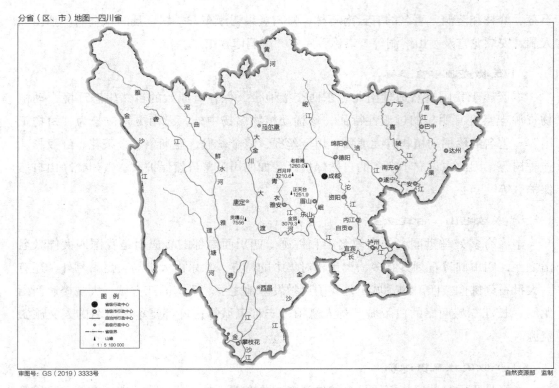

审图号：GS（2019）3333号　　　　　　　　　　　　　　　　自然资源部　监制

图3-1　四川省地图

　　四川省，简称"川"或"蜀"，地处中国西南腹地、长江上游，东西长1 075公里，南北宽921公里，东连重庆市，南邻云南省、贵州省，西接西藏自治区，北接青海、甘肃、陕西3省。西有青藏高原相扼，东有三峡险峰重叠，北有巴山秦岭屏障，南有云贵高原拱卫，数亿年的地质运动造就了瑰丽险峻的巴蜀风光。四川全省面积48.6万平方公里，辖21个市（州）183个县（市、区）。四川地大物博、资源丰富、山川秀美、历史悠久、文化灿烂，自古以来就享有"天府之国"的美誉，是中国旅游资源最富集的省份之一。

　　导考指引："天府之国"中的"天府"有何寓意？历史上，谁第一次将四川称为"天府"？

大事记

众志成城　抗震救灾——"5·12"汶川特大地震

　　"5·12"汶川地震又称汶川大地震，指的是北京时间2008年5月12日14时28分04秒发生于四川省阿坝藏族羌族自治州汶川县映秀镇的地震。此次地震是中华人民共和国成立以来破坏性最强、波及范围最广、灾害损失最重、救灾难度最大的一次地震。这次灾难主要发生在四川，8级地震给这块富饶的土地带来了极大的灾难。但它打不垮植根于巴蜀大地的四川人身上那种"乐观幽默"和"自信坚韧"。"一方有难，八方支援"，在全国人民的帮助下，经过十多年的震后恢复重建，曾经的汶川特大地震废墟上，如今立起一座座繁荣的城镇和村庄。基础设施夯实，产业持续兴旺，生态环境改善，百姓安居乐业……这一切美好，都是万千巴蜀儿女用一点一滴的奋斗凝聚而成。

2018年2月，国家主席习近平来到凉山彝族自治州、阿坝藏族羌族自治州、成都市等地，深入村镇、企业、社区，考察脱贫攻坚和经济社会发展工作。在前往映秀镇场镇听取汶川特大地震灾后恢复重建及发展情况汇报后，他强调，灾后恢复重建发展取得历史性成就，展现了中国共产党的坚强有力领导和我国社会主义制度的优越性，要在推动产业发展、民生改善等方面继续发力，把人民家园建设得更加美好。

3.2.1　四川自然地理环境

1）地形地貌

全省地貌东西差异大，地形复杂多样，贯穿中国大陆地势三大阶梯中的第一级青藏高原和第二级长江中下游平原的过渡带，有山地、丘陵、平原和高原4种地貌类型，西部为高原、山地，海拔多在4 000米以上；东部为盆地、丘陵，海拔多在1 000～3 000米。全省可分为四川盆地、川西北高原和川西南山地三大部分。川西高原为青藏高原东南缘和横断山脉的一部分，海拔4 000～4 500米，分为川西北高原和川西山地两部分。东部四川盆地是中国四大盆地之一，因地表沉积层以紫红色的砂岩、页岩为主，通常也被称为"紫色盆地"。四川盆地轮廓呈菱形，按地理差异可分为川西平原、川中丘陵和川东平行岭谷三部分。

2）气象气候

四川省地处亚热带，由于地貌和所处纬度的影响，盆地气候和川西高原山地气候差异显著。东部冬暖、春旱、夏热、秋雨，多云雾，少日照，生长季长；西部则寒冷、冬长，日照充足，降水集中，干雨季分明。气候垂直变化大，气候类型多样，有利于农、林、牧综合发展，同时伴随的气象灾害种类多，发生频率高，范围大，主要为干旱、暴雨、洪涝和低温等。东部四川盆地属亚热带湿润季风气候区，温暖湿润、冬暖夏热，大部分地区年降水量1 000～1 200毫米，植被为亚热带常绿阔叶林，盆地具有湿气重、雾多、日照少的气候特点。川西南山地属于亚热带半湿润气候区，气温日差较大，早寒午暖，四季不明显，但干湿季分明，降水量较少，年降水量900～1 200毫米，90%集中在

5—10月。该地区云量少，晴天多，日照时间长，年日照时数多为2 000~2 600小时。其河谷地区受焚风影响形成典型的干热河谷气候，山地形成显著的立体气候。川西北高原是典型的高原气候区，海拔高差大，气候立体变化明显，总体上以寒温带气候为主，大部分地区长冬无夏、春秋相连、冬寒夏凉、河谷干暖、山地冷湿，与盆地气候形成了鲜明的对比。该地区大部分时间天气晴朗、日照充足，年日照时数1 600~2 600小时，年均温在4~12 ℃；年降水量在500~900毫米，降水少而集中。

3）河流水文

河流主要是长江及其支流，境内流域面积50平方公里以上的河流数量多达2 800条以上，号称"千河之省"。包括川江（宜宾以下流经四川境内的长江段）、金沙江（玉树至宜宾段）、嘉陵江、雅砻江、大渡河、沱江、岷江等。境内有湖泊1 000余个、冰川200余条，在川西北和川西南分布有一定面积的沼泽，总量丰富，人均水资源量高于全国，但时空分布不均，形成区域性缺水和季节性缺水；水资源以河川径流为主，但径流量的季节分布不均，大多集中在6—10月，洪旱灾害时有发生；河道迂回曲折，利于农业灌溉；天然水质良好，部分地区有污染。

3.2.2 四川人文地理环境

1）历史沿革

四川有人类活动的历史可以追溯到200万年以前。早在商周时期，四川地区就建有以古蜀族为中心的蜀国和以古巴族为中心的巴国，故有"巴蜀"之称。秦灭巴国设立三郡，并责令李冰父子修筑都江堰后，巴蜀文化和经济日益繁荣发达。到三国时期，诸葛亮辅佐刘备建立了大蜀政权，三分天下。自此，巴蜀文化开始渐成气候，独树一帜，名扬天下。汉代四川属益州，唐代属剑南道及山南东、西等道，宋置川陕路，后分置益、梓、利、夔四路，总称四川路，至此始有"四川"之名。元设四川行中书省，简称"四川行省"。明置四川布政使司，辖区内还包括今贵州省遵义市和云南省东北部以及贵州省西北部。清为四川省，并对川、滇、黔3省省界进行了较大调整，基本确定了目前四川的南边省界。民国时期，今四川西部分治为西康省，1955年西康省划归四川。1997年将四川分为今重庆直辖市和四川省，川渝分治。

导考指引：简述"四川"得名及"四川省"建制的由来。

2）人口民族

2020年末全省家庭户人口7 709.3万人、常住人口8 367.5万人，其中少数民族人口568.8万人。四川为多民族聚居地，主要有彝族、藏族、羌族、苗族、土家族、傈僳族、纳西族、布依族、白族、壮族、傣族等世居少数民族。四川有全国最大的彝族聚居区（主要分布在凉山州、乐山市、攀枝花市）、第二大藏族聚居区（主要分布在甘孜州、阿坝州和凉山州的木里县）和唯一的羌族聚居区（主要分布在阿坝州的汶川县、理县、茂县和绵阳市的北川县、盐亭县、平武县）。

导考指引：羌族在历史上不同时期有哪些著名人物？

3）风俗物产

（1）川菜

川菜作为中国八大菜系之一，在我国烹饪史上占有重要地位。川菜发源于中国古代的巴国和蜀国，是对我国西南地区（四川和重庆等地）具有地域特色的饮食的统称。川菜最大的特点是"一菜一格，百菜百味"。它取材广泛，口味清鲜醇浓并重，以善用麻辣著称，并以其别具一格的烹调方法和浓郁的地方风味，融汇了东南西北各方的特点，博采众家之长，善于吸收，善于创新，享誉中外。川菜主要分为蓉派和渝派两大类。蓉派川菜讲求用料精细准确，严格以传统经典菜谱为准；渝派川菜以用料大胆，不拘泥于食材，手法更新为主。一般认为蓉派川菜是传统川菜，渝派川菜是新式川菜。川菜特点是突出麻、辣、香、鲜、油大、味厚，重用"三椒"（辣椒、花椒、胡椒）和鲜姜。川菜烹调有四个特点：一是选料认真，二是刀工精细，三是合理搭配，四是精心烹调。在烹调方法上擅长炒、滑、熘、爆、煸、炸、煮、煨等。川菜的基本味型为麻、辣、甜、咸、酸、苦六种。在六种基本味型的基础上，又可调配变化为多种复合味型，川菜的复合味型有20多种，如咸鲜味型、家常味型、麻辣味型、糊辣味型等。川菜菜式由筵席菜、大众便餐菜、家常风味菜、火锅、风味小吃五大类组成。

导考指引：简述"努力餐"一名的来历。

（2）自贡恐龙灯会

自贡恐龙灯会是四川自贡地区的传统民俗文化活动。该年节灯会有着悠久的历史和鲜明的特色。这里自唐以来便有新年燃灯的地方传统习俗，延至清代即有"狮灯场市""灯竿节"；到20世纪初，又渐形成节日的提灯会，更有放天灯、舞龙灯、戏狮灯、闹花灯等活动。自贡灯会被国家旅游局确定为"中国民间艺术游""中国百姓生活游"和向海外推出的大型民俗文化活动，被誉为"高品位的艺术""流动的文化旅游资源""民族传统文化的骄傲"。

导考指引：四川汉族地区的大型传统节庆活动主要有哪些？

（3）蜀绣

蜀绣又名"川绣"，与苏绣、湘绣、粤绣齐名，为中国四大名绣之一，是在丝绸或其他织物上采用蚕丝线绣出花纹图案的中国传统工艺。作为中国刺绣传承时间最长的绣种之一，蜀绣以其明丽清秀的色彩和精湛细腻的针法形成了自身的独特韵味，丰富程度居四大名绣之首。2006年5月，蜀绣经国务院批准列入第一批国家级非物质文化遗产名录。蜀绣历史悠久，东晋以来与蜀锦并称"蜀中瑰宝"。蜀绣以软缎、彩丝为主要原料，针法包括12大类122种。具有针法严谨、针脚平齐、变化丰富、形象生动、富有立体感等特点。

（4）川剧

川剧是中国汉族戏曲剧种之一，流行于四川东中部、重庆及贵州、云南部分地区。是我国戏曲宝库中的一颗光彩照人的明珠。它历史悠久，保存了不少优秀的传统剧目和丰富的乐曲与精湛的表演艺术。川剧与其他剧种不同的地方在于其有特别高的高腔。在戏曲声腔上，川剧是由高腔、昆腔、胡琴腔、弱腔等四大声腔加一种本省民间灯戏组成的。这五个种类除灯戏外，都是从明朝末年到清朝中叶，先后由外省的戏班传入四川。川剧的剧目十分丰富，早有"唐三千，宋八百，数不完的三列国"之说。川戏锣鼓，是川剧音乐的重要组成部分。其使用乐器共有二十多种，常用的可简为小鼓、堂鼓、大锣、大钹、小锣（兼铰子），统称为"五方"，加上弦乐、唢呐为六方，由小鼓指挥。川剧的行当总的方面分生、旦、净、末、丑、杂等六大类。变脸是川剧表演的特技之一，用于揭示剧中人物的内心及思想感情的变化，它有拭、揉、抹、吹、画、戴、憋、扯等方法。

3.2.3 四川旅游资源

1）旅游资源概览

四川的旅游资源极为丰富，历来有"天下山水在于蜀"之说。除了自然山水风光外，长江、黄河两大流域文明的精华，更是哺育出巴蜀地区璀璨的历史文化及民族民俗文化。四川历史文化悠久，以三星堆、金沙遗址为代表的古蜀文明璀璨而神秘，有国家历史文化名城8个，全国重点文物保护单位262处，蜀锦、四川皮影戏等被列入联合国教科文组织非物质文化遗产名录项目。四川为中国道教发源地之一，全世界最早的纸币"交子"出现地，三国文化、红色文化、民族文化、宗教文化灿烂多姿。四川省世界及国家级旅游资源如表3-1所示。

表3-1 四川省世界及国家级旅游资源

类型	数量	分类	景点
世界遗产	5	世界自然遗产	九寨沟、黄龙、四川大熊猫栖息地
		世界文化遗产	青城山—都江堰
		世界自然与文化遗产	峨眉山—乐山大佛
世界生物圈保护区	4	九寨沟、黄龙、卧龙、亚丁	
世界地质公园	3	兴文世界地质公园、自贡世界地质公园、光雾山—诺水河世界地质公园	
国家历史文化名城	8	成都市、自贡市、宜宾市、阆中市、乐山市、都江堰市、泸州市、会理县	
国家5A级旅游景区	16	九寨沟、黄龙、峨眉山、乐山大佛、汶川特别旅游区、北川羌城旅游区、邓小平故里、剑门关、阆中古城、朱德故里、海螺沟、青城山—都江堰、碧峰峡、光雾山、稻城亚丁、安仁古镇	
国家级旅游度假区	3	邛海旅游度假区、成都天府青城康养休闲旅游度假区、峨眉山市峨秀湖旅游度假区	

注：数据截至2022年7月。

试一试： 请将四川5A级旅游景区在地图上进行定位标注。

2）重点旅游资源

近年来，四川省委省政府立足文旅融合发展历史性的黄金时期，做出了一系列大抓文化旅游的决策部署，全力打造十大文旅品牌，这十大文旅品牌分别为大九寨、大峨眉、大熊猫、大香格里拉、大贡嘎、大竹海、大灌区、大蜀道、大遗址、茶马古道。覆盖了四川省21个市州，是四川文化旅游最具代表性的优势资源。

（1）都江堰景区

都江堰景区位于四川省成都市都江堰市城西，坐落在成都平原西部的岷江上，2000年被联合国教科文组织列入"世界文化遗产"名录，它还是世界灌溉工程遗产、全国重点文物保护单位、国家级风景名胜区、国家5A级旅游景区。主要景点包括南桥、离堆古园、鱼嘴分水堤、飞沙堰溢洪道、宝瓶引水口、安澜桥、二王庙、秦堰楼等。

都江堰水利工程原理解析

都江堰水利工程两千多年来一直发挥着防洪灌溉的作用，至今灌区已达30余县市、面积近千万亩，是全世界迄今为止，年代最久、唯一留存、至今仍一直在使用、以无坝引水为特征的宏大水利工程，凝聚着中国古代劳动人民勤劳、勇敢、智慧的结晶。它不仅是中国水利工程技术的伟大奇迹，也是世界水利工程的璀璨明珠。

新视野

世界遗产委员会评价都江堰：建于公元前3世纪，位于四川成都平原西部的岷江上的都江堰，是中国战国时期秦国蜀郡太守李冰及其子率众修建的一座大型水利工程，是全世界至今为止，年代最久、唯一留存、以无坝引水为特征的宏大水利工程。2000多年来，至今仍发挥巨大效益，李冰治水，功在当代，利在千秋，不愧为文明世界的伟大杰作，造福人民的伟大水利工程。

导考指引：请扼要简介都江堰水利工程的特点。

人物谈

李　冰

李冰（约公元前302年—235年）（生卒年、出生地不详），号称陆海，战国时代著名的水利工程专家。公元前256年—前251年被秦昭王任为蜀郡（今成都一带）太守。在今四川省都江堰市（原灌县）岷江出山口处主持兴建了中国早期的灌溉工程都江堰，因而使成都平原富庶起来。据《华阳国志·蜀志》记载，李冰曾在都江堰安设石人水尺，这是中国早期的水位观测设施。他还在今宜宾、乐山境开凿滩险，疏通航道，又修建汶井江（今崇庆县西河）、白木江（今邛崃南河）、洛水（今石亭江）、绵水（今绵远河）等灌溉和航运工程，以及修索桥，开盐井等。

谈一谈：通过查找资料，了解李冰修建都江堰的过程，并对李冰做出评价。

（2）峨眉山景区

峨眉山景区位于四川省峨眉山市境内，距成都约150多公里。其最高峰万佛顶海拔3 099米，唐代大诗人李白有"蜀国多仙山，峨眉邈难匹"的千古绝唱，在民间更享有"一山独秀众山羞""高凌五岳"的美称。北魏时郦道元《水经注》记载，"去成都千里，然秋日澄清，望两山相对如峨眉，故称峨眉焉"。

峨眉山抚弄星辰，积蓄云雨。地势陡峭，风景秀丽，素有"峨眉天下秀"之称。从山脚到山顶，"十里不同天、一山有四季"。游览线路近60公里，由高、中、低三大主题游览区组成。现全山共有寺庙近30座，景点分为传统十景和新辟十景。如今的"大峨眉"已成为集休养、养生、文化、娱乐、观光、美食为一体的全新多功能复合型的精品旅游区。峨眉山自然遗产极其丰富，素有天然"植物王国""动物乐园""地质博物馆"之美誉。峨眉山是中国"四大佛教名山"之一，自古就有"普贤者，佛之长子；峨眉者，山之领袖"的说法。做为普贤菩萨的道场，是中国佛教圣地，被誉为"佛国天堂"。峨眉山以其"雄、秀、神、奇、灵"的自然景观和深厚的佛教文化，被联合国教科文组织列入世界文化与自然遗产名录。

导考指引：为什么峨眉山被称为"仙山佛国"？

（3）九寨沟景区

九寨沟位于四川省西北部岷山山脉南段的阿坝藏族羌族自治州九寨沟县漳扎镇境内，地处岷山南段弓杆岭的东北侧。距离成都市400多公里，系长江水系嘉陵江上游白水江源头的一条大支沟。九寨沟自然保护区地势南高北低，山谷深切，高低悬殊。北缘九寨沟口海拔仅2 000米，中部峰岭均在4 000米以上，南缘达4 500米以上，主沟长30多公里。九寨沟的得名来自于景区内九个藏族寨子（树正寨、则查洼寨、黑角寨、荷叶寨、盘亚寨、亚拉寨、尖盘寨、热西寨、郭都寨），这九个寨子又称为"和药九寨"。由于有九个寨子的藏民世代居住于此，故名为"九寨沟"。九寨沟作为世界自然遗产、国家重点风景名胜区、国家5A级旅游景区、国家级自然保护区、国家地质公园、世界生物圈保护区网络，也是中国第一个以保护自然风景为主要目的的自然保护区。九寨沟景区在外也美名远播，东方人称之为"人间仙境"，西方人则将之誉为"童话世界"。

导考指引：简述九寨沟得名由来以及九寨沟的"六绝"。

（4）邓小平故里景区

邓小平故里景区是"和谐广安·伟人故里"之旅的核心景区，国家5A级旅游景区。地处四川东部广安市区北郊协兴镇牌坊村，距广安市区7公里，距省会成都400多公里。核心区域是我国改革开放总设计师邓小平的祖居。2001年6月，为了表达对邓小平同志的无限怀念之情，四川省委、省政府批准设立了邓小平故居保护区，其核心区已建成邓小平故里旅游景区。邓小平故里旅游景区是集红色旅游、生态旅游、古镇文化与乡村休闲度假于一体，总面积3.19平方公里，主要包括邓小平故里核心区、佛手山景区、翰林院子和协兴老街、牌坊新村等景区（景点），有全国重点文物保护单位4处，川东民俗民风和自然景观多处。邓小平故里核心区占地面积830亩，经中共中央批准，修建了邓小平铜像广场、邓小平故居陈列馆和邓小平缅怀馆等纪念设施。恢复了清水塘、神道碑、德政坊、放牛坪等20余处邓小平青少年时期的重要活动场所。形成了郁郁葱葱、井然有序、自然亲切、令人仰慕的"天然纪念馆"风貌。已成为人们追寻小平足迹，进行爱国主义教育的重要场所。

导考指引：请扼要简介邓小平故里景区的特点。

试一试：请查找资料，了解邓小平故居陈列馆建筑外形设计的内涵。

（5）三星堆博物馆及遗址区

三星堆博物馆及遗址区，地处成都平原腹心地带的广汉，是迄今我国西南地区发现的分布范围最广、延续时间最长、文化内涵最丰富的古文化遗址，其文化堆积距今约4500~2800年，面积达12平方公里。景区分为三星堆遗址区和三星堆博物馆区，被誉为世界第九大奇迹。三星堆的得名源于遗址区内发现的三个人工夯筑的土堆，它与北面犹如一弯新月的月亮湾，隔着古老的马牧河南北相望，三星伴月由此得名，并在很早以前就成为当地一处著名的人文景观。清嘉庆《汉州志》对此就有明确记载。其中三星堆遗址区的中心区域，是一座约3.6平方公里的古城，城内不仅分布有东、西、南三面城墙，还包括三星堆祭祀台、祭祀坑、月亮湾城墙等遗迹。三星堆遗址被称为20世纪人类最伟大的考古发现之一，专家们认为，三星堆文化面貌既呈现独特性，又与中原地区、长江中游地区夏商时期古文化有着紧密联系。三星堆博物馆区主要由综合馆、青铜馆两大展馆构成，陈列科普化与艺术化双美并举，有力揭示了三星堆文明的深刻内涵，集中反映了三星堆作为长江文明之源和天府文化之根的辉煌灿烂。新设"修复馆"，修复2019年以来三星堆遗址新发现祭祀坑出土文物，向公众展示修复过程并普及相关文保知识。1988年1月，三星堆博物馆被评定为全国重点文物保护单位，2001年，三星堆博物馆被评定为我国首批国家4A级旅游景区。2010年10月，三星堆博物馆景区被列入国家首批国家考古遗址公园名录。

3）旅游发展新格局

《四川省"十四五"文化和旅游发展规划》提出要落实"一干多支、五区协同"战略部署，立足国土空间规划与要素配置，着力构建"一核、五带、十大、四廊"空间布局，强化成都在全省文化和旅游发展的核心地位和引领作用，联动巴蜀文化旅游走廊、长征红色旅游走廊、西南民族特色文化产业带（藏羌彝文化产业走廊）、茶马古道历史文化走廊等"四大"走廊建设，打造大九寨、大熊猫、大遗址等十大精品，统筹环成都、川南、川东北、攀西、川西北文旅经济带协调发展，着力构建文化和旅游空间发展新格局。

3.3　巴风渝韵　山水重庆

课前思考

1.观察图3-2，长江流经了重庆市的哪些区县？

2.你知道重庆都有哪些别称，这些别称分别代表了什么含义？

分省（区、市）地图—重庆市

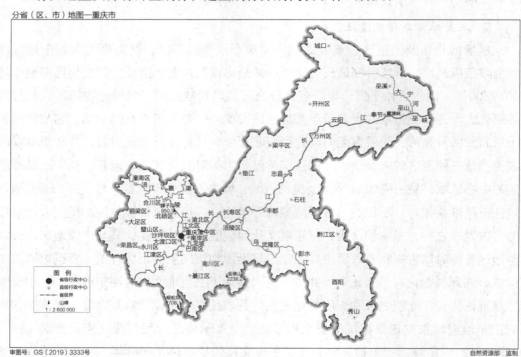

审图号：GS（2019）3333号　　　　　　　　　　　　　自然资源部 监制

图3-2　重庆市地图

重庆位于中国内陆西南部、长江上游地区。面积8.24万平方公里，辖38个区县（26个区、8个县、4个自治县）。重庆以主城区为依托，各区县（自治县）形如众星拱月，构成了大、中、小城市有机结合的组团式、网络化的现代城市群。重庆是一座独具特色的"山城""江城"，地貌以丘陵、山地为主，其中山地占76%；长江横贯全境，流程691公里，与嘉陵江、乌江等河流交汇。重庆旅游资源丰富，有长江三峡、世界文化遗产大足石刻、世界自然遗产武隆喀斯特和南川金佛山等壮丽景观。重庆是中国西部地区唯一的直辖市和国家中心城市，是西部大开发的重要战略支点、"一带一路"和长江经济带的联结点，在国家区域发展和对外开放格局中具有独特而重要的作用。习近平总书记对重庆提出营造良好政治生态，坚持"两点"定位、"两地""两高"目标，发挥"三个作用"和推动成渝地区双城经济圈建设等重要指示要求，为新时代重庆改革发展导航定向。

导考指引： 解释重庆的别称"山城""雾都""江城""桥都"的由来。

大事记

习近平主持中共中央政治局会议　审议《成渝地区双城经济圈建设规划纲要》

中共中央政治局2020年10月16日召开会议，审议《成渝地区双城经济圈建设规划纲要》。中共中央总书记习近平主持会议。会议指出，当前我国发展的国内国际环境继续发生深刻复杂变化，推动成渝地区双城经济圈建设，有利于形成优势互补、高质量发展的区域经济布局，有利于拓展市场空间、优化和稳定产业链供应链，是构建以国内大循环为主体、国内国际双循环相互促进的新发展格局的一项重大举措。

会议要求，成渝地区牢固树立一盘棋思想和一体化发展理念，健全合作机制，打造区域协作的高水平样板。唱好"双城记"，联手打造内陆改革开放高地，共同建设高标准市场体系，营造一流营商环境，以共建"一带一路"为引领，建设好西部陆海新通道，积极参与国内国际经济双循环。坚持不懈抓好生态环境保护，走出一条生态优先、绿色发展的新路子，推进人与自然和谐共生。处理好中心和区域的关系，着力提升重庆主城和成都的发展能级和综合竞争力，推动城市发展由外延扩张向内涵提升转变，以点带面、均衡发展，同周边市县形成一体化发展的都市圈。

资料来源：中华人民共和国中央人民政府网

3.3.1 重庆自然地理环境

1）地形地貌

重庆市北有大巴山，东有巫山，东南有武陵山，南有大娄山。地势由南北向长江河谷逐级降低，东南部、东北部高，中部和西部低，西北部和中部以丘陵、低山为主，东南部靠大巴山和武陵山两座大山脉，坡地较多，有"山城"之称。境内山高谷深，沟壑纵横，山地面积占76%，丘陵占22%，河谷平坝仅占2%。重庆主城区海拔高度多在168～400米。

2）气象气候

重庆市位于北半球副热带内陆地区，属中亚热带湿润季风气候类型，北部和东南部分布有山，构成四川盆地边缘山地。形成了"夏热冬暖、无霜期长"的气候特点，为长江三大"火炉"之一。其气候特征是：①夏热冬暖，无霜期长。最冷月（1月）平均气温有7.8℃，无霜期340～350天，是同纬度无霜期最长的地区。②降水量充沛，时空分配不均。多暴雨，受青藏高压和副热高压的影响，7、8月份常出现30～50天的干旱。③秋多阴雨，冬多云雾，日照时数少，素有"雾都"之称。④气候垂直分布明显。因受地形影响，重庆地区一般存在着500～600米、800米左右二个逆温层。降水量随海拔增高而增多，多雨带各地不一。

导考指引：简述重庆的气候特点及多雾的原因。

3）河流水文

重庆市的主要河流有长江、嘉陵江、乌江、涪江、綦江、大宁河、阿蓬江、西水河等。长江干流自西向东横贯全境，横穿巫山三个背斜，形成著名的瞿塘峡、巫峡和湖北的西陵峡，即举世闻名的长江三峡；嘉陵江自西北而来，三折后于渝中区入长江，有沥鼻峡、温塘峡、观音峡，即嘉陵江小三峡；乌江于涪陵区汇入长江。

此外，重庆本身还是一座浮在温泉浪花上的城市，它位于川东褶皱带，岩层裂隙丰富，充沛的地热资源造就了温泉富集。据统计，截至2015年，重庆已探明温泉矿点达131个，区域面积1万余平方公里，每天有大量的温泉在人们脚下流淌。

导考指引：简述重庆温泉资源数量及其分布。

3.3.2 重庆人文地理环境

重庆城市的形成与发展源远流长。重庆在历史上曾3次建都（巴国首都、夏国都、抗战陪都），3次设立中央直辖市。宋代重庆合川钓鱼城的抗蒙战争，为世界反侵略战争做出了巨大贡献。抗战时期的重庆，在世界反法西斯战争史上书写了重要的篇章。近代重庆的革命斗争史，特别是红岩革命精神，一直为国人所传颂。现代的重庆，为国家的现代化建设和繁荣富强铸就着新的辉煌。中华人民共和国成立初期，重庆是中国八大城市之一，一直是西南的工业重镇。经过多年的建设，重庆已发展成为中国西部最大的城市，国家中心城市，长江上游的经济中心。

1）历史沿革

重庆是一座有着悠久历史和灿烂文化的名城。200万年前的巫山人化石，表明重庆地区是东方文明的发祥地。铜梁文化遗址证明2万年前的旧石器时代重庆就有人类活动。重庆地区还有巫山大溪、巴南干溪沟、江津王爷庙、合川沙梁子等数十处新石器时代遗址。公元前11世纪至公元前316年，巴人以重庆为首府，建立了巴国。汉朝时期巴郡称江州，魏晋南北朝时期先后更名为荆州、益州、巴州、楚州。隋开皇元年以渝水（嘉陵江之古称）绕城，改楚州为渝州。这就是重庆简称"渝"的来历。北宋徽宗崇宁元年（1102年）改渝州为恭州。宋淳熙十六年（1189年），南宋光宗赵惇因先在恭州于正月封为恭王，二月受内禅即帝位，自诩"双重喜庆"，遂将恭州升格为重庆府。重庆由此得名，迄今已800余年。抗日战争爆发后，国民政府由南京迁至重庆，于1937年11月定重庆为"战时首都"，1939年5月5日国民政府颁令，将重庆升格为直辖市。1940年9月再定重庆为中华民国"陪都"，重庆成为世界反法西斯战争的国际名城。1949年11月30日重庆解放，成为西南军政委员会驻地。1953年3月重庆改为中央直辖市。1954年7月重庆市并入四川省，改为四川省辖市。1997年6月18日重庆直辖市正式挂牌。

2）人口民族

根据重庆市第七次全国人口普查结果，重庆市2020年11月1日零时末常住人口3 205.4万人，城镇化率69.46%。人口以汉族为主，少数民族主要有土家族、苗族等。是我国唯一辖有民族自治地方的直辖市，辖4个自治县、1个享受民族自治地方优惠政策的区、14个民族乡。渝东南民族地区一区四县是全市少数民族人口聚居区，主要是土家族和苗族，辖区面积1.7万平方公里。

导考指引：简述重庆的四个自治县及少数民族分布情况。

3）风俗物产

（1）重庆火锅

重庆火锅又称毛肚火锅或麻辣火锅，是中国传统饮食方式之一，其起源于明末清初的重庆嘉陵江畔，该菜式也是朝天门等码头船工纤夫的粗放餐饮方式，其主要原料是牛毛肚、猪黄喉、鸭肠、牛血旺等。2007年3月20日，在第三届中国（重庆）火锅美食文化节开幕式上，中国烹饪协会正式授予重庆市"中国火锅之都"称号。以"火锅之都"命名一个城市，这在中国历史上尚属首次。

导考指引：简述重庆火锅起源的原因及其特征。

（2）荣昌折扇

荣昌折扇起源于明朝永乐年间。其造型轻盈灵巧，线条外圆内方，选料考究，制作精细，品种齐全，花色繁多，深受群众喜爱。今天荣昌折扇与江苏苏州的绢绸扇、浙江杭州的书画扇并称为"中国三大名扇"，而荣昌折扇尤以工艺制作精良取胜。荣昌折扇的产品主要有全楠、正棕、皮底、硬青、串子、全棕、檀香、绸面（白绸、色绸）、毛、胶质十大类，计345个品种。荣昌折扇是我国民族传统美术工艺装饰的独特产品，是清暑消热的实用工具。因其雕刻制作精细、扇面书画艺术精美，具有极大的艺术价值、欣赏价值和收藏价值。

（3）川江号子

川江号子是川江水系各民族船工们驾船劳作时所唱的歌谣。它随航运事业的兴起而产生，至今已有数千年的历史。川江号子在长期的传唱中，以河道不同形成了大河号子和小河号子；以河段水系不同，形成了紧张型号子和舒缓型号子；以船行方向不同，形成了上水号子和下水号子。这些不同类别的号子中，还包括若干小类，汇集成数十种类别和千余首曲目的川江水系音乐文化。川江号子是长江水路运输史上的文化瑰宝，是船工们与险滩恶水搏斗时用热血和汗水凝铸而成的生命之歌，具有传承历史悠久、品类曲目丰富、曲调高亢激越、一领众和、徒歌等特征。它的存在从本质上体现了自古以来川江各流域劳动人民面对险恶的自然环境不屈不挠的抗争精神和粗犷豪迈中不失幽默的性格特征。代表曲目有《拉纤号子》《捉缆号子》《橹号子》《招架号子》《大斑鸠》《小斑鸠》等。

导考指引：什么是川江号子？

3.3.3　重庆旅游资源

1）旅游资源概览

重庆旅游资源丰富，有一大批世界知名的独占性旅游资源，重庆是世界上最大的内陆山水都市，空间尺度大，旅游功能构建、旅游要素聚集能力强，江城山城交相辉映，被国内外生态专家誉为世界少有的天然生态城市。重庆历史文化厚重，既是巴渝文化的发祥地，又是抗战文化、红色文化的集聚地，被誉为与伦敦、莫斯科等齐名的世界反法西斯战争的英雄城市。重庆市世界及国家级旅游资源如表3-2所示。

表3-2　重庆市世界及国家级旅游资源

类型	数量	分类	景点
世界遗产	2	世界自然遗产	中国南方喀斯特（重庆武隆、重庆金佛山）
		世界文化遗产	大足石刻
国家地质公园	9	云阳龙缸国家地质公园、武隆岩溶国家地质公园、黔江小南海国家地质公园、万盛国家地质公园、石柱七曜山地质公园、綦江木化石—恐龙国家地质公园、长江三峡国家地质公园（湖北/重庆）、黑山谷景区、云阳恐龙国家地质公园	
国家5A级旅游景区	11	大足石刻景区、巫山小三峡·小小三峡、武隆喀斯特旅游区、酉阳桃花源景区、万盛经开区黑山谷景区、南川金佛山景区、云阳龙缸景区、江津四面山景区、彭水县阿依河景区、黔江区濯水景区、奉节白帝城·瞿塘峡景区	
国家级旅游度假区	2	仙女山旅游度假区、丰都南天湖旅游度假区	

注：数据截至2022年7月。

试一试：以上提到的旅游景区有你熟悉的吗？如果有，请给同学们介绍一下。

2）重点旅游资源

重庆是西部大开发的重要战略支点，处在"一带一路"和长江经济带的联结点上。重庆旅游目前正按照"山水之城·美丽之地"目标定位和"行千里·致广大"价值定位，聚焦文旅融合发展主线，着力打好"三峡、山城、人文、温泉、乡村"五张牌，全力打造长江三峡、山水都市、大足石刻、天生三桥、乌江画廊、温泉之都六大旅游精品。

（1）大足石刻

大足石刻导游讲解

大足石刻是重庆市大足区境内主要表现为摩崖造像的石窟艺术的总称。迄今公布为文物保护单位的石刻多达75处，造像5万余尊。石刻以佛教造像为主，兼有儒、道造像。其中尤以北山、宝顶山、南山、石门山、石篆山石窟最具特色。大足石刻造像始建于初唐，历经唐末、五代，兴盛于两宋，余绪绵延至明清，历时千余载，是中国石窟艺术史上的最后一座丰碑，也是世界石窟艺术中公元9世纪末至13世纪中叶间最为辉煌壮丽的一页。

大足石刻植根于悠久的巴蜀文化沃土，在吸收、融化前期石窟艺术精华的基础上，推陈出新，开拓了石窟艺术的新天地。以鲜明的民族化、世俗化、生活化特色，成为具有中国风格的石窟艺术的典范，具有前期各代石窟不可替代的历史、艺术、科学和鉴赏价值。1999年12月1日，大足石刻作为文化遗产被联合国教科文组织列入世界遗产名录。

导考指引：大足石刻的特色是什么？

新视野

世界遗产委员会评价大足石刻：大足地区的险峻山崖上保存着绝无仅有的系列石刻，时间跨度从公元9世纪到13世纪。这些石刻以其极高的艺术品质、丰富多变的题材而闻名遐迩，从世俗到宗教，鲜明地反映了中国这一时期的日常社会生活，充分证明了这一时期佛教、道教和儒家思想和谐相处局面。

（2）武隆喀斯特旅游区（天生三桥·仙女山·芙蓉洞）

武隆喀斯特旅游区位于重庆市东南部乌江下游，距重庆主城约130公里，主要由天生三桥、仙女山、芙蓉洞3部分组成，以武隆城区为中心，呈放射状到达各景区，是国家级旅游度假区、国家生态旅游示范区、中国森林旅游示范区，被评为"中国森林氧吧"，2007年6月27日，以天生三桥为代表的武隆喀斯特作为"中国南方喀斯特"正式列入世界自然遗产名录。2011年7月6日，天生三桥景区被评为国家5A级旅游景区。

仙女山国家森林公园拥有森林33万亩，天然草原10万亩，最高峰2 033米，以其江南独具魅力的高山草原、南国罕见的林海雪原、清幽秀美的丛林碧野景观而被誉为"东方瑞士"，仙女山平均气温比重庆主城区低15 ℃，由此又享有"山城夏宫"之美誉。

武隆天坑又名天生三桥，是全国罕见的地质奇观生态型旅游区，属典型的喀斯特地貌。景区以天龙桥、青龙桥、黑龙桥三座气势磅礴的石拱桥称奇于世，具有雄、奇、险、秀、幽、绝等特点，属亚洲最大的天生桥群。

芙蓉洞是一个大型石灰岩洞穴，形成于第四纪更新世（大约120多万年前），发育在古老的寒武系白云质灰岩中。洞内深部稳定气温为16.1℃。芙蓉洞主洞长 2 700米，游览道1 860米，洞底总面积37 000平方米，其中辉煌大厅面积在1 000平方米以上。洞中主要景点有金銮宝殿、雷峰宝塔、玉柱擎天、玉林琼花、犬牙晶花、千年之吻、动物王国、海底龙宫、巨幕飞瀑、石田珍珠、生殖神柱、珊瑚瑶池等。芙蓉洞是世界唯一被列为世界自然遗产保护地的洞穴，其庞大的洞体，丰富的洞穴沉积物不但征服了各国洞穴专家，更倍受众多前来观光的游客青睐。

试一试： 请对比分析重庆武隆的喀斯特地貌和宜宾兴文石海喀斯特地貌的异同。

导考指引： 天生三桥是哪三桥？其桥高、桥厚及平均跨度分别是多少？

（3）重庆红岩革命历史博物馆

重庆红岩革命历史博物馆于2007年1月19日正式成立，由红岩革命纪念馆、歌乐山革命纪念馆、重庆特园民主党派历史陈列馆3个场馆组成。

红岩革命纪念馆位于渝中区红岩村52号，主要包括中共中央南方局暨八路军重庆办事处旧址、曾家岩50号、《双十协定》签字处——桂园、宋子文公馆等25处革命遗址。主要职责是保护、发掘、研究红岩革命历史资源，传播革命历史，大力弘扬红岩精神。该纪念馆主要宣传毛泽东、周恩来、董必武等老一辈无产阶级革命家在渝战斗的丰功伟绩，全面宣传在全民族抗日战争时期和解放战争初期，中共中央南方局团结带领国统区和部分沦陷区广大共产党员、革命志士和人民群众，为巩固扩大抗日民族统一战线和人民民主统一战线，为抗日战争和世界反法西斯战争胜利以及新中国成立做出的巨大贡献。

歌乐山革命纪念馆位于沙坪坝区烈士墓政法三村63号，主要包括白公馆监狱旧址、渣滓洞监狱旧址、"一一·二七"死难烈士之墓、松林坡杨虎城将军殉难地、蒋家院子秘密囚室等26处文物遗址及景点。该纪念馆以宣传红岩革命烈士的英勇事迹和斗争精神为主要内容，大力弘扬红岩革命先辈的坚定理想信念和浩然革命正气，充分展示了红岩英烈的大忠大勇。

重庆特园民主党派历史陈列馆位于渝中区嘉陵桥东村35号，依托全国重点文物保护单位——特园旧址修建，是一座全面反映中国共产党领导的多党合作和政治协商制度发展光辉历程、中国民主党派光荣历史的博物馆，馆舍还包括中国民主建国会成立旧址陈列馆、中国农工民主党中央机关旧址陈列馆，是中国统一战线传统教育基地，有六个民主党派中央在此挂牌教育基地，突出传承红色基因、弘扬统战文化，是开展党史、新中国史、改革开放史、社会主义发展史教育的重要场所。

导考指引：红岩精神的主要内涵是什么？

（4）洪崖洞民俗风貌区

洪崖洞民俗风貌区地处重庆市核心商圈解放碑和朝天门地区的连接点，长江、嘉陵江两江交汇的滨江地带，是国家4A级旅游景区。该景区既展示了以青砖、石瓦、石板路为特征的巴渝古典民居，又引入特色餐饮、巴渝民间工艺品、特色旅游商品及精品古玩等业态，融汇当下所有时尚元素。在这里，观古色古香吊脚楼群、逛山城风情老街、赏传统巴渝文化、烫麻辣鲜香山城火锅、看两江江水激情汇流……打造真正的纯生活休闲娱乐新空间。

议一议：如何看待自媒体带来的网红景区现象？

3）旅游发展新格局

根据《重庆市"十四五"文化与旅游发展规划》，要构建"一区两群"旅游发展格局，根据旅游资源禀赋特质和区位条件，按照融合化、全景化、差异化的要求，着力打造大都市、大三峡、大武陵旅游目的地，加快构建重点突出、各具特色、功能互补的"一区两群"旅游发展新格局。

以"山水之城、魔幻之都"为形象主题，加快推进主城都市区旅游业高质量发展，全力打造"大都市"旅游发展升级版，进一步提升"大都市"旅游国际知名度、美誉度和吸引力，建设近悦远来、主客共享的世界知名都市旅游目的地。构建以长江、嘉陵江为主轴，"一核一带"旅游发展格局。立足中心城区，发挥主城都市区核心集聚功能，重塑"两江四岸"国际化山水都市风貌，打造引领全市全域旅游发展的极核。立足主城新区，打造环抱大都市、承接大三峡、连通大武陵、辐射周边省的环城休闲旅游带。打造一批彰显世界文化遗产地文化底蕴、展现世界自然遗产地美景的旅游景区、旅游度假区，支持涪陵武陵山大裂谷等申创国家5A级旅游景区，支持南川区等创建国家级全域旅游示范区。持续培育和打造魔幻都市、红色经典、山城夜景、巴渝文化、世界遗产、非遗古韵、城郊休闲度假等一批主题精品旅游线路。把主城都市区打造成为城市魅力独特、旅游功能齐全、产品业态丰富、品牌形象卓著、服务功能完善、集散舒适便捷，具有国际竞争力和影响力的世界知名都市旅游目的地。

3.4 绚丽民风 七彩云南

课前思考

1.观察图3-3，云南省内有哪些河流向国外？分别叫什么？
2.云南为什么被称为"彩云之南"？

分省（区、市）地图—云南省

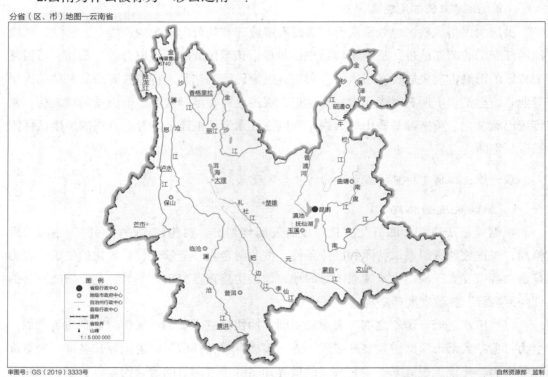

审图号：GS（2019）3333号 自然资源部 监制

图3-3 云南省地图

云南省，简称"滇"或"云"，地处中国西南边陲，北回归线横贯本省南部，属低纬度内陆地区。东部与贵州省、广西壮族自治区为邻，北部与四川省相连，西北部紧依西藏自治区，西部与缅甸接壤，南部和老挝、越南毗邻。全省国土总面积39.41万平方公里，占全国国土总面积的4.1%，居全国第8位。截至2021年年末，全省行政区有8个地级市、8个自治州、17个市辖区、18个县级市、65个县、29个民族自治县。云南是全国植物种类最多的省份，热带、亚热带、温带、寒温带等植物类型都有分布，古老的、衍生的、外来的植物种类和类群很多，被誉为"植物王国"。云南动物种类数为全国之冠，珍稀保护动物较多，许多动物在国内仅分布在云南，素有"动物王国"之称。云南是全国边境线最长的省份之一，有8个州（市）的25个边境县分别与缅甸、老挝和越南交界。是中国通往东南亚、南亚的窗口和门户，中国与东南亚、南亚三大区域的结合部，拥有国家一类口岸20个，二类口岸6个，历史上著名的"史迪威公路"和"驼峰航线"经过云南境内。云南省认真贯彻习近平总书记考察云南重要讲话和指示精神，努力把云南建成为我国面向东南亚、南亚辐射中心，以及在实施"一带一路"倡议和长江经济带建设的推动下，努力构建云南全方位开放新格局，联通中国、东南亚、南亚三大市场，与各邻近国家建立互利、共赢合作关系，云南将更深程度融入世界经济体系。

导考指引：请对名称"云南"和"滇"进行解读，并介绍云南省基本情况。

大事记

以促进文化繁荣增强文化认同，打牢民族团结进步的文化基础

2015年1月，习近平总书记在云南考察时要求云南"努力成为我国民族团结进步示范区"。云南作为我国民族种类最多的省份，在促进民族团结进步方面取得了丰富的实践经验。其中之一则是以促进文化繁荣增强文化认同，打牢民族团结进步的文化基础。

文化认同是最深层次的认同。云南坚持以"各美其美、美人之美、美美与共"理念推动各民族文化繁荣发展、交流交融，明确保护各民族文化就是保护中华文化的多样性，支持民族服饰、工艺、建筑等在传承基础上创新，鼓励民族元素与现代元素相结合。云南加强民族文化强省建设，创作了《五朵金花》《云南映象》等一大批优秀文艺作品，形成许多各民族共享的中华文化符号，成功传递了民族团结进步理念，在彰显各民族文化特色中促进各民族相知相亲相惜、交往交流交融，深化了各民族对中华文化和中华民族的认同。

3.4.1 云南自然地理环境

1）地形地貌

云南全省地势呈现西北高、东南低，自北向南呈阶梯状逐级下降，属山地高原地形，以元江谷地和云岭山脉南段宽谷为界，分为东西两大地形区。东部为滇东、滇中高原，是云贵高原的组成部分，海拔2 000米左右，表现为起伏和缓的低山和浑圆丘陵，发育着各种类型的岩溶（喀斯特）地貌；西部高山峡谷相间，地势险峻，山岭和峡谷相对高差超过1 000米。5 000米以上的高山顶部常年积雪，形成奇异、雄伟的山岳冰川地貌。因气候、生物、地质、地形等相互作用，云南形成了多种多样土壤类型，其中，红壤面积占全省总面积的50%，是省内分布最广、最重要的土壤资源，故云南有"红土高原""红土地"之称。

2）气候特征

云南气候基本属于亚热带高原季风型，立体气候特点显著，类型众多、年温差小、日温差大、干湿季节分明、气温随地势高低垂直变化异常明显。滇西北属寒带型气候，无冬无夏，春秋较短；滇东、滇中属温带型气候，四季如春，遇雨成冬；滇南、滇西南属低热河谷区，有一部分在北回归线以南，进入热带范围，长夏无冬，一雨成秋。在一个省区内，同时具有寒、温、热（包括亚热带）三带气候，有"一山分四季，十里不同天"之说，景象别具特色。全省平均气温，最热（7月）月均气温在19~22 ℃之间，最冷（1月）月均气温在6~8 ℃之间，年温差一般只有10~12 ℃。干湿季节分明，湿季（雨季）为5~10月，集中了85%的降雨量；干季（旱季）为11月至次年4月，降水量只占全年的15%。全省降水的地域分布差异大，无霜期长。

3）河流水文

全省河川纵横，湖泊众多，境内径流面积在100平方公里以上的河流889条，分属长江、珠江、元江、澜沧江、怒江、大盈江六大水系。红河和南盘江均发源于云南境内，其余为过境河流。除金沙江、南盘江外，均为跨国河流。多数河流具有落差大、水流湍急、水流量变化大的特点。全省有高原湖泊40余个，多数为断陷型湖泊，大体分布在元江谷地和东云岭山地以南，多数在高原区内。

3.4.2 云南人文地理环境

1）历史沿革

云南是人类重要的发祥地之一，生活在距今170万年前的云南元谋直立人，是迄今为止发现的我国和亚洲最早人类。夏、商时期，云南属中国九州之一的梁州。秦朝以前，曾出现古滇王国。秦汉之际，中央王朝在云南推行过郡县制。西晋时期，云南改设为宁州，是全国十九州之一。唐宋时期，曾建立过南诏国、大理国等地方政权。1276年，元朝在云南设立行中书省，"云南"正式成为全国省级行政区划名称。1382年，明朝在云南设承宣布政使司、提刑按察使司、都指挥使司，管辖全省府、州、县。清朝沿袭明朝制度，在云南设承宣布政使司，下设道、府、州、县。1950年2月24日，云南解放，从此翻开了崭新的历史篇章。

2）人口民族

第七次全国人口普查数据显示全省总人口4 720.9万人，少数民族人口占总人口的33.12%。云南是我国民族种类最多的省份，除汉族以外，人口在百万以上的少数民族有6个，分别是彝族、哈尼族、白族、傣族、壮族、苗族，是全国少数民族人口数超过千万的3个省区（广西、云南、贵州）之一。其中哈尼族、白族、傣族、傈僳族、拉祜族、佤族、纳西族、景颇族、布朗族、普米族、阿昌族、怒族、基诺族、德昂族、独龙族共15个民族为云南特有。云南少数民族交错分布，表现为大杂居与小聚居。

3）风俗物产

（1）普洱茶

普洱茶是云南独有茶类。独特的地理位置，造就了云南茶叶丰富的内质，也是云南普洱茶独领风骚的根本所在。云南十里不同天的独特气候，成就了普洱茶"一山一味""十山十味"。不同产区的普洱茶形、色、香、质绝无雷同的特点。悠久的历史，独有的品饮文化，创造了云南普洱茶越陈越香的特性。云南普洱茶无污染、纯天然，含量极高的多种茶元素、微量元素，和最好的水溶性、释出性，让普洱茶成为健康的代名词。丰富的内质、个性鲜明的众多香型及多变的口感，让普洱茶更能满足现代人多层次的品饮需求。

（2）西双版纳傣族泼水节

傣族泼水节又名"浴佛节"，傣语称为"比迈"（意为新年），西双版纳德宏地区的傣族又称此节日为"尚罕"和"尚键"，两名称均源于梵语，意为周转、变更和转移，指太阳已经在黄道十二宫运转一周开始向新的一年过渡。阿昌族、德昂族、布朗族、佤族等族过这一节日。柬埔寨、泰国、缅甸、老挝等国也过泼水节。泼水节一般在傣历六月中旬（即农历清明前后十天左右）举行，是西双版纳最隆重的传统节日之一。其内容包括民俗活动、艺术表演、经贸交流等类别，具体节日活动有泼水、赶摆、赛龙舟、浴佛、诵经、章哈演唱和孔雀舞、白象舞表演等。泼水节是全面展现傣族水文化、音乐舞蹈文化、饮食文化、服饰文化和民间崇尚等传统文化的综合舞台，是研究傣族历史的重要窗口，具有较高的学术价值。

（3）剑川木雕

剑川木雕已有一千多年的历史，具有浓郁的地方民族特色，充分展示了白族人民高度的艺术水平和文化涵养，将原有的粗犷、豪放的风格和江南木雕的细腻、精巧等糅为一体，成为全国木雕重要派别之一。首都人民大会堂、民族文化宫等重要建筑都饰有剑川木雕。现今已发展成嵌石木雕家具、工艺挂屏和座屏系列、格子门系列、古建筑及室内装饰装修、旅游工艺品小件、现代家具六个门类二百六十多个花色品种，是集艺术价值、观赏价值、珍藏价值和实用价值于一身的传统文化产品。

（4）原生态歌舞集《云南映象》

全国首部大型原生态歌舞集《云南映象》，由我国著名舞蹈艺术家杨丽萍出任艺术总监和总编导并领衔主演倾情打造的艺术精品，成为继"五朵金花""阿诗玛"之后，诞生在云南的又一经典力作。《云南映象》是一台融传统和现代于一体的舞台新作，将原生的原创乡土歌舞精髓和民族舞经典全新整合重构，展现了云南浓郁的民族风情。

《云南映象》并不是突发地横空出世，而是对民族魂、民族根的继承。该歌舞集70%的演员来自云南各地州甚至田间地头的本土少数民族演员，演出服装还原于云南各民族民间着装的生活原型。作为中国舞蹈史上第一个自己营销、包装、推广的原生态民族歌舞集，《云南映象》从高原村寨走向世界，为中国的舞台艺术走向市场探索出了一个崭新的运作模式，《云南映象》本身也已经成为一个中国舞蹈界的共有品牌、一张获得广泛赞誉的"中国名片"。

3.4.3　云南旅游资源

1）旅游资源概览

云南以独特的高原风光，热带、亚热带的边疆风物和多彩多姿的民族风情而闻名于海内外。旅游资源十分丰富，已经建成了一批以高山峡谷、现代冰川、高原湖泊、石林、喀斯特洞穴、火山地热、原始森林、花卉、文物古迹、传统园林及少数民族风情等为特色的旅游景区。全省世界级、国家级高品质资源众多。云南省世界及国家级旅游资源如表3-3所示。

表3-3　云南省世界及国家级旅游资源

类型	数量	分类	景点
世界遗产	5	世界自然遗产	三江并流、石林、澄江古生物化石地
		世界文化遗产	丽江古城、红河哈尼梯田
	1	世界记忆遗产名录	丽江纳西东巴古籍文献
国家历史文化名城	7	昆明、大理、丽江、建水、巍山、会泽、通海	
国家5A级旅游景区	9	腾冲火山热海旅游区、昆明世博园景区、香格里拉普拉措景区、崇圣寺三塔文化旅游区、丽江古城景区、中国科学院西双版纳热带植物园、玉龙雪山景区、石林风景区、普者黑旅游景区	
国家级旅游度假区	4	阳宗海旅游度假区、西双版纳旅游度假区、玉溪抚仙湖旅游度假区、大理古城旅游度假区	

注：数据截至2022年7月。

试一试：请将云南省的5A级旅游景区在地图上进行定位标注。

导考指引：云南省红色旅游资源概况。

2）重点旅游资源

（1）丽江古城

丽江古城位于丽江市古城区，丽江古城又名大研镇，坐落在丽江坝中部，始建于宋末元初（公元13世纪后期），古城地处云贵高原，全城面积达3.8平方公里。丽江古城是第二批被批准的中国历史文化名城之一，也是中国仅有的以整座古城申报世界文化遗产获得成功的两座古城之一。丽江古城有着绚丽多彩的地方民族习俗和娱乐活动，纳西古乐、东巴仪式、占卜文化、古镇酒吧以及纳西族火把节等，别具一格。以水为核心的丽江古城因水的活用而呈现特有的水巷空间布局。桥梁密集是丽江古城最大的特色。在外部造型与结构上，古城民居糅合了中原建筑和藏族、白族建筑的技艺，形成了向上收分土石墙、叠落式屋顶、小青瓦、木构架等建筑手法，在建筑布局形式、建筑艺术手法等方面形成了独特的风格。民居大多为土木结构，比较常见的形式有：三坊一照壁、四合五天井、前后院、一进两院等几种形式。丽江古城充分体现了中国古代城市建设的成就，是中国民居中具有鲜明特色和风格的类型之一。

想一想：什么是"三坊一照壁"？

导考指引：请尝试讲解丽江古城的桥。

（2）石林风景区

石林风景名胜区位于昆明市石林彝族自治县境内，距省会昆明约80公里。这里四季如春，气候宜人，物产丰富，全年适于旅游，是观光度假、避寒消暑的上佳之地。石林喀斯特地质景观类型多样，面积广大，溶岩发育独特，地质演化复杂，科教价值、美学价值极高，享有"世界喀斯特的精华""天下第一奇观""造型地貌天然博物馆"的美誉。石林在自然景观上融雄、奇、险、秀、幽、奥、旷为一体，奇山怪石，惟妙惟肖，气势恢宏，令人惊叹；撒尼文化灿若繁星，史诗悠久，享誉世界。石林喀斯特地貌面积达1 100多平方公里，保护区面积350平方公里，主要景区有石林风景区、乃古石林风景区、大叠水风景区、长湖风景区、圭山国家森林公园等。其中，石林风景区为最负盛名的核心景区，由大石林、小石林、万年灵芝、李子园箐、步哨山五个片区组成。

与石林优美独特的自然景观相得益彰的，是以"阿诗玛"为代表的彝族撒尼文化。世代居住在石林的彝族撒尼人，个个都是天生的歌唱家、舞蹈家，他们劳作是歌、生活是舞，在奇峰异石之间，在彩云深处，创造了与石林一样令人惊奇、感动，举世闻名的阿诗玛民族文化：长诗《阿诗玛》成为中国少数民族叙事长诗经典，首批国家级非物质文化遗产，被译为20多种文字在世界多个国家广泛传播；电影《阿诗玛》享誉海内外；舞剧《阿诗玛》成为20世纪中国经典舞蹈；《远方的客人请你留下来》唱响神州大地，被定为云南旅游代表歌曲；一年一度的彝族传统火把节被评为中国最具发展潜力的十大节庆活动之一……被誉为中国著名的"歌舞之乡""摔跤之乡"和"现代民间绘画之乡"。

石林720°
全景讲解

导考指引：请解释石林的成因。

（3）三江并流保护区

"三江并流"是指金沙江、澜沧江和怒江，三条"江水并流而不交汇"的奇特自然地理景观。其间澜沧江与金沙江最短直线距离为66公里，澜沧江与怒江的最短直线距离不到19公里。三条发源于青藏高原的大江在云南省境内自北向南并行奔流，穿越担当力卡山、高黎贡山、怒山和云岭等崇山峻岭之间，涵盖范围达17 000平方公里。途经云南省丽江市、迪庆藏族自治州、怒江傈僳族自治州的9个自然保护区和10个风景名胜区。

它地处东亚、南亚和青藏高原三大地理区域的交汇处，是世界上罕见的高山地貌及其演化的代表地区，也是世界上生物物种最丰富的地区之一。遗产区内高山雪峰横亘，海拔变化呈垂直分布，从760米的怒江干热河谷到6 740米的卡瓦格博峰，汇集了高山峡谷、雪峰冰川、高原湿地、森林草甸、淡水湖泊、稀有动物、珍贵植物等奇观异景。景区有118座海拔5 000米以上、造型迥异的雪山。与雪山相伴的是静立的原始森林和星罗棋布的数百个冰蚀湖泊。

这一地区拥有全国20%以上的高等植物和全国25%的动物种数。目前，这一区域内栖息着珍稀濒危动物滇金丝猴、羚羊、雪豹、孟加拉虎、黑颈鹤等77种国家级保护动物和秃杉、桫椤、红豆杉等34种国家级保护植物。同时，该地区还是16个民族的聚居地，是世界上罕见的多民族、多语言、多种宗教信仰和风俗习惯并存的地区。长期以来，"三江并流"区域一直是科学家、探险家和旅游者的向往之地，他们对此区域显著的科学价值、美学意义和少数民族独特文化给予了高度评价。

（4）红河哈尼梯田文化景观

红河哈尼梯田文化景观位于红河哈尼族彝族自治州元阳县的哀牢山。云南多山，也多梯田。哈尼梯田至今有1 300多年历史，规模宏大，分布于云南南部红河州元阳、红河、金平、绿春四县，总面积约100万亩，其中元阳县哀牢山是哈尼梯田的核心区，当地的梯田修筑在山坡上，梯田如等高线般从海拔2 000米的山巅一路蜿蜒至山脚下，级数最多处有3 700多级，最陡的山坡达到45°，景观壮丽。哀牢山哈尼梯田为云南梯田的代表作，被誉为"中国最美的山岭雕刻"。

申报的遗产区包括了最具代表性的集中连片分布的水稻梯田及其所依存的水源林、灌溉系统、民族村寨。在过去的1 300多年间，哈尼族人民发明了复杂的沟渠系统，将山上的水从草木丛生的山顶送至各级梯田。他们还创造出一个完整的农作体系，包含水牛、牛、鸭、鱼类和鳝类，并且支持了当地主要的谷物——红米的生产。当地居民崇拜日、月、山、河、森林以及其他自然现象（包括火在内）。他们居住在分布于山顶森林和梯田之间的82个村寨里，这些村寨以传统的茅草"蘑菇房"为特色。为梯田建立的弹性管理系统，建立在特殊且古老的社会和宗教结构基础上，体现出人与环境在视觉和生态上的高度和谐。

导考指引：请概要介绍哈尼族梯田文化。

3）旅游发展新格局

在《云南省"十四五"文化和旅游发展规划（征求意见稿）》中提出，云南要融入和服务国家重大战略和工程，围绕建设国际康养旅游目的地、国家全域旅游示范区、面向南亚和东南亚人文交流中心目标，按照"产业集聚、资源集约、土地节约、绿色发展"原则，进一步优化发展布局，着力构建"一环、两带、六中心"的全域旅游发展新格局。"一环"指大滇西旅游环线，打造成文化底蕴深厚、景观形态丰富、服务品质一流的世界级旅游目的地和旅游品牌。"两带"包括沿边跨境文化旅游带，建设成为面向南亚和东南亚人文交流中心、区域性国际旅游目的地和集散地；金沙江生态旅游带，建设成为新兴水电生态旅游目的地，成为"长江国际黄金旅游带"的重要组成部分。"六中心"包括昆明国际旅游中心、大理苍洱国际旅游中心、丽江古城—玉龙国际旅游中心、西双版纳景洪国际旅游中心、保山腾冲国际旅游中心、建水—元阳国际旅游中心。

3.5　山地公园　多彩贵州

课前思考

1.贵州省为什么被称为山地公园省？

2.和贵州省相邻的省有哪些？在图3-4中标注出大致方位。

分省（区、市）地图—贵州省

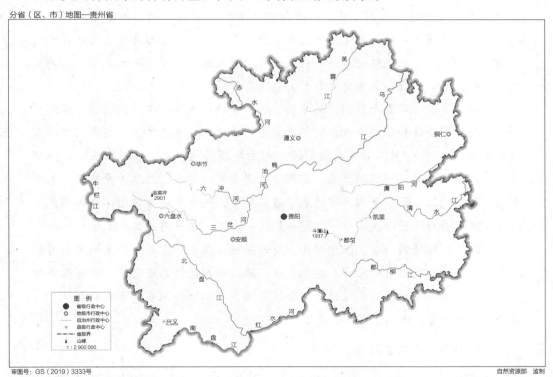

审图号：GS（2019）3333号　　　　　　　　　　　　　　　　　自然资源部　监制

图3-4　贵州省地图

　　贵州省，简称"黔"或"贵"，位于我国西南地区东南部，东毗湖南省、南邻广西省、西连云南省、北接四川省和重庆市，是一个山川秀丽、气候宜人、民族众多、资源富集、发展潜力巨大的省份。省会贵阳，国土面积约17.62万平方公里。贵州省共有9个市、州（其中：6个地级市、3个自治州），88个县级行政区。贵州是中国西南地区交通枢纽，长江经济带重要组成部分，全国首个国家级大数据综合试验区，世界知名山地旅游目的地和山地旅游大省，国家生态文明试验区，内陆开放型经济试验区。

大事记

交旅融合让"山地公园省"扬名

2019年1月12日，安顺市关岭布依族苗族自治县，6名蹦极专业选手和6名业余爱好者从370米高的坝陵河大桥上飞身一跃。至此，一项新的蹦极吉尼斯世界纪录认证成功。这座大桥除"国内第一、世界第六"的大跨径钢桁梁悬索桥的名号之外，又被冠以"世界最高的商业蹦极设施"这一新称号。一次认证、一次跳跃，正是贵州交旅融合发展的深刻展现。经过多年发展，贵州交通基础设施建设逐步实现了从单纯通达到多层次、多功能服务的探索，高速服务区"一区一特色、一区一品牌、一区一文化"的成果初显，青岩、龙宫等服务区成为了新晋的"网红打卡点"；以坝陵河大桥为代表的贵州公路桥梁，横跨山水之间，在满足人民出行需要的同时，成为自然与人文景观交融的风景。

如果说高速公路服务区的升级改造，为客人旅途间隙增添一处处暖心驿站，那一条条景区公路和旅游专线，则标志着贵州旅游正朝着精品化、集群化方向大踏步迈进。2019年7月，贵州首条旅游专列由安顺西站出发，经贵阳北站、凯里南站、朱砂古镇站，到达铜仁站，串联了沿途黄果树瀑布、西江千户苗寨、朱砂古镇、铜仁梵净山等多个旅游目的地资源。列车提供自由行与跟团游两种模式，通过高铁配套公路，形成城市—车站—景区—宾馆—城市间的服务闭环衔接。

公路、铁路资源与景区深度融合，交通基础设施不断完善，为贵州省旅游业的发展注入了前所未有的活力。游客人数、旅游收入持续高速增长，使得旅游业已成为全省极具带动性的支柱性、综合性产业，"山地公园省·多彩贵州风"旅游品牌也随之走出西南、扬名世界。

资料来源：多彩贵州网

3.5.1 贵州自然地理环境

1）地形地貌

贵州地理环境独特，位于云贵高原，境内地势西高东低，自中部向北、东、南三面倾斜，平均海拔1 100米左右。贵州高原山地居多，素有"八山一水一分田"之说，地貌可概括分为高原山地、丘陵和盆地三种基本类型，其中92.5%的面积为山地和丘陵。境内山脉众多，重峦叠嶂，绵延纵横。贵州岩溶地貌发育非常典型。喀斯特（出露）面积109 084平方公里，占全省国土总面积的61.9%，境内岩溶分布范围广泛，形态类型齐全，地域分异明显，构成一种特殊的岩溶生态系统。土壤的地带性属中亚热带常绿阔叶林红壤—黄壤地带。贵州植被具有明显的亚热带性质，组成种类繁多，区系成分复杂。

2）气象气候

贵州气候温暖湿润，属亚热带温湿季风气候区，有冬无严寒、夏无酷暑、降水丰富、雨热同季等特点，气候舒适宜人。全省年平均气温在15 ℃左右，通常最冷月（1月）平均气温3～6 ℃，比同纬度其他地区高；最热月（7月）平均气温22～25 ℃，为典型夏凉地区。降水较多，雨季明显，阴天多，日照少，境内各地阴天日数一般超过150天，常年相对湿度在70%以上。受大气环流及地形等影响，贵州气候呈多样性，"一山分四季，十里不同天"。另外，气候不稳定，灾害性天气种类较多，干旱、秋风、冻雨、冰雹等频度大，对农业生产有一定影响。

3）河流水文

贵州河流处于长江和珠江两大水系上游交错地带，有69个县属长江防护林保护区范围，是长江、珠江上游地区重要生态屏障。全省水系顺地势由西部、中部向北、东、南三面分流。贵州河流的山区性特征明显，大多河流上游河谷开阔，水流平缓，水量小；中游河谷束放相间，水流湍急；下游河谷深切狭窄，水量大，水力资源丰富。

导考指引：简述贵州省自然环境特征。

3.5.2 贵州人文地理环境

1）历史沿革

贵州是中国古人类的发祥地和中国古文化的发源地之一。距今五六十万年前就有人类在这片土地上栖息繁衍，现已发现黔西观音洞等旧石器时代的文化遗址40多处。观音洞对研究中国旧石器时代的起源和发展具有重要的科学价值，被正式命名为"观音洞文化"。大量出土的石器、陶器、青铜器、铁器等文物还表明，贵州具有悠久的开发历史。春秋以前，贵州黔东北地区属于荆楚，其余地区泛称南蛮。战国、秦汉时期，夜郎国崛起于中国西南部，贵州成为夜郎的中心。宋代，"贵州"作为地名始见于文献。明永乐十一年（1413年），设置贵州布政使司，贵州正式建立行省。抗战时期，贵州成为支持全国的大后方，大量机关、工厂、学校内迁，对贵州经济社会的发展起到了促进作用。1949年11月15日，中国人民解放军二野五兵团解放贵阳，贵州的历史从此翻开新的一页。

2）人口民族

截至2021年年末，全省常住人口约为3 852万人。贵州是一个多民族共居的省份，其中世居少数民族有苗族、布依族、侗族、土家族、彝族、仡佬族、水族、回族、白族、瑶族、壮族、畲族、毛南族、满族、蒙古族、仫佬族、羌族等17个少数民族。在贵州黔西北地区还分布有"穿青人"，由于多次考察所遗留的疑问，暂不在我国56个民族中，其身份证上所注民族为"穿青人"。

导考指引：简述贵州省少数民族文化特征。

3）风俗物产

（1）贵州茅台酒

茅台酒历史悠久、源远流长，具有深厚的文化内涵，1915年荣获巴拿马万国博览会金奖，与法国科涅克白兰地、英国苏格兰威士忌一起并称"世界三大（蒸馏）名酒"，是我国大曲酱香型白酒的鼻祖和典型代表，是绿色食品、有机食品、地理标志产品，其酿制技艺入选国家首批非物质文化遗产代表作名录，是一张香飘世界的"国家名片"。

（2）仡佬毛龙节

"仡佬毛龙"是石阡仡佬族世代流传下来的民间崇尚的表现形式，主要流传于贵州省石阡县龙井、汤山等乡镇的宴明、龙凤等仡佬族村寨，辐射及于全县各地的侗、苗、土家各民族。"仡佬毛龙"主要活跃在元宵节期间，有学者推论，毛龙源起于古代仡佬的"竹王"崇拜和生殖崇拜。龙崇拜是仡佬毛龙的核心。其基本要素包括：①"龙"信仰，包括传统故事、敬龙仪式、敬龙场合和用品及敬龙神诵词；②附属图腾信仰，包括"竹王"崇拜、盘瓠崇拜、民间佛道崇拜和原始崇拜等；③扎艺，包括选材（竹篾、彩纸）和工艺等；④玩技，包括"二龙抢宝""懒龙翻身""单龙戏珠""天鹅抱蛋""倒挂金钩""犀牛望月"和"螺丝旋顶"等；⑤念诵，包括"开光""请水""烧龙"等仪式的念诵及"开财门"和"敬财神"等表演时的诵唱。"仡佬毛龙"有着丰富的文化价值，显示出独特的民族性、地域性及多样的社会功能，它是研究古代仡佬族文化传统的宝贵财富。

（3）蜡染

蜡染是贵州省丹寨县、安顺市、织金县苗族世代传承的传统技艺，古称"蜡缬"，苗语称"务图"，意为"蜡染服"。苗族蜡染是为生产者自身需要而创造的艺术，其产品主要为生活用品，包括女性服装、床单、被面、包袱布、包头巾、背包、提包、背带、丧事用的葬单等。苗族蜡染有点蜡和画蜡两种技艺，从图案上可分为几何纹和自然纹两大类。丹寨苗族蜡染的作者们更喜欢以自然纹为主的大花，这种图案造型生动、简练传神、活泼流畅，乡土气息十分浓厚。安顺苗族蜡染以几何纹样为主，图案结构松散、造型生动。织金苗族蜡染以细密白色为主，布满几何螺旋纹，图案结构相互交错，浑然一体。伴随旅游业的发展，蜡染手工艺制品被当作特色旅游纪念品推向市场。

3.5.3　贵州旅游资源

1）旅游资源概览

贵州旅游拥有众多具有"国际范儿"的旅游资源。"中国温泉省""山地索道省"得到世人认可；红色文化旅游带依托"遵义会议""四渡赤水"红遍全国；世界名酒文化旅游带因有"茅台"声名鹊起；山地桥梁奇观为贵州赢得"世界桥梁博物馆"美誉；国际天文科普旅游带因世界最大天文望远镜"天眼"而享誉全球。贵州省世界及国家级旅游资源如表3-4所示。

表3-4　贵州省世界及国家级旅游资源

类型	数量	分类	景点
世界遗产	5	世界自然遗产	梵净山、荔波樟江风景名胜区、中国南方喀斯特——施秉云台山、赤水丹霞国家地质公园
		世界文化遗产	播州海龙屯土司遗址
国家历史文化名城	2	遵义市、镇远县	
国家5A级旅游景区	9	花溪青岩古镇、安顺市龙宫景区、荔波樟江景区、毕节市百里杜鹃景区、黄果树风景名胜区、梵净山旅游区、黔东南州镇远古城旅游景区、赤水丹霞旅游区、毕节织金洞景区	
国家级旅游度假区	2	遵义市赤水河谷旅游度假区、六盘水市野玉海山地旅游度假区	

注：数据截至2022年7月。

导考指引：简述贵州省旅游业发展概况。

人物谈

天眼之父——南仁东

位于贵州省平塘县大窝凼的500米口径球面射电望远镜（英文简称FAST），是目前世界上最大的单口径射电望远镜，有"中国天眼"之称，让中国在射电天文领域从远远落后到领先世界20年。

"天眼之父"南仁东是我国著名天文学家，是FAST工程的发起者和奠基人。他主导提出利用我国贵州省喀斯特洼地作为望远镜台址，FAST从选址、立项、工程建设到落成启用历时22年，主持攻克了诸多难题，为"中国天眼"工程作出了重要贡献。他身体力行，长期默默无闻地奉献在科技工作第一线。与团队一起通过不懈努力，克服重重难关，建成了世界第一大单口径球面射电望远镜，比美国"阿雷西博"305米望远镜，综合性能提高约10倍。2016年9月25日，FAST落成启用。这是南仁东用生命最后22年的全部智慧、精力与热情，所追求的一个梦想。

南仁东先生说过："人类之所以脱颖而出，就是因为有一种对未知的探索精神"，他矢志不渝铸造大国重器，克服重重困难，其中的艰辛岂是三言两语描述得出来。春风化雨，润物无声，这种工匠精神是我们后辈的必修课。

2）重点旅游资源

（1）梵净山国家级自然保护区

梵净山位于贵州省东北部的铜仁地区，海拔2 572米，系武陵山脉主峰、国家级自然保护区、联合国"人与生物圈"保护网成员，2018年7月，列入世界遗产名录，提名地面积402.75平方公里，缓冲区面积372.39平方公里。原始洪荒是梵净山的景观特征，全境山势雄伟、层峦叠嶂，溪流纵横、飞瀑悬泻。其标志性景点有：红云金顶、月镜山、万米睡佛、蘑菇石、万卷经书、九龙池、凤凰山等。世界遗产委员会的自然遗产评估机构世界自然保护联盟认为，梵净山满足了世界自然遗产生物多样性标准和完整性要求，展现和保存了中亚热带孤岛山岳生态系统和显著的生物多样性。

新视野

在美国《国家地理》杂志评选出的2019年全球最值得到访的28个旅游目的地中，贵州梵净山位列第三，成为中国唯一入选的景区。美国《国家地理》杂志从"攀登云海"角度对梵净山进行了推介。美国《国家地理》杂志在推介词中写道，"梵净山是中国最新的联合国教科文组织世界遗产地之一，非常值得一游。这是一个佛教圣地（曾经有48座寺庙），登山者可以欣赏各种奇特造型的山石和云海之上武陵山脉壮观景象。红云金顶高达7 664英尺（1英尺＝0.304 8米），徒步需要攀登陡峭的台阶上去，两座寺庙顶上的山峰由一座桥连接起来。你也可以不步行攀登而乘坐登顶缆车，但是徒步旅行可以近距离观察梵净山丰富的生态多样性，包括一些珍稀的地方物种，比如黔金丝猴。"

（2）黄果树风景名胜区

黄果树风景名胜区位于贵州省西南部，距省会贵阳市约130公里，景区内以黄果树大瀑布（高77.8米，宽101米）为中心，分布着雄、奇、险、秀风格各异的大小18个瀑布，形成一个庞大的瀑布群，被世界吉尼斯总部评为世界上最大的瀑布群，列入吉尼斯世界纪录。黄果树大瀑布是黄果树瀑布群中最为壮观的瀑布，是世界上唯一可以从上、下、前、后、左、右六个方位观赏的瀑布，也是世界上有水帘洞自然贯通且能从洞内外听、观、摸的瀑布。

查一查： 除了黄果树大瀑布，贵州还有哪些著名瀑布或瀑布群？

（3）遵义会议会址

遵义会议会址位于贵州省遵义市红花岗区老城红旗路（原子尹路）80号，1935年1月15日遵义会议确立了以毛泽东为代表的中央领导集体，在中国革命历史进程中是一次具有伟大转折意义的会议。会址原建于20世纪30年代初，建筑为砖木结构，中西合璧的两层楼房。整个建筑分主楼、跨院两个部分。主楼为中西合璧，临街有八间铺面房，当年为房主经营酱醋及颜料纸张。铺面居中有一小牌楼，檐下悬挂着毛泽东1964年11月题写的"遵义会议会址"六个字的黑漆金匾（此为毛泽东为全国革命纪念地唯一的题字）。

（4）西江千户苗寨

西江千户苗寨坐落于黔东南苗族侗族自治州雷山县东北部的雷公山山麓，是中国最大、世界无双的天下第一大苗寨。景区距省府贵阳市约280公里，由十余个依山而建的自然村寨相连成片，是一个保存苗族"原始生态"文化完整的地方，是领略和认识中国苗族漫长历史与发展之地。这里四面环山，重峦叠嶂，梯田依山顺势直连云天，白水河穿寨而过，将西江苗寨一分为二。由于受耕地资源的限制，生活在这里的苗族居民充分利用这里的地形特点，在半山建造独具特色的木结构吊脚楼，千余户吊脚楼随着地形的起伏变化，鳞次栉比、蔚为壮观。此外，西江每年的苗年节、吃新节、十三年一次的牯藏节等均名扬四海。西江千户苗寨是一座露天博物馆，展览着一部苗族发展史诗，成为观赏和研究苗族传统文化的大看台。

查一查： 苗族的盛装、银角上为什么有羽毛或彩带？

3）旅游发展新格局

西江千户苗寨720° 全景讲解

《贵州省"十四五"文化和旅游发展规划》中提出，要着力打造"温泉省""索道省""桥梁省""山地户外运动省""避暑胜地"等旅游品牌。大力发展红色文化、世界名酒文化、国际天文科普、千里乌江休闲度假、民族文化等特色旅游带。即依托仁怀、习水、赤水等酱香酒生产基地为核心，建设世界名酒文化旅游带；以平塘天眼、天坑、天桥为核心，建设国际天文科普旅游带。以乌江水道和乌江文化为纽带建设千里乌江休闲度假旅游带；以长征国家文化公园"1+3+8"标志性工程和重大遗址重要节点为依托，打造红色文化旅游带；依托17个世居少数民族村寨核心景区、少数民族博物馆、民族自治州（县）保存完好及特色鲜明的少数民族村寨、中国传统村落和历史文化名城名镇名村等为依托，建设特色民族文化旅游带。

拓展与思考

西南旅游区导考指引参考答案

请查找资料，挑选5个你最感兴趣的西南旅游区的5A级旅游景区，分别用一句宣传口号或几个词语来形容，如：阆中古城——风水第一城、海螺沟——冰川世界、剑门关——天下第一险关。

第4章　青藏旅游区

—— 世界屋脊　雪域秘境

青藏旅游
资源概览

学习目标

知识能力目标：

了解青藏旅游大区自然与人文旅游地理环境及旅游资源特征；

熟悉本区各省市自然与人文地理概况；

掌握本区各省市重点旅游资源及旅游线路。

思想素质目标：

领会可可西里精神内涵；

认知中国特色社会主义制度优越性；

理解我国民族政策和宗教信仰政策；

培养爱国主义情怀，热爱祖国大好河山。

青藏旅游区包括青海省和西藏自治区，位于我国西南部的青藏高原之上，区内地势高峻，自然环境复杂，有"世界屋脊"之称，世界级大河——长江、黄河和印度河也都发源于本区，内部山脉之间分布着高原、盆地和谷地，其间还镶嵌着众多湖泊、冰川、宽谷河流。由于地势高峻，形成了独特的高原气候，"一年无四季，一日有寒暑"。这里人文旅游环境保存完好，自然景观独特，人文内涵十分丰富，在全国旅游资源中占有重要地位。

4.1 青藏旅游区概述

4.1.1 旅游地理环境

1）自然地理环境

（1）世界屋脊、高山横亘

该区面积约250万平方公里，占我国总面积1/4以上，有世界"第三极"和"世界屋脊"之称，以高、大、新为特色。高原平均海拔超过4 000米，有世界第一高峰——珠穆朗玛峰（8 848.86米）。高原的外缘高山环抱、壁立千仞、峥嵘挺拔。青藏高原地貌复杂，有许多条高大山脉，山脉间分布着高原、盆地和谷地。高原上的山脉主要有东西走向和南北走向两组，构成了高原地貌的骨架。南北走向的山脉分布在高原东南，统称为横断山脉，由一系列平行延伸的高山和深谷组成。东西走向的山脉从北到南主要有昆仑山脉、唐古拉山脉、冈底斯山脉、喜马拉雅山脉。高原东北边缘有西北—东南走向的祁连山脉。

（2）江河源头、湖泊众多

该区是许多大河的发源地，如黄河、长江、澜沧江、怒江等。青藏高原湖泊众多，湖泊总面积达四万余平方公里，以内陆湖、咸水湖为多。青海湖是我国最大的咸水湖，纳木措是我国第三大咸水湖，湖面海拔4700余米，是世界上海拔最高的湖泊。众多的湖泊、瑰丽的冰川、逶迤的宽谷河流、深邃的大江峡谷、众多的温泉等，让该区旅游吸引力大增。

（3）高原气候、冬寒夏凉

该区在地势高耸的特殊自然环境条件下，形成独特的高原气候，具有高寒、干旱、多大风、年温差小、日温差大、空气稀薄、含氧量低、太阳辐射强等气候特点。除东南缘河谷地区外，整个青藏地区冬寒夏凉。部分地区常年无夏，霜雪不断。气温年较差不大，但冬、夏气候特征也有差异：冬半年的主要特点是寒冷、干燥、降水稀少、多大风；夏半年的主要特点是日照充足、气温凉爽宜人、降水集中、多夜雨和冰雹，因此青藏高原是极佳的避暑胜地。

（4）复杂多样的自然景观

该区位于中、低纬度，然而地势升高所引起的温度变化远远超过纬度的影响，所以自然景观与我国同纬度的东部平原地区截然不同，主要表现为高山草甸、草原和高寒荒漠景观，但在喜马拉雅山东段南坡、雅鲁藏布江大拐弯以下的河谷地带，因纬度低、海拔低，北有高山阻挡，南面开放，西南季风可长驱直入，所以温暖湿润，呈现热带雨林、季雨林风光，生物资源丰富。由于高差距大，从下向上可以看到相当于海南岛到极地的各种自然景观，不仅是天然的旅游胜地，也是科学考察宝地。

2）人文地理环境

（1）古老神秘的宗教文化

青藏旅游区具有浓厚的宗教色彩，藏传佛教是藏族人民的主要信仰，也是藏族地区占主导地位的宗教。7世纪藏传佛教传入藏区后，逐渐渗入到政治、经济、文化、教育和风俗习惯中，成为中国藏族人民广泛信仰的宗教。

（2）多姿多彩的民俗风情

生活在青藏高原上的藏民族以及其他民族，在同大自然的斗争中创造了灿烂的藏民族文化，表现在民居、服装、饮食、礼仪、节日等许多方面。这些极具民族特色的人文旅游资源，如宗教寺庙、宽大的藏袍、平顶的碉房民居、香味四溢的高原热饮酥油茶、风干的牛羊肉、粗犷豪放的藏族歌舞、多姿多彩的节日、奇特的婚俗、丧俗等民风民俗，都展现了该区民族文化的独特魅力。

（3）循环经济发展突飞猛进

该区域的主要任务是世界屋脊的生态环境保护。选择优势资源（如天然气、盐湖资源、有色金属开采等）开发，并采取保护式的开发方式，避免小规模、分散式的资源开发模式。发展现代草原畜牧业、围栏畜牧业，以及特色民族风情旅游业。在这样的大发展背景下，该区域通过构建循环经济产业链，资源开发告别了过去卖原料、初加工的历史，在西部率先走出一条资源开发可持续发展的科学之路。

4.1.2 旅游资源特征

1）科考探险资源丰富

本区独特的高寒自然景观和冰雪探险资源十分丰富。青藏高原是世界上独一无二、具有神秘色彩的地理单元。因受高度的影响，自然景观独特而多样，风景壮观，气势磅礴。这里是我国最大的雪峰冰川营垒，也是全球中纬度地区的最大冰川活动中心，冰川形态多样、规模大、数量多，累计达4.7万平方公里，占全国冰川总量的80%以上。该区有许多高达8 000米以上的山峰，是世界登山界注视和向往的地方。同时奇特的高原还繁衍着奇特的动物，牦牛、河曲马、野驴、藏羚羊、棕熊等给广阔的高原增添了生机。

2）地热奇观独领风骚

青藏高原地区构造活动强烈，岩浆活动频繁，是我国地热资源最丰富的地区。雅鲁藏布江及其谷地一带岩浆活动十分强烈，特别表现于地热现象非常激烈而且普遍。主要有热泉、温泉、沸泉、间歇喷泉、热水河、热水湖、热水沼泽、沸泥塘、水热爆炸泉等，类型之多，活动之强烈，全球少有。地球上已发现二十多种地热类型，这里应有尽有，其中羊八井热气田尤为著名。地热为该区一大奇观，地热田热气蒸腾，与雪山、冰川交相辉映，构成一幅绝妙的图画，成为本区独具特色的旅游资源。

3）宗教艺术古老浓郁

由于藏传佛教在青藏旅游区较为广泛的影响，使许多旅游资源都带有浓厚的宗教色彩，在青藏高原上，留下了大量独具特色的宗教寺庙。佛事活动兴盛，香火缭绕，终年不断，吸引着大量中外游客前来观光。寺院内长明不灭的酥油灯、低沉的法号声，从拉萨八角街周围川流不息，手拿转经筒不停地念着经咒的转经者身上，就可领略到浓浓的宗教氛围，甚至于自然的湖水、山峰也在藏族人民心目中具有了宗教色彩。坐落在普兰县境内的冈底斯山的主峰"神山"冈仁布钦峰，成为中外宗教信徒心中的圣地，每年吸引成千上万的虔诚信徒不远万里前来朝拜。和神山相连的"圣水"玛旁雍错被信徒们认为是世界"圣湖"之王，用"圣水"不但能清除人们肌肤的污秽，更能洗涤人们心灵的"五毒"，每年夏秋季，许多信徒前来圣湖沐浴，并将清澈的湖水作为礼物带回馈赠亲朋好友。布达拉宫、大昭寺、罗布林卡由于其独特的宗教文化和建筑，更是世界文化遗产，吸引着国内外众多游客来西藏旅游。

4）民族风情独特凝重

该区是多民族聚居之地，其中藏族是人口最多的少数民族。另外，土族、撒拉族、门巴族、珞巴族等是高原上独有的少数民族，他们世世代代生息繁衍在这片土地上，创造和积累了丰富的文化遗产，形成了自己独特的民风民俗。又由于高原环境的相对闭塞，使这些民风民俗保持了相对的完整性和原始性，人们的生活习俗和民间活动丰富多彩，如各民族的婚丧嫁娶、宗教节日、歌舞戏曲、绘画雕塑、居住方式，均有浓郁的民族特色，是高原文化的精华部分，也是最能吸引旅游者的资源之一。

4.2　多彩民族　大美青海

课前思考

请在图4-1中大致标注出青海省各市、自治州的位置。

分省（区、市）地图—青海省

审图号：GS（2019）3333号

自然资源部　监制

图4-1　青海省地图

青海省位于祖国西部，雄踞世界屋脊青藏高原的东北部。因境内有国内最大的内陆咸水湖——青海湖而得名，简称"青"。青海全省东西长1 240.6千米，南北宽844.5千米，总面积72.23万平方公里，占全国总面积的十三分之一，面积排在新疆、西藏、内蒙古之后，辖2个地级市，6个自治州，6个市辖区，4个县级市，1个县级行委。青海地大物博、山川壮美、历史悠久、民族众多、文化多姿多彩，具有生态、资源、稳定上的重要战略地位。青海是长江、黄河、澜沧江的发源地，故被称为"江河源头"，又称"三江源"，素有"中华水塔"之美誉。

导考指引：请简述与青海省毗邻的省区。

大事记

世界上海拔最高、线路最长的高原铁路——青藏铁路

青藏铁路，简称"青藏线"，是一条连接青海省西宁市至西藏自治区拉萨市的国铁 I 级铁路，是中国新世纪四大工程之一，是通往西藏腹地的第一条铁路，也是世界上海拔最高、线路最长的高原铁路。青藏铁路分两期建成，一期工程东起青海省西宁市，西至格尔木市，于1958年开工建设，1984年5月建成通车；二期工程东起青海省格尔木市，西至西藏自治区拉萨市，于2001年6月29日开工，2006年7月1日全线通车。

青藏铁路被列为"十五"四大标志性工程之一，名列西部大开发12项重点工程之首。青藏线大部分线路处于高海拔地区和"生命禁区"，青藏铁路建设面临着三大世界铁路建设难题：多年冻土的地质构造、高寒缺氧的环境和脆弱的生态。因此，有国外媒体评价青藏铁路"是有史以来最困难的铁路工程项目"，"它将成为世界上最壮观的铁路之一"。

青藏铁路对改变青藏高原贫困落后面貌，增进各民族团结进步和共同繁荣，促进青海与西藏经济社会又快又好发展产生广泛而深远的影响。青藏铁路完善了中国铁路网布局，实现西藏自治区的立体化交通，为青、藏两省区的经济发展提供更广阔空间，使其优势资源得以更充分发展，开发青海、西藏两省区丰富的旅游资源，促进青海、西藏两省区的旅游事业飞速发展，使之成长为两省区国民经济的支柱产业之一，改变西藏不合理的能源结构，从根本上保护青藏高原生态环境的长远需要。

4.2.1　青海自然地理环境

1）地形地貌

青海全省地势总体呈西高东低，南北高中部低的态势，西部海拔高峻，向东倾斜，呈梯形下降，东部地区为青藏高原向黄土高原过渡地带，地形复杂，地貌多样。各大山脉构成全省地貌的基本骨架。全省平均海拔3 000米以上，省内海拔高度3 000米以下地区面积为11.1万平方公里，占全省总面积15.9%；海拔高度3 000到5 000米地区面积为53.2万平方公里，占全省总面积76.3%；海拔高度5 000米以上地区面积为5.4万平方公里，占全省总面积7.8%。青海省地貌相接的四周，东北和东部与黄土高原、秦岭山地相过渡，北部与甘肃河西走廊相望，西北部通过阿尔金山与新疆塔里木盆地相隔，南与藏北高原相接，东南部通过山地和高原盆地与四川盆地相连。

2）气象气候

青海省深居内陆，远离海洋，地处青藏高原，属于高原大陆性气候。其气候特征是：日照时间长、辐射强；冬季漫长、夏季凉爽；气温日较差大，年较差小；降水量少，地域差异大，东部雨水较多，西部干燥多风，缺氧、寒冷。年平均气温受地形的影响，其总的分布形式是北高南低。青海省境内各地区年平均气温在-5.1～9.0℃；全省年降水量总的分布趋势是由东南向西北逐渐减少，境内绝大部分地区年降水量在400毫米以下；全省年日照时数在2 336～3 341小时，太阳能资源丰富。近年来，青海省气温升高、降水量增加，加之生态建设保护工程的实施，青海省生态环境得到明显改善。

3）河流水文

青海境内河流众多，是长江、黄河、澜沧江的发源地，故被称为"江河源头"，又称"三江源"，素有"中华水塔"之美誉。全省河流归属黄河、长江、澜沧江及内陆河四大流域。其中黄河流域、长江流域、澜沧江流域属于外流水系。全省集水面积在500平方公里以上的河流达380条。全省面积在1平方公里以上的湖泊有242个，省内湖水总面积居全国第二。青海水资源总量丰富，但供需矛盾仍然十分突出。

导考指引：青海为什么被称为"中华水塔"？

4.2.2　青海人文地理环境

1）历史沿革

早在数万年以前，古人类就在青海繁衍生息。远古时代，羌人的祖先三苗就从江汉间流徙至青海，逐水草而居，以狩猎游牧为主。汉代在青海设立临羌县和破羌县，东汉建国后七八十年，羌人移居甘肃陇东、陕西西部、宁夏南部等地，称为东羌，以西地区的羌人称为西羌。三国、西晋、南北朝时代，魏在青海置西平郡（今西宁市）。隋代设西海郡及河湟郡。唐代改西平郡为鄯州。6世纪中叶，青海为吐蕃所辖。北宋将鄯州改为西宁州，于是西宁名称开始使用。明代改西宁州为西宁卫。清雍正初年，清政府改西宁卫为府，设西宁县、碾伯县和大通卫。1928年，国民党进入青海，决定新建青海省，1929年1月正式成立青海省。1949年9月5日，中国人民解放军解放西宁，1949年9月26日青海省人民军政委员会宣告成立，1950年1月1日，青海省人民政府正式成立，以西宁为省会。

2）人口民族

根据第七次全国人口普查结果，青海全省共有常住人口592万余人，汉族人口占50.53%；各少数民族人口占49.47%。青海的世居少数民族主要有藏族、回族、土族、撒拉族和蒙古族，其中土族和撒拉族为青海所独有。5个世居少数民族聚居区均实行区域自治，先后成立了6个自治州、7个自治县。自治地方面积占全省72万平方公里总面积的98%，此外全省还有28个民族乡。

3）风俗物产

（1）"花儿"

"花儿"是广泛流传于甘、青、宁及新疆四省区的回、汉、土、东乡、保安、撒拉、藏、裕固等民族，并一律使用当地汉语方言，只能在村寨以外歌唱的山歌品种，通称"野曲"（与"家曲"即"宴席曲"相对），又称"少年"。其传唱分日常生产、生活与"花儿会"两种主要场合。"花儿会"是一种大型民间歌会，又称"唱山"。

（2）青海化隆牛肉面

从二十世纪八九十年代起，青海东部的化隆回族自治县、循化撒拉族自治县等地的农民为了摆脱贫困，走出大山，到东部沿海城市开起了拉面馆。他们制作的青海拉面，选用青藏高原特有的藏牦牛肉、藏羊肉等原材料，一碗"一清二白三红四绿"的化隆拉面，一泓清汤，半抹红油映衬着新绿的小葱、香菜，料不多，却也显出丰盛和趣味来。口味独特，特色鲜明，在全国各地深受欢迎。2002年青海喇家遗址出土的世界第一碗面条，距今已有4 000多年历史，它彰显了青海面条的悠久历史和高超的制作技艺。

（3）湟源排灯

湟源排灯流传于青海省湟源县城关镇，其产生可追溯至清代嘉庆、道光年间，当时内地客商云集湟源县城，湟源城内商铺为招揽顾客而纷纷制作名号招牌，招牌内插蜡烛，夜晚一点亮便熠熠生辉。后来各商铺的名号招牌制作得越来越精致华美，成为带有底座而形态图案各异的排灯。湟源排灯的框架用上好木料制成，边框雕刻精细考究，其形状有长方形、马鞍形、扇形等，一般长2米，高0.6米，厚0.4米左右，前后面分3至6档，每档画一图案，内容为商家自选的历史人物、典故、山水花鸟等，各图之间相互关联，里面仍用蜡烛点亮。入夜以后湟源城街道上一排排排灯交相辉映，绚丽多彩。此俗一直沿袭到清末民初，并得到当地商会、火神会的支持，每年正月十五元宵节期间都会举行排灯展挂活动。

（4）纳顿节

纳顿节是土族人民喜庆丰收的社交游乐节日，也称"庄稼人会""庆丰收会"等。"纳顿"是土语音译，和蒙古族的"那达慕"含义一样，意为"娱乐"。举行时间可谓超长，从夏末麦场结束时（农历七月十二）开始，一直持续到秋天（农历九月十五）才结束，历时近两个月，所以有人称纳顿节是"世界上最长的狂欢节"。关于纳顿节的起源，当地流传着许多神奇的传说。根据传说，一年一度的纳顿节就传了下来，并逐渐隆重起来，成为庆祝丰收的盛大节日。纳顿活动以舞蹈和戏剧表演为主。"会手舞"为开场节目，是由数十人至数百人参加的群众性集体舞，参加者按长幼次序排列。伴随着锣鼓的节奏，大家一齐踏动、摆身、左腾右挪、绕场而舞，舞姿优美，气氛热烈，场面恢宏壮观。纳顿节是土族人民最重要的文化娱乐盛会，也是他们访亲探友，相互交流生产、生活经验，学习和传播新思想、新知识的大好时机。对于情窦初开的青年男女而言，纳顿节则成为他们寻觅知音的良机。

4.2.3　青海旅游资源

1）青海旅游资源概览

天地有大美而不言。青海地大物博、山川壮美、历史悠久、民族众多、文化多姿多彩，具有生态、资源、稳定上的重要战略地位。青海的美，具有原生态、多样性，不可替代的独特魅力，李白的诗句："登高壮观天地间，大江茫茫去不还。黄云万里动风色，白波九道流雪山。"正是青海山河的生动写照。青海省世界及国家级旅游资源如表4-1所示。

表4-1　青海省世界及国家级旅游资源

类型	数量	景点
世界自然遗产	1	可可西里
国家公园	1	三江源国家公园
国家5A级旅游景区	3	青海湖、塔尔寺、海东市互助土族故土园
国家级风景名胜区	1	青海湖风景名胜区
国家级自然保护区	7	大通北川河源区、柴达木梭梭林、循化孟达、青海湖、可可西里、三江源、隆宝

注：数据截至2022年7月。

试一试： 表4-1提到的旅游景区有你熟悉的吗？如果有，请给同学们介绍一下。

2）重点旅游资源

（1）可可西里

青海可可西里国家级自然保护区位于玉树藏族自治州西北部，昆仑山南麓长江北源地区，与新疆维吾尔自治区、西藏自治区和海西蒙古族藏族自治州及玉树州的曲麻莱县接壤，是我国目前建立的面积最大，海拔最高，野生动物资源最为丰富的国家级自然保护区之一，是我国面积最大的世界自然遗产地。可可西里自然环境严酷，气候恶劣，人类无法长期居住、生产和生活，因而保留了其原始的生态环境和独特的自然景观。有高等植物210余种，其中青藏高原特有种84种，重点保护的植物有新生女娄菜、唐古拉翠雀、线叶柏蕾芽、双湖含珠芽、马尿泡、唐古拉虎耳草、二花棘豆、短梗棘豆、昆仑雪兔子、黑苞凤毛菊、芒颖鹅冠草等，垫状植物资源特别丰富，有50种，占全世界的三分之一。动物区系组成简单，但种群密度大，数量较多，有哺乳动物23种，其中青藏高原特有种11种，有国家一级保护动物藏羚羊、野牦牛、藏野驴、白唇鹿、雪豹，二级保护动物盘羊、岩羊、藏原羚、棕熊、猞猁、兔狲、石貂、豺，省级保护动物藏狐等；鸟类48种，其中青藏区种类18种，有国家一级保护动物金雕、黑颈鹤，二级保护动物红隼、大鵟、秃鹫、藏雪鸡、大天鹅，省级保护动物斑头雁、赤麻鸭、西藏毛腿沙鸡等；爬行动物有青海沙蜥；鱼类有裸腹叶须鱼、小头裸裂尻鱼等6种，均为高原特有种。还有一些昆虫和水生低等生物。经济意义较高的水生物有卤虫等。本区特有的生物种类不但是我国的珍稀物种，而且也为世界所瞩目，无论在学术上和自然保护上均被放在一个特殊的位置上。

人物谈

环保卫士——索南达杰

杰桑·索南达杰，可可西里和三江源生态环境保护的先驱。作为改革开放早期中国共产党培养出来的优秀党员、优秀少数民族领导干部的代表，是高原儿女献身生态环境保护的杰出代表。他发起了对可可西里生态环境的有组织保护，组建了我国第一支武装反盗猎队伍，开启了可可西里和三江源生态环境保护新纪元，先后查获非法持枪盗猎团伙8个，收缴各类枪支25支、子弹万余发、各种车辆12台、藏羚羊皮1 416张、沙狐皮200余张，没收非法采金费4万元，为遏制破坏生态环境违法行为，保护可可西里生态环境，唤醒人们对这片土地的关注做出了突出贡献。为了纪念杰桑·索南达杰，可可西里保护区的第一个自然保护站便以他的名字命名，"杰桑·索南达杰保护站"是可可西里地区建站最早、名气最大的保护站，主要任务是接待游客与救治藏羚羊。1996年11月，杰桑·索南达杰被国家环保局、林业部授予"环保卫士"称号。

（2）青海湖景区

青海湖，地处青藏高原的东北部，西宁市的西北部，是我国第一大内陆湖泊，也是我国最大的咸水湖。截至2021年9月底，青海湖水体面积为4 625.6平方公里，环湖周长360多公里，比著名的太湖大一倍还要多。湖面东西长，南北窄，略呈椭圆形。青海湖水平均深约21米，最大水深为32.8米，蓄水量达1 050亿立方米，湖面海拔为3 260米，比两个东岳泰山还要高。青海湖湖区的自然景观主要有：青海湖、鸟岛、海心山、沙岛、三块石、二郎剑；湖滨山水草原区主要有日月山、倒淌河、小北湖、布哈河、月牙湖、热水温泉、错搭湖、夏格尔山、包忽图听泉和金银滩草原等。在青海湖畔眺望，苍翠的远山，合围环抱；碧澄的湖水，波光潋滟；葱绿的草滩，羊群似云。青海湖周围是茫茫草原。湖滨地势开阔平坦，水源充足，气候比较温和，是水草丰美的天然牧场。夏秋季的大草原，绿茵如毯。金黄色的油菜，迎风飘香；牧民的帐篷，星罗棋布；成群的牛羊，飘动如云。日出日落的迷人景色，更充满了诗情画意，使人心旷神怡。

青海湖日月山导游讲解

新视野

环青海湖国际公路自行车赛简称"环湖赛"，从2002年开始举办，每年的6至8月在青海省的环青海湖地区和邻近的甘肃省及宁夏回族自治区举行。经国际自行车联盟批准，环湖赛为2.HC级，是亚洲顶级自行车公路多日赛，也是世界上海拔最高的国际性公路自行车赛，环湖赛是中国规模最大、参赛队伍最多、奖金最高的国际公路自行车赛事。环湖赛高海拔、长距离、多爬坡的特点，使得比赛尤为精彩，观赏度高，队伍能力强，环湖赛比赛线路设计以碧波浩瀚、鸟翼如云的青海湖为中心，并向周边地区的青海东部农业区、青海西部牧业与荒漠区、青南高原高寒草甸草原区、甘肃河西走廊、宁夏黄河金岸等地区延伸，沿途自然风光雄奇壮美，旖旎迷人。

（3）塔尔寺景区

塔尔寺又名塔儿寺，创建于明洪武十年，位于青海省西宁市西南25公里处的湟中县城鲁沙尔镇，国家5A级旅游景区。塔尔寺是中国藏传佛教格鲁派六大寺院之一，是中国西北地区藏传佛教的活动中心，在中国及东南亚享有盛名，历代中央政府都十分推崇塔尔寺的宗教地位。塔尔寺是青海省佛学院的最高学府，现设有显宗、密宗、时轮、医明四大学院（经院），藏语分别称为参尼、居巴、丁科、曼巴扎仓。塔尔寺始建于1379年，距今已有600多年的历史，占地面积600余亩，寺院建筑分布于莲花山的一沟两面坡上，整座寺依山叠砌、蜿蜒起伏、错落有致、气势磅礴，寺内古树参天，佛塔林立，景色壮丽非凡。塔尔寺的酥油花雕塑也是栩栩如生，远近闻名。

（4）海东市互助土族故土园景区

互助土族故土园景区位于青海省海东市互助土族自治县威远镇境内，是世界上最全面、最纯正、最真实的以"土族文化"为主题，集游览观光、休闲度假、民俗体验、宗教朝觐为一体的综合性旅游景区，成为国内外游客集中了解土族民俗文化的首选之地。

自20世纪90年代逐步发展起来，互助县是全国唯一的以土族为主体民族的自治县，被称为"土族之乡"，在一般人的观念中"土族之乡"便是互助县，土族民族风情又是青海省最具吸引力的民族文化旅游资源，因而将互助的整个旅游景区统称为互助土族故土园。

景区内原始纯朴的自然环境、雄奇独特的生态环境、古老神秘的文化遗迹、风格迥异的民族风情具有很强的吸引力和竞争力。极具特色的土族民族文化、发育完好的高原生态系统、历史悠久的宗教文化和青稞酒文化构成了互助旅游的四大品牌。景区内含5个核心旅游景点，分别是彩虹部落土族园、纳顿庄园、小庄民俗文化村、西部土族民俗文化村、天佑德中国青稞酒之源。

3）旅游发展新格局

《青海省"十四五"文化和旅游发展规划》提到，青海省要围绕打造国际生态旅游目的地，形成点线面有机结合的"一环六区两廊多点"文化旅游发展总体布局。

"一环"是指结合国家生态文明战略，依托山地森林、湿地湖泊、草原冰川和地域文化等，串联青海湖、塔尔寺、茶卡盐湖、金银滩、祁连山、昆仑山等自然人文景观，全力打造展现生态安全屏障、绿色发展、国家公园示范省、人与自然生命共同体、生物多样性保护、民族优秀文化为主要内容，形成大分散、小集聚，点线面有机组合的青藏高原生态文明文化旅游大环线，让绿水青山永远成为青海的优势和骄傲，造福人民，泽被子孙。

"六区"是指发展青海湖、三江源、祁连风光、昆仑溯源、河湟文化、青甘川黄河风情等六大文化旅游协作区。依托"六区"独具特色的生态文化旅游资源，打造江河源头生态观光、高原科考探险、生态体验和自然生态教育等生态旅游品牌，锻造河湟文化、红色文化、热贡文化、格萨尔文化、昆仑文化等多元文化品牌。

"两廊"是指建设青藏世界屋脊文化旅游廊道和唐蕃古道文化旅游廊道。

"多点"是指以旅游景区、旅游休闲街区、文化场馆、艺术演艺空间、产业园区、乡村旅游接待点、旅游驿站、交通枢纽等共同组成旅游集聚节点。

4.3 人文秘境 天域西藏

课前思考

1.你知道西藏自治区有哪些旅游资源？请在图4-2中标出。你最想去西藏的哪个景点呢？

2.你知道"地球之巅"指的是哪里吗？珠穆朗玛峰的高度是多少呢？

分省（区、市）地图—西藏自治区

图4-2　西藏自治区地图

审图号：GS（2019）3333号　　　　　　　　　　　　自然资源部　监制

西藏自治区，简称"藏"，位于中国的西南边陲，青藏高原的西南部，面积122.84万平方公里，约占中国总面积的八分之一，仅次于新疆维吾尔自治区。南北最宽约1 000公里，东西最长达2 000公里，是世界上面积最大，海拔最高的高原，有"世界屋脊"之称。它北靠新疆，东北紧靠青海，东部接连四川，东南接云南，南边和西部与缅甸、印度、不丹、尼泊尔四国接壤。国境线长达3 842公里，是中国西南边疆的重要门户，战略位置十分重要。西藏自治区首府为拉萨市。有6个地级市、1个地区，74个县。

大事记

和平解放西藏

西藏自古以来就是中国不可分割的一部分。和平解放西藏、驱逐帝国主义侵略势力出西藏，实行民主改革、废除西藏政教合一的封建农奴制度，是近代以来中国人民反帝反封建的民族民主革命的重要组成部分，也是中华人民共和国成立后面临的重大历史任务。经过许多斗争和工作，以阿沛·阿旺晋美为首的西藏地方政府代表团，终于在1951年4月下旬抵京谈判，并于1951年的5月23日，中华人民共和国中央人民政府的全权代表和西藏地方政府的全权代表在北京签订《中央人民政府和西藏地方政府关于和平解放西藏办法的协议》（简称《十七条协议》），宣告了西藏的和平解放。这是西藏历史上具有划时代意义的转折点，也是中国人民解放事业和祖国统一事业的一件大事。西藏和平解放，不仅粉碎了外部势力妄想把西藏从中国分裂出去的图谋，捍卫了国家主权和领土完整，维护了祖国统一和民族团结，而且开辟了百万农奴翻身解放的道路，开启了西藏走向繁荣进步的光明前程。2021年8月19日，庆祝西藏和平解放70周年大会在拉萨隆重举行。

4.3.1　自然地理环境

1）地形地貌

西藏高原，北起昆仑山，南至冈底斯山、念青唐古拉山为广阔的藏北高原，往南则是以雅鲁藏布江干流支谷为主的藏南谷地；高原东南侧紧密排列着南北向的高山峡谷。西藏地面以辽阔的高原作基础，高原面是低山、丘陵和宽谷盆地的共同组合体。总的地势由西北向东南倾斜，海拔从5 000米以上渐次递降至4 000米左右。

西藏地貌大致可分为喜马拉雅山区、藏南山原湖盆谷地区、藏北高原湖盆区和藏东高山峡谷区。喜马拉雅山区位于藏南，由几条大致东西走向的山脉组成，平均海拔6 000米左右，中尼边境的珠穆朗玛峰海拔8 848.86米，是世界最高峰。藏南山原湖盆谷地区位于冈底斯山脉和喜马拉雅山脉之间，即雅鲁藏布江及其支流流经的地方。地形平坦，土质肥沃，沟渠纵横，富饶而美丽，为西藏主要农业区。藏北高原湖盆区位于昆仑山、唐古拉山和冈底斯山—念青唐古拉山之间，包括南、北羌塘山原湖盆地和昆仑山区，约占自治区面积的2/3，为西藏主要的牧业区。藏东高山峡谷区，即著名的横断山地，大致位于那曲以东，为一系列东西走向逐渐转为南北走向的高山深谷，其间夹持着怒江、澜沧江和金沙江，简称东部三江。

2）气象气候

西藏空气稀薄，气压低，含氧量少，平均空气密度为海平面空气密度的60%～70%，高原空气含氧量比海平面少35%～40%。太阳辐射强烈，日照时间长，年日照时数为1 443.5～3 574.3小时，水汽含量少，阳光透过大气层时能量损失少。全年最高气温25 ℃左右，最低气温–10 ℃左右。西藏的夏天，白天温度基本都在25 ℃左右，但是夜晚气温仅有10 ℃左右。冬季白天的气温基本都是10 ℃左右，晚上则会降至零下几度。

导考指引：简述拉萨得名"日光城"由来。

3）河流水系

西藏水资源丰富，是中国水域面积最大的省级行政区，地表水包括河流、湖泊、沼泽、冰川等多种存在形式，其中河流、湖泊是最重要的部分。西藏境内流域面积大于1万平方公里的河流有28条，大于2 000平方公里的河流多达100余条，是中国河流最多的省区之一。亚洲著名的长江、怒江（萨尔温江）、澜沧江（湄公河）、印度河、恒河、雅鲁藏布江（布拉马普特拉河）都发源或流经西藏。西藏湖泊众多，共有大小湖泊1 500多个，总面积达2.4万平方公里，居全国首位，其中面积超过1平方公里的有816个，超过1 000平方公里的有3个，即纳木措、色林措和扎日南木措。西藏有冰川11 468条，冰川面积达28 645平方公里，占全国的49 %，冰储量约25 330亿立方米，占全国的45.32%，年融水量310亿立方米，占全国的53.4%，均居全国之首。

4.3.2　人文地理环境

1）人口民族

第七次全国人口普查数据显示，西藏自治区常住人口总数约为364.8万人，其中藏族人口约为313.8万人，其他少数民族人口为6.68万人，汉族人口为44.3万人。西藏是以藏族为主体的少数民族自治区，全区还有汉族、门巴族、珞巴族、回族、纳西族等45个民族及未识别民族成分的僜人、夏尔巴人。藏族是中国古老的民族之一，除一部分分布在青海、甘肃、四川、云南等省外，二分之一居住在西藏。门巴族、珞巴族也是居住在中国西藏的古老民族，主要分布在西藏自治区南部。门巴族语属汉藏语系藏缅语族藏语支，但方言复杂，无文字。因长期和藏族人民密切交往，多通晓藏语，通用藏文。珞巴族语属汉藏语系藏缅语族，没有文字，基本使用藏文。

导考指引： 简述"哈达"的含义。

2）风俗物产

（1）藏戏

藏戏是一个非常庞大的剧种系统，由于青藏高原各地自然条件、生活习俗、文化传统、方言语音的不同，它拥有众多的艺术品种和流派。西藏藏戏是藏戏艺术的母体，它通过来卫藏宗寺深造的僧侣和朝圣的群众远播青海、甘肃、四川、云南四省的藏语地区，形成青海的黄南藏戏、甘肃的甘南藏戏、四川的色达藏戏等分支。印度、不丹等国的藏族聚居地也有藏戏流传。

藏戏的藏语名叫拉姆，意为"仙女"。据传藏戏最早由七姊妹演出，剧目内容又多是佛经中的神话故事，故而得名。藏戏起源于8世纪藏族的宗教艺术。17世纪时，从寺院宗教仪式中分离出来，逐渐形成以唱为主，唱、诵、舞、表、白、技等基本程式相结合的生活化的表演。藏戏唱腔高亢雄浑，基本上是因人定曲，每句唱腔都有人声帮和。2009年，藏戏入选联合国教科文组织非物质文化遗产名录（名册）项目。

（2）糌粑

糌粑是西藏自治区的一种特色小吃，也是藏族牧民传统主食之一。"糌粑"是"炒面"的藏语译音，它是藏族人民天天必吃的主食，在藏族同胞家做客，主人一定会给你端来喷香的奶茶和糌粑，金黄的酥油和奶黄的"曲拉"（干酪素），以及糖，叠叠层层摆满桌。糌粑是将青稞洗净、晾干、炒熟后磨成的面粉，食用时用少量的酥油茶、奶渣、糖等搅拌均匀，用手捏成团即可。它不仅便于食用，营养丰富，热量高，很适合充饥御寒，还便于携带和储藏。

（3）唐卡

藏族唐卡勉萨派，也称为新勉塘派，在西藏古籍中和民间又称作"藏赤"，"藏"指西藏日喀则一带，"赤"即画派。勉萨画派相传产生于公元17世纪中叶，主要分布于西藏自治区日喀则市及其周边地区。

在历史上，藏族唐卡勉萨派曾经流传到拉萨、山南、昌都等地，鼎盛时期曾有画业作坊1 000余家。勉萨派的创始人是四世班禅大师的随身画师朱古曲英嘉措，他在勉塘派的基础上更多地吸收了工笔画中的人物、山水及亭台楼阁的造型、布局和技法，并添加了很多个性绘画元素。他的绘画、工艺、雕塑等方面的作品多藏于布达拉宫、扎什伦布寺、夏鲁寺等著名的宫殿与寺院。

勉萨派唐卡构图严谨、色彩鲜艳、线条变化丰富、勾金细致，尤其是人物性格的表现方面更加自然与细致入微。该画派造像法度精严，与传统的块面表现相比，尤其注重线条的运用，线条工整流畅，色调活泼鲜亮，变化丰富。表现题材十分广泛，包括上师像、佛、本尊像、菩萨像、护法神像、人物传记、历史、医学、民俗等。它对研究西藏历史、文化、美术、宗教等具有极高的价值。

（4）雪顿节

"雪顿"意为酸奶宴。在藏语中，"雪"是酸奶子的意思，"顿"是"吃""宴"的意思，雪顿节按藏语解释就是吃酸奶子的节日。因为雪顿节期间有隆重热烈的藏戏演出和规模盛大的晒佛仪式，所以有人也称之为"藏戏节""展佛节"。传统的雪顿节以展佛为序幕，以演藏戏、看藏戏、群众游园为主要内容，同时还有精彩的赛牦牛和马术表演等。2006年，雪顿节被列入国家级非物质文化遗产。

4.3.3 旅游资源

1）旅游资源概览

西藏独特的高原地理环境和历史文化，催生了数量众多、类型丰富、品质优异、典型性强、保存原始的旅游资源。西藏不仅有世界屋脊奇异的地质地貌和独特的自然风光，而且有别具一格的社会人文景观，在全国旅游资源系统中处于不可替代的重要地位。西藏自治区世界及国家级旅游资源如表4-2所示。

表4-2　西藏自治区世界及国家级旅游资源

类型	数量	景点
世界文化遗产	1	布达拉宫
世界生物圈保护区	1	珠穆朗玛
国家5A级旅游景区	5	布达拉宫、大昭寺、林芝巴松措、日喀则扎什伦布寺、雅鲁藏布江大峡谷
国家级旅游度假区	1	林芝鲁朗小镇

注：数据截至2022年7月。

2）重点旅游资源

（1）布达拉宫

布达拉宫（西藏自治区布达拉宫管理处）坐落在海拔3 700米的西藏自治区拉萨市中心的红山上，因其建造的悠久历史，建筑所表现出来的民族审美特征，以及对研究藏民族社会历史、文化、宗教所具有的特殊价值，而成为举世闻名的名胜古迹。

公元7世纪30年代，吐蕃第三十三代赞普松赞干布迁都拉萨，始建布达拉宫为王宫。当时修建的整个宫堡规模宏大，外有三道城墙，内有千座宫室。松赞干布在此划分行政区域，分官建制、立法定律、号令群臣、施政全蕃，并遣使周边各国或与邻国建成姻亲关系或订立盟约，加强吐蕃与周边各民族经济和文化交流，促进吐蕃社会的繁荣。布达拉宫成为吐蕃王朝统一的政治中心，地位十分显赫。

经过1 300多年的历史，布达拉宫形成了占地面积40万平方米，建筑面积13万平方米，主楼红宫高达115.703米，具有宫殿、灵塔殿、大殿、佛殿、经堂、重要职能机构办公处、曾官学校、宿舍、庭院、回廊等诸多功能的巨型宫堡。宫内珍藏8座达赖喇嘛金质灵塔，5座精美绝伦的立体坛城以及瓷器、金银铜器、佛像、佛塔、唐卡、服饰等各类文物7万余件，典籍6万余函卷（部），成为名副其实的文物瑰宝，受到世界各国人民的关注，被誉为"世界屋脊的明珠"。

新视野

世界遗产委员会评价：布达拉宫自公元7世纪起就成为达赖喇嘛的冬宫，象征着藏传佛教及其在历代行政统治中的中心作用。布达拉宫，坐落在拉萨河谷中心海拔3 700米的红色山峰之上，由白宫和红宫及其附属建筑组成。大昭寺也建造于公元7世纪，是一组极具特色的佛教建筑群。建造于公元18世纪罗布林卡，曾经作为达赖喇嘛的夏宫，也是西藏艺术的杰作。这三处遗址的建筑精美绝伦，设计新颖独特，加上丰富多样的装饰以及与自然美景的和谐统一，更增添了其在历史和宗教上的重要价值。

西藏大昭寺
金瓶掣签
解析

（2）大昭寺

大昭寺，又名"祖拉康""觉康"（藏语意为佛殿），位于拉萨市老城区中心，是一座藏传佛教寺院，由藏王松赞干布建造，拉萨之所以有"圣地"之誉，与这座寺院有关。寺庙最初称"惹萨"，后来惹萨又成为这座城市的名称，并演化成当下的"拉萨"。大昭寺建成后，经过元、明、清历朝屡加修改扩建，才形成了现今的规模。大昭寺已有1 300多年的历史，在藏传佛教中拥有至高无上的地位。大昭寺是西藏现存最辉煌的吐蕃时期的建筑，也是西藏最早的土木结构建筑，并且开创了藏式平川式的寺庙市局规式。

环大昭寺内中心的释迦牟尼佛殿一圈称为"囊廓"，环大昭寺外墙一圈称为"八廓"，大昭寺外辐射出的街道叫"八廓街"，即八角街。以大昭寺为中心，将布达拉宫、药王山、小昭寺包括进来的一大圈称为"林廓"。这从内到外的三个环型，便是藏民们行转经仪式的路线。大昭寺融合了藏、唐、尼泊尔、印度的建筑风格，成为藏式宗教建筑的千古典范。

（3）珠穆朗玛保护区

珠穆朗玛保护区所包含区域为西藏自治区日喀则市吉隆县、聂拉木县、定日县、定结县，是世界著名的自然与文化遗产地、登山探险和生态旅游目的地。全球14座8 000米以上高峰中，就有5座矗立在珠穆朗玛保护区内，成为世界顶尖级登山探险和生态旅游目的地。保护区最高处为8 848.86米，最低处仅1 440米，自然景观独特。这里有世界十大景观之一的卡玛山谷，有旧石器时代的石器，唐、清时代的摩崖石刻，残存的古宗建筑，商贸市场等。例如，有公元7世纪修建的寺庙，8世纪吐蕃王朝的古墓葬群，9—11世纪割据时期的古堡、18世纪中尼战争时期的残垣以及米拉热巴等众多高僧传法修行的洞舍。

（4）雅鲁藏布大峡谷

雅鲁藏布大峡谷旅游区范围自苯日神山开始，随雅鲁藏布江蜿蜒延展，至大峡谷标志性景观大拐弯结束，是大峡谷内风光最为优美、资源最为丰富的一段。境内除雅鲁藏布江的水域风光外，还有藏族、门巴族村落，墨脱大地震遗址，河岸沙丘、林芝桃花、古堡遗址等多样景观资源，并可近距离观赏有"中国最美山峰"美誉的南迦巴瓦峰，是西藏自治区最具代表性、最为知名的景区之一。雅鲁藏布大峡谷景区是青藏高原第一个峡谷类型的5A级景区，实现西藏旅游业发展历程中又一里程碑式的突破；将通过旅游活动带动地方民族民俗文化深度呈现，展现西藏地区多民族和谐共荣的景象；将更加有效地发挥旅游产业精准扶贫的作用，帮助地方藏族群众精准脱贫，防止返贫。

3）旅游发展新格局

西藏自治区在"十三五"时期，主要是围绕落实建设"具有高原和民族特色的世界旅游目的地"目标，以世界顶级自然生态和藏文化资源富集地为基础，科学构建"12345"旅游空间布局：一心（以拉萨为中心）、两区（林芝国际生态旅游区、冈底斯国际旅游合作区）、三廊（茶马古道、唐竺古道、西昆仑廊道）、四环（东、西、南、北四条精品环线）、五圈（珠峰生态文化旅游圈、雅砻文化旅游圈、康巴文化旅游圈、羌塘草原文化旅游圈、象雄文化旅游圈），加快由景点旅游发展模式向全域旅游发展模式转变。

拓展与思考

请结合青藏旅游区的旅游资源，策划一条青藏旅游线路（至少3天的行程），主题自选。

青藏旅游区
导考指引参
考答案

第5章　西北旅游区

——塞外美景　丝路足迹

西北区旅游
资源概览

学习目标

知识能力目标：
了解西北旅游大区自然与人文旅游地理环境及旅游资源特征；
熟悉本区各省市自然与人文地理概况；
掌握本区各省市重点旅游资源及旅游线路。

思想素质目标：
了解我国基本民族政策；
了解西北地区脱贫攻坚之路；
坚决维护祖国领土主权。

西北旅游区包括内蒙古自治区、宁夏回族自治区、甘肃省和新疆维吾尔自治区四个省区，总面积约334万平方公里，超过我国国土面积的1/3。西北旅游区属于温带干旱半干旱气候，沙漠戈壁草原景观面积大，这些景观也因此成为了该地区自然景观的特色。这个区域由于地理位置十分重要，长期以来是我国对外交往的通道，也因此留下了许多商人、传教士的足迹和文化杰作。

5.1　西北旅游区概述

5.1.1　旅游地理环境

1）自然地理环境

（1）地貌多样、排列有序

西北旅游区地处我国地势的第二级阶梯上，在自然地理上大致可分为东西两大地貌单元，西部是高山和盆地相间分布，东部为坦荡的高原和河套平原。西部地区主要包括新疆全境及内蒙古和甘肃西部地区，地貌为三山夹两盆地（阿尔泰山、准格尔盆地、天山、塔里木盆地、昆仑山）、阿拉善高原及河西走廊，呈西北—东南走向，海拔一般在3 000米以上。东部包括内蒙古的大部分和宁夏的一部分，大致由内蒙古高原和河套平原组成，海拔为1 000米左右，地表起伏和缓、开阔坦荡。

（2）内流河和内陆湖泊广泛分布

西北旅游区有许多内流河，对当地的生态环境和经济发展起着重要作用，其中塔里木河是我国最长的内流河。内陆湖泊分布众多，主要的湖泊有新疆的天池、喀纳斯湖、艾丁湖、天鹅湖，甘肃的月牙泉，宁夏的沙湖等，其中博斯腾湖是我国最大的内陆淡水湖，艾丁湖是我国陆地最低点，而月牙泉和沙湖由于地处沙漠深处，形成了大漠中的奇特景观。这些河湖和著名的坎儿井及现代人工河渠一起，成为西北干旱区的生命之源。

（3）典型的温带大陆性荒漠气候

本区深居内陆，远离海洋，四周高山环列，使得湿润的海洋气流难以进入，形成极端干燥的温带大陆性荒漠气候，这里是我国最热、最干旱、风力最大和降水最少的地方。其特点是光照资源充足、降水稀少、风沙大、气温变化大，具有明显的季节性差异，呈现出"早穿棉袄午穿纱，围着火炉吃西瓜"的奇观。受自然条件影响，区内地域分异性强，高山上部终年积雪，有现代冰川分布，是绿洲存在的主要条件；水分条件好的山地，草场资源丰富，有原始森林；伊犁盆地山清水秀如塞上江南，吐鲁番盆地则以干热著称，号称"火洲"。

2）人文地理环境

（1）悠久的丝路文化

中国是世界上最早养蚕、缫丝并进行丝绸制造、刺绣的国家，随着大宗丝织物从长安出发，远销西亚、欧洲等地，形成著名的"丝绸之路"。西北地区是古丝绸之路的主要通道，有风光壮丽的高山、大河、沙漠、戈壁，有引人遐想的长城、古道、城堡、烽燧，还有艺术荟萃的石窟、佛宝和文物。沿线地区的经济、文化、宗教等都曾出现了一时的繁荣昌盛，修建了较大的城池和众多的寺庙，拥有许多高艺术水平的雕塑、壁画等，形成了悠久漫长的丝路文化。

（2）多彩的民族风情和丰富的地方特产

西北地区是我国少数民族分布最多的地区，居住着蒙古族、回族、维吾尔族、哈萨克族、乌孜别克族等40多个少数民族。该区少数民族风格特征是热情、奔放、欢乐、勇敢，在这里，你能时刻感受到不同的民族特色：维吾尔族能歌善舞、服饰鲜艳；哈萨克族的"姑娘追"、蒙古族的"那达慕"和维吾尔族的"叼羊"均为各自民族的盛会；回族清真食品别具风味，烤全羊是蒙古族宴客的最高礼节，手抓羊肉、手抓饭、马奶酒也是其特色产品；蒙古族的马头琴和哈萨克族的冬不拉是富有民族特色的乐器。此外，本区传统民族工艺品、中药材以及其他土特产也很丰富，如和田的地毯和宁夏的"五宝"（枸杞、甘草、贺兰石、滩羊皮、发菜），酒泉的夜光杯等，而新疆的葡萄干、哈密瓜和香梨更是国际市场的畅销品。

5.1.2　旅游资源特征

1）风沙地貌独具特色

该地区是我国沙漠集中分布的地区，风沙地貌特色鲜明。在风力作用下，一些地区受多种特定自然条件影响，形成自然奇观。2005年《中国国家地理》评出的"中国最美五大沙漠"中，有四个在西北旅游区。区内各种风积和风蚀地貌数量大，形态多样，尤其以准格尔盆地乌尔禾高地的砂页岩风蚀地貌最为典型，这里形成高达几十米乃至上百米的石蘑菇、石柱、石兽、石亭与石堡等形似城堡的地貌，故又称"魔鬼城"。各种形状的沙丘形态多变，有些沙丘的沙粒含有石英和云母等变质岩，在高温季节，沙粒的滚动会发出奇妙的响声，被称为响沙，甘肃鸣沙山和宁夏沙坡头等即是典型代表。

2）草原绿洲赏心悦目

内蒙古高原北部和中部属于典型的温带草原，著名的呼伦贝尔草原就是典型的温带大草原。草原宽广辽阔、水草肥美、景色宜人，季相变化显著，羊群如流云飞絮，呈现"天苍苍，野茫茫，风吹草低见牛羊"的美丽画卷。在辽阔的大草原上骑马、骑骆驼、赛马、骑射，体验牧民生活，都是本区新奇的旅游活动。在西北地区盆地边缘的冲积平原上，由于高山冰雪和季节性积雪融水滋润，水源充足，土壤肥沃，农业发达，形成片片绿洲，为荒凉的景观平添了无限生机，阿克苏、吐鲁番、乌鲁木齐、喀什、和田、武威、酒泉、敦煌等都是西北著名的绿洲。

3）少数民族风情浓郁

西北旅游区是我国少数民族聚居的地区，除维吾尔族、回族以外，还有哈萨克族、蒙古族、锡伯族、乌孜别克族、东乡族、藏族、撒拉族等多个少数民族。兄弟民族花园似的庭院、陈设华丽的帐篷、鲜艳的服饰、民族风味的饮食、熙熙攘攘的集市、欢乐的民间文体活动、风情典型的宗教活动，以及"花儿会"等都使人流连忘返。游客在观赏草原风光之时，还能体验少数民族群众的生活，具有很强的吸引力。

4）丝绸之路源远流长

西北地区是古"丝绸之路"的主要通道，古老的华夏文明与两河流域文明、地中海文明等相互交融，使其成为多元文化交流的纽带。伴随着丝绸之路的开发，修建了较大的城池和众多的寺庙，拥有许多高艺术水平的雕塑、壁画等，沿途各地遗留下数量众多、种类丰富的文物古迹，而留存至今的有嘉峪关、玉门关、秦长城遗址、敦煌莫高窟、麦积山石窟、楼兰古城、米兰古城、高昌古城等。

试一试：请以小组为单位，为西北旅游区设计一条宣传语，要求体现出西北的旅游资源特色。

5.2　亮丽风景线　自在内蒙古

课前思考

1.请在图5-1中标注出内蒙古自治区相邻省市及国家，思考内蒙古自治区的地理区位优劣势分别是什么？

2.你知道内蒙古自治区的哪些景区？请在图中标注出来。你最想去内蒙古的哪个旅游景区？

分省（区、市）地图—内蒙古自治区

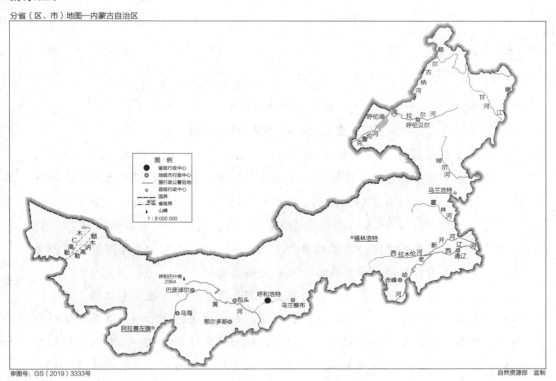

审图号：GS（2019）3333号　　　　　　　　　　　　　　　　　自然资源部　监制

图5-1　内蒙古自治区地图

内蒙古自治区，简称"内蒙古"，位于祖国北部边疆，地势由东北向西南斜伸，呈狭长形，东西长约2 400公里，南北最大跨度1 700多公里，横跨东北、华北、西北地区；内与黑龙江、吉林、辽宁、河北、山西、陕西、宁夏、甘肃8省区相邻，外与俄罗斯、蒙古国接壤，边境线4 200多公里。内蒙古总面积118.3万平方公里，辖9个地级市、3个盟，共有23个市辖区、11个县级市、17个县、49个旗，3个自治旗。

内蒙古全区基本属于高原型的地貌区，涵盖高原、山地、丘陵、平原、沙漠、河流、湖泊等地貌，大部分地区海拔在1 000米以上，气候以温带大陆性气候为主。内蒙古地大物博、旅游资源丰富，东部是茫茫的大兴安岭林海，南部是富饶的嫩江平原、西辽河平原和河套平原，西部是浩瀚的腾格里、巴丹吉林、乌兰布和沙漠，北部是辽阔的呼伦贝尔、锡林郭勒草原。内蒙古区位独特、地域狭长、文化底蕴厚重、旅游资源丰富多样，有草原、森林、沙漠、河流、湖泊、温泉、冰雪、边境线、民族风情、历史古迹等十大景观，是中国旅游资源最富集的省份之一，主要旅游地有成吉思汗陵、响沙湾、呼伦贝尔草原等。

导考指引：内蒙古是属于东北地区还是西北地区？

大事记

荒漠变绿洲——内蒙古治沙造林

内蒙古自治区是中国荒漠化和沙化土地最为集中、危害最为严重的省区之一，境内分布有巴丹吉林、腾格里、乌兰布和、库布其四大沙漠和毛乌素、浑善达克、科尔沁、呼伦贝尔四大沙地，荒漠化土地面积达9.14亿亩，占全国荒漠化土地面积的23.3%；沙化土地面积达6.12亿亩，占全国沙化土地面积的23.7%。内蒙古是京津地区和环渤海经济圈的重要生态屏障，所以内蒙古生态环境建设在全国生态建设格局的西部大开发战略中处于重要的地位。

近年来，内蒙古把防沙治沙作为筑牢中国北方生态屏障的重要工作，以防沙治沙重大工程为载体，遵循自然和经济规律，科学推进防沙治沙，有效调动社会各类主体参与防沙治沙的积极性。内蒙古依托京津风沙源治理、三北防护林体系建设、退耕还林还草、退牧还草、水土流失综合治理等国家重点生态建设工程，规划建设一批不同类型的防沙治沙示范基地。例如，赤峰市翁牛特旗集中治理土地沙化危害程度较重的区域，形成百万亩综合治沙基地；阿拉善盟利用产业拉动建成百万亩梭梭林基地。同时，内蒙古把防沙治沙与发展地方经济、增加农牧民收入紧密结合，重点培育发展沙生植物种植与开发利用、特种药用植物种植与加工经营、沙漠景观旅游等产业。拉动防沙治沙的同时，增强防沙治沙的持续发展能力，走出一条防沙治沙新路子。

经过多年的综合治理，内蒙古森林覆盖率达23%，草原综合植被盖度达45%，荒漠化和沙化土地面积持续实现"双减少"。重点沙化土地治理区的生态状况明显改善，四大沙漠相对稳定，四大沙地林草盖度均有提高，部分地区呈现出"荒漠变绿洲"的景象。

5.2.1 内蒙古自然地理环境

1）地形地貌

内蒙古地势由东北向西南斜伸，呈狭长形，全区基本属于高原型的地貌区，占总面积的50%左右，由呼伦贝尔高平原、锡林郭勒高平原、鄂尔多斯高平原等组成，平均海拔在1 000米左右，海拔最高点贺兰山主峰3 556米。高原四周分布着大兴安岭、阴山、贺兰山等山脉，构成了内蒙古高原地貌的脊梁。内蒙古高原西端分布有巴丹吉林、腾格里、乌兰布和、库布其、毛乌素等沙漠，沙漠中有大量的盐湖和绿洲分布，为该区增添了独特的景致。

导考指引： 内蒙古自治区跨度了多少经度？区时相差多少？

2）气象气候

内蒙古自治区地域广袤，所处纬度较高，高原面积大，距离海洋较远，边缘有山脉阻隔。气候以温带大陆性季风气候为主，有降水量少而不均匀、风大、寒暑变化剧烈的特点。夏季气温在25 ℃左右，冬季中西部最低气温低于-20 ℃，东部林区最低气温低于-50 ℃。日照充足，光能资源非常丰富，大部分地区年日照时数都大于2 700小时。总的特点是春季气温骤升，多大风天气，夏季短促而炎热，降水集中，秋季气温剧降，霜冻往往早来，冬季漫长严寒，多寒潮天气。全年太阳辐射量从东北向西南递增，降水量由东北向西南递减。

3）河流水文

深居内陆的内蒙古，河流众多，湖泊星罗棋布。境内有大小河流千余条，其中流域面积在1 000平方公里以上的有107条。外流河分布于气候湿润的东部地区，主要河流有黄河、额尔古纳河、嫩江和西辽河四大水系；内流河主要分布在中西部地区，有额济纳河、塔布河、巴音河、锡林郭勒河等，流淌于草原与沙漠之上，宛如一条条银链镶嵌于碧绿的草原上，更为沙漠带来了生机，创造了神奇的绿洲。内蒙古天然湖泊众多，是全国主要的湖泊集中分布地区之一，较大的湖泊有295个，面积在200平方公里以上的湖泊有呼伦湖、达里诺尔湖和乌梁素海。湖泊主要靠河水和天然降水补给，水位随季节变化明显，这些湖泊大多点缀于草原之上，湖光山色与草原风光融为一体，成为观赏价值极高的旅游胜地。在沙漠中也有很多沙漠湖泊，有的成为盐碱产地，有的是良好的淡水养殖场，而且大多数湖泊周围皆有绿洲，成为重要的风景游览胜地。此外，内蒙古水资源总量为545.95亿立方米，其中地表水406.6亿立方米，占总量的74.5%；地下水139.35亿立方米，占总量的25.5%。

5.2.2 内蒙古人文地理环境

1) 历史沿革

内蒙古是中华民族的发祥地之一，也是中国古代北方少数民族主要的活动舞台，先后有10多个游牧民族在此生息繁衍，时间较长、影响较大的有匈奴、鲜卑、突厥、乌桓、契丹等。蒙古族发祥于额尔古纳河流域，1206年，成吉思汗建立蒙古汗国。20世纪20年代，内蒙古各族人民在中国共产党领导下，积极投身反封建反侵略斗争，1947年5月1日，内蒙古自治政府在王爷庙（现兴安盟乌兰浩特市）成立。中华人民共和国成立后，内蒙古自治政府改名为内蒙古自治区人民政府。

导考指引： 简述"内蒙古"得名及"内蒙古"建制的由来。

2) 人口民族

内蒙古自治区是边疆民族地区，生活着除珞巴族以外的55个民族。第七次全国人口普查数据显示，内蒙古自治区全区常住人口约为2 404.9万人，全区常住人口中，汉族人口占78.74%，蒙古族人口占17.66%，其他少数民族人口占3.6%。

导考指引： 请问中国历史上有几个大一统王朝是由少数民族建立的？

3) 风俗物产

（1）蒙古族呼麦歌唱艺术

呼麦是蒙古族人创造的一种神奇的歌唱艺术，一个歌手纯粹用自己的发声器官，在同一时间里唱出两个声部。在中国各民族民歌中，它是独一无二的。作为一种特殊的民间歌唱形式，呼麦是蒙古族人杰出的创造，它传达着蒙古族人民对自然宇宙和世界万物深层的哲学思考和体悟，表达了蒙古民族追求和谐生存发展的理念和健康向上的审美情趣。

导考指引： 蒙古族文化遗产中已被列入非物质文化遗产名录的有哪些？

（2）蒙古刀

蒙古刀是蒙古族牧民的生活用具，吃肉、宰牛羊用它，有时也当作生产工具，经常戴在身上，既是牧民不可缺少的日用品，又是一种装饰品。刀身一般以优质钢打制而成，长十几厘米至数十厘米不等，钢火好，刃锋利。刀柄和刀鞘很讲究，有钢制、木制、银质、牛角制、骨头制等多种，有的还镶嵌银质、铜质和铝制的花纹图案，有的甚至镶嵌宝石，也有的还配有一双兽骨或象牙筷子。它既是实用的工具又是非常具有装饰意味的工艺品。

（3）那达慕

那达慕是蒙古族传统的群众性盛会，由官方定期召集的有组织、有目的的游艺活动，以苏木、旗、盟为单位，半年、一年或三年举行一次。那达慕大会多半选择在牧草茂盛、马羊肥壮的七、八月份举行，除举行传统的"男儿三技"、蒙古象棋等赛事外，还增加了文艺演出和建设成就展示、商贸物资交流等内容。那达慕上的各项活动是力与美的显现、体能和智慧的较量、速度和耐力的比拼，全面地展示了草原人民的综合素质。那达慕也是具有广泛群众性和娱乐性的传统民俗文化活动，成为蒙古族文化传统的重要载体，具有广泛、厚重的文化内涵，深刻反映了蒙古族的价值观和审美观。

导考指引：去内蒙古参加那达慕大会，应该什么时候去最合适？

5.2.3　内蒙古旅游资源

1）内蒙古旅游概览

内蒙古的旅游资源极为丰富，内蒙古草原、森林、沙漠、河流、湖泊、温泉、冰雪、边境线、民族风情、历史古迹等十大景观构成独特的旅游胜景。内蒙古辽阔的大草原，富饶美丽；大兴安岭的莽林风光，吸引着无数国内外游客；蒙古族歌舞是世界文化艺术宝库中的璀璨明珠，赛马、摔跤、射箭被视为蒙古族的"男儿三艺"，蜚声中外；名胜古迹如呼和浩特市的昭君墓、伊金霍洛旗的成吉思汗陵园、阿拉善左旗的延福寺、鄂伦春自治旗的嘎仙洞等星罗棋布。

内蒙古历史文化悠久，是世界历史上最大帝国王朝蒙古帝国的发源地，有国家历史文化名城1个，全国重点文物保护单位152处，蒙古长调、呼麦等被列入联合国教科文组织非物质文化遗产名录项目，作为中华民族的发祥地之一，草原文化、民族文化、宗教文化灿烂多姿。内蒙古自治区世界及国家级旅游资源如表5-1所示。

表5-1　内蒙古自治区世界及国家级旅游资源

类型	数量	景点
世界文化遗产	1	元上都遗址
世界生物圈保护区	4	锡林郭勒草原、赛罕乌拉、呼伦湖、汗马
世界地质公园	3	阿拉善沙漠、阿尔山、克什克腾
国家5A级旅游景区	6	响沙湾、成吉思汗陵、满洲里中俄边境旅游区、阿尔山·柴河旅游景区、阿拉善盟胡杨林旅游区、阿斯哈图石阵旅游区
国家历史文化名城	1	呼和浩特

注：数据截至2022年7月。

2）重点旅游资源

（1）成吉思汗陵景区

成吉思汗陵景区又称成陵旅游区，是成吉思汗的衣冠冢，位于内蒙古自治区鄂尔多斯市伊金霍洛旗草原上，距鄂尔多斯市区40公里。由于蒙古族盛行"密葬"，所以真正的成吉思汗陵究竟在何处始终是个谜，史料记载吸收成吉思汗最后一口气——也就是灵魂的驼毛，几百年来就收藏于成吉思汗陵。现今的成吉思汗陵经过多次迁移，直到1954年才由青海的塔尔寺迁回故地伊金霍洛旗。成吉思汗陵是历史伟人成吉思汗的象征，是祭祀这位伟人英灵的神圣地方，对研究蒙古民族乃至中国北方游牧民族历史文化，具有极其重要的价值，是全国重点文物保护单位、中国旅游胜地四十佳、全国百家青少年爱国主义教育基地和首批国家5A级旅游景区，成吉思汗祭祀文化被列入第一批国家级非物质文化遗产名录。

成吉思汗陵以优美的草原环境，神秘的人文景观显示着草原帝王陵雄姿，以伊金霍洛风情小镇和巴音昌呼格草原景区为两翼的成吉思汗陵旅游区，正在倾力打造世界成吉思汗祭祀文化保护、成吉思汗历史文化研究、成吉思汗文化旅游产业发展和鄂尔多斯民俗文化展示"四大中心"，是世界上唯一的以成吉思汗文化和蒙古族文化为主题的旅游景区。

（2）响沙湾旅游景区

响沙湾位于中国著名的库布齐沙漠的最东端，地处鄂尔多斯境内。景区面积为24平方公里，居呼和浩特市、包头市、鄂尔多斯市"金三角"开发区中心，被称作"黄河金腰带上的金纽扣"。响沙湾是集观光与休闲度假为一体的综合型的沙漠休闲景区，是国家5A级旅游景区，国家文化产业示范基地。

响沙湾沙高110米，宽400米，依着滚滚沙丘，面临大川，背风向阳坡，地形呈月牙形分布，坡度为45°倾斜，形成一个巨大的沙丘回音壁。关于响沙的成因众说纷纭，到目前还暂无定论，千百年来，人们解释不了响沙的成因，却赋予它许多美丽的传说，但是科学工作者进行过多次科学考察，得出的理论有筛匀汰净理论、摩擦静电说、地理环境说、"共鸣箱"理论等，响沙之谜还在探索中。

（3）额济纳胡杨林景区

额济纳胡杨林景区位于额济纳旗的中心位置——额济纳绿洲，西邻额济纳旗政府驻地达来呼布镇，北邻居延海。2019年额济纳胡杨林景区被评为国家5A级景区，同时还是世界地质公园、中国国家地质公园、中国阿拉善沙漠地质公园、中国国家森林公园。

胡杨树是唯一能够在这里生长的树种，也是西北及内蒙古地区重要的造林树种，其强大的细胞透水性能够有效地减少水分的蒸发，并将体内的水分集中供给健康的枝干，苗壮的胡杨可对抗沙暴的侵袭，被世人称为英雄树。"生而一千年不死，死而一千年不倒，倒而一千年不朽"，人应有胡杨树不怕困苦、坚毅不倒的品格。

胡杨林导游
讲解

导考指引： 简述胡杨林的审美价值及精神内涵。

（4）呼伦贝尔草原

呼伦贝尔草原位于大兴安岭以西，由呼伦湖、贝尔湖而得名。地势东高西低，海拔在650～700米，是目前中国保存得最完好的草原，有"牧草王国"之称。呼伦贝尔草原是世界著名的天然牧场，总面积约10万平方公里，天然草场面积占80%，是世界著名的三大草原之一，是全国旅游二十胜景之一。这里地域辽阔，3 000多条纵横交错的河流，500多个星罗棋布的湖泊，一直延伸至松涛激荡的大兴安岭。呼伦贝尔草原是众多古代文明、游牧民族的发祥地，东胡、匈奴、鲜卑、室韦、回纥、突厥、契丹、女真、蒙古等民族曾繁衍生息于此，被史学界誉为"中国北方游牧民族摇篮"，在世界史上占据较高地位。

试一试： 呼伦贝尔草原上的旅游活动与体验有哪些？

3）旅游发展新格局

《内蒙古自治区"十四五"文化和旅游融合发展规划》提出，努力把文化旅游业打造成为全区优势产业、服务业领域支柱产业和综合性幸福产业，提升内蒙古文化旅游品牌影响力，把内蒙古建设成为文化和旅游强区、国内外知名的文化体验与生态休闲旅游目的地。因此，内蒙古以全域旅游发展为引领，推动东中西部旅游业差异化协调发展，建立区域协调、产业集聚、城乡融合的文化和旅游融合发展新格局。通过优化整合文化和旅游资源，跨盟市打造大景区，跨区域布设旅游"黄金线"，以生态为底色、以文化为特色、以旅游为产业支撑，构建"带—圈—线—城—郊—园"文化和旅游融合发展的空间布局。

具体包括：整合打造四条精品文化旅游带：蒙东草原森林文化旅游带、环京津冀千里草原风情旅游带、黄河"几"字弯文化旅游带、西部沙漠休闲文化旅游带；聚合形成四个生态文化旅游圈：呼—包—鄂—乌生态文化旅游圈、乌—阿—海—满生态文化旅游圈、乌—扎—霍—阿生态文化旅游圈、锡—克—乌生态文化旅游圈；推进建设一批文旅产业集聚区；培育四个国家级旅游休闲城市：呼和浩特市、鄂尔多斯市、呼伦贝尔市、阿拉善盟四大旅游休闲城市；打造一批区域旅游中心城镇；以城带乡全面推动乡村振兴。

5.3 塞上江南 神奇宁夏

课前思考

1.请分析银川、吴忠、中卫成为宁夏回族自治区三大城市的原因。

2.宁夏回族自治区有哪些5A景区？在图5-2中标注出大致位置。

分省（区、市）地图—宁夏回族自治区

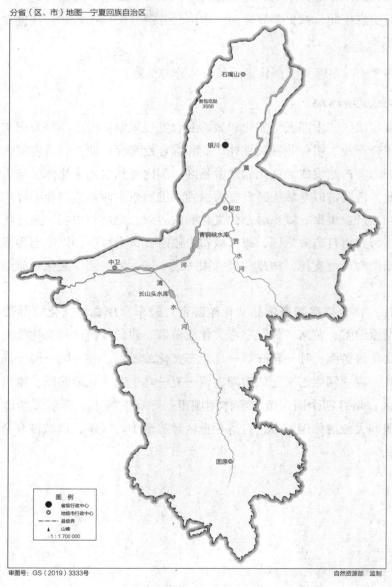

审图号：GS（2019）3333号　　　　　　　　　　　　自然资源部　监制

图5-2　宁夏回族自治区地图

宁夏回族自治区，简称"宁"，首府银川，位于中国西北内陆地区，地处黄河中上游，总面积6.64万平方公里，是全国最大的回族聚居区，辖5个地级市，22个县、市（区）。巍巍贺兰山绵亘西北，红色六盘山雄踞南陲，滔滔黄河水九曲迂回，孕育了美丽富饶的宁夏平原，造就了稻香鱼肥、瓜果飘香的"塞上江南"。宁夏既有边塞风光的雄浑，又有江南景色的秀丽，古老的黄河文明，神秘的西夏历史，雄浑的大漠风光，构成了多姿多彩的旅游资源，素有"塞上江南、回族之乡"的美誉，吸引着越来越多的中外游客。

导考指引： 宁夏为什么被誉为"塞上江南"？

大事记

宁夏开启世界穆斯林旅游合作发展新纪元

9月7日，作为中阿博览会的重要活动之一的2013世界穆斯林旅行商大会在沙湖景区拉开大幕，为来自世界20个国家和地区的旅游主管、旅行商献上了一场高规格、国际化的旅游文化盛宴。

2013世界穆斯林旅行商大会是宁夏首次面向穆斯林世界举办的大型旅游国际活动，也是国家旅游局首次面向阿拉伯国家和穆斯林地区举办的旅行商大会。按照节俭办会的原则，大会开幕式会场设在沙湖景区的草坪广场上，自然、简朴而富有生机，被有关媒体誉为"宁夏的南草坪""宁夏有史以来的第一次草坪会议"，受到国内外嘉宾和媒体的热捧。大会既有现场文化旅游产品的推介营销，又有特色旅游线路的实地考察；既有塞上江南的美景推荐，又有民族特色鲜明的《回乡婚礼》景区旅游演艺活动，进一步促进了文化旅游的大融合，精彩展示了宁夏文化旅游资源的独特魅力。

5.3.1　宁夏自然地理环境

1）地形地貌

宁夏回族自治区海拔1 100～1 200米，地势从西南向东北逐渐倾斜。宁夏地貌复杂，山地迭起，盆地错落，大体可分为：黄土高原，鄂尔多斯台地，洪积冲积平原和六盘山、罗山、贺兰山南北中三段山地。按地表特征，还可分为南部暖温平原地带、中部中温带半荒漠地带和北部中温带荒漠地带。全区从南向北体现出由流水地貌向风蚀地貌过渡的特征，南部以流水侵蚀的黄土地貌为主，中部和北部以干旱剥蚀、风蚀地貌为主，是内蒙古高原的一部分。

2）气象气候

宁夏回族自治区深处西北内陆高原，远离海洋，位于中国季风区的西缘，是典型的大陆性气候，具有冬寒长、夏热短、春暖快、秋凉早，干旱少雨、日照充足、蒸发强烈、风大沙多、南凉北暖和南湿北干等特点。各市县平均气温6.3 ℃～11.4 ℃；平均日照时数2 071～3 086小时，是全国日照和太阳辐射最充足的地区之一；年平均降水量164.1～739.4毫米；年平均无霜期170天左右。

3）河流水文

宁夏回族自治区的河流主要有黄河、清水河、苦水河、葫芦河和泾河等。湖泊湿地星罗棋布，目前全区已建成哈巴湖国家级湿地自然保护区1处，银川鸣翠湖、阅海、宝湖、黄沙古渡和石嘴山星海湖、吴忠黄河、青铜峡鸟岛、中宁天湖湿地、固原清水河湿地等国家级湿地公园14处。

5.3.2　宁夏人文地理环境

1）历史沿革

宁夏是中华民族远古文明发祥地之一，境内灵武市水洞沟遗址表明，早在3万年前的旧石器时代，就有人类在此生息繁衍。公元前3世纪，秦始皇统一六国后，在此设北地郡，派兵屯垦，兴修水利，开创了引黄灌溉的历史。1038年，党项族首领李元昊以宁夏为中心，建立大夏国，故元代以后史称西夏，定都兴庆府（今银川市），形成了和宋、辽、金政权抗衡189年的局面。元灭西夏后，设宁夏路，始有宁夏之名，含有平定西夏、稳定西夏、西夏"安宁"之意。明朝设宁夏卫，清代设宁夏府，1929年成立宁夏省，新中国成立后，1954年宁夏省撤销并入甘肃，1958年10月25日成立宁夏回族自治区。

导考指引：请问中国有哪些少数民族自治区？

2）人口民族

据第七次人口普查数据显示，宁夏人口约720.3万人。宁夏是一个多民族聚居的地方，其中回族人口约为240.74万，回族、维吾尔族、东乡族、哈萨克族、撒拉族和保安族等信奉伊斯兰教，区内有3 000多座清真寺，被誉为中国的穆斯林省，展现出浓郁的伊斯兰氛围，汉族中的部分群众信仰佛教、基督教、道教、天主教。

导考指引：被朱德元帅誉为"壮志难移回汉各族模范，大节不死母子两代英雄"的回族抗日将领是谁？

3）风俗物产

（1）宁夏小曲

宁夏小曲，民间俗称"宁夏说书"，又称"宁夏小调"，一度盛行于宁北地区，是一种传统说唱艺术。宁夏小曲演唱时根据演唱的故事情节，二人分角色对唱，形成了一定的逗哏与捧哏关系，这一点和相声非常类似；若一人演唱，则由一人手持三弦自弹自唱。唱腔音乐为曲牌体，唱腔结构为单出反复；唱词格式有七字句式的齐言体，也有长短句式的杂言体。宁夏小曲是宁夏土生土长的民间音乐形式，其题材甚是丰富，内容相当充实，生动反映了劳动人民的生活和生产情景。

（2）宁夏枸杞

宁夏是枸杞原产地，栽培枸杞已有500多年的历史，是世界上种植时间最长的地方。宁夏枸杞色艳、粒大、皮薄、肉厚、籽少、甘甜，品质超群，其中富含的维生素E和枸杞多糖的含量比其他产地的枸杞高出10%～70%，是被载入新中国药典的枸杞品种。国家医药管理局将宁夏定为全国的药用枸杞产地，引入全国十大药材生产基地之一。2004年5月18日，原国家质检总局批准对"宁夏枸杞"实施地理标志产品保护。

导考指引：宁夏有哪些产品被列入国家地理标志保护产品？

（3）贺兰砚

贺兰砚是特色传统手工艺品，产于宁夏蓝宝，原材料为贺兰石。贺兰石结构均匀，质地细腻，刚柔相济，是一种十分难得的石料，用其刻制的贺兰砚，具有发墨、存墨、护毫、耐用的优点。构成贺兰石的矿物非常微细，只有头发丝的几十分之一，而相互聚结又特别紧密，就在这般细腻基底上，均匀散布着许多坚硬的石英粉和铁矿物微粒，它们恰似在贺兰石中嵌入了"硬质合金"。贺兰砚发墨迅速，不郁结，又耐用，带盖的贺兰砚如同密封器一般，素有"存墨过三天"之誉，这一优点深受书法家、画家的喜爱。

（4）开斋节

伊斯兰教历每年九月，称为斋月。斋月期间，穆斯林在日出之前都要吃好封斋饭，日出之后整个白天不吃不喝，称为封斋。经过一个月的斋戒，在伊斯兰教历九月的最后一天，寻看新月（月牙），见月后的第二天，即行开斋，庆祝一个月斋戒期的结束，故名开斋节。开斋节是伊斯兰教的一个非常隆重的节日。

导考指引：宁夏的民族节庆活动主要有哪些？

5.3.3　宁夏旅游资源

1）宁夏旅游概览

宁夏既有江南水乡的秀丽，又集塞外大漠风光之雄浑，被誉为"塞上江南"。宁夏旅游资源以蜚誉海内外的"大漠、黄河、西夏、回乡"为亮点，除了自然山水风光外，还有古老的黄河文明、神秘的西夏历史以及特有的民族民俗文化。宁夏旅游资源富集，共有5A级旅游景区4个，国家历史文化名城1个，全国重点文物保护单位38处，"花儿"、回族传统婚俗等被列入非物质文化遗产名录项目。宁夏回族自治区世界及国家级旅游资源如表5-2所示。

表5-2　宁夏回族自治区世界及国家级旅游资源

类型	数量	名称
世界文化遗产	1	长城（宁夏段）
国家5A级旅游景区	4	沙坡头景区、沙湖景区、镇北堡西部影视城、水洞沟旅游区
国家历史文化名城	1	银川
国家级风景名胜区	2	西夏王陵风景名胜区、须弥山旅游景区

注：数据截至2022年7月。

2）重点旅游资源

（1）沙坡头景区

沙坡头景区位于腾格里沙漠东南缘，是国家级沙漠生态自然保护区、国家5A级旅游景区，被中央电视台《体验中国》栏目评为"全国十大最好玩的地方"，被《中国地理杂志》评为"中国五大最美的沙漠之一"，被中央电视台以及大众点评网评为"中国最值得外国人去的50个地方之一"，享有"中国沙漠旅游基地"的美誉。

沙坡头集大漠、黄河、高山、绿洲为一体，既具西北风光之雄奇，也有江南景色之秀美，沙坡头主要保护对象为自然沙漠景观、天然沙生植被、治沙科研成果等。沙坡头的草方格治沙奇迹证明了中国人不怕困苦、开拓进取的精神，沙坡头景区开发和保护过程中符合尊重自然、保护自然的原则。

试一试：以小组为单位，找出麦草方格的治沙方法，并讨论麦草方格的治沙精神是什么？

（2）镇北堡西部影视城

镇北堡西部影视城
720° 全景

镇北堡西部影视城位于银川市西夏区镇北堡镇，距银川市中心区35公里，火车站25公里，河东机场48公里，110国道穿行其间，交通方便，是贺兰山东麓旅游区的亮点。镇北堡西部影城在中国众多的影视城中以古朴、荒凉、原始、粗犷、民间化为特色，在这里拍摄了《红高粱》《东邪西毒》《大话西游》等100多部影片，享有"中国电影从这里走向世界"的美誉。镇北堡西部影城已逐步成为中国古代北方小城镇的缩影，再现我们祖先的生活方式、生产方式和游乐方式。

做一做：请你用一分钟向游客介绍镇北堡西部影视城，包括主要游览点的介绍、相关影视作品及其历史意义。

（3）西夏王陵景区

西夏王陵又称西夏帝陵，是西夏历代帝王陵以及皇家陵墓。王陵位于银川市西，西傍贺兰山，东临银川平原，海拔1 130米至1 200米，是中国现存规模最大、地面遗址最完整的帝王陵园之一，也是现存规模最大的一处西夏文化遗址。西夏陵是唯一的以单一的帝王陵墓构成的景区，它承接了鲜卑拓跋氏从北魏平城到党项西夏的拓跋氏历史。

试一试：请扼要简介西夏王陵3号陵的建筑布局、建筑特征及建造方式。

3）旅游发展新格局

《宁夏回族自治区文化和旅游发展"十四五"规划》中提到，要让旅游资源实现有效整合，旅游产品不断创新，推动黄河文化、星星故乡、酒庄休闲、红色主题、动感体验、长城遗址为代表的六大品牌实现创新发展。大西北旅游目的地、中转站和国际旅游目的地的旅游功能和服务能级大幅提升，"塞上江南·神奇宁夏"品牌形象不断扩大。全力打造宁夏旅游环线，依托贯穿银川、石嘴山、吴忠、中卫地区"北部大环线"和环绕固原地区"南部小环线"，构建宁夏全域旅游联动发展新格局，实现以旅游业带动区域资源有机整合、产业深度融合发展、全社会共同参与的良好发展局面，力争成功创建国家全域旅游示范（省）区。加快构建"一核两带三片区"发展格局，全力打造文化和旅游融合发展升级版。一核是指沿黄地区文化旅游发展核心区；两带是指建设黄河文化旅游带、贺兰山文化旅游带；三片区是指建设沙湖文化旅游片区、沙坡头文化旅游片区和六盘山文化旅游片区。

5.4　交响丝路　如意甘肃

课前思考

1.甘肃省的旅游新名片为什么叫"交响丝路"？

2.丝绸之路途经了甘肃省的哪些城市？请在图5-3中画出大致的路径。

分省（区、市）地图—甘肃省

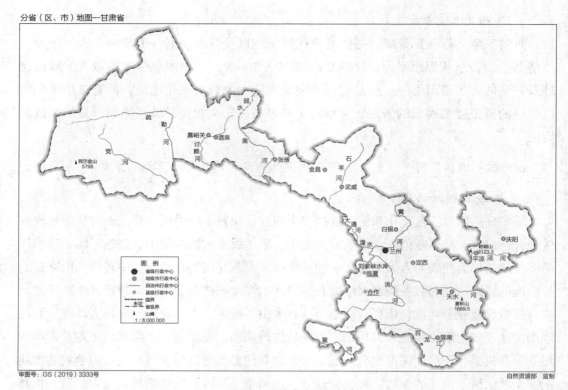

审图号: GS（2019）3333号　　　　　　　　　　　　　　　　　　　自然资源部　监制

图5-3　甘肃省地图

甘肃省，简称"甘"或"陇"，地处黄河上游，镶嵌在中国中部的黄土高原、青藏高原和内蒙古高原上，它东接陕西省，南控巴蜀、青海省，西倚新疆维吾尔自治区、北扼内蒙古自治区、宁夏回族自治区，是古丝绸之路的锁匙之地和黄金路段。甘肃省全省总面积42.59万平方公里，甘肃省下辖12个地级市、2个自治州、86个县（市、区）。甘肃地大物博、资源丰富、山川秀美、历史悠久、文化灿烂，是中国旅游资源最富集的省份之一，中国旅游的标志"马踏飞燕"也是从甘肃武威出土。

　　导考指引：简述"甘肃"得名及"甘""陇"两个简称的由来。

大事记

中国旅游标志——马踏飞燕

　　马踏飞燕，又名铜奔马、马超龙雀等，为东汉青铜器，国宝级文物，1969年10月出土于甘肃省武威市雷台汉墓，现藏于甘肃省博物馆，为甘肃省博物馆镇馆之宝。马踏飞燕身高34.5厘米，长45厘米，宽13.1厘米。马踏飞燕自出土以来一直被视为中国古代高超铸造业的象征。1983年10月，马踏飞燕被国家旅游局确定为中国旅游标志，并一直沿用至今。作为中国旅游业的图形标志，其含义是：①天马行空，逸行腾飞，无所羁缚，象征前程似锦的中国旅游业；②马是古今旅游的重要工具，奋进的象征，旅游者可在中国尽性旅游；③青铜制品，象征着中国数千年光辉灿烂的文化历史，显示文明古国的伟大形象，吸引全世界的旅游者。

5.4.1　甘肃自然地理环境

1）地形地貌

甘肃省位于祖国地理中心，海拔多数地方在1 500～3 000米，地貌复杂多样，包括山地、高原、平川、河谷、沙漠、戈壁等，类型齐全、交错分布。地势自西南向东北倾斜。地形呈狭长状，东西长1 655公里，南北宽530公里，复杂的地貌形态，大致可分为各具特色的六大地形区域，分别是陇南山地、陇中黄土高原、甘南高原、河西走廊、祁连山地、河西走廊以北地带。

2）气象气候

甘肃省各地气候类型多样，从南向北包括了亚热带季风气候、温带季风气候、温带大陆性（干旱）气候和高原高寒气候等四大气候类型。年平均气温0～15℃，大部分地区气候干燥，干旱、半干旱区占总面积的75%，主要气象灾害有干旱、暴雨洪涝、冰雹、大风、沙尘暴和霜冻等。全省各地年降水量在36.6～734.9毫米，大致从东南向西北递减，乌鞘岭以西降水明显减少，陇南山区和祁连山东段降水偏多。受季风影响，降水多集中在6—8月份，占全年降水量的50%～70%。全省无霜期各地差异较大，陇南河谷地带一般在280天左右，甘南高原最短，只有140天。

导考指引：简述甘肃的气候特点及形成原因。

3）河流水文

甘肃省的东南部地区气候相对湿润，降水丰富，河流数量众多，而且多是外流河，黄河干流在甘肃省中南部地区自西向东流过。而甘肃省的西北部地区，气候干旱，河流数量稀少且多是内河，高山上的冰川融化水是河流的主要补给来源，黑河、石羊河是主要的内流河。

导考指引：我国哪些地区有内流河流经？

5.4.2　甘肃人文地理环境

1）历史沿革

甘肃是一个历史悠久、文化底蕴厚重的省份。商周之际，周秦部族先后在今甘肃东部崛起并向东发展，对国家政治生活产生过重大影响。汉武帝至昭帝期间陆续设武威、张掖、敦煌、天水、安定、武都、金城诸郡。至元代，全国创设省制，甘肃正式设省。至清朝乾隆年间，甘肃辖区除今省境外，尚辖西宁府、宁夏府及新疆东境一部。民国时期成立甘肃行政公署。1950年1月8日，甘肃省人民政府正式成立，辖今甘肃、内蒙古西部。1954年，将撤销的宁夏省并入甘肃省。1957年，成立宁夏回族自治区。1958年，划3个专区（自治州）、19个县市归宁夏管辖，1962年，专区增加到13个。1969年7月，中共中央、国务院决定将内蒙古自治区额济纳旗、阿拉善右旗分别划归甘肃省管辖。1979年7月，中共中央、国务院决定将额济纳旗、阿拉善右旗划归内蒙古自治区管辖。1985年，甘肃省共设14个行署（州、市），辖86县（自治县、市、区），至此，形成今甘肃省行政区域。

查一查：甘肃省的省会为什么要选在兰州？

2）人口民族

第七次人口普查数据显示，截至2020年11月1日，甘肃的人口总数为2 501.98万人。甘肃自古以来就是个多民族聚居的省份，在少数民族中，人口在1 000人以上的有回族、藏族、东乡族、土族、裕固族、保安族、蒙古族、撒拉族、哈萨克族、满族等16个民族，此外还有38个少数民族成分，东乡族、裕固族、保安族为3个特有少数民族。甘肃现有5种宗教：伊斯兰教、佛教、天主教、基督教、道教，其中伊斯兰教和藏传佛教信仰的人口较多。信仰伊斯兰教的民族主要是回族、东乡族、撒拉族、保安族、哈萨克族；信仰藏传佛教的民族有藏族、蒙古族、土族、裕固族；天主教、基督教、道教在各民族中都有信仰，但人数不多。

3）风俗物产

（1）兰州太平鼓

兰州太平鼓是一种具有600多年历史的汉族鼓舞，主要流传于甘肃省兰州、皋兰、永登、酒泉、张掖、靖远等地。太平鼓作为兰州地区人民喜爱的汉族民间表演形式之一，含有庆贺新年太平之意。每逢大的庆典活动，太平鼓表演都是整个活动的高潮部分，那铿锵有力的鼓点，显示了黄河之滨人民的英雄气魄，其风格独特，具有浓厚的西北特色和艺术魅力。

导考指引：甘肃省入选联合国教科文组织非物质文化遗产名录（名册）项目的有哪些？

（2）天水丝毯

天水丝毯以优质蚕丝为原料，通过图案设计、染色、捯线、雕刻等20多道工序纯手工制作而成。其手工织造技艺的历史可上溯到汉唐时期，唐代诗人白居易在诗歌《红线毯》中写道："一丈毯，千两丝，织作披香殿上毯，百夫同担进宫中"就记述了丝毯的华美，也反映了当时手工编织技艺水平的精良。天水丝毯不但继承了传统编织技艺，而且在图案设计上又从我国古代青铜器文化、雕刻、壁画、绘画、书法中吸取了营养，经过数代传承人的努力，形成了有地域文化特色的传统手工艺术品。2014年天水丝毯织造技艺被列为第四批国家级非物质文化遗产代表性项目名录。

（3）兰州牛肉面

兰州牛肉面是兰州最具特色的大众化经济小吃，现在已经推广到全国各地。坊间传说兰州牛肉面起源于唐代，目前有史料记载的是兰州牛肉面始于清朝嘉庆年间，创始人是陈维精，经陈氏后人陈和声、回族厨师马保子等人的创新、改良后，以"一清（汤）、二白（萝卜）、三绿（香菜蒜苗）、四红（辣子）、五黄（面条黄亮）"统一了兰州牛肉面的标准。其制作的五大步骤无论从选料、和面、饧面，还是溜条和拉面，都巧妙地运用了所含成分的物理性能，即面筋蛋白质的延伸性和弹性。在其后200多年的漫长岁月里，兰州牛肉面享誉天下，以肉烂汤鲜、面质精细而蜚声中外，走向了全国各地，赢得了国内乃至全世界范围内食客的好评，并被国家确定为中式三大快餐试点推广品种之一，被誉为"中华第一面"。

5.4.3　甘肃旅游资源

1）甘肃旅游概览

甘肃的旅游资源极为丰富，自然和人文旅游资源都极具特色。甘肃省海拔大多在1 000米以上，四周为群山峻岭所环抱，境内地势起伏、山岭连绵、江河奔流，有直插云天的皑皑雪峰、有一望无垠的辽阔草原、有莽莽漠漠的戈壁瀚海、有郁郁葱葱的次生森林、有神奇碧绿的湖泊佳泉、有江南风韵的自然风光，也有西北特有的名花瑞果。甘肃省历史悠久，华夏始祖伏羲氏在这里推八卦、授渔猎，马可波罗东游中国时也在此停留，同时还是我国东南通向西北的交通要道，丝绸之路的必经之地，这里散布着上千处人文景观，包括敦煌莫高窟、嘉峪关、麦积山石窟等。甘肃汇聚了始祖文化、丝路文化、黄河文化、长城文化和红色革命文化等多元文化。甘肃省世界及国家级旅游资源如表5-3所示。

表5-3　甘肃省世界及国家级旅游资源

类型	数量	景点
世界文化遗产	3	敦煌莫高窟、嘉峪关长城、丝绸之路（天山廊道）
世界地质公园	2	敦煌世界地质公园、张掖世界地质公园
国家5A级旅游景区	7	崆峒山风景名胜区、麦积山风景名胜区、鸣沙山月牙泉风景名胜、嘉峪关文物景区、七彩丹霞景区、炳灵寺世界文化遗产旅游区、官鹅沟景区
国家历史文化名城	4	天水市、武威市（凉州区）、敦煌市、张掖市（甘州区）

注：数据截至2022年7月。

试一试： 以上提到的旅游景区有你想去的吗？如果有，请给同学们说一说为什么想去？

2）重点旅游资源

（1）敦煌莫高窟

敦煌莫高窟
由来解析

敦煌莫高窟是甘肃省敦煌市境内的莫高窟、西千佛洞的总称，是我国著名的四大石窟之一，也是世界上现存规模最宏大，保存最完好的佛教艺术宝库。1961年，莫高窟被中华人民共和国国务院公布为第一批全国重点文物保护单位之一。1987年12月被联合国教科文组织列为世界文化遗产。

莫高窟位于敦煌市东南25公里处，开凿在鸣沙山东麓断崖上。南北长约1 600米，上下排列五层，高低错落有致，鳞次栉比，形如蜂房鸽舍，壮观异常。始建于十六国的前秦时期，历经十六国、北朝、隋、唐、五代、西夏、元等历代的兴建，有着1 600多年的历史，是建筑、彩塑、壁画组成的综合艺术体，上下共五层，有735座洞窟、2 000多尊造像、45 000平方米的壁画。作为佛教艺术在中国西北地区发展的证据，莫高窟具有无与伦比的历史价值。这些作品提供了大量丰富的素材，生动描绘出中国西部经济、文化、艺术、宗教、民族关系和日常服装等各个方面的场景。敦煌艺术独特的艺术风格不仅是中国汉族传统艺术与古印度、犍陀罗风俗的融合，也有土耳其、古代藏族和中国少数民族艺术的积淀，这些杰作中许多是前所未有的艺术创作。1990年莫高窟图书馆洞穴，以及内含的成千上万的手稿和遗迹的发现被誉为世界上关于古老东方文化最伟大的发现，这个重要的遗产为学习复杂的古代中国与中亚历史提供了宝贵的参考资料。在历史发展的长河中，人类会一代代更替，但人类所留下的精神和文化却可以永久传承下去。

新视野

> 世界遗产委员会评价莫高窟：莫高窟地处丝绸之路的一个战略要点。它不仅是东西方贸易的中转站，同时也是宗教、文化和知识的交汇处。莫高窟的492个小石窟和洞穴庙宇，以其雕像和壁画闻名于世，展示了延续千年的佛教艺术。

导考指引：请分别阐述莫高窟的历史价值、艺术价值和科技价值。

谈一谈：敦煌守护人——常书鸿、段文杰、樊锦诗，三代人谱写莫高窟精神，你认为他们是怎样的人？

（2）嘉峪关长城

嘉峪关长城在嘉峪关市区西南6公里处，位于嘉峪关最狭窄的山谷中部、地势最高的嘉峪山上，城关两翼的城墙横穿沙漠戈壁，向北8公里连黑山悬壁长城，向南7公里接天下第一墩，是明代万里长城西端主宰，自古为河西第一隘口。因地势险要，建筑雄伟，有"天下第一雄关""连陲锁钥"之称。嘉峪关是明代长城西端第一重关，也是古代丝绸之路的交通要塞，素有中国长城三大奇观之一（东有山海关、中有镇北台、西有嘉峪关）的美称，也是世界文化遗产长城的重要组成部分，国家5A级景区。

（3）崆峒山风景名胜区

崆峒山位于平凉市西郊，距市区15公里，是我国著名的历史名山之一，国家5A级景区。传说是广成子的修道之所，据道教典籍记载，老子的前身就是在崆峒修炼的广成子，而广成子又是黄帝的老师，追根溯源，所以崆峒山被誉为"天下道教第一山"。

崆峒山峰峦雄峙，危崖耸立，似鬼斧神工；林海浩瀚，烟笼雾锁，如缥缈仙境；高峡平湖，水天一色。著名的是崆峒十二景：香峰斗连、仙桥虹跨、笄头叠翠、月石含珠、春融蜡烛、玉喷琉璃、鹤洞元云、凤山彩雾、广成丹穴、元武针崖、天门铁柱、中台宝塔，古往今来无数文人墨客在此留下墨宝。

（4）鸣沙山月牙泉景区

鸣沙山月牙泉风景区，位于敦煌城南5公里，这里沙山与泉水共处，历来以"沙漠奇观"著称于世，是敦煌的名片之一，也是国家级风景名胜区和国家5A级旅游景区。鸣沙山以沙动成响而得名，东汉称沙角山，俗名神沙山，晋代始称鸣沙山，其山东西长40余公里，南北宽约20公里，主峰海拔1 715米。游人从山顶下滑，沙砾随人体下落，鸣声不断，如远处传来的悦耳鼓鸣声，是著名的沙漠奇观。峰峦危峭，山脊如刃，经缩复初；人乘沙流，有鼓角之声，轻若丝竹，重若雷鸣，此即"沙岭晴鸣"。

月牙泉处于鸣沙山环抱之中，南北长近100米，东西宽约25米，泉水东深西浅，最深处约5米，弯曲如新月，因而得名。古称沙井，又名药泉，一度讹传渥洼池，清代始称月牙泉。水质甘冽，澄清如镜，绵历古今，沙不进泉，水不浊涸。铁鱼鼓浪，星草含芒，水静印月，荟萃一方，故称"月泉晓澈"。"沙岭晴鸣""月泉晓澈"均为敦煌八景之一。

导考指引：鸣沙山为什么会发出声响？

3）旅游发展新格局

《甘肃省"十四五"文化和旅游发展规划》中提出，构建新发展格局，要抢抓"甘肃最大机遇在于'一带一路'"的重大历史机遇，依托丝绸之路黄金段及文化旅游资源沿省内丝绸之路、黄河、长征、长城线路呈点状镶嵌、圈状集聚、带状分布的特点，围绕甘肃独特的祖脉文化、丝路文化、长城文化、石窟文化、黄河文化、民俗文化、红色文化，重点优化"龙头引领、枢纽联通、圈层集聚、带状拓展、周边联动"的发展布局，全产业融合、全要素配套、全时空统筹，构建"一个龙头、两大枢纽、四区集聚、四带拓展"的文旅发展新格局，形成点上有精彩、线上有风景、片上有产品、面上有产业的文化旅游强省生动局面。

一个龙头引领：借敦煌文化制高点优势，擦亮"世界的敦煌""人类的敦煌""东亚文化之都"等金色名片，把敦煌打造成名副其实的国际文化旅游名城，使其成为甘肃文化旅游国际化著名品牌。

两大枢纽：把兰州的区位和交通优势高效转化成为黄河文化新地标，中国西北文化旅游集散地和中国西部旅游大环线重要枢纽站；把敦煌建设成丝绸之路国际旅游集散中心和目的地。

四区集聚：以敦煌为核心打造"大敦煌文化旅游经济圈"产业集聚区，以兰州为核心打造"中国黄河之都"都市文旅产业集聚区，以天水为核心打造"陇东南始祖文化旅游经济区"，以临夏、甘南城镇群为依托，打造绚丽民族风特色国际文化旅游经济区。

四带拓展：以"交响丝路"为品牌IP的丝绸之路黄金段文化旅游示范带、以"锦绣黄河"为品牌IP的黄河文化旅游示范带、以"壮美长城"为品牌IP的长城文化旅游示范带、以"追梦长征"为品牌IP的红色文化旅游带。

5.5　天山南北　西域新疆

课前思考

1.你认为去新疆维吾尔自治区旅游最合适的季节是什么时候？为什么？

2.新疆维吾尔自治区是我国陆上邻国接壤最多的省级行政区，请在图5-4上标出有哪些邻国？

分省（区、市）地图—新疆维吾尔自治区

图5-4　新疆维吾尔自治区地图

新疆维吾尔自治区，简称"新"，首府乌鲁木齐市，位于亚欧大陆腹地，地处祖国西北边陲，总面积166.49万平方公里，约占全国陆地总面积的六分之一；国内与西藏、青海、甘肃3个省区相邻，周边与蒙古、俄罗斯、印度等8个国家接壤，是中国面积最大、陆地边境线最长、毗邻国家最多的省区。新疆现有14个地（州、市），包括5个自治州、5个地区和乌鲁木齐、克拉玛依、吐鲁番、哈密4个地级市。新疆生产建设兵团是自治区的重要组成部分。

新疆地大物博、资源丰富，不仅拥有世界上屈指可数的大山脉、大沙漠、大戈壁、大绿洲、大水系、大冰川、大草原等自然资源，而且历史悠久、文化灿烂，是古代沟通东西方丝绸之路的要冲，古文化城池、古建筑、石刻等人文资源较多，是中国旅游资源最富集的省份之一。

5.5.1　新疆自然地理环境

1）地形地貌

新疆地貌可以概括为"三山夹两盆"：北面是阿尔泰山，南面是昆仑山，天山横亘中部，把新疆分为南北两部分，习惯称天山以南为南疆，天山以北为北疆。位于南疆的塔里木盆地面积约53万平方公里，是中国最大的内陆盆地。塔里木盆地中部的塔克拉玛干沙漠，面积约33万平方公里，是中国最大、世界第二大流动沙漠。贯穿塔里木盆地的塔里木河全长约2 575公里，是中国最长的内陆河。位于北疆的准噶尔盆地面积约38万平方公里，是中国第二大盆地。在天山的东部和西部，还有被称为"火洲"的吐鲁番盆地和被誉为"塞外江南"的伊犁谷地。位于吐鲁番盆地的艾丁湖，低于海平面154.31米，是中国陆地最低点。新疆湖库面积约10 700平方公里，其中博斯腾湖水域面积约1 000平方公里，是中国最大的内陆淡水湖。现有绿洲面积14.3万平方公里，占新疆总面积的8.6%，其中天然绿洲面积8.1万平方公里，占绿洲总面积的56.6%。湿地总面积3.95万平方公里，位居全国第五位。

2）气象气候

新疆远离海洋，深居内陆，四周有高山阻隔，海洋气流不易到达，形成明显的温带大陆性气候。气温温差较大，日照时间充足（年日照时间达2 500～3 500小时），降水量少，气候干燥。新疆年平均降水量为150毫米左右，但各地降水量相差很大，南疆的气温高于北疆，北疆的降水量高于南疆。最冷月（1月），准噶尔盆地平均气温低于–20 ℃，该盆地北缘的富蕴县绝对最低气温曾达到–50.15 ℃，是全国最冷的地区之一。最热月（7月），在号称"火洲"的吐鲁番平均气温高于33 ℃，绝对最高气温曾达至49.6 ℃，居全国之冠。

导考指引： 从气候分析，为什么新疆适合种植棉花？

3）河流水文

区内共有河流3 355条，其中年径流量超过十亿立方米的有18条，超过百亿立方米的有3条（塔里木河、伊犁河、额尔齐斯河）。冰川储量2.13万亿立方米、占全国的42.7%，有"固体水库"之称。多年平均水资源量834亿立方米，水资源总量约为全国的3%。水资源时空分布极不均衡，西多东少、北多南少、山区多平原少。

5.5.2 新疆人文地理环境

1）历史沿革

新疆古称西域，自古以来就是祖国不可分割的一部分。生活在这片土地上的各族人民和睦相处、休戚与共，共同开发、建设、保卫祖国的疆土，创造了灿烂的文化，推动着历史文明进步。公元前138年，汉武帝派遣张骞出使西域，西汉政权与西域各城邦建立了联系。公元前60年，西汉在乌垒（今轮台县境内）设立西域都护府，标志着新疆地区正式纳入中国版图。清乾隆后期改称西域为新疆，1884年正式建立新疆省。1949年9月25日，新疆和平解放。1955年新疆维吾尔自治区成立，首府设在乌鲁木齐市。中华人民共和国成立七十年来，新疆各族人民团结协作，开拓进取，共同书写了稳疆、建疆、兴疆的辉煌篇章。

导考指引： 简述"新疆"得名的由来。

2）人口民族

新疆是一个多民族聚居地区，有56个民族成分，是中国民族成分最全的省级行政区之一，主要居住有维吾尔族、汉族、哈萨克族、蒙古族、回族、柯尔克孜族、满族、锡伯族、塔吉克族、达斡尔族、乌孜别克族、塔塔尔族、俄罗斯族等民族。截至2020年底，全区常住人口2 585.23万人，少数民族人口占总人口的57.76%。

导考指引： "维吾尔"三个字是什么意思？

3）风俗物产

（1）维吾尔族鼓吹乐

维吾尔族鼓吹乐具有悠久的历史，它是维吾尔民族特有的器乐乐种，广泛流布于新疆各维吾尔族聚居区。它既可演奏《十二套伊犁维吾尔族鼓吹乐套曲》之类相对固定的鼓吹乐套曲，也可演奏维吾尔木卡姆片段和流传于各地的维吾尔族歌舞音乐。维吾尔族鼓吹乐主要用来为群众性的自娱舞蹈伴奏，在维吾尔族的各种节日庆典和人生礼仪中发挥着极其重要的作用，具有极高的技术和文化研究价值。2008年经国务院批准入选第二批国家级非物质文化遗产名录。

导考指引： 新疆哪些文化遗产入选了联合国教科文组织非物质文化遗产名录（名册）项？

（2）大盘鸡

大盘鸡是近几年新疆最风行的时尚饭菜，它已经同新疆烤羊肉串和烤全羊一样出名。正当您大块吃肉大碗喝酒时，店家会及时地端来一盘像皮带一样宽薄的皮带面条，倒入大盘鸡里与鸡汁拌匀，顿时皮带面变成酱红色，吃起来美味爽口，特别过瘾。如此简单的一餐大盘鸡，可同时供四至六人享用，既营养实惠、又解馋饱腹。

导考指引： 请简述新疆大盘鸡的起源及做法。

（3）天山雪莲

天山雪莲又名雪荷花，生长于天山山脉海拔4 000米左右的悬崖陡壁之上，是新疆特有的珍奇名贵中草药。雪莲具有多种药用价值，全草入药，性味甘苦、温，入肝、脾、肾三经，有清热解毒、通经活络、壮阳补血之功效。雪莲独有的生存习性和独特的生长环境使其天然而稀有，并造就了它独特的药理作用和神奇的药用价值，人们奉雪莲为"百草之王""药中极品"。

（4）花毡和印染花布

新疆维吾尔族的织造、印染技艺有着悠久的历史，其中以花毡和印染花布最为著名。羊毛毡就是进行居室装饰的传统手工艺品之一，它主要用于铺炕、铺地、拜垫和壁挂等。花毡的种类很多，包括压制花毡、印染花毡、彩绘花毡和刺绣花毡等。花毡的纹样及印花布纹样有百余种，花毡纹样图案丰富、色彩鲜艳，反映了维吾尔族人民的生活状态及与外来文化、汉文化交流的悠久历史，有着很高的人文和艺术价值。

5.5.3 新疆旅游资源

1）新疆旅游概览

新疆旅游资源丰富、开发潜力巨大。自然景观神奇独特，著名的景区有高山湖泊——天山天池、人间仙境——喀纳斯、绿色长廊——吐鲁番葡萄沟、空中草原——那拉提、地质奇观——可可托海以及喀什泽普金胡杨景区、乌鲁木齐天山大峡谷等。2013年，中国"新疆天山"列入世界自然遗产。历史文化底蕴深厚，在5 000多公里古"丝绸之路"的南、北、中三条干线上，分布着为数众多的古文化遗址、古墓葬、石窟寺等人文景观，其中交河故城、楼兰古城遗址、克孜尔千佛洞等享誉中外。民族风情浓郁，各民族在文化艺术、体育、服饰、饮食习俗等方面各具特色。新疆素有"歌舞之乡"的美称，维吾尔族的赛乃姆、刀郎舞，塔吉克族的鹰舞，蒙古族的沙吾尔登舞等民族舞蹈绚丽多姿。新疆维吾尔自治区世界及国家级旅游资源如表5-4所示。

表5-4 新疆维吾尔自治区世界及国家级旅游资源

类型	数量	分类	景点
世界遗产	3	世界自然遗产	新疆天山
		世界文化遗产	丝绸之路（天山廊道）、长城
世界生物圈保护区	1	中国温带荒漠区博格达峰北麓生物圈保护区	
世界地质公园	1	可可托海地质公园	
国家5A级旅游景区	17	天山天池、吐鲁番市葡萄沟、喀纳斯景区、那拉提旅游风景区、可可托海景区、泽普县金胡杨景区、天山大峡谷、博斯腾湖景区、噶尔老城景区、喀拉峻景区、巴音布鲁克景区、白沙湖景区、帕米尔旅游区、世界魔鬼城景区、博尔塔拉蒙古自治州赛里木湖景区、阿拉尔市塔克拉玛干·三五九旅文化旅游、江布拉克景区	
国家级旅游度假区	1	那拉提旅游度假区	
国家历史文化名城	5	喀什市、吐鲁番市、特克斯县、库车市、伊宁市	

注：数据截至2022年7月。

试一试：请以小组为单位向大家介绍新疆的国家历史文化名城。

2）重点旅游资源

（1）天山天池

天山天池，古称"瑶池"，是世界自然遗产、国家5A级旅游景区、国家地质公园、国家重点风景名胜区，地处新疆维吾尔自治区昌吉回族自治州阜康市境内，距自治区首府乌鲁木齐市68公里，交通、电信十分便利。天山天池景区总面积为548平方公里，分8大景区（天池景区、灯杆山景区、马牙山景区、博格达峰景区、白杨沟景区、花儿沟景

新疆天山天池720°全景讲解

区、水磨沟景区、北部梧桐沟沙漠景区），15个景群，38个景点，是我国西北干旱地区典型的山岳型自然景观。天山天池以完整的垂直自然景观带、雪山冰川和高山湖泊为主要特征；以远古瑶池西王母神话以及宗教和独特的民族民俗风情为文化内涵，适宜于开展游览观光、科普考察、探险览胜、休闲健身和民族风情游赏。

新视野

世界遗产委员会评价新疆天山：新疆天山具有极好的自然奇观，将反差巨大的炎热与寒冷、干旱与湿润、荒凉与秀美、壮观与精致奇妙地汇集在一起，展现了独特的自然美；典型的山地垂直自然带谱、南北坡景观差异和植物多样性，体现了帕米尔—天山山地生物生态演进过程，也是中亚山地众多珍稀濒危物种、特有种的最重要栖息地，突出代表了这一区域由暖湿植物区系逐步被现代旱生的地中海植物区系所替代的生物进化过程。

导考指引： 天山天池和长白山天池的形成原因有何不同？

（2）吐鲁番市葡萄沟风景区

吐鲁番市葡萄沟风景区位于火焰山中，距离新疆吐鲁番市区东北11公里处，南北长约8公里、东西宽约2公里，是火焰山下的一处峡谷，沟内有布依鲁克河流过，主要水源为高山融雪，因盛产葡萄而得名，是新疆吐鲁番地区的旅游胜地。2007年吐鲁番市葡萄沟风景区经国家旅游局正式批准为国家5A级旅游景区。

每年八月，吐鲁番都会举办葡萄节。火焰山常年气温很高，沙漠地带，葡萄园连成一片，到处郁郁葱葱，犹如绿色的海洋。在这绿色的海洋中，点缀着桃、杏、梨、桑、苹果、石榴、无花果等各种果树，一幢幢粉墙朗窗的农舍掩映在浓郁的林荫之中，一座座晾制葡萄干的"荫房"排列在山坡下、农家庭院上，别具特色。夏天，沟里风景优美，凉风习习，是避暑的天堂。旅游季节，中外宾客川流不息、络绎不绝。

（3）阿勒泰地区喀纳斯景区

阿勒泰地区富蕴可可托海景区、巴音布鲁克景区、乌鲁木齐天山大峡谷景区、博斯腾湖风景名胜区、伊犁那拉提旅游风景区。著名的喀纳斯自然风景区位于布尔津县境内，总面积5 588平方公里。2003年，喀纳斯被正式命名为国家地质公园，纳入国家"人与生物圈"网络成员，2005年10月，喀纳斯湖入选中国最美五大湖之一，2006年7月，喀纳斯入选首批《中国国家自然遗产、国家自然与文化双遗产预备名录》，2007年

5月，喀纳斯景区被国家旅游局评为首批国家5A级旅游景区。

喀纳斯国家级风景区的核心精华系冰川强烈刨蚀，冰石表物阴塞山谷，形成终表垒而成湖泊，是集冰川、湖泊、森林、草原、牧场、河流、民族风情、珍稀动植物于一体的综合景区。其主要景观有喀纳斯湖、月亮湾、卧龙湾、神女湖、双湖、友谊峰、千湖、白桦林、民族村落、千里枯木长堤、变色湖奇观、云海佛光等。

查一查： 喀纳斯湖水怪的传说，背后的真相究竟是什么？

（4）交河故城

交河故城位于吐鲁番市以西约13公里的亚尔乡，是世界上最大最古老、保存得最完好的生土建筑城市，也是我国保存两千多年最完整的都市遗迹。1961年被列为国家重点文物保护单位。2014年6月22日，在世界遗产委员会会议上，交河故城作为中国、哈萨克斯坦和吉尔吉斯斯坦三国联合申遗的"丝绸之路：长安—天山廊道的路网"中的其中一处遗址点，成功列入世界遗产名录。

西汉时，这里曾是西域三十六国之一——"车师前国"的都城。唐代为西州所辖之交河县，唐朝派驻西域的最高军政机构"安西都护府"曾一度设在这里，后迁至龟兹（今库车市）。六世纪的曲氏王朝在此设立了交河郡。全城像一个层层设防的大堡垒，人行墙外，像处在深沟之中，无法窥知城垣内情况，而在墙内，则可居高临下，控制内外动向，城中布防，也是极为严密的。交河故城曾出土不少文物，如唐代莲花瓦当、莲花经卷等。

3）旅游发展新格局

在国务院发布的《"十四五"旅游业发展规划》中，新疆三地被列入国家旅游城市布局，将迎来更多发展机遇。《规划》提出，要优化旅游城市和旅游目的地布局。建设一批旅游枢纽城市，逐步完善综合交通服务功能，提升对区域旅游的辐射带动作用。其中，新疆乌鲁木齐被列入旅游枢纽城市建设，喀什被列入重点旅游城市建设，新疆生产建设兵团第八师石河子被列入特色旅游地建设。

此外，《规划》提出，要构建旅游空间新格局。持续推进跨区域特色旅游功能区建设。继续推出一批国家旅游风景道和自驾游精品线路，打造一批世界级、国家级旅游线路。鼓励各地区因地制宜实现差异化发展。其中，塔里木河沙漠文化旅游区被列入跨区域特色旅游功能区建设，天山世界遗产风景道被列入国家旅游风景道建设。

拓展与思考

西北旅游区
导考指引参
考答案

请根据自己的喜好，设计一条西北旅游区的自驾游路线，并注明所需时间和资金。

第6章　中原旅游大区

——名山大河　华夏寻根

中原区旅游
资源概览

学习目标

知识能力目标：

了解中原旅游大区自然与人文旅游地理环境及旅游资源特征；

熟悉本区各省市自然与人文地理概况；

掌握本区各省市重点旅游资源。

思想素质目标：

在中原文明的发展历史中、在华夏民族发展壮大的进程中，领会延安精神内涵；

了解黄河文明、华夏寻根的内蕴；

理解中原地区对于我国发展的重要区位意义。

中原旅游大区包括河南、山西和陕西三省，位于我国中部黄河中下游地区。该区域地势起伏，地貌形态多样，本区地貌种类齐全，包括平原、高原、山地盆地等多种地貌类型。多种多样的地貌造成区内地势起伏较大，其总体趋势为自西向东由我国地势第二阶梯降至第三阶梯。其自然地理区域主要包含黄土高原、关中盆地、秦巴山地等地理单位。受地形及海陆差异的影响，形成了自西向东半干旱—半湿润的干湿过渡特征。该地区不仅旅游资源丰富，且经济基础雄厚，交通也十分发达。由于该地区是中华民族的主要发源地，历史上留下了无数的遗址、古建筑和文物，因此人文景观等异常丰富多彩，已成为我国重要的旅游区。

6.1　中原旅游区概述

6.1.1　旅游地理环境

1）自然地理环境

（1）地貌形态复杂，名胜景点众多

该区域地势地貌形态多样，种类齐全，包括高原、山地、丘陵、平原、盆地等多种地貌类型，包含黄土高原、关中盆地、关中平原、秦巴山地等多个地理单元。黄土高原东起太行山，西至乌峭岭，北起长城，南至秦岭，主要由山西高原、陕甘晋高原、陇中高原和河套平原组成，为中国四大高原之一，是中华民族古代文明的发祥地之一。其总面积64万平方公里，位于中国第二级阶梯之上，是地球上分布最集中且面积最大的黄土区。关中盆地（居晋陕盆地带的南部）包括渭河平原和渭河谷地、渭河丘陵，位于陕北高原与秦岭山脉之间，是新生代断陷盆地，具有南深北浅、东深西浅的特点。秦巴山地位于陕西中南部，由秦岭和大巴山组成，中间夹有汉中盆地。秦岭是我国南北气候区的分界线，秦岭以南的汉中盆地胜似江南。这里远在商朝时期就有人类活动，汉唐时得到开发，形成了华山、骊山、太白山、终南山等众多的山岳游览地。其中，华山以险峻而闻名天下，为五岳之一，是著名的道教圣地和游览胜地。

（2）河湖瀑布，各具特色

该区内有黄河、长江、淮河、海河四大水系，其中黄河是本区最具旅游价值的河流。在黄河流经之处，形成了丰富的自然和人文景观。黄河从陕西河曲镇进入本区，沿陕晋边界一路南下，由于流经黄土高原，河水浑浊，水流湍急，在陕西宜川与山西吉县交界处，河面骤然变窄，形成闻名中外的黄河壶口瀑布，是黄河上的一处绝佳景观。黄河出河南孟津后，进入下游，泥沙逐渐淤积，致使河床不断抬高，河面高出两侧地面3~5米，在河南封丘竟高达10米，形成世界罕见的"地上悬河"，也是黄河上的重要景点。此外，本区内还有丰富的泉水资源，如山西骊山脚下的华清池温泉。

（3）大陆性季风气候典型，旅游业淡旺季分明

该区大部分地方都属于温带大陆性季风气候。主要特征为四季分明、冬冷夏热、春旱多风、夏热多雨、秋高气爽、冬寒少雪。气温从东南向东北逐渐降低，降水量分布从东南向西北递减，多集中在夏季，多暴雨，年际变化大，易出现旱涝灾害。本区四季分明，春季短促，干旱多风，为旅游淡季；夏季温度宜人，为旅游旺季；秋季秋高气爽，风和日丽，为全区旅游的黄金季节；冬季寒冷漫长，风沙弥漫，雪花纷飞，景色迷人，为旅游的次淡季。

2）人文地理环境

（1）历史悠久，文物古迹引人入胜

该区是华夏祖先最早生息繁衍的地区之一，中华文明的重要发源地，是华夏文明的摇篮。该地区不仅是现在大部分中国人的祖居之地，也是中国历史上绝大部分时间的政治、经济、文化中心。悠久的历史、灿烂的文化给本区留下无数的文化遗迹、历史名胜和文物古迹，人文旅游资源极其丰富。中原地区是中国建都朝代最多，建都历史最长，古都数量最多的地区，夏朝、商朝、西周、东周、西汉、东汉等先后有20多个朝代，300多位帝王建都或迁都于此。在我国的八大古都中，该区占据五个，分别是十三朝古都西安、十三朝古都洛阳、八朝古都开封、七朝古都安阳、夏商古都郑州。几千年历史积累的文化遗迹、大量的历史文物和深厚的文化底蕴，使本区在全国人文旅游资源上占有极其重要的地位。

（2）地方特色明显，民风淳厚豪迈

该区地理环境特殊，历史悠久，形成了形式多样的文化艺术，如戏剧、书法、诗词、绘画、雕刻等具有极其深厚的艺术造诣。各省都有传统的剧种，陕西的秦腔、山西的晋剧、河南的豫剧各具特色。历代书法名家和文人墨客踏遍本区的名山大川，或手书于岩石建筑上，或赋诗赞美壮丽河山。最为著名的是西安碑林，各种摩崖石刻遍布全区。河南南阳汉画、山西永乐宫元代壁画是古代绘画艺术的杰出典范。这些艺术作品历经千年风雨，不断发扬光大，带给人们无尽的艺术享受。在民居上，以黄土高原的窑洞最具特色。窑洞成为黄土高原上最具自然地理特征的人文景观。山西境内有许多规模宏大的民居，具有浓郁地方特色的黄土风情，是本区重要的旅游资源。在陕北民间还盛行陕北民歌、扭秧歌、演社戏，这些都使人们流连忘返、回味悠长。

（3）交通便利，经济基础好

中原地区区位优越，位居天地之中，其中河南素有"九州腹地、十省通衢"之称，是全国重要的综合交通枢纽和人流、物流、信息流中心；是元代以前中国历史上的核心区域，自古以来便有"得中原者得天下"的说法，逐鹿中原，方可鼎立天下。

现如今，中原地区更是我国的交通要道，高速公路方面，以西安、郑州、太原为交通枢纽，构成了"三纵两横"的高速公路分布格局。"三纵"是指延安—西安、大同—三门峡、黎城—晋城—郑州—信阳三高速公路段；"两横"是指宝鸡—西安—郑州—商丘、绥德—太原—阳泉两高速公路段。铁路方面，以西安、郑州、太原为主要铁路枢纽，主要由"三纵一横"辅以一大支线构成了多个树枝状网络。"三纵"是指神延—西延—西康—襄渝、大同—太原—焦作—焦柳以及京九线；"一横"指陇海线。航空方面，以郑州、太原、西安为主要航空枢纽。便利的交通为本区发展旅游业创造了优越的条件。

6.1.2　旅游资源特征

本地区在黄土高原、关中平原、秦巴山地等多种地形的孕育下，形成了不同类型的自然旅游资源，其中秦巴山地地理位置十分险要，汉朝时即成为兵家争战之地，刘邦、诸葛亮等都曾以此作为军事基地，从而留下了武侯祠、陈仓道、张良庙等众多与两汉和三国有关的历史古迹，供后人瞻仰游览。此外，中原地区为历代王朝必争之地，悠久的历史文化积累使得该区域的文物古迹、建筑遗址、宗教艺术、古都文化等人文旅游资源异常丰富，其旅游资源主要有以下特征。

1）古城云集，古迹众多

中原地区是华夏祖先的生息繁衍之地、是奴隶社会的发展之地，也是我国各古代王朝的必争之地。中原地区在相当长的时期内都是我国的政治、经济、文化中心，悠久的历史、灿烂的文化给本区留下了无数的各类遗迹、历史名胜和文物古迹。旧、新时代时期以及夏、商、周、秦、汉、唐、宋等朝代的遗址和文化遗迹众多。如现已发现的蓝田人和丁村人等古人类化石和遗址，半坡文化、仰韶文化、大汶口文化、殷墟、大河村遗址等。众多的陵墓也是中原旅游区另一重要的人文旅游资源，如黄帝、尧、舜的纪念性建筑，还有著名的秦始皇陵、汉茂陵、唐关中十八陵及河南的北宋皇陵等众多皇陵，以及司马光、张衡等古代名人的陵墓。这些陵墓的选址，地上、地下建筑，对游人具有极大的吸引力。他们展现了人类进化和发展的线索，提供了丰富的历史资料，是开展寻根求源历史文化旅游的集中场所。

2）宗教艺术，博大精深

中原地区是我国重要的佛教、道教发祥地之一。由于历史上封建统治者长期推行"尊儒重教"的治国方针，大兴土木，修建并保留下来众多的佛寺、道观、石窟等宗教建筑。也产生了一大批与宗教有关的雕塑、绘画、文学等作品，具有极高的艺术水平和珍藏价值。如汉明帝首先在洛阳专门修建"祖庭"白马寺用来藏经，隋唐开始盛行在各地修建了许多佛教寺院，用以藏经诵文。最具代表性的有山西五台山的佛光寺，河南嵩山的少林寺、开封的相国寺、陕西扶风的法门寺等。此外，佛教艺术的精华还体现在石窟中，本区有我国四大石窟中的洛阳龙门石窟和大同云冈石窟。两大石窟以规模宏大、雄伟壮观而著称，是研究佛教艺术、绘画雕刻、服饰乐舞、书法建筑的好地方。

3）名山胜景，黄河风情

本区名山众多，可进入性大，大多为我国的旅游热点。在我国的著名"五岳"中，中原地区便占有"中岳"嵩山、"西岳"华山、"北岳"恒山三岳。所谓"五岳归来不看山"，足以证明本区的名山的优美壮丽。此外，本区还有其他的著名山岳景观，有佛教名山五台山以及云中公园鸡公山。在太行深处和太行山麓，也分布着景色各异的山岳风景区，有愚公移山的故事发生地——王屋山，有瀑布壮观、峡谷独特的云台山。此外，山西北武当山和五老峰，陕西骊山、终南山也都是我国著名的风景名胜。

本区拥有我国的"母亲河"黄河，它孕育了华夏文化，创造出了灿烂的古代文明。沿着黄河一线游览，既可以领略黄河的磅礴气势、峡谷平湖的胜景，更能饱览沿途众多的名胜古迹，体察独特的民俗，探究中华民族之源。如气势宏伟的壶口瀑布是世界最大的黄色瀑布，我国第二大瀑布，是我国重要的风景名胜区。

6.2　壮美中原　文化河南

课前思考

1.请用几个词或几句话写出你对河南省的印象。

2.河南古都有哪几个城市？请在图6-1中标注出来。

分省（区、市）地图—河南省

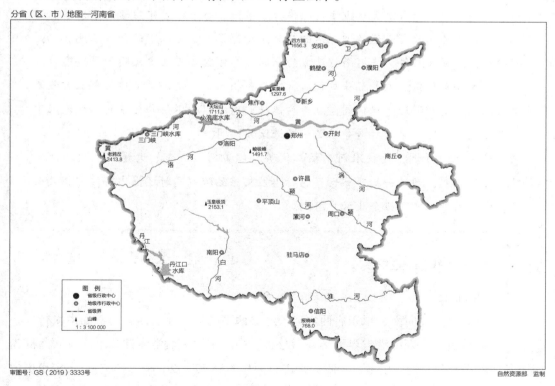

审图号：GS（2019）3333号　　　　　　　　　　　　　　　　自然资源部　监制

图6-1　河南省地图

河南省，简称"豫"，古称中原、豫州、中州，因其大部分位于黄河以南，故名河南，地处中国中部，承东启西，古称天地之中，被视为中国之处而天下之枢。河南全省面积16.7万平方公里，辖17个省辖市，1个省直辖县级行政单位，21个县级市，83个县，53个市辖区。河南是中华民族与中华文明的主要发祥地之一，中国古代的四大发明中的指南针、造纸术、火药三大技术均发明于河南。历史上先后有20多个朝代建都或迁都河南，为中国古都数量最多最密集的省区。河南也诞生了老子、庄子、墨子、韩非子、商鞅、杜甫、岳飞等历史名人，历史的积累使得河南文物古迹众多，历史文化资源丰富，是世界华人宗祖之根、华夏历史文明之源。

大事记

河南将打造全球华人寻根拜祖圣地

2020年5月11日，河南"全省文化旅游大会"召开，官方明确提出建设文旅强省，到2025年，打造成全球华人寻根拜祖圣地。会上印发了中共河南省委、河南省政府《关于建设文化旅游强省的意见（讨论稿）》（以下简称《意见》），明确提出了到2025年，将河南打造成为全球探寻体验华夏历史文明的重要窗口、全球华人寻根拜祖圣地等奋斗目标。《意见》指出，以嵩山历史建筑群、黄帝故里、二里头夏都遗址、双槐树遗址等为依托，建设以寻根拜祖为主题的天地之中河洛文化旅游区，通过打造寻根之旅增进民族认同。

这次大会强调，要找准河南核心优势，以黄河、古都、大遗址、大运河、功夫等为代表，塑造一批享誉世界的标志性文旅品牌。同时还提出将注重招大引强，鼓励国外知名文旅企业落户河南。

6.2.1 河南自然地理环境

1）地形地貌

河南地势呈望北向南、承东启西之势，地势西高东低，北、西、南三面由太行山、伏牛山、桐柏山、大别山沿省界呈半环形分布；中、东部为黄淮海冲积平原；西南部为南阳盆地。平原和盆地、山地、丘陵分别占总面积的55.7%、26.6%、17.7%。灵宝市境内的老鸦岔为全省最高峰，海拔2 413.8米；海拔最低处在固始县淮河出省处，仅23.2米。

2）气象气候

河南大部分地处暖温带，南部跨亚热带，属北亚热带向暖温带过渡的大陆性季风气候。同时具有自东向西由平原向丘陵山地气候过渡的特征，春季干旱风沙多，夏季炎热雨丰沛，秋季晴和日照足，冬季寒冷雨雪少，四季分明、雨热同期，气候灾害频繁。近10年全省平均气温为12.9～16.5 ℃，年均降水量464.2～1 193.2毫米，降雨以6—8月最多，年均日照1 505.9～2 230.7小时，全年无霜期208.7天，适宜多种农作物生长。

3）河流水文

河南地跨长江、淮河、黄河、海河四大流域，省内河流大多发源于西部、西北部和东南部山区，境内有1 500多条主干河流纵横交错，其中流域面积100平方公里以上的河流有560条。河南省多年平均水资源总量405亿立方米，居全国第19位；常年人均水资源拥有量368立方米，不足全国平均水平的五分之一。河南是国家特大型水利重点工程——南水北调中线工程的核心水源地、主要受水地以及输水总干渠工程渠首所在地，开通以来河南段常年平均受水量达8.7亿立方米。

6.2.2　河南人文地理环境

1）历史沿革

早在50万年以前，便有人类（南召直立人）在河南生息和繁衍。河南是中华民族和华夏文明的重要发祥地，距今8万～10万年的河南古人（许昌人）就已经能够很好地利用石器，1.5万年前河南先人们便会制作服装用的牙制纽扣、针和染色用的赭石（颜料）。早在8 000年前，这里就有了发达的农业、畜牧业和制陶手工业，并创造了仰韶文化、裴李岗文化、贾湖文化。到了4 000多年前中原进入了石、铜器并用时代，产生了私有制和阶级的萌芽，进而出现了中国历史上第一个奴隶制国家夏朝，建都阳城（今登封）。在此后几千年的中华文明史中，河南作为国家的政治、经济、文化中心长达3 000多年，先后有20多个朝代在此建都、200多个皇帝在此执政。1949年，黄河以北地区为平原省，黄河以南地区为河南。1952年，撤销平原省，其行政区域大部分并入河南省，河南省行政区域基本保持至今。

2）人口民族

截至2020年年末，河南省常住人口约9 936.6万人，占全国人口的7.04%，位居全国第三，低于广东和山东。河南人口以中华传统的中原汉族人为主体，汉族人口约占全省总人口数的98.8%。但河南省的少数民族成分还是比较齐全的，其少数民族分布呈现"大分散、小聚居"的显著特征，全省少数民族人口数约154万。其中占比较高的少数民族有回族、蒙古族、满族、维吾尔族。全省有3个城市民族区、21个民族乡（镇），少数民族10万人以上的省辖市4个（南阳、商丘、周口、郑州），少数民族万人以上的县（市、区）55个。

试一试： 河南自古以来名人众多，有"天下名人，中州过半"之说，对于河南著名的人物你知道哪些？请给同学们介绍一下。

３）风俗产物

（１）豫菜

豫菜以烹饪著名，被称为中原烹饪文明的代表，"烹饪鼻祖""中华厨祖"伊尹便出生于河南。豫菜烹饪方法众多，共计有50多种，其烹饪特点表现为"选料严谨、刀工精细、讲究制汤、质味适中"。中扒（扒菜）、西水（水席）、南锅（锅鸡、锅鱼）、北面（面食、馅饭）为豫菜的特色，最为出名的菜品有洛阳水席、灌汤小笼包、烩面等。

（２）豫剧

豫剧发源于河南开封，与京剧、越剧、黄梅戏、评剧并称中国五大剧种，汉族戏曲之一、中国第一大地方剧种，现流行于湖北、安徽、江苏等地。豫剧以"唱腔"铿锵大气、抑扬有度、行腔酣畅、吐字清晰、韵味醇美、生动活泼、有血有肉、善于表达人物内心情感著称，凭借其高度的艺术性而广受各界人士欢迎，被西方人称赞是"东方咏叹调""中国戏曲"等。

（３）黄帝故里拜祖大典

黄帝故里拜祖大典，是中华儿女于农历"三月三"在河南省新郑祭拜先祖黄帝的仪式。2006年升格为"黄帝故里拜祖大典"。拜祖大典宏伟壮观，拜祖活动主要分为"迎亲"和"拜祖"两个部分，九个议程分别是：盛世礼炮（21响）、敬献花篮、净手上香、行施拜礼（主持人带领全体嘉宾一起行施拜礼）、恭读拜文、高唱颂歌（由著名歌星带领统一着装的男女青年和小学生一起高唱歌曲《黄帝颂》）、乐舞敬拜、祈福中华、天地人和。

人物谈

轩辕黄帝

黄帝，生于轩辕之丘，故称为轩辕氏。黄帝的诞辰是农历三月初三，即上巳节，是汉族水边饮宴、郊外游春的节日。中国自古就有"二月二，龙抬头；三月三，生轩辕"的说法。据传他出生几十天就会说话，少年时思维敏捷，青年时敦厚能干，成年后聪明坚毅。黄帝同炎帝并称为中华民族的始祖，华夏部落联盟领袖，我们的祖先。他以首先统一中华民族的伟绩而载入史册。他播百谷草木，大力发展生产，创造文字，始制衣冠，建造舟车，发明指南车，定算数，制音律，创医学等，是开创中华民族古代文明的先祖。传说中远古时代华夏民族的共主，五帝之首。

（4）朱仙镇木版年画

朱仙镇木版年画是我国最为古老的传统工艺品之一，被称为中国木版年画的鼻祖，主要分布于河南省开封朱仙镇及其周边地区。朱仙镇木版年画来自民间，流传于民间，它线条粗犷奔放、情节鲜明感人、构图饱满匀称、形象古朴生动、色彩浑厚强烈、极富于装饰效果，具有鲜明的地方特色，2006年，被列入第一批国家级非物质文化遗产。

6.2.3　河南旅游资源

1）旅游资源概览

河南省的旅游资源非常丰富，既是历史文化资源大省，也是自然景观荟萃之地。悠久的历史给河南留下了大量丰富的文化遗产，地下文物居中国第一、地上文物居中国第二，馆藏文物占中国的八分之一，被誉为"天然的历史博物馆"。著名世界的"少林功夫""太极拳"发源于河南。河南被称为"中华文明的摇篮""中国历史开始的地方"。河南地跨长江、淮河、黄河、海河四大流域，自然景观兼具北雄南秀之美，嵩山少林景区、南太行旅游区、小浪底风景区、洛阳白云山等景区久负盛名。河南省世界及国家级旅游资源如表6-1所示。

表6-1　河南省世界及国家级旅游资源

类型	数量	景点
世界文化遗产	5	洛阳龙门石窟、安阳殷墟、登封"天地之中"历史文化建筑群、中国大运河河南段、丝绸之路河南段
世界地质公园	4	云台山风景名胜区、嵩山风景名胜区、南阳伏牛山世界地质公园、王屋山—黛眉山世界地质公园
国家历史文化名城	8	洛阳、开封、安阳、郑州、南阳、商丘、浚县、濮阳
国家5A级旅游景区	15	南阳市西峡伏牛山老界岭·恐龙遗址园旅游区、安阳殷墟景区、开封清明上河园、洛阳白云山景区、平顶山市尧山—中原大佛景区、新乡市八里沟景区、永城市芒砀山旅游景区、阳栾川老君山·鸡冠洞旅游区、红旗渠·太行大峡谷、洛阳市龙潭大峡谷景区、洛阳市龙门石窟景区、焦作市云台山—神农山·青天河景区、登封市嵩山少林景区、驻马店市嵖岈山旅游景区、信阳鸡公山景区

注：数据截至2022年7月。

2）重点旅游资源

（1）龙门石窟

龙门石窟，位于洛阳市南郊的龙门山口处，距市区12.5公里，从北魏太和十九年开凿，迄今已有1 500余年的历史，最大的佛像卢舍那大佛高17.14米，最小的佛像仅有2厘米，是东方雕刻艺术的瑰宝，它和敦煌莫高窟、大同云冈石窟，共同组成我国著名的三大石窟艺术宝库，是世界文化遗产。龙门石窟是中国第一批重点文物保护单位、第一批国家级风景名胜区，是中国石刻艺术宝库之一，也是中国四大石窟之一，其规模宏大，气势磅礴，窟内造像雕刻精湛，内容题材丰富，被誉为"世界最伟大的古典艺术宝库之一"，展现了中国石窟艺术变革的里程碑。龙门石窟延续时间长，跨越朝代多，以大量的实物形象和文字资料从不同侧面反映了中国古代政治、经济、宗教、文化等许多领域的发展变化，对中国石窟艺术的创新与发展做出了重大贡献。

新视野

世界遗产委员会评价龙门石窟：龙门地区的石窟和佛龛展现了中国北魏晚期至唐代（493—907年）最具规模和最为优秀的造型艺术。这些翔实描述佛教宗教题材的艺术作品，代表了中国石刻艺术的最高峰。

（2）殷墟

殷墟位于安阳市西北郊小屯村一带，这一带在我国商代后期叫作"北蒙"，也称"殷"，为商代的国都。周灭殷后，殷渐趋荒芜，故称"殷墟"。殷墟是我国历史上可以勘定确切位置的最早的一个都城。为国家5A级景区、世界文化遗产、国家重点文物保护单位、爱国主义教育示范基地。近百年来，在殷墟发现了许多居住遗址和墓地，出土了大量的甲骨文、青铜器、玉器、宝石器等珍贵文物，这里共出土甲骨文16万件之多，司母戊大方鼎重达875公斤。殷墟文物有的是华夏之最，有的是世界之冠，蕴藏着殷代先民们的创造、智慧和卓越的技能：殷墟甲骨文——中国汉字的鼻祖；殷墟青铜器——中国古代青铜冶铸业的巅峰；司母戊大鼎——世界青铜器之最；妇好——中国最早的女将军；殷墟车马坑——中国古代最早的车马实物和道路遗迹；殷墟犹如一座展示华夏历史瑰宝的艺术殿堂，给人以古代文明的陶冶和启迪，领略博大精深的殷商文化，探寻中华民族文明史的渊源。

导考指引：甲骨文是如何被发现的？

（3）嵩山

嵩山，位于河南省西部，地处登封市西北面，西邻古都洛阳，东临郑州，属伏牛山系。古称"外方""崇高""崇山""岳山"，以嵩山为中央左岱（泰山）右华（华山），定嵩山为中岳，始称"中岳嵩山"。具有深厚文化底蕴，是中国佛教禅宗的发源地和道教圣地，2004年被联合国教科文组织列入世界地质公园。

嵩山由太室山和少室山组成，东西绵延60多公里。嵩山层峦叠嶂，气势磅礴，风光秀丽，自古有"嵩山如卧""眠龙"之称。太室山、少室山各有36峰，组成嵩山72峰，峰峰有名。嵩山之顶为太室山中峰的峻极峰，乾隆皇帝曾游此赋诗立碑，因而又称"御笔峰"。登临峰顶，极目远眺，峰岳连绵，尽收眼底。自古以来，帝王将相、文人学士、高僧名道、豪义之侠登临嵩山，曾有30多位皇帝、150多位著名文人所亲临，留下众多古迹。其中有中国六最：禅宗祖庭——少林寺；现存规模最大的塔林——少林寺塔林；现存最古老的塔——嵩岳寺塔；现存最古老的石阙——汉代三阙；树龄最高的柏树——汉封"将军柏"；现存最古老的观星台——元代观星台。此外还有与应天、岳麓和白鹿洞书院并称宋代四大书院的嵩阳书院，河南现存规模最大的寺庙建筑群——中岳庙等。嵩山为国家重点风景名胜区。

导考指引： "五岳"分别是哪五岳？

（4）少林寺

少林寺位于河南省登封"中岳"嵩山西麓，面对少室山，背依五乳峰。少林寺始建于北魏太和十九年（495年），因坐落于少室山的丛林之中而得名。是驰名中外的大佛寺，是中国佛教禅宗祖庭和中国功夫的发源地，现为世界文化遗产、全国重点文物保护单位、国家5A级旅游景区，是世界著名的佛教寺院，是汉传佛教的禅宗祖庭，在中国佛教史上占有重要地位，被誉为"天下第一名刹"。少林寺占地36公顷，寺内翠柏苍郁，红墙飞檐辉映，木鱼钟鼓，佛号禅音，庄严肃穆。主要建筑有山门、天王殿、方丈室、达摩亭、千佛殿、白衣殿、达摩面壁洞等。寺中文物众多，壁画最有名，千佛殿中三面墙上绘满壁画，有明代彩色壁画"五百罗汉朝毗卢图"，记录了少林和尚习武、练拳的情景，白衣殿中有"十三棍僧救秦王"故事的壁画。目前，少林寺仍是习武的地方，每年举办国际少林武术节，吸引来自世界各地的武术爱好者和广大游人前来参加，把中国武术推广到世界各地。

（5）云台山

云台山位于河南省焦作市修武县境内，是全球首批世界地质公园，同时又是河南省唯一一个集国家重点风景名胜区、国家地质公园、国家森林公园、国家水利风景名胜区、国家猕猴自然保护区、国家首批5A级景区六个国家级于一体的风景名胜区。景区面积190平方公里，含红石峡、泉瀑峡、潭瀑峡、子房湖、万善寺、百家岩、茱萸峰、叠彩洞、猕猴谷、青龙峡、峰林峡11大景区。汉献帝的避暑台和陵基，魏晋"竹林七贤"的隐居故里，唐代药王孙思邈的采药炼丹遗迹，唐代大诗人王维写出"每逢佳节倍思亲"千古绝唱的茱萸峰，以及众多文人墨客的碑刻、文物，形成了云台山丰富深蕴的文化内涵。云台山以山称奇，整个景区奇峰秀岭连绵不断，主峰茱萸峰海拔1 304米，云台山以水叫绝，素以"三步一泉，五步一瀑，十步一潭"而著称。有落差314米的全国最高大瀑布——云台天瀑。青龙峡景点有"中原第一峡谷"美誉，这里气候独特，水源丰

云台山
720° 全景
讲解

富，植被原始完整，是生态旅游的好去处。

导考指引：云台山地理位置在哪里？属于哪个山系？何时被选为世界地质公园？

3）旅游发展新格局

《河南省"十四五"文化旅游融合发展规划》指出，以山川地理为骨架，以历史文化为脉络，打破行政区划，统筹重大国家战略和文化工程，发挥城市群、都市圈的增长极作用，助推乡村振兴，加快数字化转型，构筑以国家文化公园为轴带、以文化创意城市为节点、以人文旅居乡村为腹地、以世界级文化旅游目的地为支撑、以线上空间为延展的文化旅游融合发展新格局。

具体包括：充分发挥黄河、大运河、长城、长征国家文化公园在河南的叠加优势，整合沿线具有突出意义、重要影响、重大主题的文物和文化资源，实施公园化管理运营,形成具有特定开放空间的公共文化载体，集中打造中华文化重要标志，探索新时代文物和文化资源保护传承利用新路，建设国家文化公园示范省。充分发挥中原城市群、大都市区、国家中心城市、区域中心城市、重要节点城市、特色小城镇等文化资源富集优势、创意要素汇聚优势和消费市场集聚优势，坚持以城市为文旅文创融合发展的主战场，结合城市有机更新，建设城市主题型文化创意和创新空间，打造面向未来、面向全球的文化创意城市网络。以太行山、伏牛山、大别山为重点区域，按照文化引领、艺术点亮、美学提升、消费驱动的原则，加快布局精品民宿、乡村酒店、艺术聚落等人文体验空间，打造一批彰显中原文化底蕴、承载现代生活方式的乡村旅居目的地，助推乡村振兴。打造黄河小浪底、郑州花园口、开封东坝头三大文化旅游片区和黄河豫晋陕、冀鲁豫、豫皖苏三大文化旅游协作区，建设具有国际影响力的黄河文化旅游带，保护传承弘扬黄河文化。推动大遗址、古建筑、石窟寺、革命文物等重大文物和文化遗产，以及大山岳、大河川、大景观等重大自然遗产资源实现数字化保护展示。

6.3　华夏古文明　山西好风光

课前思考

1.为什么山西省会被称为"华夏文明摇篮"？

2.你知道山西省的哪些景区？请在图6-2中标注出来。

分省（区、市）地图—山西省

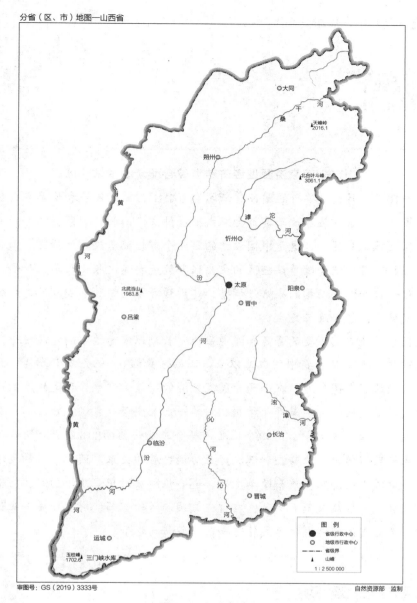

图6-2　山西省地图

　　山西省，简称"晋"，别称"三晋"，地处黄河流域中部，东有巍巍太行山作天然屏障，与河北省为邻；西、南部以黄河为堑，与陕西省、河南省相望；北跨绵绵长城，与内蒙古自治区毗连。因地属太行山以西，故名山西。春秋战国时期属晋国地，故简称"晋"；战国初期，韩、赵、魏三分晋国，因而又称"三晋"。全省总面积15.67万平方公里，辖11个设区市，117个县级行政单位。山西是中华文明发祥地之一，被誉为"华夏文明摇篮"，素有"中国古代文化博物馆"之称。山西疆域轮廓呈东北斜向西南的平行四边形，是典型的为黄土广泛覆盖的山地高原，地势东北高西南低。高原内部起伏不平，河谷纵横，地貌类型复杂多样，是我国旅游资源最为富集的省份。"华夏古文明，山西好风光"是对山西旅游的高度概括。

大事记

山西省国家资源型经济转型综合配套改革试验区

在2010年12月13日举行的国务院新闻发布会上，国家发展和改革委员会副主任彭森表示，国家发展和改革委员会正式批复设立"山西省国家资源型经济转型综合配套改革试验区"。这是中国设立的第九个综合配套改革试验区。山西省资源型经济转型综合配套改革试验区的主要任务就是要通过深化改革，加快产业结构的优化升级和经济结构的战略性调整，建设资源节约型和环境友好型社会，统筹城乡发展，保障和改善民生。

山西省作为我国重要的资源和能源基地，长期以来为国家的能源安全、经济发展做出了巨大贡献。新中国成立以来，山西省产煤100亿吨以上，其中的四分之三都贡献给了全国各地。在山西为国家经济的持续、健康、稳定发展做出巨大贡献的同时，也确实存在着产业结构相对单一，主要还是靠煤、焦、冶、电（煤炭、焦炭、冶金、电力），这四个产业占整个工业产值的80%以上。所以改革首先要重点处理好传统产业转型和三次产业协调发展的关系。因此，总的要求是要紧紧围绕资源型经济转型这个改革主题，进一步解放思想，改革创新，特别要注意处理好转型和发展改革的关系，在重点领域和关键环节能够坚持先行先试、锐意突破，为全国的经济发展方式转变走出一条新的路子。

6.3.1 山西自然地理环境

1) 地形地貌

山西省地处华北西部的黄土高原东翼，地貌从总体来看是一个被黄土广泛覆盖的山地高原，整个轮廓略呈由东北斜向西南的平行四边形。地貌类型复杂多样，有山地、丘陵、高原、盆地、台地等，其中山地、丘陵占80%，高原、盆地、台地等平川河谷占20%。大部分地区海拔在1 500米以上，与其东部华北大平原相对比，呈现为强烈的隆起形势。最高处为东北部的五台山叶头峰，海拔3 061.1米，是华北最高峰；最低处为南部边缘运城垣曲县东南西阳河入黄河处，海拔仅180米。境域地势高低起伏异常显著。山西省境内重峦叠嶂，丘陵起伏，沟壑纵横，总的地势是"两山夹一川"，东西两侧为山地和丘陵隆起，中部为一列串珠式盆地沉陷，平原分布其间。

2）气象气候

山西省地处中纬度地带的内陆，在气候类型上属于温带大陆性季风气候。由于太阳辐射、季风环流和地理因素影响，山西气候具有四季分明、雨热同步、光照充足、南北气候差异显著、冬夏气温悬殊、昼夜温差大的特点。山西省各地年平均气温介于4.2～14.2 ℃，总体分布趋势为由北向南升高，由盆地向高山降低；全省各地年降水量介于358～621毫米，季节分布不均，夏季6—8月降水相对集中，约占全年降水量的60%，且省内降水分布受地形影响较大。"汾水风烟冷，并州花木迟""霜威出塞早，云色渡河秋"，这些诗句都是形容山西气候"春来晚，秋早至"的特点。

3）河流水文

崇山峻岭、千沟万壑的地形条件，使得山西拥有众多河流，承东启西的地理位置使其成为黄河与海河两大流域的分水岭。省内黄河流域面积97 138平方公里，占全省面积的62.2 %，海河流域面积为59 133平方公里，占全省面积的37.8 %。除了流经省界西、南两面长达965公里的黄河干流以外，全省流域面积大于10 000平方公里的较大河流有5条，分别是黄河流域的汾河、沁河，海河流域的桑干河、漳河、滹沱河；流域面积小于10 000平方公里、大于1 000平方公里的中等河流有48条；流域面积小于1 000平方公里、大于100平方公里的小河流有397条。山西省河流属于自产外流型水系，河流水源来自大气降水，绝大部分河流发源于境内，向省外发散流出。山西是海河主要支流永定河、大清河、子牙河、漳卫河的发源地，因此也被誉为"华北水塔"。

6.3.2　山西人文地理环境

1）历史沿革

早在180万年以前的旧石器时代早期，就有古人类在山西晋南地区繁衍生息，相传"女娲补天"的传说便发生在山西。约在10万至2万年以前的旧石器时代中期，在山西汾河两岸和大同、朔州一带，已经出现了比较集中的原始人群和村落。约在4 500年前的新石器时代晚期，山西南部已经成为当时诸多邦国的中心。尧、舜、禹都曾在山西境内建都立业，史传"尧都平阳（今临汾尧都区），舜都蒲坂（今运城永济市西南），禹都安邑（今运城夏县西北）"，记载的便是新石器时代晚期中华民族最早的英雄们在汾河下游创业建都的历史。山西省在而后的各个朝代中都占有举足轻重的地位，曾被唐太宗称为是"龙兴"之地，将太原称为是唐王朝的"别都""陪都"。新民主主义革命时期，山西作为革命老区，培养了众多共产党员和热血青年。解放战争期间，山西成为支援全国解放的战略基地。

2）人口民族

截至2020年年末，山西省常住人口3 491.56万人。山西很久以来就是一个多民族分散杂居的省份，其少数民族总体呈大分散、小聚居特点。全省除汉族外，有回族、满族、蒙古族、土族、彝族等53个少数民族，其中，汉族占全省总人口的99.74%，少数民族人口占全省总人口的0.26%。在少数民族中，回族居多，其次是满族与蒙古族。

3）风俗产物

（1）山西戏曲

山西是中国戏曲艺术的发祥地之一，被称为"戏曲摇篮"。汉代时山西大地就出现了戏曲萌芽；北宋年间，山西各地活跃多种土戏——这些土戏是中国戏曲的雏形；元代时山西成了全国戏曲艺术的中心，全国所发现的元代戏台基本都在山西（晋南）；至明代时，山西蒲州、陕西同州、河南陕州一带的民间艺人把北杂剧唱腔进行改革，演变出了"蒲州梆子"戏；蒲州梆子后分别与晋中、晋北、晋东南等地的土戏相结合，逐步形成中路梆子、北路梆子、上党梆子。清朝中叶，中国戏曲开始了"花部"（即梆子戏）和"雅部"（即昆曲）之争，山西民间赛戏之风也盛行开来，大村镇往往同时邀两个戏班演出，唱"对台戏"。据查，山西地方剧种达54个，占300多个剧种的六分之一。

（2）山西面食

山西面食是汉族传统面食文化的代表之一。历史悠久，源远流长，从可考算起，已有两千多年的历史了，称为"世界面食之根"。俗话说，"世界面食在中国，中国面食在山西"。山西面食种类繁多，达到了"一面百样、一面百味"的境界。山西面食按照制作工艺来讲，可分为蒸制面食、煮制面食、烹制面食三大类，有据可查的面食在山西就有280种之多，其中尤以刀削面名扬海内外，被誉为中国著名的五大面食之一。

（3）广灵剪纸

广灵剪纸是我国民间剪纸三大流派之一，2008年列入国家级非物质文化遗产保护名录，2010年年底，被评为山西省十大文化品牌。其风格独特、色彩鲜丽、造型生动、线条纤细、表现力传神、刀法细腻，被誉为"中国民间艺术一绝"。广灵剪纸当地俗称"窗花"，大部分出自世世代代不知名的农民艺术家之手，作品取材于戏曲人物，鸟虫鱼兽，还有对农村现实生活的描绘等。这些作品色彩绚丽，构图饱满，造型生动，纤巧里显纯朴，浑厚中透细腻，有着浓郁的乡土气息。其主要特点为刀刻染色，表现形式分为单色、染色传统剪纸和多层新写实剪纸。作品分为镜框、画轴、礼品·册、旅游纪念品四大系列3 600个品种。产品远销美国、日本、加拿大等20多个国家和地区，2009年中国外交部将广灵剪纸奥巴马肖像作为国礼赠送给白宫。

（4）洪桐大槐树寻根祭祖大典

洪洞大槐树寻根祭祖大典是山西省洪洞县在清明节期间举行的一种民间寻根祭祖活动，主要是移民后裔通过焚香、献供、跪拜等形式，表达自己对祖先和家乡的怀念之情。由于大槐树下发生过多次移民活动，600多年来，回乡祭祖的大槐树后裔络绎不绝，形成了丰富的移民传说和悠久的祭祖传统习俗，让这一"祭祖习俗"得到很好的传承和发扬。从1991年开始，洪洞县顺应民情，在几百年中国民间祭祖活动的基础上，吸纳了大量民间祭祀仪规，于每年清明节当天举办大规模官民合祭的"寻根祭祖大典"，并受到了海内外广泛移民后裔的热烈响应。

6.3.3　山西旅游资源

1）旅游资源概览

山西是中华文明发祥地之一，是我国旅游资源最为富集的省份。"华夏古文明，山西好风光"是对山西旅游的高度概括。山西省现存有国家级重点文物保护单位452处，占全国的23.3%，位居第一，其中，大同云冈石窟、平遥古城、五台山为世界文化遗产。全国保存完好的宋、金以前的地面古建筑物70%以上在山西境内，享有"中国古代建筑艺术博物馆"的美誉。山西名山大川遍布，自然风光资源丰富优美。北岳恒山是五岳之一，国家级风景名胜区。绵山气候宜人，自古就是避暑胜地。黄河壶口瀑布是仅次于黄果树瀑布的全国第二大瀑布，国家级风景名胜区。庞泉沟、芦芽山、历山、莽河等自然保护区，风景秀丽，景致各异。山西是老革命根据地，革命活动遗址和革命文物遍布全省。著名的有八路军总部旧址、黎城黄崖洞八路军兵工厂、文水刘胡兰纪念馆等。山西省世界及国家级旅游资源如表6-2所示。

表6-2　山西省世界及国家级旅游资源

类型	数量	景点
世界文化遗产	3	云冈石窟、平遥古城、五台山
国家历史文化名城	6	大同、平遥县、新绛县、代县、祁县、太原
国家5A级旅游景区	10	大同市云冈石窟、晋城皇城相府生态文化旅游区、临汾市云丘山景区、临汾市洪洞大槐树寻根祭祖园景区、忻州市雁门关景区、长治市壶关太行山大峡谷八泉峡景区、忻州市五台山风景名胜区、晋中市介休绵山景区、晋中市平遥古城景区、黄河壶口瀑布旅游区（山西/陕西）
国家地质公园	9	五台山风景名胜区、宁武万年冰洞、黄河壶口瀑布风景名胜区、陵川王莽岭景区、壶关县太行山大峡谷景区、平顺县天脊山风景区、大同火山群国家地质公园、永和黄河蛇曲地质公园、右玉火山颈群地质公园

注：数据截至2022年7月。

2）重点旅游资源

（1）五台山

五台山位于晋东北五台县境内，全山由五座丁汝平台的山峰组成，故称五台山。是世界文化遗产、国家5A级景区。五台各有其名，东台望海峰，西台挂月峰，南台铺绣峰，北台叶斗峰，中台翠岩峰。其中北台最高，海拔3 058米，素称"华北屋脊"。五台山地形变化显著，气候奇特诱人，台顶坚冰累年，盛夏气候凉爽，又有"消凉山"之称。五台风光秀丽，景色殊异。东台望海峰云雾蒸腾，旭日东升，是观日出云海的最佳地方；西台挂月峰秋日明月如镜悬在峰顶，是赏月的好去处；南台锦绣峰夏季漫山遍野花团锦簇，姹紫嫣红；北台叶斗峰妙在观雪，每年农历八月起开始下雪，从台顶俯瞰群山，山舞银蛇，一派北国风光；中台翠岩峰气候变化多端，夏季时晴时雨，山下大雨倾盆，山上红日摩顶。

五台山不仅自然风光秀美，还是佛教圣地，与四川峨眉山、浙江普陀山、安徽九华山齐名，并称"佛教四大名山"。五台山是文殊菩萨的道场，为中国四大佛教名山之首，又称为"金五台"，最鼎盛时期为唐代，全山寺院多达300所，现存寺院共47处。五台山是既有青庙也有黄庙，汉传佛教和藏传佛教并重的佛教道场，是中国唯一青庙和黄庙交相辉映的佛教道场，相互比邻，共同发展，这在四大佛教名山中是独有的现象。主要寺院有显通寺、菩萨顶、塔院寺、黛螺顶等。

（2）平遥古城

平遥古城位于晋中盆地，是我国现存的四座完好古城之一，被联合国教科文组织列入世界文化遗产名录，国家5A级景区。始建于周宣王时期，距今已有2 700多年。明洪武三年（1370年）在旧城垣基础上重筑扩建，以后又多次修葺，增设敌台，增修瓮城，四河植树，使平遥古城规模日趋完善。古城呈方形，城墙周长6.2公里，高约10米，平均厚度5米，周围有护城河环绕，深、宽各3～4米。古城共有城门六座，东西各二，南北各一，故又称"乌龟城"，意在长生不老，固若金汤。城墙上建有72座观敌楼和3 000个垛口，寓孔子的弟子72贤人和300门徒之意。城内建筑按封建传统礼制"左祖右社"，即左文庙、右武庙的布局，街道是十字或丁字状交叉。平遥古城是迄今汉民族地区保存最完整的古代居民群落，对我国研究古代时期的社会形态、经济结构、军事防御、宗教信仰、传统思想、伦理道德的人类居住形式有重要的参考价值和意义。

新视野

联合国教科文组织评价平遥古城：平遥古城是中国汉民族城市在明清时期的杰出范例，平遥古城保存了其所有特征，而且在中国历史的发展中为人们展示了一幅非同寻常的文化、社会、经济及宗教发展的完整画卷。

（3）洪洞大槐树寻根祭祖园

洪洞大槐树寻根祭祖园旅游景区位于山西省洪洞县贾村，是全国唯一一个以"寻根"和"祭祖"为主题的民祭圣地，为国家5A级旅游景区、山西省重点文物保护单位、国家级非物质文化遗产名录。景区分为"移民古迹区""祭祖活动区""民俗游览区"和"汾河生态区"四大主题区域，每年有20余万人前往景区进行祭祖活动。从明洪武二年至永乐十五年，近50年的时间里大槐树下就发生大规模官方移民18次，主要迁往京、冀、豫、鲁、皖、苏等18个省，500多个县市。经过600年的辗转迁徙，繁衍生息，而今全球凡有华人的地方就有大槐树移民的后裔。洪洞大槐树寻根祭祖园早已在中华儿女心中深深扎下了认祖归宗之根，被当作"家"、称作"祖"、看作"根"。

（4）云冈石窟

云冈石窟
720° 全景
讲解

云冈石窟在山西大同市武周山南麓，是世界文化遗产，国家5A级景区。它依山凿洞，东西绵延1公里，现存有主要洞窟45个，大小窟龛252个，石雕造像51 000余座，为中国规模最大的古代石窟群之一，与敦煌莫高窟、洛阳龙门石窟和天水麦积山石窟并称为中国四大石窟艺术宝库。云冈石窟始凿于北魏年间，距今已有1 500多年，后世曾多次修缮，并增建佛寺，尤以辽金两代规模最大。在我国四大石窟中，云冈石窟以石雕造像气魄宏伟、内容丰富多彩见称，至今仍具有强大的艺术魅力。大佛最高17米，最小仅几厘米，形态各异，形象逼真。菩萨、力士和飞天等形象生动活泼，成群的飞天凌空飞舞，姿态飘逸。塔柱的雕刻，蟠龙、狮虎的凿琢，植物纹样的刻画，皆是引人入胜的杰作。其雕刻技艺继承并发展了秦汉时代的艺术传统，吸收并融合了外来的艺术精华，创造出独特的风格，对以后隋唐艺术的发展起了承上启下的作用，在我国艺术史上占有重要地位。

3）旅游发展新格局

《山西省"十四五"文化和旅游产业融合发展规划》中提出，依托山西各地区资源禀赋、发展基础和比较优势，对接全省"一群两区三圈"城乡区域发展新格局，按照核心区统领、产业带集聚、功能区支撑、组团区协同的原则，着力构建"一极带动、人字廊道、三大板块、组团发展"的空间布局，实现山西文化和旅游产业全面融合发展。

"一极带动"是指打造太原都市区文旅融合发展极，成为山西省最具综合示范和引领带动作用的文旅产业融合发展极核区；"人字廊道"是指"人"字形文旅产业发展廊道，打造具有广泛影响力的自然风景线和文化旅游廊道，形成纵贯全省的乡村文化记忆节点、历史文化名镇名村、美丽休闲乡村和风景廊道，成为带动全省文旅产业融合发展的重要廊道；"三大板块"是指"黄河、长城、太行"三大板块；"组团发展"是指，云冈石窟—大同、五台山—雁门关—忻州、平遥古城—晋中、右玉生态文化旅游示范区—朔州、碛口古镇—吕梁、壶口瀑布—临汾、关帝庙—运城、晋祠—太原、太行山大峡谷—八路军太行纪念馆—长治、沁河古堡群—晋城、娘子关—阳泉等十一个文化和旅游产业集群。

6.4 古韵丝路 厚道陕西

1.陕西省的旅游资源你最感兴趣的是哪些？为什么？

2.与陕西省相邻的省是哪些？请在图6-3中标注出来。

分省（区、市）地图—陕西省

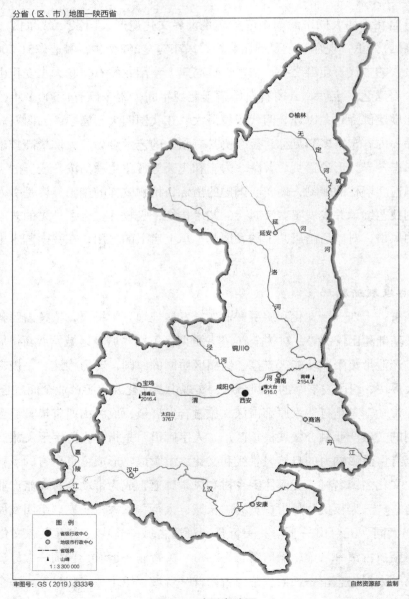

审图号：GS（2019）3333号　　　　　　　自然资源部 监制

图6-3 陕西省地图

陕西，简称"陕"或"秦"，位于西北内陆腹地，横跨黄河和长江两大流域中部，是连接中国东、中部地区和西北、西南的重要枢纽。陕西历史悠久，是中华文明的重要发祥地之一，上古时为雍州、梁州所在，是炎帝故里及黄帝的葬地。陕西自古是帝王建都之地，九个大一统王朝，有五个建都西安（咸阳），留下的帝王陵墓共79座。陕西全省面积20.56万平方公里，辖1个副省级城市、9个地级市、31个市辖区、7个县级市、69个县。陕西省历史悠久、文化灿烂、文物古迹众多、资源丰富，被称为"东方金字塔"。

大事记

延安十三年

党中央在延安十三年的光辉历程：落脚陕北（1935年10月19日中共中央到达吴旗镇——1937年1月13日中共中央进驻延安）；延安岁月（1937年1月13日中共中央进驻延安——1947年3月18日中共中央撤离延安、开始转战陕北）；转战陕北（1947年3月18日撤离延安——1948年3月23日中共中央渡过黄河，前往华北）。党中央在延安的十三年，是我们党由弱变强、转败为胜的十三年；是毛泽东思想日益成熟、丰富、发展的十三年；是延安精神孕育形成、发扬光大的十三年。深入了解党中央在延安十三年扭转乾坤、创造辉煌的历史，努力学习和掌握毛泽东思想的真谛，继承和发扬伟大的延安精神，吸收和借鉴延安时期的丰富经验，对于加强党的执政能力建设和先进性建设，不断开创中国特色社会主义事业新局面，具有重大而深远的意义。

党中央在延安十三年积累的基本经验与启示：①善于并勇于理论创新，竭力推进党在指导思想上的与时俱进，实现全党在思想上的高度统一，是中国共产党领导革命、建设和改革事业胜利前进的根本保证；②着力把党建设好，始终保持党的先进性，是中国共产党领导革命、建设和改革事业胜利前进的关键所在；③高度重视培育既继承民族传统、反映无产阶级政党风貌，又体现时代要求的精神产品，是中国共产党领导革命、建设和改革事业胜利前进的重要动力；④坚持政策和策略的原则性与灵活性相统一，用世界眼光和战略思维筹谋革命、建设和改革大业，是中国共产党领导革命、建设和改革事业胜利前进的基本条件。

6.4.1　陕西自然地理环境

1）地形地貌

陕西境内山塬起伏，河川纵横，地形复杂多样。陕西地形的总特点是南北高，中部低，平均海拔1 127米。最高海拔3 771.2米，位于宝鸡市太白县鹦鸽镇；最低海拔168.6米，位于安康市白河县城关镇。地势由西向东倾斜的特点明显，平均坡度为19.9°。北山和秦岭把陕西分为三大自然区域：北部是陕北黄土高原，海拔900~1 900米，总面积8.22万平方公里，约占全省总面积的40%；中部是关中盆地，海拔460~850米，总面积4.94万平方公里，约占全省总面积的24%；南部是陕南秦巴山地，海拔1 000~3 000米，总面积7.4万平方公里，约占全省总面积的36%。

2）气象气候

陕西省纵跨三个气候带，南北气候差异较大。秦岭是中国南北气候分界线，陕南属北亚热带气候，关中及陕北大部属暖温带气候，陕北北部长城沿线属中温带气候。陕西省气候总特点是：春暖干燥，降水较少，气温回升快而不稳定，多风沙天气；夏季炎热多雨，间有伏旱；秋季凉爽，较湿润，气温下降快；冬季寒冷干燥，气温低，雨雪稀少。全省年平均气温9~16 ℃，自南向北、自东向西递减。陕北黄土高原区年平均气温7~12 ℃，关中平原区年平均气温12~14 ℃，陕南秦巴山区年平均气温14~16 ℃。

导考指引：陕西省南北狭长，共跨越了几个气候带？分别是哪几个？

3）河流水文

陕西境内的河流以秦岭为界，分属黄河、长江两大水系。黄河流域内主要河流有二级河流渭河，三级河流无定河、延河、洛河、泾河；长江流域内主要河流有二级河流汉江、嘉陵江、三级河流丹江、旬河、牧马河。全省共有河流580多条，多年平均地表径流量426亿立方米，水资源总量445亿立方米，居全国各省（市、区）第19位。水资源时空分布严重不均：从时间分布上看，全省年降雨量的60%~70%大都集中在7—10月，往往造成汛期洪水成灾，而春、夏两季旱情多发；从地域分布上看，秦岭以南的长江水系，流域面积占全省的37%，水资源量占到全省总量的71%，而秦岭以北的黄河水系，流域面积占全省的63%，水资源量仅占29%。

6.4.2 陕西人文地理环境

1）历史沿革

陕西是中华民族重要的发祥地之一，其历史厚重绵长。100多万年前的蓝田直立人是迄今已知最早在陕西生活的古人类。随后的"大荔人""黄龙人"等古人类在此繁衍进化。距今6 000多年前的半坡遗址是黄河流域著名的仰韶文化母系氏族村落遗址。距今5 000多年前生活在姬水流域的黄帝部落和姜水流域的炎帝部落，在冲突中走向融合，逐渐形成了中国历史上最早的民族共同体——华夏族，开启了中华民族五千年文明历史。先后共有西周、秦、西汉、新、东汉、西晋、前赵、前秦、后秦、大夏、西魏、北周、隋、唐14个朝代在陕西建都。

2）人口民族

第七次全国人口普查数据显示，陕西全省常住人口3 952.9万人，人口数量平稳增长，人口受教育水平明显提高，性别结构得到改善，少儿人口和老年人口数量持续增加，劳动年龄人口素质显著提升，流动人口规模进一步扩大，城镇化水平进一步提高。陕西境内以汉、回为主的多民族分布格局得以形成。陕西除汉族外，有42个少数民族在全省杂居、散居。少数民族中，回族人口最多，占少数民族人口的89.1%。此外，千人以上的少数民族有满族、蒙古族、壮族、藏族；百人以上的有朝鲜族、苗族、侗族、土家族、白族、锡伯族；其他少数民族均在百人以下。

导考指引：陕西省内有多少个少数民族？其中人口最多的是哪个少数民族？

3）风俗产物

（1）陕西风味小吃

陕西风味是中国诸多地域风味中的一大风味，具有其他风味不可替代的特点，有专家认为，可以把以陕西风味为主的西北风味列为中国五大风味之一。陕西小吃博采各地之精华，兼收民族饮食之风味，挖掘、继承历代宫廷小吃之技艺，以其品种繁多、风味各异而著称。其以浓郁的乡土韵味，丰富内容，赢得了国内外普遍赞赏和高度评价，不仅是中国烹饪文化宝库中一颗光彩夺目的明珠，也是陕西烹饪文化的重要组成部分，更是千百万到陕西旅游者不得不吃的美食。最具代表的小吃有牛羊肉泡馍、春发生葫芦头、樊记腊汁肉夹馍、岐山臊子面等。

（2）凤翔彩绘泥塑

凤翔彩绘泥塑历史悠久，传说为明初留居此地的江西士兵所创，主要产地至今仍在以军队单位命名的六营村。凤翔彩绘泥塑大都是空心的圆塑体，也有浮雕式的。造型洗练，特征鲜明，力求表现出对象的内在属性。其色彩以大红、大绿、黄为主，以黑墨勾线，非常鲜艳，对比强烈，给人以明快醒目的感觉。凤翔彩塑分挂件、摆件、手玩三类，内容有人物、动物，也有植物。取材立意极为广泛，戏剧脸谱、吉祥物、民间传说、历史故事、乡俗生活等无所不有。黑牛、卧虎、坐狮、虎头为拳头产品，其十二生肖彩塑已被选入邮票。

（3）黄帝陵祭典

黄帝陵祭典，是流行于陕西省黄陵县的祀典礼仪，2006年列入国家级非物质文化遗产。黄帝陵祭祀活动大致可分为官（公）祭、民祭两种形式。公祭黄帝陵仪式庄严、肃穆；民间祭祀一般在清明节前后和重阳节期间，无固定的仪式，往往根据祭奠者的愿望及习俗而自己确定。民祭活动除保持了公祭活动中的一些内容外，更突出了民间性，增加了鼓乐队、唢呐队、仪仗队、三牲队。改革开放以来，黄帝陵祭祀越来越受到海内外华夏儿女的关注，祭祀活动也日渐隆重，祭祀黄帝已成为传承中华文明，凝聚华夏儿女，共谋祖国统一，开创美好生活的一项重大活动。黄帝陵祭典活动具有弘扬中华传统文化中"孝""敬祖"等观念、培养人们的"仁爱"之心、弘扬民族文化、凝聚民族情感、振奋民族精神、激发爱国热情等重要的文化意义。

（4）皮影戏

陕西皮影是陕西省一种非常古老的汉族戏曲艺术形式。皮影戏又称"影子戏"或"灯影戏"，是一种用蜡烛或燃烧的酒精等光源照射兽皮或纸板做成的人物剪影以表演故事的民间戏剧，发源于陕西，后广泛流行于河南、山西、甘肃天水等地区。表演时，艺人们在白色幕布后面，一边操纵影人，一边用当地流行的曲调讲述故事，同时配以打击乐器和弦乐，有浓厚的乡土气息。皮影戏历史悠久、源远流长，始于战国，兴于汉朝，盛于宋代，元代时期传至西亚和欧洲，受到了国外的广泛好评，被称为"中国影灯"。2011年，中国皮影戏入选了人类非物质文化遗产。

6.4.3　陕西旅游资源

1）旅游资源概览

陕西省是中国古人类和中华民族文化重要的发祥地之一，也是中国文化旅游资源最富集的省份之一。陕西自然生态优美、山水人文荟萃，珍稀动植物资源富集，异彩纷呈的自然美景与厚重久远的历史人文交融相生，无论是古迹、山水、民俗、红色、养生、宗教，各种主题的旅游资源相互交错。此外，陕西省红色旅游资源特色突出。从1921年中国共产党成立到1949年中华人民共和国成立的28年中，中国共产党人在陕西大地上书写了一部充满传奇的红色革命史，为陕西省发展红色旅游提供了得天独厚的优势。陕西省世界及国家级旅游资源如表6-3所示。

表6-3　陕西省世界及国家级旅游资源

类型	数量	景点
世界文化遗产	3	秦始皇兵马俑、大雁塔、大明宫
世界生物圈	2	牛背梁国家森林公园、佛坪自然保护区
世界地质公园	1	终南山国家森林公园
国家历史文化名城	6	西安市、汉中市、延安市、咸阳市、榆林市、韩城市
国家5A级旅游景区	12	商洛市金丝峡景区、宝鸡市法门寺佛文化景区、延安市黄帝陵景区、西安市华清池景区、西安市秦始皇兵马俑博物馆、渭南华山景区、宝鸡市太白山旅游景区、延安市延安革命纪念地景区、西安市城墙·碑林历史文化景区、西安市大明宫旅游景区、西安大雁塔·大唐芙蓉园景区、黄河壶口瀑布旅游区（陕西/山西）

注：数据截至2022年7月。

2）重点旅游资源

（1）秦始皇陵兵马俑

秦始皇陵位于西安市临潼区城东，整个陵区占地面积56.25平方公里，修陵时间长达39年，用工最高达72万人。秦始皇帝陵博物院被誉为"世界第八大奇迹"，被联合国教科文组织纳入了世界文化遗产名录。秦始皇帝陵博物院是我国目前最大的遗址性博物馆，展出的文物主要是2 200多年前的秦代兵马俑，兵马俑坑是秦陵的陪葬坑。

秦始皇兵马俑发现于1974年3月29日，临潼区西杨村几位农民在抗旱打井时，意外地挖出了许多陶人碎片，后来经过考古学家们的探测，这是一个长方形的俑坑。1976年，在此坑的北侧又分别发掘了两处兵马俑坑，按照他们发现的顺序，分别命名为兵马俑一、二、三号坑。这一发现向人们真实地再现了当年"秦皇扫六合，虎视何雄哉！挥剑决浮云，诸侯尽西来"的气势！

导考指引：秦始皇兵马俑博物馆位于什么地方？秦始皇兵马俑发现于什么时候？

新视野

国际视角评价秦始皇兵马俑

法国前总统希拉克："世界上有了七大奇迹，秦俑的发现，可以说是第八大奇迹了。不看秦俑，不能算来过中国。"

美国总统卡特："这是一个非常了不起的博物馆，从我33年前第一次来访就给我留下了深刻印象，祝贺你们在文物保护方面取得的伟大成就。"

人物谈

千古一帝——秦始皇

秦始皇，姓嬴名政，生于公元前259年，13岁登基，22岁加冕亲政，39岁时，也就是公元前221年，统一了东方六国，建立了我国历史上第一个统一的多民族中央集权制王朝。统一以后，他认为自己德高三皇、功过五帝，于是改"王"的称号为"皇帝"。为了巩固统一，加强统治，他建立了三公九卿制，以郡县制取代分封制，统一法律、文字、货币、度量衡和车轨，以及统一思想等一系列的措施，对后世都产生了极其深远的影响。公元前210年，秦始皇在第五次出巡途中，暴病死于河北沙丘，享年50岁，同年，葬于骊山园的陵墓之中。

（2）华清池

华清池，又称华清宫，位于陕西省西安市临潼区骊山北麓，南依骊山，北临渭水，是以温泉汤池著称的中国古代离宫。周、秦、汉、隋、唐历代统治者，都视这块风水宝地为他们游宴享乐的行宫别苑，或砌石起宇，兴建骊山汤，或周筑罗城，大兴温泉宫。华清池具有6 000年温泉利用史和3 000年的皇家园林建筑史。因其亘古不变的温泉资源、唐明皇与杨贵妃的爱情故事、西安事变发生地以及丰厚的人文历史资源而成为中国著名的文化旅游景区，全国重点文物保护单位，国家首批5A级旅游示范景区。主要有唐华清宫御汤遗址博物馆、西安事变旧址、九龙湖与芙蓉湖风景区、唐梨园遗址博物馆，以及飞霜殿、昭阳殿、长生殿、环园和禹王殿等标志性建筑群。

导考指引：华清池又名"华清宫"，华清宫是由哪朝皇帝修建而成的？

（3）延安革命纪念馆

延安革命纪
念馆720°
全景讲解

延安革命纪念馆位于宝塔区西北延河东岸，距城1公里处，始建于1950年1月，原馆址在南关交际处，是中华人民共和国成立后最早建立的革命纪念馆之一。1954年迁往杨家岭原中共中央机关旧址，定名为"延安博物馆"。1955年迁至城内凤凰山麓革命旧址院内，改名为"延安革命纪念馆"，1973年6月迁往王家坪现址。展馆正门上方悬挂着红色匾牌，上有郭沫若1971年来延参观时题写的馆名。

馆内展出大量珍贵的革命文物，再现了毛泽东、刘少奇、周恩来、朱德等人当年在延安的光辉业绩。延安革命纪念馆是一座陈列展出革命文物，反映在中国共产党领导下延安地区革命斗争史的纪念馆，主要宣传1935年10月至1948年3月近13年间，党中央在延安和陕甘宁边区领导中国革命的光辉历史。1973年周恩来总理在参观时指出："一个党史陈列，就是一部党史教科书。"延安革命纪念馆就是中共中央在延安最为生动的教材，是中国20世纪一个辉煌的聚光点，是向广大群众进行爱国主义、革命传统和延安精神教育的重要基地，现为我国5A级旅游景区。

谈一谈：你认为当代大学生应如何践行"延安精神"？

（4）大雁塔

大雁塔建于唐长安城晋昌坊（今陕西省西安市南）的大慈恩寺内，又名"慈恩寺塔"，是为安放玄奘由印度带回的佛经而建造的。大雁塔前后经过五次改建，现存塔由塔基、塔身、塔刹三部分组成，全塔高64.7米，南北长48.7米，东西长45.7米。塔身用砖砌成，磨砖对缝，坚固异常，属于楼阁式砖塔。塔底有精美的线刻佛像，传为唐代大画家阎立本的手笔。传说唐代考中进士者纷纷到大雁塔题名纪念，"雁塔题名"的成语就出于此。如今，大雁塔已成为西安的象征。

3）旅游发展新格局

《陕西省"十四五"文化和旅游发展规划》中提到，陕西要发展成为传承中华文化的世界级旅游目的地、国际文化旅游中心、中华优秀传统文化示范区、革命文化继承弘

中原旅游区
导考指引参
考答案

扬样板区。以陕西自然地理和人文景观空间分布为依托，统筹全省文化和旅游资源，提出构建"一核四廊三区"文化和旅游发展新格局。一核：建设西安文化和旅游发展核心区。四廊：建设秦岭生态文化旅游廊道、黄河文化旅游廊道、长征红色文化旅游廊道、丝绸之路文化旅游廊道。三区：建设古都文化、历史文化、民俗文化、山水文化等融合发展的关中综合文化旅游区，建设红色文化、边塞文化、黄土风情文化等协同发展的陕北国家红色文化旅游区，建设生态文化、汉水文化、两汉三国文化等相互促进的陕南自然风光和生态文化旅游区。

拓展与思考

1.选取本章某一景区，撰写导游词并向班上同学展示。

2.讨论、思考并回答为什么说"中原旅游大区"是中华民族的摇篮。

第7章 华中旅游区

——烟波浩渺 浪漫荆楚

华中区旅游
资源概览

学习目标

知识能力目标：

了解华中旅游区自然与人文旅游地理环境及旅游资源特征；

熟悉本区各省自然与人文地理概况；

掌握本区各省重点旅游资源及旅游线路。

思想素质目标：

领会英雄城市武汉的抗疫精神内涵；

弘扬以毛泽东为核心的长征精神和红色精神；

感悟以岳麓书院为典型的古代书院精神。

华中旅游区包括湖南、湖北两省，是一个既不靠海又无国境线的旅游区。本区是我国东西部的过渡地带，地形复杂，气候殊异，河网稠密，湖泊众多，形成了丰富的旅游资源。本区的旅游资源具有地域关联性强的特点，是我国重要的极具发展潜力的旅游大区。因本区所处地理位置的特殊性，人文文化也十分丰富。

7.1 华中旅游区概述

7.1.1 旅游地理环境

1）自然地理环境

（1）地形复杂多样

本区地处我国二、三级地形阶梯的交接地带，大致由大巴山地、两湖平原和湘西、湘南山地丘陵等地形单元组成。大巴山地包括米仓山、大巴山、武当山和荆山，海拔自西向东由2 000米降至1 000米，岩溶地貌发育，风景荟萃，如武当山、神农架、三峡等名山峡谷。两湖平原以长江为界，北为江汉平原，南为洞庭湖平原，是三国文化名胜集中之地。湘西、湘南丘陵是江南丘陵的一部分，以湘江为轴，洞庭为低洼中心，周围排列有东北—西南走向的山岭，南岳衡山、岳麓山、洞庭君山、湘南九嶷山、湘西张家界等著名的山岳型旅游景区。

（2）河网稠密，湖泊众多

本区河网密布，湖泊众多，河流水量大、汛期长、泥沙少、无冰期、水流稳定，为开展水上旅游提供了十分有利的条件。本区的主要河流是长江及其支流，如汉水、湘江。本区湖泊主要集中在两湖平原，其中又以"千湖之省"的湖北最多，主要湖泊有洞庭湖、武汉东湖等，这些河网湖泊形成了丰富的自然旅游资源，并孕育了各具特色的人文旅游资源。本区河湖流经的地区，往往都是旅游业发展较好的地区。

（3）亚热带湿润季风气候

本区气候类型为亚热带湿润季风气候。气候特点可概括为夏热而长，冬寒而短，春秋相等，四季分明。但是，受地形影响，水热差异明显。江汉平原、洞庭平原1月均温分别为0 ~ 2 ℃和2 ~ 6 ℃，7月均温皆超过29 ℃，年雨量大于1 000毫米，春夏之交多梅雨，秋天则天气晴朗。湘西、湘南山地降水多于平原。本旅游区特殊的地形形成了较为舒适的气候，适于发展旅游业。

2）人文地理环境

（1）荆楚文化特色鲜明

楚文化源自中原，是随着祝融部族西迁鄂西北以至江汉平原的前进步伐而产生、发展，在不断融合江南众多的部族文化的过程中成长壮大，在春秋中后期崛起为统领南方的中国文化南支。楚文化的成就和特色主要表现为以下五方面：①青铜冶铸工艺。楚人创造了前所未有的失蜡法或漏铝法工艺技术，饰器物有复杂的形状和巧夺天工的附饰，独具风格。②丝织与刺绣工艺。其织造方法可分绢、绨、纱、罗、绮、锦、缘、织八类，刺绣品都具有花纹大、幅面宽、图案美、织造精、色彩鲜等特点。③髹漆工艺。楚国是先秦各国中出土漆器最多的地方，而且其类别极繁，应用极广，通常以黑漆为底，以红漆和其他各色漆描花，以黑红两色搭配最多，并形成了色泽耐久、对比鲜明、色调典雅的特色。④美术和乐舞。在这方面楚人成就卓绝，楚人喜歌，且喜唱俗曲，楚国舞人的两大特点是袖长和体弯，具有很高的艺术性。⑤文学创作辉煌。世界四大文化名人之一的屈原所创作的《离骚》，是楚辞的典型代表；还有庄周深入浅出的哲学寓言故事也独放异彩。

从现存的名胜古迹看，荆楚文化的特点主要表现在两方面：一是以春秋战国与三国时期的为多；二是产生了一些有杰出贡献的名人。不过，从风俗上看，处于中原和江南过渡地区的湖北兼有南北风俗的特征。

（2）农业发达，物产丰富

本区气候条件优越，土地资源丰富，自古就是我国水稻的重要产区。湘鄂有"湖广熟，天下足"的美誉。本区占有我国九大商品粮基地中的2个，即江汉平原、洞庭湖平原。本区优越的自然条件、稠密的人口、悠久的开发历史，孕育了众多的本区土特名产，尤以丝绸、瓷器著名。另外，湖南湘绣等均为丝绸之上品。同时，本区工艺美术品的生产历史悠久，技艺精湛，产品具有浓厚的地方风格和民族特征。著名的工艺美术品有湖南的彩瓷、陶瓷、竹刻，湖北的绿松石雕、绢花、剪纸等。所有这些均为旅游商品的开发提供了条件，从而大大丰富了该区的旅游商品种类，为旅游业的发展奠定了较好的基础。

7.1.2　旅游资源特征

1）峻岭名山各具风采

复杂的地貌形态、葱郁的森林植被孕育了秀丽多姿的峻岭名山，张家界、武当山、神农架、大洪山、衡山、九嶷山等各显风姿，景色宜人，这些名山基本上都是我国国家重点风景名胜区。"山为地之胜，寺为山之胜"，本区的许多风景名山在历史上形成了道教、佛教圣地，使秀丽的自然风光和宏伟的宗教建筑相结合，大大提高了山地景观的旅游价值。如衡山有南岳大庙、祝圣寺、方广寺等名刹古庙，武当山为我国著名道教名山。

2）三峡风光和三峡水利工程驰名中外

长江三峡风景壮丽，为长江风景线上景色最为奇秀、资源最为集中的山水长廊，沿线文化古迹众多，又构成了一幅历史文化画卷。其幽深壮丽的峡谷景观，配合众多的名胜古迹和现代雄伟的水利工程——三峡工程，形成了中外久负盛名的峡谷风光旅游景观带。位于宜昌三斗坪附近的中堡岛上的三峡工程，大坝全长2 309米，最大坝高185米，是一个总库容量393亿立方米、总面积1 084平方公里的巨型人工湖，是世界上最大的水电站之一，三峡工程最终完成后，形成了高峡平湖的壮美景观，库区内形成大量新兴旅游点。

3）著名古迹和近代革命圣地遍布各地

三国时期，以曹操、刘备、孙权为霸王的魏、蜀、吴三国，为了争相统一全国而展开了长期的政治军事斗争。本区为三国时代的矛盾中心，留下许多历史遗迹，为三国古迹游创造了优越条件。著名的古迹有古隆中、赤壁古战场、荆州古城遗址、彝陵之战古战场遗迹、麦城、长坂坡、关陵等。此外，本区还有著名的江南三大名楼中的武汉黄鹤楼、湖南岳阳楼。历史上许多文人墨客都在这些名楼中留下了壮美的诗篇。本区曾是近现代中国革命的早期活动中心，也是许多革命先驱工作和生活过的地方，其大量的革命胜迹，丰富了区内的人文旅游资源。著名的有湖北武汉中央农民运动讲习所旧址、向警予墓、武昌起义纪念馆、湖南韶山冲毛泽东故居、刘少奇故居、橘子洲等。

7.2　极目楚天　灵秀湖北

课前思考

1.三峡大坝你了解多少？请在图7-1中标注出三峡大坝的大致位置。

2.你知道湖北省有哪些旅游景区？有哪些世界遗产？

分省（区、市）地图—湖北省

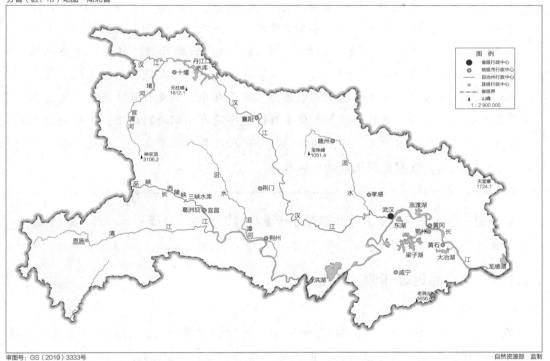

审图号：GS（2019）3333号　　　　　　　　　　　　　　　　　　　　自然资源部 监制

图7-1　湖北省地图

湖北省位于中国中部，长江中游，因地处洞庭湖以北而得名，简称"鄂"。面积19万平方公里，占全国总面积的1.94%，居全国第16位。全省总面积中山地占56%，丘陵岗地占24%，平原湖区占20%。全省有12个省辖市、1个自治州、39个市辖区、24个县级市（其中3个省直管市）、37个县、2个自治县、1个林区。省辖市依次是武汉市、黄石市、襄阳市、荆州市、宜昌市、十堰市、孝感市、荆门市、鄂州市、黄冈市、咸宁市、随州市；自治州为恩施土家族苗族自治州。湖北省享有"千湖之省""鱼米之乡"等美誉。

导考指引：请查阅资料并解释湖北省"千湖之省"这一美誉的由来。

大事记

英雄的城市——武汉

新型冠状病毒肺炎，简称"新冠肺炎"，2020年伊始，"新冠肺炎"打破了世界人民的安宁。黄鹤楼前，江水汹涌；病毒肆虐，疫情如火！"武汉胜则湖北胜，湖北胜则全国胜"。湖北省武汉市是疫情防控的重中之重，是打赢疫情防控阻击战的决胜之地。2020年1月23日凌晨，武汉发布1号通告，自当日10时起，停运全城公交、地铁、轮渡、长途客车，市民无特殊原因不离开武汉，机场、火车站离汉通道暂时关闭。这标志着武汉"封城"抗疫正式开始。习近平总书记指出，"武汉是英雄的城市，湖北人民、武汉人民是英雄的人民，历史上从来没有被艰难险阻压垮过，只要同志们同心协力、英勇奋斗、共克时艰，我们一定能取得疫情防控斗争的全面胜利。"在抗击疫情这个没有硝烟的战场上，英雄的湖北人民、武汉人民同心协力、守望相助，与全国人民共同战"疫"，共克时艰。

致敬武汉，致敬坚强无畏的中国人！

议一议：抗击新冠肺炎疫情中涌现了大量的感人事迹，请谈一谈你所了解的其中一件事并谈谈你所受到的启发。

7.2.1 湖北自然地理环境

1）地貌地形

湖北省正处于中国地势第二级阶梯向第三级阶梯过渡地带，湖北省地势呈三面高起、中间低平、向南敞开、北有缺口的不完整盆地。地貌类型多样，山地、丘陵、岗地和平原兼备。地势高低相差悬殊，西部号称"华中屋脊"的神农架最高峰神农顶，海拔3 105.4米；东部平原的监利市谭家渊附近，地面高程为零。湖北省西、北、东三面被武陵山、巫山、大巴山、武当山、桐柏山、大别山、幕阜山等山地环绕，山前丘陵岗地广布，中南部为江汉平原，与湖南省洞庭湖平原连成一片，地势平坦，土壤肥沃，除平原边缘岗地外，海拔多在35米以下，略呈由西北向东南倾斜的趋势。

2）气候特征

湖北地处亚热带，位于典型的季风区内。全省除高山地区外，大部分为亚热带季风性湿润气候，光能充足，热量丰富，无霜期长，降水充沛，雨热同季。全省年平均气温15～17 ℃，大部分地区冬冷夏热，春季气温多变，秋季气温下降迅速。全省各地平均降水量为800～1 600毫米。6月中旬至7月中旬是湖北的梅雨期。

3）河流水文

湖北省境内除长江、汉江干流外，省内各级河流河长5公里以上的有4 228条，河流总长5.92万公里，其中河长在100公里以上的河流41条。长江自西向东，流贯省内26个县市，西起巴东县鳊鱼溪河口入境，东至黄梅滨江出境，流程1 062公里。境内的长江支流有汉水、沮水、漳水、清江、东荆河、陆水、澴水、倒水、举水、巴水、浠水、富水等。其中汉水为长江中游最大支流，在湖北省境内由西北趋东南，流经13个县市，由陕西白河县将军河进入湖北省郧西县，至武汉汇入长江。湖北素有"千湖之省"之称。境内湖泊主要分布在江汉平原上，现有湖泊755个，100平方公里以上的湖泊有洪湖、长湖、梁子湖、斧头湖。

7.2.2 湖北人文地理环境

1）历史沿革

湖北历史悠久。夏王朝时期，夏文化的影响已经到达江汉地区。商朝建立后，湖北即纳入商的版图。西周时期，湖北境内已出现诸多小国。春秋战国时期，南方诸国逐渐统一于楚。秦始皇统一中国后，湖北大部属南郡。隋朝统一全国后，今湖北除西北部分和东部一隅外，绝大部分属荆州。隋开皇九年（589年）江夏郡曾一度改称鄂州，治江夏，后来鄂州又成为治所，今湖北简称"鄂"即源于此。宋代在湖北中部设荆湖北路（湖北之名始此）。明代初，湖北属湖广行省，今湖北全境基本属于湖广布政使司。清代初仍沿用明制，至康熙三年（1664年）湖广分治，大体以洞庭湖为界，南为湖南布政使司；北为湖北布政使司，定为湖北省，省会武昌。此为湖北省建省之始，省名从此确立并沿用至今。

2）人口民族

截至2021年5月，全省人口5 775万。湖北省是一个多民族省份，56个民族俱全。湖北省是全国8个既有自治州又有自治县还有民族乡的省份之一。现有1个自治州（恩施土家族苗族自治州），2个自治县（长阳土家族自治县、五峰土家族自治县），12个民族乡（镇），30个民族村（街）。

3）风俗物产

（1）鄂菜

鄂菜，与湖北得天独厚的地理位置一样，在饮食中处于南北兼有的地位，具有北方菜的淡甜和南方菜的鲜美。它萌芽于商周，兴盛于汉唐，成熟于明清，枝繁叶茂于新中国成立后。湖北饮食习俗总的特点是：①稻和鱼为主；②喜食杂食；③风味荟萃；④口味以酸、甜、苦、辣为主。其中湖北特产武昌鱼肉质嫩白，含有丰富的蛋白质和脂肪，属名贵淡水鱼，又因为有毛泽东"才饮长沙水，又食武昌鱼"的词句，使武昌鱼更为闻名遐迩。清蒸武昌鱼是鄂菜的招牌菜，清香扑鼻、肉嫩味鲜，是驰名的上等好菜。

（2）随州花鼓戏

随州花鼓戏早期叫地花鼓、花鼓子、花鼓戏等，是湖北随州传统戏曲剧种之一，距今已有170余年的历史。主要活动在随州地区和相邻的钟祥、京山、枣阳、襄阳、应山及河南省桐柏县、信阳等地。其中《打裁缝》《雪梅观画》《血汗衫》等在随州地区及相邻县市颇具影响。在不断的演变中与汉剧、河南梆子、越调等各剧种艺人搭台唱戏，广泛吸收了其他戏曲唱法声腔，其演唱声腔也愈加丰富，现如今已经有"蛮调""奋调""梁山调""彩调"四大调式。随州花鼓戏作为随州劳动人民和历代艺人心血的结晶，具有十分鲜明的地域特征，2008年就已被列入国家级非物质文化遗产保护名录。

（3）汉绣

汉绣是流行于湖北省荆州、武汉、洪湖一带的传统刺绣艺术，据史书记载，它始于汉，兴于唐而盛于清。作为古楚之地，武汉地区特殊的地理环境为汉绣的发展提供了文化土壤。石首市绣林镇、洪湖市峰口镇一带的绣花堤和汉口的绣花街等皆因刺绣集中而得名。从文化精神而言，汉绣色彩浓丽、构思大胆、手法夸张、绣工精细，其设计思想，或者是精神内涵，实是继承春秋、战国南方楚地色彩斑斓、宏富艳丽、想象奇特的文化特色，楚人浪漫阔达，追求明艳锦丽、富丽堂皇的审美文化取向，因此，汉绣具有极高的文化价值。其源头正紧接民族早期文化之根源，对认识、了解与传承民族文化精粹有深远意义。挖掘、保存、继承、光大汉绣技艺，不仅是保存汉绣所承载的文化，也是弘扬民族国粹的根本所在。2008年6月14日，汉绣经中华人民共和国国务院批准列入第二批国家级非物质文化遗产名录。

7.2.3　湖北旅游资源

1）旅游资源概览

湖北旅游资源优势很多，特色明显。既有西陵山水甲天下的长江三峡自然风光，又有举世无双的三峡大坝；既有野人之谜莽莽林海的神农架，又有道教名山之首的武当山；既有四大文人之屈原，又有四大美女之王昭君；既有鄂东红色人文之旅，又有鄂西民俗风情之旅。既有山水资源优势，又有文化资源优势。其中山水资源中湖北的山岳景观、江河景观、湖泊景观、漂流景观、温泉景观、溶洞景观在全国占有较高的地位；文化资源中湖北历史悠久，文化灿烂，特色突出，包括楚文化、三国文化、红色文化、宗教文化、巴土文化等。湖北省世界及国家级旅游资源如表7-1所示。

表7-1　湖北省世界及国家级旅游资源

类型	数量	分类	景点
世界遗产	4	世界自然遗产	神农架
		世界文化遗产	咸丰唐崖土司遗址、钟祥明显陵、武当山古建筑群
世界地质公园	2	神农架世界地质公园、大别山世界地质公园	
国家5A级旅游景区	13	神龙溪纤夫文化旅游区、三峡人家风景区、武当山风景区、东湖景区、长阳清江画廊景区、三峡大坝—屈原故里文化旅游区、黄鹤楼公园、神农架旅游区、恩施大峡谷、黄陂木兰文化生态旅游区、三国赤壁古战场景区、古隆中景区、腾龙洞景区、宜昌市三峡大瀑布景区	
国家级旅游度假区	1	武当太极湖旅游度假区	

注：数据截至2022年7月。

2）重点旅游资源

（1）黄鹤楼公园

黄鹤楼公园位于湖北省武汉市长江南岸的武昌蛇山之巅，濒临万里长江，"江南三大名楼"之一，自古享有"天下江山第一楼"和"天下绝景"之称。它与蛇山脚下的武汉长江大桥交相辉映，登楼远眺，武汉三镇的风光尽收眼底。黄鹤楼是武汉市标志性建筑，与晴川阁、古琴台并称"武汉三大名胜"。唐代诗人崔颢在此题下《黄鹤楼》一诗，李白在此写下《黄鹤楼送孟浩然之广陵》，历代文人墨客在此留下了许多千古绝唱，使得黄鹤楼自古以来闻名遐迩。黄鹤楼与湖南岳阳楼、江西南昌滕王阁并称为"江南三大名楼"。

黄鹤楼是古典与现代熔铸、诗化与美意构筑的精品。她处在山川灵气动荡吐纳的交点，正好映和中华民族喜好登高的民风民俗、亲近自然的空间意识、崇尚宇宙的哲学观念。登黄鹤楼，不仅能获得愉悦，更能使心灵与宇宙意象互渗互融，从而净化心灵。

试一试：请尝试背诵一首与黄鹤楼有关的诗词。

（2）武当山风景名胜区

武当山，又名太和山，位于湖北省十堰市境内，景区总面积312平方公里。武当山是我国著名的道教圣地、太极拳的发祥地、国家重点风景名胜区、5A级旅游区、国家森林公园、国家地质公园、全国十大避暑胜地。武当武术以其松沉自然、行动走架如浮云流水连绵不绝的独特风格在武林中独树一帜，成为中华武术的一大名宗，素有"北崇少林、南尊武当"之谓。武当山位居四大道教名山之首，是全国最大的道场。武当古建筑群敕建于唐贞观年间，明代达到鼎盛，历代皇帝都把武当山作为皇室家庙来修建。明永乐年间，"北建故宫，南修武当"，其建筑充分体现了道教"天人合一"的思想，堪称

武当山
720°全景
讲解

我国古代建筑史上的奇观，被誉为"中国古代建筑成就的博物馆"和"挂在悬崖峭壁上的故宫"，是当今世界上保存较完整，规模最大的宗教建筑群，1994年武当山古建筑群被列入世界文化遗产名录，2006年武当山62处古建筑群被列为国家重点文物保护单位。武当武术、武当宫观道乐、武当山庙会被列入国家非物质文化遗产名录。

导考指引：我国四大道教名山分别是哪些？

（3）三峡大坝—屈原故里文化旅游区

三峡大坝旅游区包含三峡大坝和屈原故里两个旅游区，其中三峡大坝旅游区以世界上最大的水利枢纽工程——三峡工程为依托，全方位展示工程文化和水利文化，为游客提供游览、科教、休闲、娱乐为一体的多功能服务，将现代工程、自然风光和人文景观有机结合，使之成为国内外友人向往的旅游胜地。三峡大坝工程是我国工程史上的一次壮举，其体现了"科学民主，团结协作，精益求精，自强不息"的三峡精神。屈原故里景区是以屈原祠、屈原衣冠冢为主要内容的屈原文化旅游园区，还有峡江皮影、巫术表演、船工号子等非物质文化展示园区，是全国一流的非遗保护传承基地。

导考指引：端午节的别称有哪些？有哪些习俗？

人物谈

爱国诗人——屈原

屈原（约公元前340—前278年），战国时期楚国诗人、政治家。战国末期楚国归乡乐平里（今秭归县屈原乡屈原村）人，出生于楚国丹阳秭归（今湖北宜昌）。芈姓，屈氏，名平，字原；又自云名正则，字灵均。楚武王熊通之子屈瑕的后代。少年时受过良好的教育，博闻强识，志向远大。早年受楚怀王信任，任左徒、三闾大夫，兼管内政外交大事。提倡"美政"，主张对内举贤任能，修明法度，对外力主联齐抗秦。因遭贵族排挤诽谤，被先后流放至汉北和沅湘流域。楚国郢都被秦军攻破后，自沉于汨罗江，以身殉楚国。

屈原是中国历史上一位伟大的爱国诗人，中国浪漫主义文学的奠基人，"楚辞"的创立者和代表作家，开辟了"香草美人"的传统，被誉为"楚辞之祖"，楚国有名的辞赋家宋玉、唐勒、景差都受到屈原的影响。屈原作品的出现，标志着中国诗歌进入了一个由大雅歌唱到浪漫独创的新时代，其主要作品有《离骚》《九歌》《九章》《天问》等。以屈原作品为主体的《楚辞》是中国浪漫主义文学的源头之一，以最著名的篇章《离骚》为代表的《楚辞》与《诗经》中的《国风》并称为"风骚"，对后世诗歌产生了深远影响。成为中国文学史上的璀璨明珠，"逸响伟辞，卓绝一世"。"路漫漫其修远兮，吾将上下而求索"，屈原的"求索"精神，成为后世仁人志士所信奉和追求的一种高尚精神。

1953年，在屈原逝世2 230周年之际，世界和平理事会通过决议，确定屈原为当年纪念的世界四大文化名人之一。

（4）神农架风景名胜区

神农架因华夏始祖炎帝神农氏在此架木为梯，采尝百草，救民疾夭，教民稼穑而得名。其位于我国地势第二阶梯的东部边缘，由大巴山脉东延的余脉组成中高山地貌，区内山体高大，由西南向东北逐渐降低。神农架平均海拔1 700米。山峰多在1 500米以上，其中海拔3 000米以上的山峰有6座，海拔2 500米以上山峰20多座，最高峰神农顶海拔3 105.4米，成为"华中第一峰"，神农架因此有"华中屋脊"之称。神农架位于中纬度北亚热带季风区，气温偏凉而且多雨，年平均气温为12 ℃，年降水量900～1 000毫米。由于一年四季受到湿热的东南季风和干冷的大陆高压的交替影响，以及高山森林对热量、降水的调节，形成夏无酷热、冬无严寒的宜人气候。当南方城市夏季普遍是高温时，神农架却是一片清凉世界。2016年7月17日神农架被列入世界自然遗产。其对生物多样性的保护和森林生态旅游的发展，反映了人与自然和谐相处的重要性和迫切性，也是对党的十九大提出的"坚持人与自然和谐共生"的新时代坚持和发展中国特色社会主义基本方略的具体体现。

新视野

世界遗产委员会评价神农架：神农架位于中国中东部湖北省。这处遗产地由两部分构成：西边的神农顶、巴东和东边的老君山。这里有中国中部地区最大的原始森林，是中国大鲵螈、川金丝猴、云豹、金钱豹、亚洲黑熊等许多珍稀动物的栖息地。湖北神农架是中国三大生物多样性中心之一，在19—20世纪期间曾是国际植物收集探险活动的目的地，在植物学研究史上占据重要地位。

导考指引：神农架有哪些重要价值？

3）旅游发展新格局

《湖北省旅游业发展"十四五"规划》中指出，要着力构建"一主引领、一江贯通、三区联动、六山支撑、九湖润泽"的旅游发展新格局，积极建设富有文化底蕴的世界级、国家级旅游景区和度假区，以及国家级旅游休闲城市和街区。

一主引领：强化武汉市在全省旅游业发展中的龙头地位和牵引作用，以武汉市旅游业高质量发展带动武汉城市圈旅游业一体化发展和全省旅游业整体发展。

一江贯通：发挥长江贯穿全省千余公里的优势，着力打造以长江为主轴，以沿江城市为依托，以武汉、宜昌大型旅游港为支撑，以武汉都市旅游、长江三峡旅游为龙头，以游船旅游产品为主体的湖北长江黄金旅游带。

三区联动：立足西部、中部、东部的旅游资源特色、旅游发展阶段、旅游发展定位等实际，以差异化开发、联动式发展为着力点，打造特色鲜明、相得益彰的三大旅游区域。

六山支撑：坚持差异化开发、特色化发展，打造和唱响武当山文化旅游、神农架生态旅游、武陵山地质旅游、大别山红色旅游、大洪山休闲旅游、九宫山避暑旅游等品牌。发挥"六山"的示范和引领作用，综合利用各类山地旅游资源，推动全省山地旅游整体发展。

九湖润泽：发挥湖北"千湖之省"的资源和品牌优势，突出湖泊对湖北旅游的品牌彰显和发展促进作用，做大湖泊旅游，努力形成"九湖引领、千湖竞发"的湖泊旅游发展新格局。打造形成东湖、洪湖、梁子湖、丹江口水库、漳河水库、仙岛湖、沧水湖、陆水湖、富水湖等知名湖泊旅游品牌。

7.3 伟人故里 锦绣潇湘

课前思考

1.湖南省最大的湖是哪个？请在图7-2中标出，并尝试了解其相关信息。

2.你知道湖南省在近现代史上出现过哪些名人？请列举。

分省（区、市）地图—湖南省

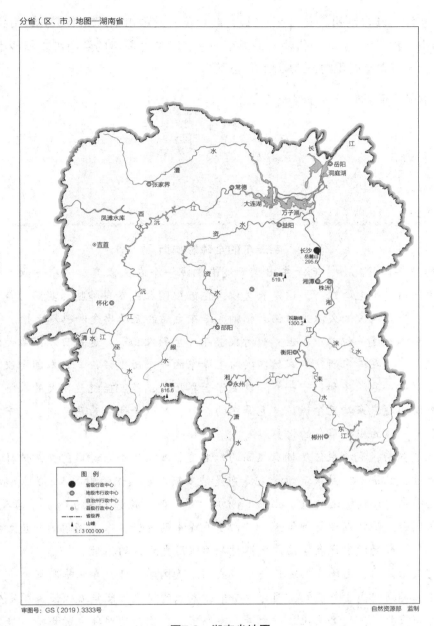

审图号：GS（2019）3333号　　　　　　　　　　　自然资源部　监制

图7-2　湖南省地图

　　湖南省位于长江中游南岸，因大部分在洞庭湖之南而得名。境内湘江贯穿南北，又简称为"湘"。据传，湘江流域过去多植芙蓉，唐代诗人谭用之有"秋风万里芙蓉国"之句，故湖南又有"芙蓉国"之称。湖南省东临江西，西接重庆、贵州，南毗广东、广西，北连湖北。湖南地处云贵高原向江南丘陵和南岭山脉向江汉平原过渡的地带，地势呈三面环山、朝北开口的马蹄形地貌，由平原、盆地、丘陵、山地、河湖构成，地跨长江、珠江两大水系。

　　湖南省现有13个地级市、1个自治州，分别是：长沙市、株洲市、湘潭市、衡阳市、邵阳市、岳阳市、常德市、张家界市、益阳市、郴州市、永州市、怀化市、娄底市和湘西土家族苗族自治州，共122个县级行政单位，其中市辖区36个，县级市18个，县67个（其中自治县7个）。一代伟人毛泽东的家乡就在湘潭市的韶山市。长沙市是湖南省的省会。湖南省总面积约21.18万平方公里。

导考指引：请查阅资料并解释湖南为何又称"三湘四水"。

大事记

毛泽东的全球影响力

1893年12月26日，毛泽东出生于湖南湘潭一个农民家庭。"东方红，太阳升，中国出了个毛泽东"，这是长久以来亿万中国人民发自肺腑的共同心声，代表着亿万中国人民长久以来对伟大领袖毛泽东主席的无尽思念和感恩之情。

"毛泽东是一位以中华世界为对象奋斗一生的人物"，这是日本京都大学名誉教授、著名毛泽东研究专家竹内实对毛泽东的一个历史评价。日本国会议员冈田春夫说："毛泽东和列宁一样，改变了世界历史，是20世纪最伟大的人物。"美国中国问题专家特里尔说："毛泽东的经历，足以使他成为马克思、列宁、斯大林合为一体的中国革命的化身。"

在俄罗斯，毛泽东仍然拥有极高的知名度。2004年普京访华前夕，俄社会学家曾做过民意调查，结果显示，毛泽东是俄罗斯人最熟识的中国人，约39%的人知道毛泽东，比例远远超过了孔子（4%）、邓小平、成龙（各约3%）等名人。

法国前总统德斯坦曾评价说："由于毛泽东的逝世，人类思想的一座灯塔熄灭了。"这样的评价代表着西方世界对毛泽东历史地位的推崇。

美国人认为，毛泽东的地位高于华盛顿。美国学者迈克尔·哈特说："毛泽东的地位排列略高于华盛顿，因为他给中国带来的变化，比华盛顿使美国发生的变化更为重要。他的名次比拿破仑等人要高不少，因为他对将来的影响可能比这些人要大得多。"

资料来源：《世界新闻报》

议一议：谈谈你心目中的毛泽东是怎样的人？

7.3.1 湖南自然地理环境

1）地形地貌

湖南地处云贵高原向江南丘陵和南岭山脉向江汉平原过渡的地带。在全国总地势、地貌轮廓中，属自西向东呈梯级降低的云贵高原东延部分和东南山丘转折线南端。东面有山脉与江西相隔，主要是幕阜山脉、连云山脉、九岭山脉、武功山脉、万洋山脉和诸广山脉等。山脉自北东西南走向，呈雁形排列，海拔大都在1 000米以上。南面是由大庾、骑田、萌渚、都庞和越城诸岭组成的五岭山脉（南岭山脉），山脉为北东南西走向，山体大体为东西向，海拔大都在1 000米以上。西面有北东南西走向的雪峰武陵山脉，跨地广阔，山势雄伟，成为湖南省东西自然景观的分野。北段海拔500～1 500米，南段海拔1 000～1 500米。石门境内的壶瓶山为湖南省境最高峰，海拔2 099米。湘中大部分为断续红岩盆地、灰岩盆地及丘陵、阶地，海拔在500米以下。北部是全省地势最低、最平坦的洞庭湖平原，海拔大都在50米以下，临谷花州海拔仅23米，是省内地面最低点。因此，湖南省的地貌轮廓是东、南、西三面环山，中部丘岗起伏，北部湖盆平原展开，沃野千里，形成了朝东北开口的不对称马蹄形地形。全省地貌类型多样，有半高山、低山、丘陵、岗地、盆地和平原。

2）气候特征

湖南属亚热带季风气候，四季分明、光热充足、降水丰沛、雨热同期，气候条件比较优越。年平均气温16～18℃，冬季寒冷，春季温暖，夏季炎热，秋季凉爽，四季变化较为明显。适宜人居和农作物、绿色植物生长。它和世界上同纬度其他一些亚热带地区的干燥荒漠气候不同，因其处于东亚季风气候区的西侧，加之地形特点和离海洋较远，导致湖南气候为具有大陆性特点的亚热带季风湿润气候，既有大陆性气候的光温丰富特点，又有海洋性气候的雨水充沛、空气湿润特征。

3）河流水文

湖南省河流众多，河网密布，水系发达，5公里以上的河流有5 341条。全省水系以洞庭湖为中心，湘、资、沅、澧四水为骨架，主要属长江流域洞庭湖水系，约占全省总面积96.7%，其余属珠江流域和长江流域的赣江水系及直入长江的小水系。多年平均降水量为1 450毫米，多年平均水资源总量为1 689亿立方米，其中地表水资源量为1 682亿立方米，地下水资源量为391.5亿立方米（地下水非重复量为7亿立方米）。水资源总量排全国第六位，人均占有量为2 500立方米，略高于全国水平，具有一定的水资源优势。"三湘四水"是湖南的又一称谓，"三湘"因湘江流经永州时与"潇水"、流经衡阳时与"蒸水"和入洞庭湖时与"沅水"相汇而得名，分别称"潇湘""蒸湘"和"沅湘"。四水则指湘江、资江、沅江和澧水。

7.3.2　湖南人文地理环境

1）湖湘文化

湖南是华夏文明的重要发祥地之一，相传炎帝神农氏在此种植五谷、织麻为布、制作陶器，坐落于株洲市的炎帝陵成为凝聚中华民族的精神象征；舜帝明德天下，足历洞庭，永州九嶷山为其陵寝之地。湖南境内历史遗存众多，出土和发现的澧县城头山古城遗址、里耶秦简、走马楼三国吴简以及凤凰古南方长城、岳麓书院、岳阳楼，是湖南悠久历史的浓缩与见证。其中，出土于宁乡黄材镇的四羊方尊，是目前世界上发现的最精美的商代青铜器，也是中国现存最大的商代青铜方尊；出土于桃源县漆家河的商代皿方罍，是迄今为止出土的方罍中最大、最精美的一件，堪称"方罍之王"；湘西龙山出土的里耶秦简，是继秦始皇兵马俑之后秦代考古的又一重大发现。特别是长沙马王堆汉墓的发掘震惊世界，出土的素纱蝉衣薄如蝉翼，仅重49克；长眠其中已2 100多年的辛追夫人出土后仍保存完好，被誉为世界第八大奇迹。悠久的历史孕育了灿烂的文化，湖南自古有"古道圣土""屈贾之乡"和"潇湘洙泗"的美誉，以"心忧天下、敢为人先、经世致用、兼收并蓄"为精神特质的湖湘文化薪火相传，培育形成了"忠诚、担当、求是、图强"的湖南精神。

2）人口民族

第七次人口普查数据显示，全省常住人口中，汉族人口为5 975.96万人，占89.94%；各少数民族人口为668.52万人，占10.06%。与2010年相比，汉族人口增加61.03万人，增长1.03%；各少数民族人口增加13.38万人，增长2.04%。全省有55个少数民族，少数民族分布呈"大杂居、小聚居"格局，14个市州、122个县市区均分布有少数民族。少数民族人口100万以上的有湘西土家族苗族自治州、怀化市、张家界市；100万以下10万以上的有永州市、邵阳市、常德市。地处湖南"大湘西"地区的6市州集中了全省96.86%的少数民族人口。湖南少数民族总人口数居全国第6位，以单个民族人口数论，土家族人口数全国第一，苗族、侗族、瑶族人口居全国第二。

导考指引：请你说一说土家族的民族风俗。

3）风俗物产

（1）苗族赶秋节

湖南花垣县麻栗场至吉首市矮寨一带的苗民，每年立秋日到来前要过赶秋节，以此纪念神农的恩德。农历立秋日到来之前，四面八方的苗民都去赶秋集会，举行对歌、跳鼓、打秋千及其他娱乐活动，纪念神农先祖与秋公秋婆。后来，赶秋节插入英雄美女的爱情传说，使赶秋节成为具有祷念神农取谷种伟业和歌颂自由爱情意义的群众性娱乐节俗活动。

（2）湘菜

湘菜，我国八大菜系之一，其菜肴风味鲜辣浓香，在烹调技艺上，以炒、腊、蒸、煨、煎、烧见长。从它自成体系以来，就以其丰富的内涵和浓郁的地方特色，声播海内外，并同其他地方菜系一起，共同构成中国烹饪这一充满勃勃生气的整体，凝成华夏饮食文化的精华。湘菜的个性，通常被认为是辣，但只说辣并不完全，因为辣通行于中国西南地区，但各地方的辣又不尽相同：四川是麻辣，贵州是香辣，云南是鲜辣，陕南是咸辣，湖南则是酸辣。这酸，不同于醋，酸而不酷，醇厚柔和，与辣组合，形成一种独特的风味。

导考指引：请说出几种你熟悉的湘菜名称。

（3）湘剧

湘剧是湖南的地方大戏剧种，流传于湘、资二水的湘中、湘东地域以及江西西部的广阔地区。湘剧早期在民间习称为"大戏班子""汉戏班子""长沙班子"或"湘潭班子"，"湘剧"名称最早见诸民国九年（1920年）长沙印行的《湖南戏考》第一集，又因它是用中州韵、长沙官话演唱的，故一度称为"长沙湘剧"。湘剧有高腔、低牌子、昆腔和弹腔（南北路及一些杂曲小调）四大声腔和一些杂曲小调，其戏剧表演程式严谨，服饰、脸谱都具有浓厚的湖湘地方特色。湘剧剧目十分丰富，在清代道光咸丰时，多达千余个，经过百多年的消长更迭，到新中国成立后，传统剧目尚有682个，《琵琶上路》《打猎回书》《五台会尼》《拜月记》《生死牌》等都是为老百姓所喜欢的优秀剧目。

（4）浏阳菊花石雕

浏阳菊花石雕是一种利用石料的天然花纹，经人工雕琢而成的具有独特风味的工艺美术品，因产于长沙浏阳而得名。早在清乾隆五年（1740年），当地发现一种具有菊花形的白色花纹的岩石，老百姓叫它菊花石。石雕艺人利用它天然之形、纹和色，采用浮雕、圆雕、透雕和立体多层镂空雕等手法，精心雕琢出各种形象生动的艺术品，具有很高的审美价值。在近现代菊花石雕艺术家中，成就最高的是戴清升。他生于清末，13岁从师学习菊花石雕，以刻石终其一生。1912年刻制《仿古假山》，在南京"南洋劝业会"展出，获奖牌两枚；1915年刻《梅菊瓶》和《梅兰竹菊》横屏，参加巴拿马万国博览会，获"稀世珍品金奖"，自此创办"全球一菊花石作坊"，产品远销日本和欧美。他在继承传统的基础上大胆创新，增加了花瓶、盆景、嵌屏等许多新品种，创作了梅菊、竹菊、蟹菊、蝶、鱼等不少新题材，并改进雕法，综合运用多种技法，因材施艺，巧用石纹，使所雕菊花千姿百态，蟹蝶虫鱼形态逼真，情趣盎然，风格精细而又豪放，备受海内外人们的赞美。1979年，轻工业部授予戴清升"中国工艺美术家"称号。

7.3.3　湖南旅游资源

1）旅游资源概览

湖南历史悠久，物产丰富，风光秀丽，名胜古迹众多，是我国旅游大省之一。湖南的旅游资源以名山、名水、名城、名人为特色。湖南有古建筑及历史纪念建筑物51处，古遗址、古墓葬、古碑刻70余处。湖南名胜古有"潇湘八景"的美誉（潇湘夜雨、平沙落雁、烟寺晚钟、山市晴岚、江天暮雪、远浦归帆、洞庭秋月、渔村夕照）。西部的张家界，集大自然奇、险、秀、幽于一身，1992年被联合国教科文组织列入世界自然遗产名录；中部南岳衡山，有"五岳独秀"之称，是中国南方著名佛教禅林和避暑胜地；北部洞庭湖，昔日号称"八百里洞庭"，水天一色，景色壮观；南岳衡山是中华五岳之一，岳阳楼是江南三大名楼之一。此外，伟人故里韶山、佛教圣地大乘山、千年学府岳麓书院、凤凰古城、常德桃花源等景区景点光彩夺目，受到了越来越多海内外游客的青睐。湖南还是名人辈出之地,曾哺育出魏源、曾国藩、毛泽东等对中国历史有重大影响的人物,许多地方留有他们当年活动的遗迹。湖南省世界及国家级旅游资源如表7-2所示。

表7-2　湖南省世界级及国家级旅游资源

类型	数量	分类	名称
世界遗产	3	世界自然遗产	武陵源风景名胜区、崀山丹霞地貌
		世界文化遗产	湖南土司遗址
国家5A级旅游景区	11		崀山景区、花明楼景区、岳麓山—橘子洲旅游区、韶山旅游区、岳阳楼—君山岛景区、武陵源—天门山旅游区、南岳衡山旅游区、东江湖旅游区、炎帝陵景区、桃花源旅游区、矮寨·十八洞·德夯大峡谷景区
国家级旅游度假区	2		灰汤温泉旅游度假区、常德柳叶湖旅游度假区
国家历史文化名城	4		长沙、岳阳、凤凰、永州

注：数据截至2022年7月。

试一试：除了上述表格中提到的,你还知道湖南其他的景区或者旅游资源吗?请举例介绍。

2）重点旅游资源

（1）张家界武陵源—天门山旅游区

武陵源位于张家界市武陵源区境内,由张家界国家森林公园和索溪峪、天子山、杨家界三个风景区组成,总面积390.8平方公里。"武陵源"一词出自唐王维七言乐府《桃源行》: "居人共住武陵源,还从物外起田园。"意喻世外仙境。千百年来,这里一直保存原始沉睡状态。1979年底,画家吴冠中涉足并著文,"养在深闺人未识"的风景明珠终于向世人揭开神秘的面纱。武陵源地处武陵山腹地,澧水中上游,属世界罕见的石英砂岩峰林峡谷地貌,又称为张家界地貌,保存着长沙流域5 000年前的自然风貌,山、水、洞、林兼备,幽、野、神、奇、秀皆具。境内集中耸立着3 103座砂岩峰林,或拔地而起,如刀削斧砍,或玲珑秀丽,平展如台,神奇峻峭,色彩绚丽,状人状物,惟妙惟肖。峰林之间清泉飞瀑,碧涧幽溪,浅滩湍流,深潭溪瀑,时隐时现,大小48条溪流迂回曲折,纵横交错,晶莹的山溪平湖与群峰浑然一体,山水相映,纯净明澈。至于深谷幽境,奥秘莫测,原始森林,古老幽深,岩溶洞窟,艳丽多姿,神秘禁区,人迹未涉,以"奇""险"称雄。武陵源属中亚热带山原性季风湿润气候,阳光充足,雨量丰沛,无霜期长,严寒期短,春翡、夏翠、秋金、冬银,四季分明,四时的交替和阴晴雨晦的气象使景区自然色彩更加斑斓。因地形多种多样,垂直气候差异明显,又呈现"一山有四季,十里不同天"的独特景象。优越的自然条件构成了特有的动植物生长繁衍环境,加上人为干扰破坏较少,从而保存了丰富的物种资源,是中国重要的古老植物生长地区,森林覆盖率85%,植被覆盖率99%。山中林木如海,绿荫如盖,禽飞翠谷,猿攀悬崖,鸟鸣枝头,鱼翔碧潭,花开四季,硕果飘香,充满着原始野趣。武陵源自古以来即是一个多民族聚居的地区,土家、白、苗、汉、回、满、侗、瑶等11个民族以"大杂居、小聚居"的形式分布于区内,留下了悠久的民族历史、独特的风俗民情、动人的民间传说和丰富的人文景观。

导考指引：简述"石英砂岩峰林地貌"的成因。

（2）韶山旅游区

韶山位于韶山市中部，为闻名中外的革命纪念地。总面积115.3平方公里。区内地势由西北向东南逐渐倾斜。西部山岭环绕，韶峰、黑石寨、峰子山、十八罗汉等苍山翠嶂，气势磅礴。东部与东南部主要为山丘起伏和比较开阔的地带，竹木繁茂，田园锦绣。相传舜帝南巡时至此，奏韶乐而引凤来仪，百鸟和鸣。韶山由此得名。韶山是中华人民共和国的伟大领袖毛泽东的故乡，有毛泽东故居——上屋场、毛泽东少年时代读书的私塾旧址——南岸、1925年创办的农民夜校旧址——毛氏宗祠、1927年考察农民运动旧址——毛鉴公祠和毛震公祠等革命遗址。1949年后，建有毛泽东纪念馆、毛泽东青年时代塑像、毛泽东铜像、毛泽东图书馆、毛泽东诗词碑林、毛泽东纪念园、韶山铭园、烈士陵园、松山宾馆、滴水洞别墅、韶山学校、韶山水库、青年水库、韶山灌区等纪念建筑和景点。现已辟有故居、韶峰、滴水洞、清溪、黑石寨、狮子山、银河等七大景区，有景点82个。人文景观与自然景观交相辉映，被誉为"湖南的山水明珠"。

毛泽东故居
720° 全景
讲解

导考指引："韶山"二字从何而来？"韶"字的含义是什么？

（3）岳麓山—橘子洲旅游区

岳麓山—橘子洲旅游区主要包括岳麓山、岳麓书院、爱晚亭、橘子洲等景区。岳麓山，又名麓山、灵麓山、碧虚山，系南岳衡山七十二峰之一。南北朝刘宋时期徐灵期《南岳记》云："周围八百里，回雁为首，岳麓为足。"自古为湖湘名胜，有"岳麓之胜，甲于湘楚"之称。景区总面积35.2平方公里。岳麓山山势纵横，前列湘江，中浮橘洲，如一弧半月横亘在古城长沙的西南。麓山枫叶与北京香山、南京栖霞山、苏州天平山并称，为中国四大红叶观赏胜地。山上有号称"汉魏最初名胜，湖湘第一道场"的古岳麓山寺；有在北宋时就声名鹊起位列当时全国四大书院的岳麓书院；有全国闻名的近现代英烈墓葬群和革命纪念地，安息着黄兴、蔡锷、陈天华、姚宏业、焦达峰、蒋翊武、禹之谟、刘道一、陈作新等近现代民主革命者、爱国人士的英灵；有爱晚亭、半学斋、新民主学会成立旧址等毛泽东早期革命活动地；有记载着抗日战争历史风云的警察纪念堂、忠烈祠、七十三军抗日阵亡将士公墓等纪念遗迹；还有湖南大学、中南大学、湖南师范大学、岳麓国家大学科技园等一大批高等学府和科研机构，组成岳麓山大学城，为名山增添了现代文化科学的新意。

橘子洲：橘子洲位于长沙市区湘江江心，是湘江下游众多冲积沙洲之一。橘子洲，西望岳麓山，东临长沙城，四面环水，绵延数十里，狭处横约40米，宽处横约140米，形状是一个长岛，是长沙的重要名胜之一，也是国家5A级旅游景区和国家级重点风景名胜区。凝望着滔滔北去的湘水，青年毛泽东在长沙橘子洲头挥笔写就脍炙人口的《沁园春·长沙》，抒发了心忧天下、济世救民的壮志豪情。洲以人传，诗壮名城。橘子洲介名山城市间，凌袅袅碧波上，被誉为"中国第一洲"。主要景点有问天台、百米喷泉、沙滩公园、毛主席艺术雕像、橘子洲焰火。

岳麓书院：岳麓书院位于岳麓山东麓，与江西庐山白鹿洞书院、河南睢阳书院（又称"应天书院")、河南嵩阳书院并称为宋代四大书院。它是我国第一所官办的高等学府，南宋理学大师朱熹曾来此讲学。书院内众多的建筑及文物，为中国教育史的研究提供了宝贵资料。

导考指引：请解析岳麓书院为何被叫作"千年学府"？

（4）南岳衡山

南岳衡山为我国五岳名山之一，主峰祝融峰在湖南省衡阳市南岳区境内，七十二峰，群峰逶迤，其势如飞。素以"五岳独秀""祭祀灵山""宗教圣地""中华寿岳""文明奥区"著称于世。现为首批国家重点风景名胜区、首批国家5A级旅游景区、国家级自然保护区、全国文明风景旅游区和世界文化与自然双重遗产提名地。南岳衡山历史源远流长。五岳自古就是江山社稷的象征，炎帝、祝融曾在此栖息，尧、舜、禹均登临祭拜，历代帝王或遣使或亲临祭祀。自尧舜以来，南岳衡山作为五岳之一的历史已达4 000余年。黄帝、舜帝曾在衡山巡狩祭祀；大禹为治水，专程来南岳杀白马祭告天地，得"金简玉书"，立"治水丰碑"。宋徽宗、康熙等皇帝为南岳题诗吟咏。相传黄帝委任祝融氏主管南方事务并封他为管火的火正官即火神；祝融教民以火熟食，生火御寒，举火驱兽；制乐作歌，以谐神明，以和人声。人们为了纪念这位管火有功的火正官，便以他的名字祝融命名南岳衡山的最高峰，并在峰顶建祠用于长年祭祀。

3）旅游发展新格局

《湖南省"十四五"旅游业发展规划》中提到，到2025年，要实现旅游强省和以锦绣潇湘为品牌的全域旅游基地建设取得重大进展，立足实际，构建"两大中心、三大门户、五大板块、五大联动区、四大走廊、七条旅游线"空间新格局。

两大中心：长沙国际旅游中心城市、张家界国际旅游中心城市；三大门户——岳阳：湘北门户，郴州：湘南门户，怀化：湘西南门户；五大板块——长株潭旅游板块、环洞庭湖旅游板块、大湘西旅游板块、大湘南旅游板块、雪峰山旅游板块；五大联动区——湘赣边区红色旅游联动区、湘鄂赣天岳幕阜山文化旅游联动区、湘鄂渝黔武陵山文化旅游联动区、湘粤南岭文化旅游联动区、湘桂崀山文化旅游联动区；四大走廊——湘江文化旅游走廊、大湘西民族文化旅游走廊、大湘东红色文化旅游走廊、长征文化旅游走廊；七条旅游线——岳长株潭娄衡郴旅游线、常益娄邵永旅游线、张吉怀旅游线、长益常张旅游线、长娄邵怀旅游线、怀邵衡旅游线、衡永郴旅游线。

拓展与思考

华中旅游区
导考指引参
考答案

1.查阅资料，分别将湖南省和湖北省各个地级市的旅游宣传口号写出来。

2.结合湖北省和湖南省旅游资源，将两省联动起来进行旅游主题线路设计。线路设计包括线路名称、线路主题、线路特色、线路行程等基本内容。

第8章　华南旅游区

——连天山海　岭南风韵

华南区旅游
资源概览

学习目标

知识能力目标：

了解华南旅游区的概况；

熟悉华南旅游区自然与人文地理环境；

掌握华南旅游区旅游资源特征、各省会城市概况及主要游览地景观特色；

根据旅游资源的特点与分布，进行旅游线路设计；

能熟练地运用地理知识进行导游讲解。

思想素质目标：

了解华南旅游区在改革开放中的重要作用；

理解华南旅游区在祖国统一大业中的重要地位；

感受华南旅游区深厚的历史文化底蕴，增强文化自信；

熟悉广东、海南等全面深化改革的具体举措，增强道路自信、理论自信、制度自信和文化自信。

本区包括福建省、广东省、海南省和广西壮族自治区。该区位于我国华南区域，有热带和南亚热带山海风光，是我国冬季的避寒胜地，也是著名的侨乡。区内海岸线漫长，多优质沙滩，是旅游休闲的理想之处。该区因历次在地壳运动中受褶皱、断裂和岩浆活动的影响，形成了山地、丘陵、台地、平原交错，且山地较多，岩石性质差别较大，地貌类型复杂多样的特点。该区河流众多，具有流量大、含沙量小、汛期长、径流量大等特点。华南旅游区自然风光婀娜多姿，既有气势磅礴的山峦，也有水网纵横的平原；既有岩溶洞穴，也有川峡险滩，更有海天一色的港湾风光。本区交通便利，航空、铁路、海运四通八达。此外本区还是我国少数民族聚居区，分布有多个民族，且不同的民俗风情呈现出不同的文化特色，对国内外旅游者有着很大的吸引力。

8.1 华南旅游区概述

8.1.1 旅游地理环境

1）自然地理环境

（1）地形地貌齐全，海岸曲折，岛屿众多

华南旅游区地貌类型齐全，山地、丘陵、平原都有分布，以丘陵、山地为主，丘陵占总面积的75%以上，有南岭山脉、武夷山脉、台湾山脉和五指山等。本区西部和北部为武夷山脉、南岭山脉、云开大山山脉，是阻挡海洋暖湿气流深入我国内陆的天然屏障。南岭山脉主要分布在湘、桂、粤、赣边界，是珠江、长江水系的分水岭，对南北气流有一定的阻滞作用；武夷山最高峰海拔2 158米，是福建的天然屏障。

本区岛屿众多且类型多样，有大陆岛、海洋岛、火山岛和珊瑚岛。大陆岛较大的有海南岛、东海岛等。南海诸岛由东沙、西沙、中沙和南沙等群岛组成，多属珊瑚岛。蓝天、大海和礁岛组成南海独特的热带海洋风光。本区的平原多分布在河流下游和沿河两岸。面积较大平原有广东的珠江三角洲，它是我国重要的商品粮生产基地之一。

（2）典型的热带、亚热带季风气候

华南旅游区位于我国纬度最低的地区，受临海的地理位置和地形特征的影响，形成了典型的热带、亚热带季风气候。该区大部分地区年平均气温在20 ℃以上，最冷月的平均温度也在10 ℃之上。华南旅游区四季交替不明显，长夏无冬，秋去春来，一年四季皆适于旅游，更是我国避寒的好地方。

本区濒临热带海洋，水汽来源丰富，由于受地形条件的影响，是全国雨量最丰沛的地区。本区降水季节分配特征明显，大部分地区70%～80%的降水集中在5—10月，年降水量为1 000～2 000毫米。

（3）丰富的水资源

华南旅游区水系多，河网密度大，汛期长，河流水量丰富，含沙量小。主要河流属于珠江、闽江和韩江三大水系。珠江是我国第二大河流，沿途景色秀丽。闽江沿途多崇山峻岭，人文景观广布。此外，区域内主要河流还有广东的榕江、黄冈河、螺河、漠阳江，福建的漳江、九龙江等。本区湖泊与水库由于景色秀丽成为重要的旅游景点，如肇庆的星湖、广州的南湖、湛江的湖光岩玛珥湖等。区域内温泉和地热资源极为丰富，区内有各类温泉500余处，是旅游和疗养佳地。

２）人文地理环境

（１）独特的地域文化

华南旅游区独特的地域文化集中体现为岭南文化，岭南文化是悠久灿烂的中华文化的重要有机组成部分，是我国众多历史文化中最为璀璨的一个分支。岭南文化务实、开放、兼容、创新。岭南文化表现出强烈的原生性，基于独特的地理环境和历史条件，岭南文化以农业文化和海洋文化为源头，在发展过程中不断吸取和融汇中原文化和海外文化，逐渐形成独具特性的华南风情。

从地域上来讲，华南旅游区的岭南文化大体分为广东文化、桂系文化、闽南文化和海南文化，以属于广东文化的广府文化、潮汕文化和客家文化为主，这是岭南文化的主体。广州是区域内的中心城市，其历史遗迹文化、建筑文化、民俗文化、园林文化、商业文化和宗教文化相互交融，都贯穿着一种开放的人文意识，特别是变革意识、商业意识、务实意识和平民意识，反映出广州人的人文意识，这些都反映出岭南文化的丰富内涵和独具一格、绚丽多姿的地方特色。

（２）发达的社会经济

华南旅游区是我国最早对外开放的地区，经济发展迅速、对外贸易繁荣，雄厚的经济基础和繁荣的贸易，对旅游业有极大的促进作用，如每年春秋两季的广交会吸引了世界各国和我国各地的商人前往洽谈，促进了商务旅游和购物旅游的发展。该区城市建设新颖别致，环境优美，广州、深圳、厦门都是现代化的国际大都市，车水马龙人流如潮，城郊各种旅游度假、休闲、娱乐设施齐全，现代城市文化成为人文旅游资源最大的亮点。

（３）海陆联运便利，交通发达

华南旅游区交通发达，海陆联运便利。铁路以京广、京九、鹰厦等线为骨干。水运最发达，有珠江、闽江等水系连接各地区，又有广州、厦门、汕头、湛江、泉州、马尾等重要国际港口。华南旅游区以广州、福州、海口和南宁为中心，搭建了通往国内和国际便利的航空交通网。本区是全国公路交通最发达的地区之一，四通八达的公路交通网为旅游发展提供了便利的条件。

8.1.2　旅游资源特征

１）丰富的热带、亚热带自然景观

华南旅游区的自然植被为终年常绿热带雨林—季雨林和亚热带常绿阔叶林，其植被终年青绿，种类多，成分复杂。森林中林冠参差不齐，林中散生着巨树，特别是棕榈科植物，巨叶聚集于不分枝的顶部，高高耸立在滨海、村落等地构成特殊外貌，成为华南旅游区热带景观的标志。茎花、茎果现象在热带雨林中很普遍，菠萝蜜、木奶果等都是常见的茎花、茎果植物。

华南旅游区还有不少的野生动植物保护区，如福建的武夷山、海南的五指山等，它们除保护热带生态系统外，还重点保护着长臂猿等区域内的珍稀野生动物。

2）地貌旅游资源丰富

区域内地貌旅游资源丰富，既有以奇岩怪石为特色的花岗岩地貌，又有"丹山碧水"的丹霞地貌、海岸地貌、岩溶地貌，这些地貌形态都呈现出很高的旅游价值。

①花岗岩地貌：区域内花岗岩分布很广，在长期湿热气候条件下，花岗岩球状风化突出，尤以闽东沿海和闽南山地为最，风化壳被剥蚀后地表露出许多球状风化石块，如厦门的日光岩和泉州的清源山。②丹霞地貌：丹霞地貌发育在厚层砾岩、砂岸分布地区，此类岩石岩性坚硬，透水性强，垂直节理发育，主要分布在广东北部山地和福建武夷山地区。③海岸地貌：华南旅游区海岸线长，多属于岩岸，有些岸段台地和山地受蚀为海崖，崖前为沙堤和海滩。海南五指山南坡流出的河流携带的大量颗粒较粗的泥沙，在东南风、西南风浪的作用下，在三亚—莺歌海—昌化港一带西南海岸堆积成较宽的沙堤，是良好的海滩资源。海蚀地貌在本区分布甚广，其中福建的海坛岛已被列为以海蚀地貌为主的国家级风景名胜区。④岩溶地貌：本区范围内岩溶地貌广布，它们大都发育在古生代石灰岩中，地质构造的演化及间歇性抬升，再加上流水的溶蚀、冲蚀和刻蚀作用，以及重力崩塌造就了以溶洞为主的岩溶地貌景观。

3）中外交融的特色文化和著名侨乡

华南旅游区开发历史比黄河流域、长江流域都要晚，至唐宋时期仍被视为瘴疠之地。唐末以后，全国经济中心南移，海上丝绸之路的发展推动了岭南地区经济和文化的繁荣，华南旅游区的人文旅游资源表现出了与中原文化和外国文化的交融，形成了独具特色的地域文化，如园林建筑既有中华文化的博大精深，也兼有国外构园的手法。

4）近代革命遗迹多，爱国主义教育资源丰富

广东省有著名的中山纪念堂、农民运动讲习所、黄埔军校旧址、三元里、黄花岗等革命纪念地，福建省有上杭古田村的古田会议旧址及会议陈列馆，广西壮族自治区有百色起义纪念馆、百色起义纪念碑、红七军军部旧址和百色起义英雄雕塑园、邓小平手迹碑林等。这些都为区域内的红色旅游发展奠定了基础。

8.2　秀甲天下　多彩壮乡

课前思考

1.你知道广西壮族自治区的哪些景区？你知道"刘三姐的故事"在广西壮族自治区旅游发展中起到了什么作用吗？

2.你知道广西壮族自治区有哪些中国优秀旅游城市？请在图8-1中标注出来。

分省（区、市）地图—广西壮族自治区

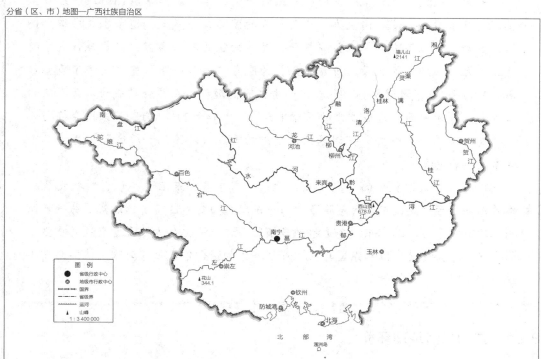

审图号：GS（2019）3333号　　　　　　　　　　　　　　　　　　　　　　　自然资源部　监制

图 8-1　广西壮族自治区地图

广西壮族自治区简称"桂"，地处祖国南疆，北回归线横贯全区中部，首府南宁市。广西地理区位优越，东邻粤、港、澳，北靠湖南、贵州两省，西与云南省接壤，南临北部湾，面向东南亚，西南与越南毗邻。行政区域总面积23.76万平方公里，管辖北部湾海域面积约4万平方公里，是西南地区最便捷的出海通道，也是中国西部资源型经济与东南开放型经济的接合部。全自治区聚居着壮、汉、瑶、苗、侗、仫佬、毛南、回、京、彝、水、仡佬等民族，其中壮族人口约占全区户籍总人口的27.59%。广西的大陆海岸线长约1 628.6千米，区内交通便利。奇特的喀斯特地貌、灿烂的文物古迹、浓郁的民族风情使广西独具魅力。广西属亚热带季风气候区，孕育了大量珍贵的动植物资源。尤其盛产水果，被誉为"水果之乡"。

想一想： 广西壮族自治区为什么简称为"桂"？请翻阅《辞海》找出"桂"的解释。

大事记

中国—东盟博览会

中国—东盟博览会（以下简称"东博会"）是中国和东盟10国政府经贸主管部门及东盟秘书处共同主办、广西承办的国际经贸盛会，迄今已成功举办18届，推动并见证了中国—东盟战略伙伴关系内涵的不断丰富、经贸合作水平的迅速提升、人文民间交往的日益密切，为服务"一带一路"建设发挥了重要作用。2017年4月，习近平总书记在广西考察时高度评价东博会"成为广西亮丽的名片，也成为中国—东盟重要的开放平台"。2014年2月，国家将东博会确定为"具有特殊国际影响力""国家层面举办的重点涉外论坛和展会"，成为三个国家一类展会之一。

中国—东盟博览会的重大意义在于：一、东博会是汇聚共识、对接发展战略的高端平台。二、东博会是服务中国—东盟自由贸易区建设、落实贸易投资便利化的有效平台。三、东博会是推动多领域合作、深化全方位深度交流的重要牵引。四、东博会是中国和东盟与区域外经济体加强合作、融入全球价值链的重要纽带。

8.2.1 广西自然地理环境

1）地形地貌

广西地处中国地势第二台阶中的云贵高原东南边缘，两广丘陵西部。总的地势是西北高、东南低，呈西北向东南倾斜状。山岭连绵、山体庞大、岭谷相间，四周多被山地、高原环绕，中部和南部多丘陵平地，呈盆地状，有"广西盆地"之称。广西主要分布有山地、丘陵、台地、平原等类型地貌，山地以1 000米以下低海拔山地为主，主要分布在桂西、桂东、桂北、桂中等；丘陵主要分布在桂东、桂南和桂西；台地以100米以下低海拔台地为主，主要分布在桂东和桂南；低海拔平原主要分布在桂东、桂南、桂西等，中海拔平原较少，主要分布在桂西。

导考指引：被誉为"华南第一高峰"的是广西盆地边缘山脉的什么山？海拔多少米？

2）气象气候

广西地处低纬度，北回归线横贯中部，南临热带海洋，北接南岭山地，西延云贵高原，属亚热带季风气候区。气候温暖，雨水丰沛，光照充足。夏季日照时间长、气温高、降水多，冬季日照时间短、天气干暖。受西南暖湿气流和北方变性冷气团的交替影响，干旱、暴雨洪涝、热带气旋、大风、冰雹、雷暴、低温冷（冻）灾害气象较为常见。

3）河流水文

广西河流众多，河川以雨水补给类型为主，集雨面积在50平方公里以上的河流有1 350条。受降水时空分布不均的影响，径流深与径流量在地域分布上呈自桂东南向桂西北逐渐减少。河川径流量的70%～80%集中在汛期（桂东北河川汛期在3—8月，桂西南河川汛期在5—10月，其余汛期在4—9月）。

8.2.2　广西人文地理环境

1）历史沿革

研究表明，今广西地域早在80万年前就有原始人类繁衍生息。百色旧石器遗址是广西已发现距今年代最早的遗址，典型的古人类遗址还有柳江人遗址、柳州白莲洞遗址、桂林甑皮岩遗址等。1981年5月1日，古人类学家裴文中教授为广西柳州白莲洞遗址题词："中国可以成为世界上古人类学的中心，广西是中心的中心。"

秦始皇统一岭南后，今广西区域纳入中央王朝版图，分属桂林郡和象郡。汉元鼎六年，汉武帝平定南越，在广西区域设置苍梧、郁林、合浦3郡。其时，合浦已成为"海上丝绸之路"的始发港。东汉时期，原为监察区的交趾刺史部改设为交州（曾治广信，今梧州市区）。唐初，今广西大部地域归属岭南道的桂、容、邕三管节制。咸通三年（862年），岭南道分东、西两道，并以邕管经略使为岭南两道节度使，这是广西成为一级独立政区之始。宋初，今广西大部地域属广南路。元朝，广西属湖广行中书省。至正二十三年（1363年）置广西行省，为广西设省之始。广西政区实行省、路（府、州、司、厅）、县制，奠定了今广西政区的基础。元代在羁縻制度的基础上，正式建立土司制度。明洪武年间设广西承宣布政使司，成为当时13个布政使司之一。清代，实行大规模"改土归流"，土司制逐渐衰落，至民国终结。1949年12月11日，人民解放军将红旗插上镇南关，标志着广西全境解放。1950年2月，广西省人民政府在南宁成立。1957年7月15日，第一届全国人民代表大会第四次会议通过关于广西壮族自治区成立的决议。1958年3月5日，广西壮族自治区第一届人民代表大会第一次会议召开，宣告广西壮族自治区成立。1978年起，将12月11日（百色起义纪念日）定为自治区成立纪念日。

2）人口民族

截止2021年年末，广西常住人口5 037万人，其中城镇人口2 774.6万人，常驻人口中汉族占62.4%，少数名族占37.6%。广西是多民族聚居的自治区，世居民族有壮、汉、瑶、苗、侗、仫佬、毛南、回、京、彝、水、仡佬等12个。壮族是广西人口最多的少数民族，主要聚居在南宁、柳州、崇左、百色、河池、来宾6市。

导考指引：广西壮族自治区世居少数民族中人口最少的民族是哪个？

3）风俗物产

（1）桂剧

桂剧是广西主要的地方剧种，约在明代中叶便开始发端。桂剧声腔以"弹腔"为主，兼有"高腔""昆腔""吹腔"以及杂腔小调。其"弹腔"则分"南路"（二黄）、"北路"（西皮）两大类。它们的反调形式"阴皮"和"背弓"，又都自成体系。伴奏乐队与其他皮黄系统的剧种一样分为文场、武场。前者使用二弦（似京胡）、月琴、三弦、胡琴以及曲笛、梆笛、唢呐、喇呐（即海笛）等，兼配部分中、低音乐器；后者使用脆鼓（板鼓）、战鼓、大、小堂鼓、板（扎板）、大锣、大钹、小锣、小钹、云锣、星子、碰铃等。桂剧角色分为生、旦、净、丑四大行当。生行又分生、末、外、小、武；旦行中又分旦、占、贴、夫；净行则分为净、副、末净；丑行只分丑和小丑。

导考指引：广西壮族自治区主要的地方剧种是什么？

（2）金田淮山

金田淮山，广西壮族自治区贵港市桂平市特产，全国农产品地理标志。北回归线横贯境内的桂平市地理资源优势明显，属典型的亚热带季风气候，雨量充足，气温适宜的地理气候水文等优越的自然条件，十分适合金田淮山的种植生长，金田淮山种植历史悠久，独特的优良品质，使金田淮山成为广西地理标志产品，金田淮山以洁白、味道香甜、粉质高、营养好、外观圆长直条而闻名。2010年4月16日，中华人民共和国农业农村部批准对"金田淮山"实施农产品地理标志登记保护。

（3）壮族铜鼓

铜鼓是中国古代一种打击乐器，迄今已有2 700多年历史，以广西数量最多，分布量最广。据裴渊《广州记》和刘恂《岭表录异》说：壮族铜鼓有的"面阔丈余"，有的"厚（仅）二分以外"，"其身遍有虫、鱼、花、草之状（花纹）"，制作极其精巧。

铜鼓无底腹空，腰曲胸鼓，给人以稳重饱满之感。鼓面为重点装饰部分，中心常配以太阳纹，外围则以晕圈装饰，与鼓边接近的圈带上铸着精美的圆雕装饰物，最多的是青蛙，其次有骑士、牛橇、龟、鸟等。造型夸张、雄强、有力、庄重耐看。鼓胸、鼓腰也配有许多具有浓郁装饰性的绘画图案。鼓足则空留素底，造成一种疏密、虚实相间，相得益彰的效果。这些图像都在模坯上用镂刻或压印技术制作而成，采用线地浮雕的技法，画像传神简洁，线条刚劲有力。画像纹饰大抵分物像纹饰、图案纹饰两类。物像纹饰有太阳纹、翔鹭纹、鹿纹、龙舟竞渡纹和羽人舞蹈纹等，图案纹饰有云雷纹、圆圈纹、钱纹和席纹等。

（4）壮族"三月三"

壮族"三月三"主要流传于广西南宁的武鸣区，以武鸣区的城厢镇、两江镇等乡镇为核心区域，覆盖到武鸣区周边如隆安、上林、宾阳、马山等县，辐射到全广西乃至广东、云南、贵州等省份的壮族聚居地区。

壮族"三月三"的主要习俗有：①在祖神庙里摆祭坛，供猪、牛、羊三牲和五色糯米饭，请师公和道公班主持祭祀祖神；②用彩轿抬出祖神，师公跳舞开路，巡游各村寨，驱邪祈福；③村民在家中祭祀祖先，需要还愿的主家请戏班唱戏，将祖神彩轿抬至戏台前安放，意为请祖神看戏；④抢花炮，主持人点上火药放炮，将红炮圈射上高空，炮圈落下时各队的选手争先抢夺；⑤对歌，包括对歌择偶、赛歌、赏歌等；⑥抛绣球、"斗蛋"等活动。

2014年11月11日，壮族"三月三"经国务院批准，被列入第四批国家级非物质文化遗产扩展项目名录。

导考指引： 广西民族风情旅游中让游客流连忘返的四大绝品是什么？

8.2.3　广西旅游资源

1）旅游资源概览

广西毗邻经济发达的珠江三角洲和港澳地区，是中国与东盟之间唯一既有陆地接壤又有海上通道的省区，是中国西南地区最便捷的出海通道，也是全国唯一具有沿海、沿江、沿边优势的少数民族自治区。广西地形略成盆地状，丘陵广布，河谷纵横。石灰岩分布区的面积约占全区的一半，因高温多雨，被溶蚀成千姿百态的岩洞、峰林，与青山绿水组成了一处处的山水胜地。

广西历史悠久，古人类、古建筑、古文化遗址、古水利工程、石刻、墓葬等古文物及革命斗争纪念遗址众多。广西的园林各具特色，南宁市的公园、植物园以南亚热带风光为特色，桂林、柳州的公园多以中亚热带风格为主体，因地制宜，利用当地自然景观（如岩溶景观、水体景观等）和古建筑构成各具特色的园林艺术。奇特的喀斯特地貌、浓郁的民族风情和灿烂的文物古迹，使广西独具魅力。全区共有50个项目列入国家级非物质文化遗产名录。广西壮族自治区世界及国家级旅游资源如表8-1所示。

表8-1　广西壮族自治区世界及国家级旅游资源

类型	数量	景点
世界文化景观遗产	1	左江花山岩画
世界灌溉工程遗产	1	灵渠
世界地质公园	1	乐业—凤山世界地质公园
国家历史文化名城	3	南宁、柳州、桂林
国家5A级旅游景区	8	桂林市漓江景区、桂林市乐满地度假世界、桂林市独秀峰—王城景区、南宁市青秀山旅游区、桂林市两江四湖·象山景区、崇左市大新县德天跨国瀑布景区、百色市百色起义纪念园景区、贺州市黄姚古镇景区
国家级旅游度假区	1	北海银滩旅游度假区

注：数据截至2022年7月。

2）重点旅游资源

（1）左江花山岩画景观

广西崇左市位于中国南疆，境内广泛分布着典型的岩溶地貌，峰丛林立，景色秀美。古老的左江及其支流明江蜿蜒流淌在群峰之中，沿江两岸的悬崖绝壁上，保存有大量的古文化遗迹——岩画。这些岩画为战国至东汉时期生息繁衍于此的南方壮族先民骆越人所绘制。场面宏大的赭红色岩画群，以"蹲式人形"为基础符号，记录了距今2 500多年的祭祀场景，与岩画所在的山崖、山崖下的河流、对面的台地，共同构成了神秘而震撼的左江花山岩画文化景观。

"花山"壮语称为"岜莱"，意思是有画的山。左江花山岩画文化景观是自然与人的共同作品，岩画点沿左江及其支流明江密集分布，从上游的宁明县珠山岩画开始，截至下游的江州区万人洞山岩画，途经宁明、龙州、江州、扶绥三县一区，共包含了38个岩画点、109处岩画、4 050个图像，沿江分布总长度105公里。它是中国南方乃至亚洲东南部区域内规模最大、图像数量最多、分布最密集的赭红色岩画群。在所有左江花山岩画点中，宁明花山岩画因其单位面积最大、画面最集中、内容最丰富、保存最完好而成为典型代表。

左江花山岩画，被称为"无字天书""壮族文化瑰宝"，其高度统一的"蹲式人形"图像表达方式、险峻的作画位置、神秘的原始宗教色彩、历久弥新的作画颜料等，都充分展现了古骆越人的聪明才智，反映了他们的社会生活和精神面貌。

导考指引： 左江花山岩画是极为珍贵的人文景观，世所罕见，它是广西哪个民族的精神与智慧结晶？

新视野

花山岩画的作画方式

其一，自下而上攀援法，即利用崖壁画上部或下部的树枝、树根、或岩石裂隙等地形地物，攀援而上达到作画地点的方法。然而，在崖壁上有许多倒石锥坡、错落体、台地或石坎，这些画面位置有一定的高度，根本没有支撑点，而且崖壁陡峭光滑，无法攀登，站立尚且艰难，作画难度可想而知。

其二，自上而下悬吊法，此方法是以绳索、藤条之类为辅助工具，利用树根、岩缝等地物，从崖壁顶部悬吊攀援而下以到达作画地点。因为整座花山崖壁呈向外倾斜姿势，底陷上突，从崖顶到地面的垂直点与岩壁的距离达20多米。如从崖顶往下吊人，无论如何也难于贴近崖壁。

其三，高水位浮船法，这是在山洪暴发、江水上涨之时，利用高水位浮船或木排到画壁下作画的方法。然而画像最高处距地面40多米，如果江水真的涨到这一高度，明江流域早已一片汪洋，在这种情况下画师还有闲情逸致作画，那他们的心理素质恐怕非比寻常，强大得不可思议。

其四，直接搭架法，在坎坡上构搭一定高度的木架，画者攀在木架上作画。这种方法看似比较合理，但细究起来也有缺陷。从崖底至河边的平台最窄处仅3米宽，要搭架子必须得从河里搭起，其难度可想而知。

（2）广西桂林兴安灵渠

灵渠，古称秦凿渠、零渠、陡河、兴安运河、湘桂运河，是古代中国劳动人民创造的一项伟大工程。灵渠位于广西壮族自治区兴安县境内，由东流向西，将兴安县东面的海洋河（湘江源头，流向由南向北）和兴安县西面的大溶江（漓江源头，流向由北向南）相连，是世界上最古老的运河之一，是沟通长江流域的湘江和珠江流域的漓江的跨流域水利工程，灵渠是当今世界最古老、保存最完整的人工运河之一，有着"世界古代水利建筑明珠"的美誉。它与都江堰、郑国渠并称为"中国古代三大水利工程"。

灵渠始建于公元前214年，主体工程由铧嘴、大天平、小天平、南渠、北渠、泄水天平、水涵、陡门、堰坝、秦堤、桥梁等部分组成，尽管兴建时间先后不同，但它们互相关联，成为灵渠不可缺少的组成部分。灵渠兼有水运和灌溉效益，宋代文献已有灵渠灌溉的明确记载，干渠上以有坝或无坝引水、提水等多种形式灌溉湘桂走廊沿线农田，目前灌溉面积约6万亩。

（3）德天瀑布

德天瀑布位于广西壮族自治区崇左市大新县硕龙镇德天村，中国与越南边境处的归春河上游，瀑布气势磅礴、蔚为壮观，与紧邻的越南板约瀑布相连，是亚洲第一、世界第四大跨国瀑布，年均水流量约为贵州黄果树瀑布的三倍，为我国国家5A级旅游景区。还是《酒是故乡醇》和《花千骨》的外景拍摄地，神奇而美妙。2016年1月，国家旅游局和生态环境部拟认定广西壮族自治区崇左市大德天景区为国家生态旅游示范区。

（4）百色起义纪念园

百色起义纪念园建于2008年，规划总面积3.6平方公里，景区核心区域面积约2平方公里，为国家5A级旅游景区，是中央确定的全国12个红色旅游重点景区之一——"两江红旗，百色风雷"景区的核心区。代表性景点是百色起义纪念馆、百色起义纪念碑、红七军军部旧址和百色起义英雄雕塑园、邓小平手迹碑林和纪念馆中轴线景观，另有一系列自然人文旅游资源，成为集悠久的历史文化、优美的自然景观与优良的革命传统于一体的、思想教育与旅游审美相融合的精品主题纪念园。

试一试：请查找资料，了解邓小平在百色起义中的指挥作用。

（5）桂林漓江景区

漓江720°
全景讲解

漓江，古名癸水，发源于海拔2 141.5米的华南第一峰猫儿山，属珠江水系的桂江上游河段，是国家重点保护的13条江河之一，是全球最美的15条河流之一。漓江景区位于桂林喀斯特世界自然遗产和桂林漓江风景名胜区核心景区内，起于距桂林市区不到30公里的磨盘山客运港（竹江客运港），止于阳朔县域的龙头山码头（水东门码头），全程63公里航程。

"江作青罗带，山如碧玉簪""桂林山水甲天下，绝妙漓江秋泛图""神姿仙态桂林的山，如情似梦漓江的水"……古往今来，漓江景区的山山水水，浸透了无数文人墨客无尽的诗情画意，享尽"山青、水秀、洞奇、石美"的赞誉。漓江景区1998年被确定为首批全国文明风景旅游区示范点，2007年被评为首批国家5A级旅游景区，2016年被评为首批国家绿色旅游示范基地。

"百里漓江，百里画廊"，每一处景致都是一幅典型的中国水墨画，漓江景区青峰夹岸，绿水萦洄，峡谷峭壁，悬泉飞瀑，绿洲险滩，奇洞美石，景致万千，沿江分布着几十处著名的景点：乌桕滩、九牛三洲、蝙蝠山、望夫石、草坪风光、冠岩、绣山、半边奇渡、仙人推磨、杨堤风光、鲤鱼挂壁、浪石奇观、下龙湾、鸡笼山、八仙过江、五指山、乌龟爬山、九马画山、黄布倒影（20元人民币背景）、骆驼过江、朝板山、兴坪佳境、螺蛳山、渔村、龙头山等。"船在青山顶上行""人在画中游"，漓江精华游是漓江景区最精美的水上游览产品，乘星级游船、览奇峰秀水，是饱览漓江风光的最佳选择。

试一试：请你给从未去过漓江的同学们介绍一下漓江景区最大的特色是什么？

3）旅游发展新格局

《广西文化和旅游发展"十四五"规划》中提出，要打造六大品牌，包括"桂林山水""浪漫北部湾""壮美边关""长寿广西""壮族三月三""刘三姐文化"大品牌。推动"三地两带一中心"升级版建设，打造环广西国家旅游风景道，推进文化产业和旅游业优化升级，形成全域协调、优势互补、联动发展的良好格局。具体是指：升级发展桂林国际旅游胜地，打造世界级旅游城市；加快建设北部湾国际滨海度假胜地；加快建设巴马国际长寿养生旅游胜地；升级打造中越边关风情旅游带；升级打造西江生态旅游带；着力打造南宁区域性国际旅游中心城市。

8.3 自在滨海 活力广东

课前思考

1.请在图8-2中标注出珠江沿岸的城市。

2.你知道广东省的别称吗？这些别称分别代表了什么含义？

分省（区、市）地图—广东省

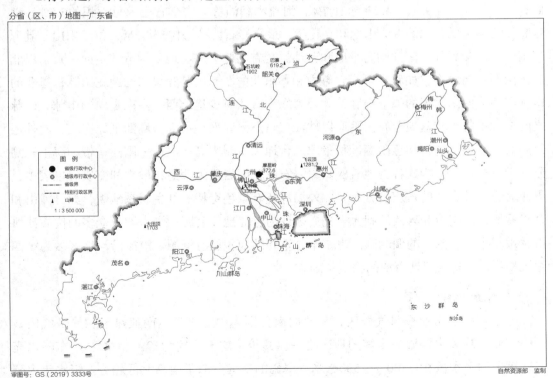

审图号：GS（2019）3333号

自然资源部 监制

图8-2 广东省地图

广东，《吕氏春秋》中称"百越"，《史记》中称"南越"，《汉书》称"南粤"，越与粤通，也简称"粤"，泛指岭南一带地方。广东的先民很早就在这片土地上生息、劳动、繁衍。在历史长河中，广州、广东的名称次第出现，逐渐演化成广东省及其辖境。省会城市广州也曾称为"羊城""穗城"和"花城"。

广东省地处中国大陆最南部。东邻福建省，北接江西省、湖南省，西连广西壮族自治区，南临南海，珠江三角洲东西两侧分别与香港、澳门特别行政区接壤，西南部雷州半岛隔琼州海峡与海南省相望。东起南澳县南澎列岛的赤仔屿，西至雷州市纪家镇的良坡村，东西跨度约800公里；北自乐昌市白石乡上坳村，南至徐闻县角尾乡灯楼角，跨度约600公里。北回归线从南澳—从化—封开一线横贯广东。全省陆地面积为17.98万平方公里，约占全国陆地面积的1.87%；其中岛屿面积1 592.7平方公里，约占全省陆地面积的0.89%。全省沿海共有面积500平方米以上的岛屿759个，数量仅次于浙江、福建两省，居全国第三位。全省大陆岸线长3 368.1公里，居全国第一位。

想一想： 请解释省会城市广州被称为"羊城""穗城"和"花城"等别称的由来。

8.3.1 广东自然地理环境

1）地形地貌

广东省地貌类型复杂多样，有山地、丘陵、台地和平原，其面积分别占全省土地总面积的33.7%、24.9%、14.2%和21.7%，河流和湖泊等只占全省土地总面积的5.5%。地势总体北高南低，北部多为山地和高丘陵，最高峰石坑崆海拔1 902米，位于阳山、乳源与湖南省的交界处；南部则为平原和台地。全省山脉大多与地质构造的走向一致，以北东—南西走向居多，如斜贯粤西、粤中和粤东北的罗平山脉和粤东的莲花山脉；粤北的山脉则多为向南拱出的弧形山脉，此外粤东和粤西有少量北西—南东走向的山脉；山脉之间有大小谷地和盆地分布。平原以珠江三角洲平原面积最大，潮汕平原次之，此外还有高要、清远、杨村和惠阳等冲积平原。台地以雷州半岛—电白—阳江一带和海丰—潮阳一带分布较多。构成各类地貌的基岩岩石以花岗岩最为普遍，砂岩和变质岩也较多，粤西北还有较大片的石灰岩分布，此外局部还有景色奇特的红色岩系地貌，如丹霞山和金鸡岭等；丹霞山和粤西的湖光岩先后被评为世界地质公园；沿海数量众多的优质沙滩以及雷州半岛西南岸的珊瑚礁，也是十分重要的地貌旅游资源。沿海沿河地区多为第四纪沉积层，是构成耕地资源的物质基础。

2）气象气候

广东省属于东亚季风气候区，从北向南分别为中亚热带、南亚热带和热带气候，是中国光、热和水资源最丰富的地区之一。其年平均气温约为19～24 ℃。广东降水充沛，年平均降水量在1 300～2 500毫米。降雨的空间分布呈南高北低趋势。降水年内分配不均，4—9月的汛期降水占全年的80%以上；年际变化也较大，多雨年降水量为少雨年的2倍以上。

广东省洪涝和干旱灾害经常发生，台风的影响也较为频繁。春季的低温阴雨、秋季的寒露风和秋末至春初的寒潮和霜冻，也是广东多发的灾害性天气。

想一想： 简述广东的气候对农业生产的影响。

3）河流水文

广东省主要水系为珠江的西江、东江、北江和三角洲水系以及韩江水系，其次为粤东的榕江、练江、螺河和黄岗河以及粤西的漠阳江、鉴江、九洲江和南渡河等独流入海河流。广东的水资源时空分布不均。珠江通航能力仅次于长江，居中国江河水系的第二位，长度及流域面积均居中国第四位。

8.3.2 广东人文地理环境

广东省在秦以前，作为中华民族先民的南越族人已在本区从事农业活动，是中国历史上商品性农业最早发展的地区之一，也是中国最早出现资本主义生产方式的省份之一。由于广东省自古就是中国海上贸易和移民出洋最早、最多的省份，近代以后逐渐发展成为重点侨乡。广东有3 000多万名海外侨胞，占全国海外侨胞人数一半以上，分布于世界160多个国家和地区。粤籍侨胞素有念祖爱乡的光荣传统，长期关注支持家乡的经济文化建设和社会发展，有力支持了广东省教育、卫生、体育、工业、农业、交通等方面公益事业。

1）历史沿革

据考古发现，岭南在旧石器时代早期就有人类活动。旧石器时代中期，岭南出现早期古人（马坝人）。商周时代，广东先民便与中原有经济文化往来。春秋战国时代，岭南与吴、越、楚国关系密切，交往频繁。公元前221年，秦王嬴政统一六国。公元前214年，秦军基本占领岭南，秦始皇将岭南地区设"桂林、象、南海"3个郡。南北朝时期，中国政局南北分裂。南朝统治者对俚人（越族）实行"羁縻"政策。增设的州、郡、县多集中在粤中、粤西、粤北地区，粤东地区设置较少。隋初，设广州、循州（今惠州）两个总管府统领诸州。唐初地方设州、县。岭南45州分属广州、桂州、容州、邕州、安南5个都督府（又称"岭南五管"）。862年（懿宗咸通三年），岭南道划分为东、西道，东道治广州，广东属岭南东道，这是广东省名中"东"字的由来，也是两广分为东西的开始。

五代十国时期，行政区划基本上继承唐朝的建制。宋代地方行政制度分路、州（府、军）、县三级。今广东省境包括广南东路14州和广南西路境内的7州，共61县。元朝地方行政制度分省、路、府（州、军）、县四级。今广东省境分为广东道和海北海南道。明朝洪武二年（1369年），改广东道为广东等处行中书省，并将海北、海南道改隶广东，广东成为明朝的十三行省之一。清初承袭明制，地方行政机关分省、道、府、县四级，但将明时的布政使司正式改称为省。"广东省"名称正式使用，所辖范围与明广东布政使司相同。

1911年，辛亥革命后建立中华民国，广东省的名称和范围与清代相同。1949年新中国成立后，广东政区在继承历史传统的基础上，有所调整和变更。

2）人口民族

截止2021年年末，广东省常住人口12 684万人，其中城镇常驻人口9 466.07万人，乡村人口3 217.93万，常住人口中男性6 693万人，女性5 991万人。世居少数民族有壮、瑶、畲、回、满族。根据国家宪法和有关法律规定，广东省设立连南瑶族自治县、连山壮族瑶族自治县、乳源瑶族自治县3个自治县和连州市瑶安瑶族乡、连州市三水瑶族乡、龙门县蓝田瑶族乡、怀集县下帅壮族瑶族乡、始兴县深渡水瑶族乡、阳山县秤架瑶族乡、东源县漳溪畲族乡7个民族乡。

导考指引：岭南文化是悠久灿烂的中华文化的重要组成部分，它的主要分支有哪些？

3）风俗物产

（1）惠东渔歌

惠东渔歌俗称"后船歌"，主要分布在惠东县沿海的港口、巽寮、稔山、盐洲等地的渔村。据《惠东县志》记载，惠东渔民的远祖又称"后船疍民"，宋代从福建、潮州一带迁入。渔歌也随疍民迁徙而来，并逐渐衍变为具有独特的曲调、风格和表演形式的惠东渔歌。

惠东渔歌的歌词结构主要有两种：一是一唱一和的上、下句结构，多为开头或结尾加衬词、衬句，或开头、结尾皆加衬词、衬句；二是四句式结构，要求一、二、四句或隔句押韵。歌词纯朴简练，深入浅出，内容多为唱海、唱鱼、诉苦、思亲，真实而典型地反映了世代疍民艰辛的海上生活和饱受歧视的悲苦情怀。2008年入选第二批国家级非物质文化遗产名录。

（2）粤菜

粤菜即广东菜，是中国汉族四大菜系、八大菜系之一。粤菜源自中原，传承了孔子所倡导的"食不厌精，脍不厌细"的中原饮食风格，粤菜做法比较复杂、精细。广府菜范围包括珠江三角洲和韶关、湛江等地，具有清、鲜、爽、嫩、滑等特色，"五滋""六味"俱佳，擅长小炒，要求掌握火候和油温恰到好处。还兼容许多西菜做法，讲究菜的气势、档次。广府菜是粤菜的代表，自古有"食在广州，厨出凤城（顺德）""食在广州，味在西关"的美誉，顺德更被联合国教科文组织授予世界"美食之都"称号。

导考指引： 2014年12月1日，联合国教科文组织授予广东省哪个地方"世界美食之都"的称号？

（3）佛山木版年画

佛山木版年画是中国华南地区著名的民间年画，是岭南传统民俗文化的一朵奇葩。它与天津杨柳青、苏州桃花坞、山东潍坊的年画齐名，是中国四大木版年画生产基地之一，影响远及东南亚及世界各国华人聚居地。2006年5月20日，该遗产经国务院批准列入第一批国家级非物质文化遗产名录。

（4）瑶族盘王节

瑶族盘王节源自农历十月十六的盘王节歌会。盘王节的期限包括三天三夜和七天七夜两种，其仪式主要分两大部分进行。第一部分是"请圣、排位、上光、招禾、还愿、谢圣"，整个仪式中唢呐乐队全程伴奏，师公跳《盘王舞》（《铜铃舞》《出兵收兵舞》《约标舞》《祭兵舞》《捉龟舞》等）；第二部分是请瑶族的祖先神和全族人前来"流乐"，流乐的瑶语意思是玩乐。盘王节的主要部分，是恭请瑶族各路祖先神参加盘王节的各种文艺娱乐活动，吟唱表现瑶族神话、历史、政治、经济、文化艺术、社会生活等内容的历史长诗《盘王大歌》。流乐仪式一般要举行一天一夜。

盘王节作为历史悠久、分布广泛的大众节庆活动，集瑶族传统文化之大成，是一种增强民族向心力、维系民族团结的人文盛典。瑶族盘王节已于2006年入选第一批国家级非物质文化遗产名录。

导考指引： 广东有丰富的风俗物产，其中被誉为"南国红豆"的剧种是什么？

8.3.3 广东旅游资源

1）旅游资源概览

广东省旅游资源丰富，有一大批世界知名的独占性旅游资源，其独特的地理位置、资源优势、经济活力，使得广东旅游功能构建、旅游要素聚集能力越来越强。广东省世界及国家级旅游资源如表8-2所示。

表8-2　广东省世界及国家级旅游资源

类型	数量	分类	景点
世界遗产	2	世界自然遗产	丹霞山国家地质公园
		世界文化遗产	开平碉楼与村落
世界地质公园	2	丹霞山国家地质公园、湛江湖光岩国家地质公园	
国家地质公园	8	丹霞山国家地质公园、湛江湖光岩国家地质公园、佛山西樵山国家地质公园、阳春凌霄岩国家地质公园、恩平地热国家地质公园、封开国家地质公园、深圳大鹏半岛国家地质公园、阳山国家地质公园	

续表

类型	数量	分类	景点
国家5A级旅游景区	15		广州市长隆旅游度假区、广州市白云山风景区、深圳市华侨城旅游度假区、深圳市观澜湖休闲度假区、佛山市西樵山景区、佛山市长鹿旅游休博园、韶关市丹霞山景区、梅州市雁南飞茶田景区、惠州市罗浮山景区、惠州市西湖旅游景区、孙中山故里旅游、阳江市海陵岛大角湾海上丝路旅游区、清远市连州地下河旅游景区等
国家级旅游度假区	2		东部华侨城旅游度假区、广东河源巴伐利亚庄园

注：数据截至2022年7月。

2）重点旅游资源

（1）丹霞山风景名胜区

丹霞山风景名胜区位于广东省韶关东北侧的仁化县。被称为"天然裸体公园"。丹霞山由红色砂砾岩构成，以赤壁丹崖为特色，地质学家以丹霞山为名，将这一地貌命名为"丹霞地貌"。丹霞山风景名胜区是以丹霞地貌景观为主的自然与人文并重的风景区。因"色若渥丹，灿若明霞"而得名，是世界低海拔山岳型风景区的杰出代表。在世界上已发现的1 200多处丹霞地貌中，丹霞山是典型、类型齐全、造型丰富、景色优美的丹霞地貌集中分布区。其中阳元石与有"母亲石""生命之源"之称的阴元石是大自然鬼斧神工的奇妙之作，堪称"世界双绝"。

想一想： 我国著名的丹霞山还有哪些？选取一个介绍给你的同桌。

（2）孙中山故里旅游区

孙中山故里
720° 全景
讲解

孙中山故里旅游区位于广东省中山市南朗镇翠亨村，东临珠江口，西靠五桂山，毗邻港澳，距中山市城区约20公里，距广州城区约90公里，隔珠江口与深圳、香港相望。

孙中山故里旅游区总面积达3.15平方公里。旅游区囊括孙中山故居纪念馆、翠亨村、中山城、辛亥革命纪念公园和犁头尖山五个核心景区，呈现了孙中山从出生成长到进行革命活动的相关历史遗迹。

2016年11月4日，孙中山故里旅游区被国家旅游局授予国家"5A级景区"牌匾，是中山市首个、广东省内第12个国家5A级旅游景区，也是广东省内第一个以文化为品牌的国家5A级旅游景区。

（3）罗浮山风景区

罗浮山风景区，是国家5A级景区。它位于广东东江之滨，离惠州市博罗县城35公里，与增城、龙门两县接壤。方圆260平方公里，共有大小山峰432座、飞瀑名泉980处、洞天奇景18处、石室幽岩72个，山势雄伟壮丽，自然风光旖旎。罗浮山，素有岭南第一山之称，秦汉以来号称"仙山"，史学家司马迁把罗浮山比作"粤岳"，是中国十大名山之一。它又是中国道教名山，道教称它为第七洞天，第三十四福地。与佛山市南海区境内的西樵山并称为南粤二樵，故它又有东樵山之称。它还是"国家重点风景名胜区"和避暑胜地，被誉为"岭南第一山"。北宋苏东坡曾在这里作下"罗浮山下四时春，卢桔杨梅次第新。日啖荔枝三百颗，不辞长作岭南人"的名句，而使罗浮山闻名于世。

（4）广州长隆旅游度假区

长隆旅游度假区，国家5A级旅游景区，占地面积1万亩，是一家集旅游景点、酒店餐饮、娱乐休闲于一体的大型企业集团，坐落于广州。广州长隆旅游度假区拥有长隆野生动物世界、长隆欢乐世界、长隆国际大马戏、长隆水上乐园、长隆飞鸟乐园和长隆酒店、长隆熊猫酒店等多家主题公园及高端度假酒店。

2014年，广州长隆旅游度假区勇夺TEA全球主题娱乐协会（以下简称"TEA"）的"全球最佳主题乐园奖"三甲。长隆野生动物世界拥有全球唯一的大熊猫三胞胎"萌帅酷"，至今共繁殖成活熊猫7胎10仔；长隆也育有规模仅次于澳大利亚本土的考拉种群，以及占全球数量过半的白虎等近500种、逾2万只全球珍稀动物。长隆欢乐世界与长隆水上乐园运营超过10年，凭借创新设备"摇滚巨轮"，长隆水上乐园成为TEA有史以来首个获得"杰出成就奖"的水上乐园。TEA权威数据显示，长隆水上乐园从2013年开始连续多年游客人数排在全球水上乐园榜首。长隆欢乐世界与长隆水上乐园已培育出"欢乐万圣节"和"水上电音节"等多个知名娱乐品牌，成为年轻人玩乐休闲的潮流地标。长隆国际大马戏经过20年的不断创新，与珠海横琴长隆国际大马戏一起迎来了共20多个国家近500名马戏艺术家在广州、珠海两地精彩献艺，打造了一个"永不停息的世界马戏大舞台"。长隆飞鸟乐园是集鸟类观赏、科普教育、湿地珍贵植物为一体的主题乐园——"一个真正看鸟飞的地方"，拥有数百种、上万只珍稀鸟类和两栖动物。

导考指引：广州长隆旅游度假区由几部分共同组成？

3）旅游发展新格局

《广东省文化和旅游发展"十四五"规划》中提出，要落实省委、省政府"一核一带一区"区域协调发展战略，发挥"双区"建设、"双城"联动效应，坚持区域协同、陆海统筹、城乡一体，推动形成特色鲜明、区域联动、优势互补的文化和旅游发展布局。

具体包括：高质量打造粤港澳大湾区文化和旅游产业圈，推动珠三角九市与港澳串珠成链，形成展现湾区特色风貌的旅游"金项链"，共同建设粤港澳大湾区世界级旅游目的地；高水平建设滨海旅游经济带，加强"海洋—海岛—海岸"与跨海岛立体开发，进一步巩固环珠江口、川岛—银湖湾、海陵岛—水东湾、环雷州半岛、大亚湾—稔平半岛、红海湾—碣石湾、汕潮揭—南澳"七组团"滨海旅游布局，打造广东特色的滨海旅游经济带；统筹推进粤北生态休闲旅游高地建设。支持粤北五市将生态资源优势转变为生态旅游优势，做大做强特色生态旅游产业，推动建设粤北生态休闲旅游高地。

8.4 山海画廊 清新福建

课前思考

1.请查找福建土楼的主要分布地点，并在图8-3中标注出来。

2.福建省为什么会被形容为"八闽大地"？

分省（区、市）地图—福建省

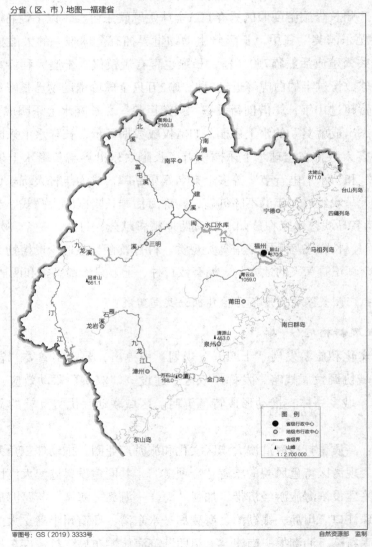

审图号：GS（2019）3333号　　　　　　　　　　　　自然资源部　监制

图8-3　福建省地图

福建省，简称"闽"，省会为福州，位于我国东南沿海，东北与浙江省毗邻，西面、西北面与江西省接界，西南与广东省相连，东面隔台湾海峡与台湾省相望。南北最长为530公里，东西最宽为480公里。福建省现辖福州、厦门、莆田、泉州、漳州、龙岩、三明、南平、宁德9个设区市和平潭综合实验区（平潭县）。

福建省的地理特点是"依山傍海"，九成陆地面积为山地丘陵地带，被称为"八山一水一分田"。福建的森林覆盖率达66.8%，居全国第一。福建的海岸线长度居全国第二位，海岸曲折，陆地海岸线长达3 752公里。福建以侵蚀海岸为主，岛屿众多，岛屿星罗棋布，共有岛屿1 500多个，海坛岛现为全省第一大岛。而且由于福建位于东海与南海的交通要冲，由海路可以到达南亚、西亚、东非，是历史上海上丝绸之路、郑和下西洋的起点，也是海上商贸集散地，和中国其他地方不同，福建沿海的地区是海洋文明，而内地客家地区是农业文明。依山傍海的特点也造就了福建丰富的旅游资源；除海坛岛、鼓浪屿、武夷山、泰宁、清源山、白水洋、太姥山等自然风光外，还有土楼、安平桥、三坊七巷等人文景观。

8.4.1　福建自然地理环境

1）地形地貌

福建省境内峰岭耸峙，丘陵连绵，河谷、盆地穿插其间，山地、丘陵占全省总面积的80%以上。地势总体上西北高东南低，横断面略呈马鞍形。因受新华夏构造的控制，在西部和中部形成北（北）东向斜贯全省的闽西大山带和闽中大山带。两大山带之间为互不贯通的河谷、盆地，东部沿海为丘陵、台地和滨海平原。

福建省陆地海岸线长达3 752公里，以侵蚀海岸为主，堆积海岸为次，岸线十分曲折。潮间带滩涂面积约2 000平方公里，底质以泥、泥沙或沙泥为主。港湾众多，自北向南有沙埕港、三都澳、罗源湾、湄洲湾、厦门港和东山湾等六大深水港湾。岛屿星罗棋布，共有岛屿1 500多个，平潭岛现为全省第一大岛，原有的厦门岛、东山岛等岛屿已筑有海堤与陆地相连而形成半岛。

2）气象气候

福建省靠近北回归线，受季风环流和地形的影响，形成暖热湿润的亚热带海洋性季风气候，热量丰富，全省70%的区域≥10 ℃的积温在5 000～7 600 ℃，雨量充沛，光照充足，年平均气温17～21 ℃，平均降雨量1 400～2 000毫米，是中国雨量最丰富的省份之一，气候条件优越，适宜人类聚居以及多种作物生长。气候区域差异较大，闽东南沿海地区属南亚热带气候，闽东北、闽北和闽西属中亚热带气候，各气候带内水热条件的垂直分异也较明显。

3）河流水文

主要河流有闽江、晋江、九龙江、汀江。由于降水丰沛，全省河川年径流量达1 168亿立方米（闽江水量超过黄河）。多数河流落差大且水流湍急，水力理论蕴藏量达1 046万千瓦，可装机容量705.36万千瓦。沿海平均可利用的潮水面积约3 000多平方公里，可供开发利用的潮汐能蕴藏量在1 000万千瓦以上。

8.4.2　福建人文地理环境

1）历史沿革

福建，《禹贡》属扬州。在周朝为七闽地，春秋以后为闽越地。秦兼并天下，南平百越，置闽中郡，中央政权始达于福建。

汉朝时，汉武帝率军平息，并以其地险阻，反复叛乱，终为后世患，故迁闽越人于江淮流域，而福建隶属于会稽南部都尉管辖。三国时属吴国，设建安郡。唐朝，福建属江南道。景云二年（711年），立闽州都督府，领有闽、建、泉、漳、潮五州。开元十三年（725年），闽州都督府改称福州都督府，隶属于江南西道，为福州名称出现之始。开元二十一年（733年），为加强边防武装力量，设立军事长官经略使。从福州、建州各取一字，名为福建经略军使，与福州都督府并存。这是福建名称出现之始。北宋时期，置福建路。南宋孝宗时升建州为建宁府。福建路因此包括同一级行政机构，共计8个，故福建号称"八闽"。这时，福建全省有42个县，成为东南全盛之邦。元朝时期，置福建等处行中书省。清代，福建区划继承明制，设福建布政使司。辛亥革命后，历届中央政权均置福建省。中华人民共和国成立后，福建省人民政府驻福州市，直辖福州、厦门2市，分设8个专区、67县。

2）人口民族

第七次全国人口普查数据显示，全省常住人口4 154万人。福建是少数民族散杂居地区，少数民族人占福建省总人口的2.7%。与2010年第六次人口普查数据相比，汉族人口增长432万人，增长11.97%；各少数民族人口增加32万人，增长40.74%。

导考指引：福建哪个少数民族的人口在全国是最多的？

大事记

习近平在福建系列书籍出版

《习近平在厦门》一书通过采访习近平同志1985年6月至1988年6月在厦门任市委常委、常务副市长期间与他有过直接接触的同事、干部、群众等，真实还原和再现了习近平同志在厦门的从政轨迹和领导风范。厦门三年，习近平同志一心为民、严于律己，勤于工作、注重调研，敢于担当、勇于创新，用为民、务实、清廉诠释了新时期党员领导干部的风采。习近平同志曾深情地说："到经济特区工作，是我第一次走上市一级的领导岗位，第一次直接参与沿海发达地区的改革开放，第一次亲历城市的建设和管理。""这三年是全面学习的过程，是一个非常艰苦、刻苦的学习过程，从中得到了历练。"

《习近平在宁德》同样以讲述者口述记录的形式，生动、真实地再现了习近平同志于1988年6月至1990年4月在宁德任地委书记的工作轨迹。习近平同志在宁德以深入调研起步，建立"四下基层"制度，提出"弱鸟先飞"理念，倡导"滴水穿石"精神，下决心带领闽东百姓摆脱贫困。习近平同志对闽东感情很深，他曾说："宁德是我魂牵梦绕的地方。"所有采访对象言谈间都表达出这样的共同印象：习近平同志在30年前主政宁德时，就已经表现出客观清醒、立足长远的战略思维，求真务实、从严治吏的领导作风，扎根基层、贴近群众的真挚情怀，以及功成不必在我的广阔胸襟。习近平同志对闽东经济社会发展的这份牵挂，充分展现了他心系贫困地区发展、改变基层群众生活面貌的为民情怀，展现了中国共产党人为人民谋幸福、为民族谋复兴的初心使命，值得我们细细品味，认真学习。

《习近平在福州》共收录采访实录23篇，该书从不同角度记述了习近平在福州工作的主要经历，讲述了他领导和推动打造"闽江口金三角经济圈"、建设"海上福州"、保护城市文脉、进行旧城改造、真诚关注民生、指导干部下访、倡导"马上就办"等生动故事，全面展现了习近平着眼长远、胸怀全局的战略思维，大刀阔斧、科学决策的领导艺术，脚踏实地、严谨务实的工作作风，心系人民、情暖民心的赤诚之心。

3）风俗物产

（1）闽剧

闽剧又称福州戏，福建地方戏曲，国家级非物质文化遗产。闽剧是现存唯一用福州方言演唱、念白的戏曲剧种。流行于闽中、闽东、闽北等地区，并传播到台湾和东南亚各地。它是由明末儒林戏与清初的平讲戏、江湖戏，在清末（光绪至宣统年间）融合而成的多声腔剧种，俗称"前三合响"，雅称"榕腔"或"闽腔"。闽剧风格高雅、潇洒，道白清晰，唱腔优美，婉转流畅，演员在表演中重视运用手、眼、身、法、步的基本程式，力求展现优美的身段，通过外形体现人物的内心世界。

2006年5月20日，闽剧经中华人民共和国国务院批准列入第一批国家级非物质文化遗产名录。2019年11月，《国家级非物质文化遗产代表性项目保护单位名单》公布，福州闽剧艺术传承发展中心获得"闽剧"保护单位资格。

导考指引：福建的哪个戏种被称为"歌仔戏"？

（2）大红袍

大红袍产于福建武夷山，属乌龙茶，品质优异，中国特种名茶，是中国十大名茶之一。其外形条索紧结，色泽绿褐鲜润，冲泡后汤色橙黄明亮，叶片红绿相间。品质最突出之处是香气馥郁有兰花香，香高而持久，"岩韵"明显。除与一般茶叶具有提神益思、消除疲劳、生津利尿、解热防暑、杀菌消炎、解毒防病、消食去腻、减肥健美等保健功能外，还具有防癌症、降血脂、抗衰老等特殊功效。品饮大红袍，必须按工夫茶小壶小杯细品慢饮的程式，才能真正品尝到岩茶之巅的禅茶韵味。

导考指引：武夷岩茶是属于什么品种的茶？

（3）福州脱胎漆器

福州脱胎漆器始于南宋，是中国国家地理标志产品。福州脱胎漆器的优点：光亮美观、不怕水浸、不变形、不褪色、坚固、耐温、耐酸碱腐蚀。福州脱胎漆器最大特点：轻。2010年12月31日，原国家质检总局批准对福州脱胎漆器实施地理标志产品保护。

导考指引：被誉为福建工艺品的"三宝"分别是什么？

（4）妈祖祭典

妈祖祭典是福建省莆田市历史悠久的汉族民俗及民间宗教文化活动。在每年农历三月二十三妈祖诞辰之日举行，行祭地点设在湄州祖庙广场和新殿天后广场。2006年5月20日，妈祖祭典民俗经国务院批准列入第一批国家级非物质文化遗产名录。

导考指引：被誉为"世界宗教博物馆"在福建的哪个地方？

8.4.3 福建旅游资源

1）旅游资源概览

福建文化旅游资源灿烂多元，悠久的历史孕育了闽南文化、客家文化、妈祖文化、闽越文化、朱子文化、海丝文化等六大精品文化，以及茶文化等一批内涵深刻、特色鲜明的地域文化。丰富的自然旅游资源和人文旅游资源奠定了福建省旅游发展在全国的重要地位，更为推动旅游扶贫发挥了重要作用。福建省世界及国家级旅游资源如表8-3所示。

表8-3　福建省世界级及国家级旅游资源

类型	数量	分类	景点
世界遗产	5	世界文化遗产	福建土楼（永定和南靖）、厦门鼓浪屿
		世界自然遗产	泰宁大金湖、福建武夷山
		世界自然和文化遗产	武夷山
世界地质公园	2	泰宁世界地质公园、宁德世界地质公园	
国家历史文化名城	4	泉州市、福州市、漳州市、长汀县	
国家5A级旅游景区	11	厦门鼓浪屿旅游区、武夷山风景名胜区、福建土楼（永定）旅游景区、福建土楼（南靖）旅游景区、三明市泰宁风景旅游区、世界地质公园屏南白水洋·鸳鸯溪旅游区、泉州市清源山景区、宁德市福鼎太姥山风景区、福州市三坊七巷历史文化街区景区、龙岩市古田会议会址景区、莆田市湄洲岛国家旅游度假区	

注：数据截至2022年7月。

试一试：上表提到的旅游景区有你熟悉的吗？如果有，请试一试给同学们介绍一下。

2）重点旅游资源

（1）武夷山

武夷山位于福建省武夷山市南郊，武夷山脉北段东南麓总面积999.75平方公里，是中国著名的风景旅游区和避暑胜地。武夷山通常指位于福建省武夷山市西南15公里的小武夷山，称福建第一名山，属典型的丹霞地貌，是首批国家级重点风景名胜区之一。武夷山是三教名山。自秦汉以来，武夷山就为羽流禅家栖息之地，留下了不少宫观、道院和庵堂故址。武夷山还曾是儒家学者倡道讲学之地。武夷山自然保护区，是地球同纬度地区保护最好、物种最丰富的生态系统，拥有2 527种植物物种，近5 000种野生动物。

武夷山是世界文化与自然双重遗产、世界生物圈保护区、全国重点文物保护单位

武夷山720°
全景讲解

（武夷山崖墓群）、国家重点风景名胜区、国家5A级旅游景区、国家级自然保护区、国家水利风景区、国家生态旅游示范区、全国文明风景旅游区示范点。

新视野

世界遗产委员会评价武夷山：武夷山脉是中国东南部最负盛名的生物多样性保护区，也是大量古代孑遗植物的避难所，其中许多生物为中国所特有。九曲溪两岸峡谷秀美，寺院庙宇众多，但其中也有不少早已成为废墟。该地区为唐宋理学的发展和传播提供了良好的地理环境，自11世纪以来，理教对东亚地区文化产生了相当深刻的影响。公元1世纪时，汉朝统治者在程村附近建立了一处较大的行政首府，厚重坚实的围墙环绕四周，极具考古价值。

（2）福建土楼

福建土楼，分布于福建和广东两省，包括龙岩市境内的永定土楼，漳州市境内的南靖土楼、华安土楼、平和土楼、诏安土楼、云霄土楼、漳浦土楼以及泉州土楼等。

福建土楼产生于宋元，成熟于明末、清代和民国时期。土楼以石为基，以生土为主要原料，分层交错夯筑，配上竹木作墙骨牵拉，丁字交叉处则用木定型锚固。

2008年7月6日，在加拿大魁北克城举行的第32届世界遗产大会上，福建土楼被正式列入世界遗产名录。此次成为世界文化遗产的"福建土楼"，由福建省永定、南靖、华安三县的"六群四楼"共46座土楼组成。即龙岩市永定区初溪土楼群、洪坑土楼群、高北土楼群及衍香楼、振福楼、南靖县田螺坑土楼群、河坑土楼群及怀远楼、和贵楼、华安县大地土楼群。这些土楼或方或圆，以圆为主，如珍珠般洒落在闽西南的绿水青山间。截至2008年，世遗土楼中最古老和最年轻的均在初溪土楼群，直径66米的集庆楼已届600岁"高龄"，直径31米的善庆楼则仅有30年历史。

研究发现，福建土楼所在的闽西南山区，正是福佬与客家民系的交汇处，地势险峻，人烟稀少，一度野兽出没，盗匪四起。聚族而居既是根深蒂固的中原儒家传统观念要求，更是聚集力量、共御外敌的现实需要使然。集居住和防御功能于一体的土楼就这样应运而生了。这些独一无二的山区民居建筑，将源远流长的生土夯筑技术推向了极致。

导考指引：福建土楼最大的特色是什么？

（3）厦门鼓浪屿

鼓浪屿，是福建省厦门市思明区的一个小岛，是著名的风景区。鼓浪屿位于厦门岛西南隅，与厦门岛隔海相望，原名圆沙洲、圆洲仔，因海西南有海蚀洞受浪潮冲击，声如擂鼓，明朝雅化为今名。

由于历史原因，鼓浪屿在传统聚居地的基础上，逐渐形成多元文化交融发展的历史国际社区，中外风格各异的建筑物在此地被完好地汇集、保留，有"万国建筑博览"之称。鼓浪屿现留存有931座展现本土和国际不同风格的历史建筑、园林和自然景观、历史道路网络，体现了现代人居理念和当地传统文化的融合。此岛还是音乐的沃土，人才辈出，钢琴拥有密度居全国之冠，又得美名"钢琴之岛""音乐之乡"，是一个非常浪漫的旅游景点。

2017年7月8日，鼓浪屿申遗成功，成为中国第52项世界文化遗产项目。

新视野

世界遗产委员会评价鼓浪屿：鼓浪屿是中国在全球化发展的早期阶段实现现代化的一个见证，具有显著的文化多样性特征和19世纪中叶至20世纪中叶的现代生活品质。鼓浪屿突出地反映了多元文化在各个方面的广泛交流，保存完好的历史遗迹真实且完整地记录了其曲折的发展进程和生动的风格变化，真切地反映了激烈变革时代的历史。鼓浪屿的发展清楚地记录了不同国家的文化在鼓浪屿的交汇和传播，记录了我国早期近代建筑吸收南洋、西洋风格的基本特点。鼓浪屿同样见证了世界不同文化和价值追求之间的相互了解和共同发展的历史，为中国和其他地区不同文化的融合发展提供了参考。鼓浪屿独特的装饰风格建筑遗产记录了物质化的文化交融，形成东南亚地区具有代表性的新建筑运动。

（4）三坊七巷

三坊七巷是国家5A级旅游景区，是福州老城区经历了拆迁建设后仅存下来的一部分，是福州的历史之源、文化之根，自晋、唐形成起，便是贵族和士大夫的聚居地，清至民国走向辉煌。区域内现存古民居约270座，有159处被列为保护建筑。以沈葆桢故居、林觉民故居、严复故居等9处典型建筑为代表的三坊七巷古建筑群，被国务院公布为全国重点文物保护单位。

位于福州中心城区的三坊七巷（"三坊"是：衣锦坊、文儒坊、光禄坊；"七巷"是：杨桥巷、郎官巷、安民巷、黄巷、三坊七巷塔巷、宫巷、吉庇巷）拥有0.38平方公里的完整保护范围。三坊七巷为国内现存规模较大、保护较为完整的历史文化街区，是全国为数不多的古建筑遗存之一，有"中国城市里坊制度活化石"和"中国明清建筑博物馆"的美称。2009年6月10日，三坊七巷历史文化街区获得文化和旅游部、国家文物局批准的"中国十大历史文化名街"荣誉称号。

3）旅游发展新格局

《福建省人民政府办公厅关于印发福建省"十四五"文化和旅游改革发展专项规划的通知》中提出，发挥武夷山、福建土楼、泰宁、鼓浪屿、泉州等世界遗产和国家5A级景区独特优势，深入挖掘文化内涵，融入更多创意和时尚元素，实施文化和科技赋能，建设富有文化底蕴的世界级旅游景区和度假区。支持平潭用足用好国家赋予的政策，突出"风、水、石厝"特色，完善"一廊、两环、五区"国际旅游岛空间布局，打造国际知名休闲度假旅游岛。支持厦门植物园等创建国家5A级旅游景区，推动泉州古城等创建国家级旅游度假区。挖掘闽都文化、闽南文化、海丝文化、朱子文化、茶文化等厚重的历史人文资源，将福州、厦门、泉州、武夷山等城市打造成为文化特色鲜明、辐射国内外的旅游休闲城市。依托福州三坊七巷、上下杭、厦门中山路、鼓浪屿、泉州西街—中山路、漳州古城、长汀古城等历史文化街区，创新业态，建设一批具有全国影响力的旅游休闲街区。到2025年，建成一批国家级旅游休闲城市和旅游休闲街区。支持泉州利用申遗成功契机，打响"宋元中国，海丝泉州"旅游品牌；支持"红色古田，养生龙岩""妈祖圣地，美丽莆田""山海宁德"等旅游品牌打造。

8.5　度假天堂　阳光海南

课前思考

1.你知道海南省有哪些古称？

2.请在图8-4中标注出你所知道的海南著名滨海旅游景区。

分省（区、市）地图—海南省

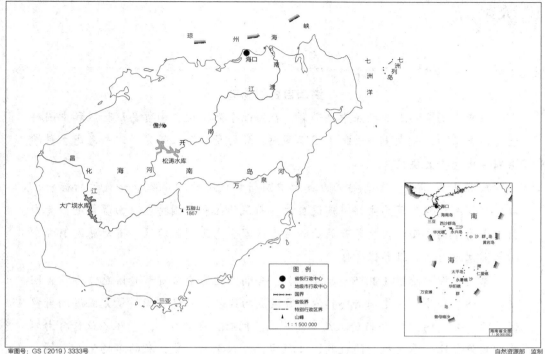

审图号：GS（2019）3333号　　　　　　　　　　　　　　　　　　　　　　　　　　自然资源部　监制

图8-4　海南省地图

　　海南省，简称"琼"，位于中国最南端。北以琼州海峡与广东省划界，西隔北部湾与越南相对，东面和南面在南海中与菲律宾、文莱、印度尼西亚和马来西亚为邻。海南省的行政区域包括海南岛、西沙群岛、中沙群岛、南沙群岛的岛礁及其海域，是全国面积最大的省。全省陆地（主要包括海南岛和西沙、中沙、南沙群岛）总面积3.54万平方公里，海域面积约200万平方公里。

　　海南岛岛屿轮廓形似一个椭圆形大雪梨，长轴呈东北至西南向，长约290公里，西北至东南宽约180公里，面积3.39万平方公里，是国内仅次于台湾岛的第二大岛。海岸线总长1 944公里，有大小港湾68个，周围-5米至-10米的等深地区达2 330.55平方公里，相当于陆地面积的6.8%。

　　西沙群岛和中沙群岛在海南岛东南面约300海里的南海海面上。西沙群岛有岛屿22座，陆地面积8平方公里，其中永兴岛最大（2.13平方公里）。南沙群岛位于南海的南部，是分布最广和暗礁、暗沙、暗滩最多的一组群岛，陆地面积仅2平方公里，其中曾母暗沙是中国最南端的领土。

大事记

海南自由贸易港

海南自由贸易港是按照中央部署，在海南全岛建设自由贸易试验区和中国特色自由贸易港，是党中央着眼于国际国内发展大局，深入研究、统筹考虑、科学谋划做出的重大决策。

按照中央部署，海南要努力成为中国新时代全面深化改革开放的新标杆，以供给侧结构性改革为主线，建设自由贸易试验区和中国特色自由贸易港，着力打造成为中国全面深化改革开放试验区、国家生态文明试验区、国际旅游消费中心、国家重大战略服务保障区。

第一是探索阶段（2018—2020年）：全面实施海南自贸试验区总体方案（国发〔2018〕34号），复制借鉴其他自贸区成功经验，高标准高质量完成海南自贸区试验任务（184），国际开放度显著提高。同时，在部分园区，压茬试行自由港某些政策，比如零关税、简税制、低税率，放权审批，更开放的市场化运行等，加快探索构建自由港政策和制度体系，做好从"自贸区"到"自由港"衔接。

第二是初步建立阶段（2020—2025年）：初步建立起自由港政策和制度体系，营商环境达到国内一流水平，是最为重要和关键阶段。

第三是持续深化阶段（2025—2035年），形成更加成熟、更具活力的自由开放经济新体制，营商环境跻身全球前列，充分体现国际高标准、高质量、高水平。

第四是完全成熟阶段（2035—2050年），建成特色鲜明、世界著名的现代化自由贸易港，形成高度自由化、法治化、国际化、现代化的制度体系，成为中国实现社会主义现代化的标杆和范例。

8.5.1 海南自然地理环境

1）地形地貌

海南岛四周低平，中间高耸，呈穹隆山地形，以五指山、鹦哥岭为隆起核心，向外围逐级下降，由山地、丘陵、台地、平原构成环形层状地貌，梯级结构明显。

导考指引：请问海南海拔1 000米以上的高山有多少座？

2）气象气候

海南岛属热带季风海洋性气候。四季不分明，夏无酷热，冬无严寒，气温年差较小，年平均气温高；干季、雨季明显，冬春干旱，夏秋多雨，多热带气旋；光、热、水资源丰富。

海南大部分地区年平均气温在22.5~25.6℃，中部山区略低于23℃，南部、西部略高于25℃，等温线向南弯曲呈弧线，由中部山区向沿海递增，沿海高于内陆，南部高于北部。海南岛是同纬度世界上降雨量最多的地区之一，水汽来源充足，降水总量多，时空分布不均。海南平均年雨量约为1 640毫米，年降水量分布呈环状分布，东部多于西部，山区多于平原，山区又以东南坡最多。东部多雨区约2 000~2 400毫米，西部少雨区仅1 000毫米左右。

导考指引： 简述海南省的气候特点。

3）河流水文

海南岛地势中部高四周低，比较大的河流大都发源于中部山区，组成辐射状水系。全岛独流入海的河流共154条，其中水面超过100平方公里的有38条。南渡江、昌化江、万泉河为海南岛三大河流，三条大河的流域面积占全岛面积的47%。南渡江发源于白沙县南峰山，斜贯岛中北部，至海口市入海，全长353公里；昌化江发源于琼中县空示岭，横贯海南岛中西部，至昌化港入海，全长243公里；万泉河上游分南北两支，分别发源于琼中县五指山和风门岭，两支流到琼海市龙江合口咀合流，至博鳌港入海，主流全长178公里。海南岛上真正的湖泊很少，人工水库居多，著名的有松涛水库、牛路岭水库、大广坝水库和南丽湖等。

8.5.2　海南人文地理环境

1）历史沿革

据《正德琼台志》记载，在唐虞三代，海南岛被称为"南服荒缴"，在秦代称为"越郡外境"。西汉元封元年（公元前110年），在海南岛设置珠崖郡、儋耳郡。属交州刺史管辖。这是海南岛归入祖国版图最早的两个行政地名，标志着中央政权对海南岛直接统治的开始。三国时期，吴赤乌年间（公元238~251年）在雷州半岛设立珠崖郡（治今广东徐闻）。西晋时，雷州半岛和海南岛属交州。至南朝梁时，始在海南本土设置崖州，有效地管辖海南岛全境。唐代改郡为州，设崖州、儋州、振州、万安州、琼州等，统属岭南道管辖。海南简称"琼"系来源于唐代的琼州，属岭南道。元世祖至元十五年（1278年），在海南岛设置琼州路安抚司，隶属湖广行中书省。明代海南设琼州府，领儋、万、崖三州10个县。清代，于海南设置琼崖道。1912年中华民国成立，设琼崖道于琼山府城，置道尹治理全岛。

1949年，海南特别行政区成立。1950年5月海南岛宣告解放，成立海南军政委员会，实行军事性管制。1984年10月，海南行政区人民政府正式宣告成立。1988年4月13日，海南省和海南经济特区成立。2018年6月3日，为落实好海南自贸区建设的国家战略，海南省委、省政府决定设立海口江东新区。

2）人口民族

第七次全国人口普查数据显示，全省常住人口1 008.12万人，其中城镇常住人口607.59万人，占总人口的60.27%；农村常住人口400.52万人，占39.73%。

海南省汉族、黎族、苗族、回族是世居民族，其余民族是新中国成立后迁入的干部、职工和移民，分散于全省各地。黎族是海南岛上最早的居民。黎、苗、回族大多数聚居在中部、南部的琼中、保亭、白沙、陵水、昌江等自治县和三亚市、东方市、五指山市。

试一试：简述海南省历史沿革、文化特征、宗教概况、少数民族与民俗概况。

3）风俗物产

（1）儋州调声

儋州调声，海南省儋州市民间音乐，国家级非物质文化遗产之一。儋州调声是仅流传于海南省儋州市一地并具有独特地域风格的传统民间歌曲，儋州调声产生于西汉时期，在中国近代得到发展，儋州调声用儋州方言演唱，节奏明快，旋律优美，感情热烈，可歌可舞，被誉为"南国艺苑奇葩"。儋州调声主要特色是男女集体对唱，把唱歌与舞蹈融为一体。

（2）黎族传统纺染织绣技艺

黎族传统纺染织绣技艺，海南省传统手工技艺，国家级非物质文化遗产之一。黎族传统纺染织绣技艺是中国海南省黎族妇女创造的一种纺织技艺，它是用棉线、麻线和其他纤维等材料做衣服和其他日常用品。黎族传统纺染织绣技艺包括纺纱、染色、织布、刺绣四大工序。黎族织锦的图案丰富多彩，有160种以上，主要有人物、动物、植物、花卉、生活用具、几何图案等纹样。

2006年5月20日，黎族传统纺染织绣技艺经中华人民共和国国务院批准列入第一批国家级非物质文化遗产名录。2009年，被列入联合国教科文组织非物质文化遗产名录（名册）中的急需保护的非物质文化遗产名录。

（3）军坡节

军坡节是海南别具特色的一种地方文化习俗、年度的区域性祭神活动，到现在已有1 300多年历史，"闹军坡"主要是在农历二月到三月之间，目的是祭祀祖先神灵和历史人物，大部分地方的军坡是为了纪念民族英雄冼夫人。海南军坡节也叫"公期"，它的热闹程度和重要性甚至超过春节。每到军坡节，当地的村民就会大搞祭祀，扛着供奉的公祖婆祖巡村，敲锣打鼓，请神上身，还会上演"穿杖""过火山""上刀山"等神秘的活动，场面热闹非凡。其中最惊险刺激的就是穿杖表演。

导考指引：海南为了纪念冼夫人而举行的民间奉祀活动是什么？

8.5.3 海南旅游资源

1）旅游资源概览

海南省的旅游资源十分丰富，极富特色。在海南长达1 944公里的海岸线上，沙岸占50%~60%，沙滩宽数百米至数千米不等，向海面坡度一般为5°，缓缓延伸。海水温度一般为18~30 ℃，阳光充足，一年中多数时间可进行海浴、日光浴、沙浴和风浴。

海南省有海拔1 000米以上的山峰81座，绵延起伏，山形奇特，气势雄伟。最著名的有乐东县尖峰岭、昌江县霸王岭、陵水县吊罗山和琼中县五指山四个热带原始森林区，其中以尖峰岭最为典型。沙滩、潜水、海鲜是三亚旅游度假的三大永恒主题。蜈支洲岛享有"中国第一潜水基地"的美誉，有中国保护最完好的生态珊瑚礁。海南省国家级旅游资源如表8-4所示。

表8-4 海南省国家级旅游资源

类型	数量	景点
国家5A级旅游景区	6	三亚市蜈支洲岛旅游区、呀诺达雨林文化旅游区、槟榔谷黎苗文化旅游区、三亚南山大小洞天旅游区、分界洲岛旅游区、三亚市南山文化旅游区
国家级地质公园	2	中国雷琼海口火山群世界地质公园、白沙陨石坑地质公园
国家级风景名胜区	1	三亚热带海滨风景名胜区

注：数据截至2022年7月。

2）重点旅游资源

（1）蜈支洲岛旅游区

蜈支洲岛旅游区位于海南海棠湾景区内，国家5A级景区，全岛呈不规则蝴蝶状，面积1.48平方公里，东西长1 500米，南北宽1 100米，海岸线全长5.7公里，南部最高峰海拔79.9米。岛东、南、西三面漫山叠翠，85科2 700多种原生植物郁郁葱葱，不但有高大挺拔的乔木，也有繁茂葳蕤的灌木，其中不但有从恐龙时代流传下来的桫椤这样的奇异花木，还生长着迄今为止地球上留存下来最古老的植物，号称"地球植物老寿星"的龙血树，寄生、绞杀等热带植物景观随处可见。临海山石嶙峋陡峭，直插海底，惊涛拍岸，蔚为壮观。中部山林草地起伏透迤，绿影婆娑。北部滩平浪静，沙质洁白细腻，恍若玉带天成。

蜈支洲岛
720° 全景
讲解

蜈支洲岛享有"中国第一潜水基地"美誉。四周海域清澈透明，海水能见度6~27米，水域中盛产夜光螺、海参、龙虾、马鲛鱼、海胆、鲳鱼及五颜六色的热带鱼，南部水域海底有着保护得很好的珊瑚礁，是世界上为数不多的没有礁石或者鹅卵石混杂的海岛，是国内潜水基地，极目远眺，烟波浩渺，海天一色。

（2）海南槟榔谷黎苗文化旅游区

海南槟榔谷黎苗文化旅游区创建于1998年，地处北纬18°，位于保亭县与三亚市交界的甘什岭自然保护区境内。景区坐落在万余棵亭亭玉立、婀娜多姿的槟榔林海，并置身于古木参天、藤蔓交织的热带雨林中，规划面积5 000余亩，距亚龙湾海岸26公里，距三亚市中心28公里。

槟榔谷因其两边森林层峦叠嶂，中间是一条延绵数公里的槟榔谷地而得名。景区由非遗村、甘什黎村、雨林苗寨、田野黎家、《槟榔·古韵》大型实景演出、兰花小木屋、黎苗风味美食街七大文化体验区构成，风景秀丽。槟榔谷还是海南黎、苗族传统"三月三"及"七夕嬉水节"的主要活动举办地之一。文化魅力十足，是海南民族文化的"活化石"。

作为中国首家民族文化型5A级景区，槟榔谷还是国家非物质文化遗产生产性保护基地、十大最佳电影拍摄取景基地，分别获国务院文化和旅游部、农业农村部颁发的"全国民族团结进步模范集体""国家文化出口重点项目""全国休闲农业与乡村旅游五星级企业"等多项国家荣誉。海南槟榔谷黎苗文化旅游区秉承"挖掘、保护、传承、弘扬海南黎苗文化，使其生生不息"的使命，向世界再现了海南千年的文明，是海南少数民族文化的传承者和创新实践者。

（3）南山文化旅游区

南山文化旅游区位于海南省三亚市西南40公里处，是中国最南端的山，属热带海洋季风性气候，其空气质量和海水质量居全国首位，森林覆盖率为97%，是一座展示中国佛教传统文化的大型园区。南山文化旅游区是国家5A级旅游景区、国家重点风景名胜区、全国文明风景旅游区示范点、中国人居环境范例奖、中国佛教名山胜地、中国旅游业发展优先项目、海南省生态旅游示范景区。

南山主要景点有南山寺、海上观音、不二法门、观音文化苑、天竺圣迹、佛名胜景观苑、十方塔林与归根园、佛教文化交流中心、素斋购物一条街等。其中，108米海上观音是当之无愧的亮点之一，是世界首尊金玉观世音菩萨塑像，闻名全海南的镇岛之宝。

试一试：我国佛教名山众多，你还知道哪些因佛教文化而扬名国内外的名山？

（4）大小洞天旅游区

位于三亚市以西40公里处的南山山麓，始创于南宋（1187年），是海南省历史悠久的风景名胜，是中国南端的道家文化旅游胜地，自古因其奇特秀丽的海景、山景、石景与洞景被誉为"琼崖八百年第一山水名胜"，是国家5A级旅游景区。

三亚大小洞天自古留下了众多名人胜迹。唐代高僧鉴真为弘扬佛法六次东渡日本，曾于第五次漂流至南山大小洞天海岸登岸，留下千古史话；宋末元初，我国棉纺技术革新家黄道婆在这一带采棉纺织，并从这里登船离岸，把崖州的植棉技术和棉纺技术传播海内外；宋代道教南宗五祖白玉蟾曾在此修炼和传法布道，使大小洞天从此与道家有了渊源。由此，该旅游区是一个以古崖州文化为脉络，汇聚中国传统的道家文化与龙文化，融滨海风光、科普教育、民俗风情、滨海休闲于一体的国际化旅游风景区。

人物谈

女纺织技术家——黄道婆

黄道婆，又名黄婆、黄母，原松江府乌泥泾（今属上海市）人，宋末元初著名的棉纺织家、技术改革家。

幼时为童养媳，因不堪虐待流落崖州（治所在今海南省三亚市崖城镇），居约40年，向黎族妇女学习棉纺织技艺并有改进，总结出"错纱、配色、综线、挈花"的织造技术。元朝元贞年间（1295—1297年），返回故乡，教乡人改进纺织工具，制造擀、弹、纺、织等专用机具，织成各种花纹的棉织品。

黄道婆对促进长江流域棉纺织业和棉花种植业的迅速发展起了重要作用，后人誉之为"衣被天下"的"女纺织技术家"。卒后琼、沪两地乡民均立祠奉祀。

试一试：请你评价黄道婆对我国纺织技术产生的影响。

3）旅游发展新格局

在《海南省"十四五"旅游文化广电体育发展规划》中提出，要充分利用海南自由贸易港"零关税""低税率"政策，积极落实"大力发展旅游业，推动旅游与文化体育、健康医疗、养老养生等深度融合"和"积极发展海洋旅游"政策部署，优先发展购物旅游、医疗康养旅游、海洋旅游、文化旅游、体育旅游产品、支撑海南建设购物天堂、度假天堂、康养天堂。围绕初步建成国际旅游消费中心的发展目标，构建国际知名度假天堂、康养天堂、购物天堂和会展高地。创新发展八大特色旅游产品：会展旅游、环岛旅游公路产品、主题乐园及景区旅游、生态雨林旅游、邮轮游艇旅游、城镇旅游、乡村旅游、婚庆旅游。

拓展与思考

1.请用一句话概括你对华南旅游区的总体印象。

2."虚实结合法"在导游讲解中常常用到，请用此方法对南山文化旅游区的南山寺景点进行导游讲解。

华南旅游区
导考指引参
考答案

第9章　华东旅游区

华东区旅游
资源概述

——烟雨山水　诗画江南

学习目标

知识能力目标：

了解华东旅游区的概况；

掌握华东旅游区自然与人文旅游地理环境及旅游资源特征；

掌握本区各省市重点旅游资源，能根据旅游资源的特点和分布，进行旅游线路设计。

思想素质目标：

领会国家重大战略政策对华东旅游区的影响；

理解"红船精神""井冈山精神"及"两山"理念；

传承和保护中国传统文化。

华东旅游区地处长江下游，濒临黄海和东海，大部分地区处于秦岭—淮河和南岭之间，包括江苏、安徽、江西、浙江、上海四省一市，该区地理位置优越，交通便捷，经济发达。华东旅游区是我国交通最便利的地区之一，有以铁路、水运为主，公路和航空为辅的旅游交通网。铁路以京广线、京沪线、沪杭线、浙赣线、焦柳线等为主，连接多条支线。全区多数旅游城市和重要风景名胜区都有铁路相通。内河航运发达，长江水运大动脉横贯东西，京杭大运河纵贯南北。海上运输以上海为中心，连接华东及国内主要大中城市，还有通往多国的国际航线，本区公路密度大，城市之间多有省际公路和高速公路相连。

194

9.1 华东旅游区概述

9.1.1 旅游地理环境

1）自然地理环境

（1）地貌类型以平原、丘陵为主

华东旅游区地处我国地势第三级阶梯，地形以平原、丘陵相间分布为主，自北向南依次为黄淮平原、皖中丘陵、长江中下游平原及长江三角洲、江南丘陵及浙闽丘陵。

黄淮平原是华北平原的一部分，位于苏皖二省北半部，地势西高东低，海拔在20~40米。平原北部的徐州和连云港附近有局部侵蚀残丘，海拔可上升到100~200米。连云港的云台山海拔600米，是苏北的旅游胜地。皖中丘陵海拔500米以下，分布有天柱山、琅琊山等风景名胜。

长江中下游地势低平，河网密布，湖泊众多，包括鄱阳湖平原、苏皖平原和长江三角洲。鄱阳湖平原主要由赣江、信水、修水、抚河等河流冲积而成，海拔在100米以下，是富庶的鱼米之乡。鄱阳湖湖口东西两侧有著名的风景名山石钟山和庐山。苏皖平原是指从湖口到镇江之间沿长江两岸分布的冲积平原。平原上河曲、残丘、湖泊、江心、沙洲星罗棋布，其中以巢湖面积最大，芜湖以下江面收缩，由于两岸丘陵夹峙，常有山崖伸入江中，称为"矶"。

长江中下游平原以南的广大地区为低山丘陵，包括江南丘陵和浙闽丘陵两部分。江南丘陵是指长江以南、南岭以北、武夷山和天目山以西、云贵高原以东的低山丘陵地区。这里多山地旅游资源，黄山、九华山享誉中外，钟山、栖霞山、汤山、井冈山皆为旅游名山。浙江省除北部平原以外，大部分地区为低山丘陵，分布有天台山、会稽山、雁荡山等名山。天台山、四明山脉向东北伸入海，形成舟山群岛，其中，普陀山是我国四大佛教名山之一。闽赣两省交界处丹霞地貌发育典型，是我国著名的丹霞地貌风景区。

（2）河流密布，湖泊众多，地表水丰富

该区域河流水量大、汛期长、泥沙少、无冰期，为开展水上旅游活动创造了条件。在河流流经地区及沿江两岸分布有丰富多彩的自然资源，并孕育了各具特色的人文旅游资源。主要河流有长江及其支流、淮河、钱塘江、京杭大运河等。

该区域湖泊集中分布在长江两岸，我国五大淡水湖泊中的鄱阳湖、太湖、洪泽湖、巢湖都在本区域内。另外，杭州西湖、扬州瘦西湖、嘉兴南湖、淳安千岛湖均为全国著名的湖泊风景旅游区。

（3）典型的亚热带季风气候，温暖湿润

本区气候具有四季分明、冬温夏热、雨量丰富的特征，为典型的亚热带季风气候。夏季偏热，但无酷暑，且本区域名山、湖泊、滨河分布广，适宜避暑。冬季与北方相比并无严寒，仍可开展旅游活动，每年3月至11月均适宜旅游，其中春秋两季为旅游旺季，尤其秋季是黄金旅游季节。温暖湿润的气候使本区域大多数地区的植被发育为常绿阔叶林，加之丘陵、山地广布，使本区植被茂盛，花卉繁多，森林覆盖率高，形成一派山清水秀的秀丽景观。

2）人文地理环境

（1）区域文化特色明显

华东旅游区以吴越文化为主。吴越文化以太湖流域为中心，其范围大致包括今日的江苏、江西东北的上饶地区、皖南、浙江省和上海市，基本与整个吴语方言区相吻合。其深刻内涵与精神特质可概括为海纳百川、兼容并蓄；聪慧机敏、灵动睿智；经世致用、求真务实；敢为人先、超越自我。

（2）经济发达

华东旅游区土壤肥沃、河网密布、气候适宜、人口众多，开发历史悠久，自然条件极为优越，是我国重要的农耕区，素有"鱼米之乡"的美誉。该区物产丰富，粮、棉、麻、蚕丝、茶叶等产品在全国均占有十分重要的地位。粮食作物以水稻为主，其次是小麦。长江三角洲平原、鄱阳湖平原、洞庭湖平原等都是我国重要的商品粮基地，两湖平原是我国重要的棉产区之一。太湖流域植桑养蚕历史悠久，自唐宋以来，已发展成为我国三大蚕丝产地之一。该区水资源丰富，淡水鱼种类繁多，产量大。沿海盛产各种海洋鱼类和其他海产。本区民族工业发展较早，基础雄厚，部门齐全，发展水平较高，许多产品畅销海内外。机电、纺织、化工、电子等部门的生产占全国首位，上海是全国最大的工商业中心。整个长江三角洲已成为我国经济增长最为强劲的增长极。

（3）海陆空交通运输业发达

华东旅游区拥有以铁路、水运为主，公路和航空为辅的旅游交通网，是我国交通最发达的地区之一。铁路以上海为中心通过京沪、沪杭、浙赣等线路连接区内各主要城市和旅游景区。河运和海运相辅相成，构成完整的水上运输网。其中，长江大动脉为本区东西水运干线，连通南通、南京、镇江、马鞍山、九江、武汉等长江沿岸重要的旅游城市。京杭运河江南段至今仍为主要物资运输线，连接镇江、苏州、嘉兴、湖州等多个旅游城市。上海是我国最大的港口和世界重要的港口之一，连接国内外众多海港旅游城市。航空运输以上海为中心，与全国40多个城市有直飞航班，与世界60多个城市有定期航班，是洲际旅游的主要通道。

9.1.2　旅游资源特征

1）山地景观众多

华东旅游区风景名山众多，不仅景色优美，形象丰富，百态千姿，生态完整，而且人文景观荟萃，大多是著名的避暑旅游胜地，旅游活动均开发得较好。三山五岳中的三山（安徽黄山、江西庐山、浙江雁荡山）就位于本旅游区。我国的宗教名山如：四大佛教名山中的普陀山和九华山及四大道教名山中的龙虎山、齐云山也分布于本区域。这些风景名山融丰富的自然景观和文物古迹于一体，加上宜人的气候和便捷的交通，成为著名的避暑游览胜地，对本区的旅游发展具有十分重要的意义。

2）水景秀丽多姿

华东旅游区水景资源丰富，秀丽多姿，既有滨海风光，又有江河美景。嵊泗列岛、普陀山、朱家尖是区域内著名的滨海旅游区，长江、京杭大运河、富春江—新安江是我国重要的江河旅游线。杭州西湖、江苏太湖、扬州瘦西湖是国家重点风景名胜区。众多的泉水与瀑布更增添了本区旅游资源的色彩，其中黄山温泉、杭州虎跑泉、庐山三叠瀑、雁荡山的大小龙湫瀑布等旅游景点皆驰名海内外。

3）古典园林荟萃

本区气候温暖湿润，水系发达，亚热带植被繁茂，为造园提供了优越的自然条件，加之区域内人才辈出，历代达官富豪在此生活经商。区域内的古典园林归属于江南园林，他们规模不大，以精取胜。区域内园林不仅数量丰富，而且构园造诣极高。江南园林十分擅长叠石理水，园林中的建筑小巧玲珑、素雅精致，配以花木，更显清新洒脱之意，"虽由人作、宛自天开"，自然之趣盎然。区域的园林主要集中分布于苏州、南京、无锡、扬州、杭州、绍兴和嘉兴等地。典型代表有狮子林、拙政园、个园、留园、豫园。

4）名城、古都、古镇繁多

华东旅游区历史悠久，人口稠密，经济繁荣，自古为经济、文化要地，尤其是南北朝后，江南成为全国经济文化中心，该区域形成了众多的古都和特色各异的名镇。历史名都——南京和杭州都位于区域内。周庄、乌镇等特色古镇形成了别有风味的江南小镇风光，是近些年来国内旅游的热点。

5）旅游产品丰富多样

华东旅游区发展历史悠久，是我国早期对外开放的前沿阵地。区域内工艺品种类繁多，具有浓厚的地方风格，有很高的艺术价值。传统工艺品有苏州的刺绣、杭州的织锦、南京的云锦等。此外，景德镇的陶瓷制品、宜兴的紫砂陶制品、芜湖的贴画也享誉海外。本区物产极为丰富，尤以茶叶最负盛名，西湖龙井、太湖碧螺春、黄山毛峰等。上海的糖梨膏、绍兴的黄酒、杭州的藕粉等土特产也备受国内外游客的喜爱。

9.2 群英荟萃 魔都上海

课前思考

1.上海市辖区内有哪些岛屿？请在图9-1中标示出来。

2.请说一说上海简称的由来。

分省（区、市）地图—上海市

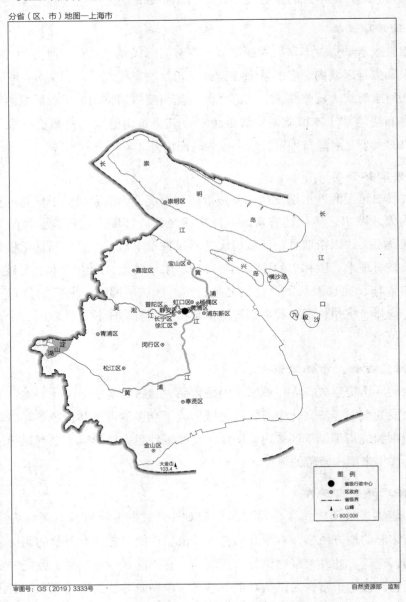

审图号：GS（2019）3333号

自然资源部 监制

图9-1 上海市地图

上海市，简称"沪"，别称"申"，是中国第一大城市，国家中心城市。上海地处长江三角洲前缘，是长江经济带的龙头城市，隔东海与日本九州岛相望，南濒杭州湾，北、西与江苏、浙江两省相接。全市总面积为6 340.5平方公里，境内辖有崇明、长兴、横沙3个岛屿，崇明岛是中国的第三大岛。上海是长江三角洲冲积平原的一部分，平均高度为海拔2.19米左右。大金山为上海境内最高点，海拔103.7米。上海河网大多属黄浦江水系。黄浦江流经市区，终年不冻，是上海的水上交通要道。淀山湖是上海最大的湖泊。

上海是中国最著名的工商业城市和国际都会，是全国最大的综合性工业城市，也是中国的经济、交通、科技、工业、金融、贸易、会展和航运中心。尽管上海缺乏山水景观且古迹不多，但其旅游业在我国有着举足轻重的地位。上海的旅游资源以人文景观为主，主要的旅游景点有：中共一大会址、外滩、东方明珠等。

大事记

上海世界博览会

2010年5月1日至10月31日期间，第41届世界博览会在中国上海举行，简称"上海世界博览会"（EXPO 2010）。本次世博会也是由中国举办的首届注册类世界博览会，主题为：城市，让生活更美好（Better City，Better Life）。2010年上海世界博览会会场，位于南浦大桥和卢浦大桥区域，并沿着上海城区黄浦江两岸进行布局。世博园区规划用地范围为5.28平方公里，包括浦东部分为3.93平方公里，浦西部分为1.35平方公里。围栏区范围约为3.22平方公里。本次世博会有12项入选世界纪录协会世界之最，分别是：①共有190个国家、56个国际组织参展，参展规模为世界之最。②园区共79 965名志愿者分13批次向游客提供了129万班次1 000万小时约4.6亿人次的服务，志愿者人数居世界之最。③正式参展方得自建馆，大约有40个国家和国际组织报名建设，其数量为历届之最。④上海世博会主题馆屋面太阳能板面积达3万多平方米，雄伟壮观，是目前世界最大单体面积太阳能屋面。⑤主题馆墙面入选中国世界纪录协会世界上面积最大的生态绿墙，该绿墙面积为5 000平方米。⑥投资为286亿元，财政总预算将达到300亿～400亿元。⑦世界上保留园区内老建筑物最多的世博会园区。⑧2010年10月16日，进园参观人数103.28万，成为世博会史上单日参观人数之最。⑨截至2010年10月31日，超过7 308.44万人参观，为历届最多。⑩首次同步推出网上世博会。⑪世界上单体量最大的公厕。⑫世博会园区面积最大：园区在市中心占地5.29平方公里。⑬上海世博是第一次在发展中国家举办的世博会。

9.2.1 上海自然地理环境

1）地形地貌

上海是长江三角洲冲积平原的一部分，平均海拔为2.19米左右。海拔最高点是位于金山区杭州湾的大金山岛，海拔为103.70米。西部有天马山、薛山、凤凰山等残丘，天马山为上海陆上最高点，海拔99.8米。海域上有大金山、小金山、浮山、佘山等基岩岛。在上海北面的长江入海处，有崇明岛、长兴岛、横沙岛3个岛屿。崇明岛为中国第三大岛，由长江挟带下来的泥沙冲积而成，面积为1 041.21平方公里，海拔3.5～4.5米。长兴岛面积88.54平方公里，横沙岛面积55.74平方公里。

2）气象气候

上海属亚热带季风气候，四季分明，日照充足，雨量充沛。上海气候温和湿润，春秋较短，冬夏较长。全年无霜期约230天，年平均降雨量在1 200毫米左右，一年中60%的雨量集中在5至9月的汛期。上海全年平均气温为16 ℃左右，7、8月份气温最高，月平均约28 ℃；1月份最低，月平均约4 ℃。一年四季都可旅游，其中春、夏两季是最佳旅游季节。

3）河流水文

上海市地处长江入海口、太湖流域东缘。境内河道（湖泊）面积约500多平方公里，上海市河道长度2万余公里，河网密度平均每平方公里3～4公里。

上海境内江、河、湖、塘相间，水网交织，主要水域和河道有长江，黄浦江及其支流吴淞江（苏州河）、蕴藻浜、川杨河、淀浦河、大治河、斜塘、圆泄泾、大泖港、太浦河、拦路港、金汇港以及油墩港等。其中黄浦江干流全长80余公里，河宽大都在300～700米，其上游在松江区米市渡处承接太湖、阳澄淀泖地区和杭嘉湖平原来水，贯穿上海至吴淞口汇入长江口。吴淞江发源于太湖瓜泾口，在市区外白渡桥附近汇入黄浦江，全长约125公里，其中上海境内约54公里，俗称苏州河，为黄浦江主要支流。上海的湖泊集中在与苏、浙交界的西部洼地，最大的湖泊为淀山湖，面积为60余平方公里。

9.2.2 上海人文地理环境

1）历史沿革

上海地区，春秋属吴。秦汉以后分属海盐、由拳、娄县诸县。唐天宝十载（751年），吴郡太守奏准设立华亭县，上海地区始有相对独立的行政区划。北宋时期，上海大陆地区分属华亭县和昆山县，崇明地区属海门县。南宋嘉定十年十二月初九（1218年1月7日）立嘉定县，上海地区始有两个独立行政区划。元代后期，上海地区有松江府和嘉定、崇明2州及华亭、上海2县。到嘉庆十年（1805年），上海地区基本形成10县1厅的格局。1912年1月，中华民国成立，裁松江府、太仓州，上海地区属江苏省。1925年，北洋政府允准上海改为淞沪市。1927年7月7日，上海特别市成立。1928年春，上海特别市宣布租界为特别区。1930年7月，上海特别市改称上海市。1949年5月27日上海解放。1949年10月1日，中华人民共和国成立，上海仍为中央直辖市。1995年，上海市辖14区和6县，面积6 340.5平方公里，其中陆地面积6 218.65平方公里、水面积697平方公里。

导考指引：上海别称"申"，原因在于上海曾经是楚国谁的封邑？

2）人口民族

截止2021年年末，上海全市常住人口为2 489.43万人。其中，户籍常住人口1 457.44万人，外来常住人口1 031.99万人。目前，在上海的常住人口中覆盖了国内所有少数民族。

3）风俗物产

（1）沪剧

中国传统戏曲剧种。流行于上海和江浙地区。源于上海浦东的民歌东乡调，清末形成上海滩簧，其间受苏州滩簧的影响。后采用文明戏的演出形式，发展成为小型舞台剧"申曲"。1927年以后，申曲开始演出文明戏和时事剧。1941年上海沪剧社成立，申曲正式改称沪剧。其主要有长腔长板、三角板、赋子板等。曲调优美，富有江南气息，擅长表现现代生活。优秀剧目有《罗汉钱》《芦荡火种》《一个明星的遭遇》等。2006年被列入国家级非物质文化遗产名录。

导考指引：上海特色戏曲和曲艺有哪些？

（2）崇明白山羊

崇明白山羊是长江三角洲地区羊种之一，为肉、皮、毛兼用型品种。羊肉及内脏不但味道鲜美，而且具有暖胃、补虚、强身壮骨、食疗盈瘦之功效。未经阉割的幼龄公羊，全身羊毛是制笔的好材料，尤其是颈背部的领鬃毛，被称为"细光锋"，是制造高级毛笔、油画笔及精密仪器刷子的特种原料。羊皮质地纤细，柔软光滑，属优质皮革。

导考指引：上海市民早点的"四大金刚"分别是什么？

（3）龙凤旗袍手工技艺

龙凤旗袍是海派旗袍的精华，是沪上海派旗袍手工制作工艺的正宗传承者，至今仍保持海派旗袍的遗韵。龙凤旗袍的特色在于全手工、高质量的个性化精工制作，继承了濒临失传的苏广成衣铺镶、嵌、滚、宕、盘、绣的传统工艺。精选的面料和通过手工镂、雕、绣形成的图案，以及寓意吉祥的盘扣，体现了中国传统文化的特色。2011年入选第三批国家级非物质文化遗产名录。

（4）上海之春国际音乐节

上海之春国际音乐节的前身是创办于20世纪60年代的上海之春音乐舞蹈月和始于20世纪80年代的上海国际广播音乐节，这两项活动于2001年正式合并为上海之春国际音乐节。每年举办一次，地点设在上海市。上海之春国际音乐节以"和平、友谊、交融、和谐"为宗旨，并对参赛节目进行评选，设有"金编钟奖"。

上海之春国际音乐节主要活动包括：音乐舞蹈新人新作展演，上海地区群众性合唱邀请赛，国际广播音乐节目"金编钟"奖展播及评选颁奖活动，国内广播音乐节目主持人大赛，国际及国内音乐、舞蹈祝贺演出，国际音乐学术报告会，全国部分地区新民乐汇演暨研讨会，《东方风云榜》十大金曲评选颁奖演唱会，国际音像制品博览会等项。

9.2.3 上海旅游资源

1）旅游资源概览

上海处于长江下游平原地带，由泥沙堆积而成，能形成的自然景观不多，上海的旅游资源主要以水域风光、生物景观、遗址遗迹、建筑与设施和人文活动为主。上海作为滨海城市，水域风光旖旎，以淀山湖、滴水湖为代表。上海的生物景观集中分布在崇明岛，崇明岛上有栖息动物52种，鱼类63种，国家一级重点保护鸟类有东方白鹳、白头鹤等2种；列入中日、中澳政府间候鸟及其栖息地保护协定的鸟类分别为156种和54种。另外，还有列为国家一级重点保护的中华鲟和白鲟。作为"绿色海洋"，崇明岛上植被和动物种类繁多，是生物观赏的绝佳地点。

上海的遗址遗迹众多，有中共一大会址、和平饭店、百乐门、国际饭店、大世界等历史建筑，还有枫泾古镇、朱家角镇、老城隍庙、玉佛寺、大观园等著名的人文古迹等。上海鳞次栉比的建筑群无疑是闻名遐迩的，东方明珠电视塔、金茂大厦、环球金融中心、世博会中国馆等都是耳熟能详的知名建筑。上海文化被称为"海派文化"，它是在中国江南传统文化的基础上，与开埠后传入的对上海影响深远的西方文化等融合而逐步形成，既古老又现代，既传统又时尚，具有开放而又自成一体的独特风格。上海市国家级旅游资源如表9-1所示。

表9-1 上海市国家级旅游资源表

类型	数量	景点
国家5A级旅游景区	4	上海科技馆、上海野生动物园、东方明珠广播电视塔、中国共产党一大·二大·四大纪念馆景区
国家地质公园	1	崇明长江三角洲国家地质公园
国家级森林公园	4	海湾国家森林公园、共青国家森林公园、佘山国家森林公园、东平国家森林公园
国家自然保护区	2	崇明东滩鸟类自然保护区、九段沙湿地自然保护区

注：数据截至2022年7月。

2）重点旅游资源

（1）中共一大·二大·四大会址

中共一大会址纪念馆馆舍系利用中共一大会址所在地树德里的原有房屋和西邻的辅助建筑，占地面积1 300余平方米。树德里房屋建于1920年秋，共2排9幢二层楼房，砖木结构，坐北朝南，清水外墙，大门上部均有拱形堆塑花饰，属上海典型的石库门建筑。后排4幢为黄陂南路（原贝勒路）374弄1—4号，前排5幢房屋为兴业路70—78号，其中中共一大会址即在76号（原望志路106号）。中共一大会址，是中国共产党的诞生地。中国共产党第一次全国代表大会于1921年7月23日至7月30日在楼下客厅举行。

中共二大会址，位于上海南成都路辅德里625号（今老成都北路7弄30号）。该会址是始建于1915年的石库门民居，这里也曾是中共中央局宣传主任李达的寓所，也是我党第一个秘密出版机构——人民出版社的所在地。1922年7月16—23日，中国共产党第二次全国代表大会在此召开。这次会议，第一次提出了党的民主革命纲领，第一次提出党的统一战线思想，制定了第一部党章，第一次比较完整地对工人运动、妇女运动和青少年运动提出了要求，第一次决定加入共产国际，第一次提出"中国共产党万岁"的口号。中共二大和中共一大共同完成了党的创建任务。

中共四大会址，位于虹口区四川北路1468号，1925年1月11—22日，中共四大在上海召开，首次将党的基本组织由"组"改为"支部"，规定"凡有党员三人以上均将成立一个支部"，中共四大也由此成为中国共产党支部建设的起点。

2021年，中国共产党一大·二大·四大纪念馆景区成为了上海第四个国家5A级景区。它作为中国共产党的诞生地，体现了中国共产党"红船精神"。红船所代表和昭示的是时代高度，是发展方向，是奋进明灯，是铸就在中华儿女心中的永不褪色的精神丰碑，教育着我们要走在时代的前列，勇当舵手，引领航向。

找一找： 中国共产党到目前为止召开了多少次全国代表大会？你知道其他历次会议召开的具体时间、地点及产生的重要意义么？

（2）东方明珠广播电视塔

东方明珠广播电视塔是上海的标志性文化景观之一，位于浦东新区陆家嘴，塔高约468米。该建筑于1991年7月兴建，1995年5月投入使用，承担上海6套无线电视发射业务，地区覆盖半径80公里。

东方明珠集都市观光、时尚餐饮、购物娱乐、历史陈列、浦江游览、会展演出等多功能于一体，塔内有太空舱、旋转餐厅、上海城市历史发展陈列馆等景观和设施，1995年被列入上海十大新景观之一。

目前，陆家嘴金融城已有商办楼宇285幢，建筑面积1 500万平方米，上海中心、环球金融中心和金茂大厦三座超高层建筑已成为陆家嘴金融城的显著标识，被誉为"东方曼哈顿"，社会主义制度在这里焕发出强大的生命力，充分体现了制度的优越性。

外滩夜景

（3）外滩

外滩位于上海市黄浦区的黄浦江畔，即外黄浦滩，为中国历史文化街区。1844年（清道光廿四年）起，外滩这一带被划为英国租界，是帝国主义瓜分践踏中国的见证，成为上海十里洋场的真实写照，也是旧上海租界区以及整个上海近代城市开始的起点。

外滩全长1.5公里，南起延安东路，北至苏州河上的外白渡桥，东面即黄浦江，西面是旧上海金融、外贸机构的集中地。上海辟为商埠以后，外国的银行、商行、总会、报社开始在此云集，外滩成为全国乃至远东的金融中心。外滩矗立着52幢风格迥异的古典复兴大楼，素有"外滩万国建筑博览群"之称，是中国近现代重要史迹及代表性建筑，也是上海的地标之一。1996年11月，国务院将其列入第四批全国重点文物保护单位。主要景点有黄浦公园、外白渡桥、十六铺、陈毅广场、情人墙、观光隧道、外滩源、常胜军纪念碑、红石纪念碑、赫德铜像。

（4）上海迪士尼乐园

上海迪士尼乐园位于上海市浦东新区川沙新镇，于2016年6月16日正式开园。它是中国第二个、内地第一个、亚洲第三个、世界第六个迪士尼主题公园。上海迪士尼乐园拥有七大主题园区：米奇大街、奇想花园、探险岛、宝藏湾、明日世界、梦幻世界、玩具总动员；两座主题酒店：上海迪士尼乐园酒店、玩具总动员酒店；一座地铁站：迪士尼站；并有多个全球首发游乐项目。2016年3月8日，上海迪士尼度假区在其官方网站公布首批园内实景图。园内的创极速光轮成为全球迪士尼主题乐园中首创的景点。

导考指引：上海迪士尼度假区是全球第几个迪士尼度假区？是亚洲第几个迪士尼度假区？

3）旅游发展新格局

上海市人民政府办公厅关于印发《上海市"十四五"时期深化世界著名旅游城市建设规划》的通知中提出，要完善都市旅游功能空间，建设富有文化底蕴的世界级旅游目的地。

具体包括：深化都市旅游"样板城市"建设，强化上海主城区"中心辐射"功能，进一步提升旅游服务能级；打造"五个新城"旅游新节点，嘉定新城着力打造世界级汽车文化旅游目的地，青浦新城建设青浦（长三角）演艺中心，松江新城建设科创人文生态全域旅游示范、国家全域旅游标杆区和国家文旅融合创新发展示范区，奉贤新城打造国际海岸度假区、东方美村休闲区、美丽滨江休闲区、未来田园休闲区，南汇新城打造科技旅游、主题娱乐、滨水度假先锋地；培育沿江沿湾旅游发展新空间，宝山区打造具有全球资源配置能力的国际邮轮旅游中心，金山区打造"G320文旅连廊"，建设乡村文旅振兴示范地、江南文化发掘样板区、滨海旅游必选地；建设黄浦江"世界会客厅"，围绕吴淞口地区、复兴岛—共青森林公园、杨浦滨江、民生滨江文化城—船厂、北外滩、外滩—南外滩、陆家嘴、世博—前滩地区、徐汇滨江、吴泾镇—浦江镇等十大线路，打造主题会客空间。

9.3 水韵吴风 灵静江苏

课前思考

1.江苏省有哪些主要湖泊？请在图9-2中标示出来。

2.谈一谈你最喜欢的描写江苏的诗句。

分省（区、市）地图—江苏省

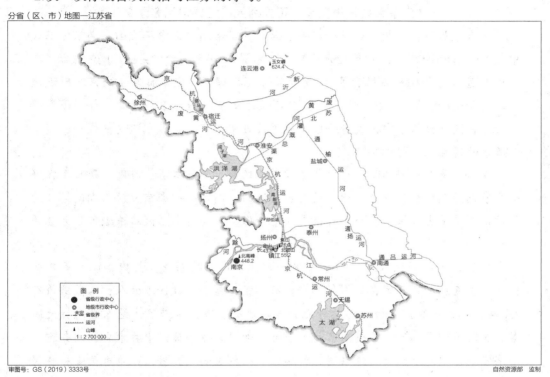

审图号: GS（2019）3333号　　　　　　　　　　　　　　　　　　　　　　　自然资源部 监制

图9-2 江苏省地图

江苏省简称"苏"，省会是南京市。江苏位于长江中下游，东濒黄海，东南与浙江省和上海市毗邻，西接安徽省，北接山东省。

江苏跨江滨海，平原辽阔，水网密布，湖泊众多。海岸线954公里，长江横穿东西，京杭大运河纵贯南北。全国五大淡水湖中，江苏的太湖和洪泽湖分别居第三和第四位。江苏地势平坦，地形以平原为主。平原面积占86.9%，低山丘陵面积占13.1%，集中分布在西南和北部。连云港云台山玉女峰是全省最高峰，海拔624.4米。

江苏历史悠久，经济、文化发达，旅游资源极为丰富。江苏是中国历史文化名城最多的省份，文化古迹非常丰富，南京的"石头城"、明孝陵、中山陵，徐州的汉代兵马俑，常州的"东南第一丛林"天宁禅寺，苏州的苏州园林、寒山寺等堪称代表，更有与长城齐名的古运河。江苏多有名山秀水，如钟山、云台山、惠山、金山、太湖、玄武湖等，为构筑园林提供了良好的基础。故名园荟萃，形成了诸多风景园林名城，苏州、扬州、无锡等皆以园林名闻世界。

课堂活动： 请同学们分组讨论，说说古代有哪些描述现今江苏省的诗词？

大事记

《南京大屠杀史档案》正式列入《世界记忆名录》

南京大屠杀，是指1931至1945年中国抗日战争期间，中华民国在南京保卫战中失利、首都南京于1937年12月13日（学术界认为开始于12月5日）沦陷后，在华中派遣军司令松井石根和第6师团长谷寿夫指挥下，侵华日军于南京及附近地区进行长达6周的有组织、有计划、有预谋的大屠杀和奸淫、放火、抢劫等血腥暴行。在南京大屠杀中，大量平民及战俘被日军杀害，无数家庭支离破碎，南京大屠杀的遇难人数超过30万。

南京大屠杀是侵华日军公然违反国际条约和人类基本道德准则，是日军在侵华战争期间无数暴行中最突出、最有代表性的一例之一。南京大屠杀期间，《纽约时报》《中央日报》《新华日报》等中外媒体，均对南京大屠杀进行了大量的揭露。

战后，中国国民政府对南京大屠杀进行了广泛的调查。其中，南京审判战犯军事法庭经调查判定，日军集体屠杀有28案，屠杀人数19万余人；零散屠杀有858案，死亡人数15万余人，总计死亡人数达30多万，制造了惨绝人寰的特大惨案。2014年12月13日是首个南京大屠杀死难者国家公祭日，中共中央、国务院在南京侵华日军南京大屠杀遇难同胞纪念馆举行首次南京大屠杀死难者国家公祭仪式，中共中央总书记、国家主席、中央军委主席习近平出席仪式。2015年10月9日，《南京大屠杀史档案》正式列入《世界记忆名录》。

9.3.1 江苏自然地理环境

1）地形地貌

江苏省地形以平原为主，平原面积8.9万平方公里，主要由苏北平原、黄淮平原、江淮平原、滨海平原、长江三角洲平原组成。江苏地势低平，河湖较多。江苏是中国地势最低的一个省区，绝大部分地区在海拔50米以下，低山丘陵集中在西南部，主要有老山山脉、云台山脉、宁镇山脉、茅山山脉、宜溧山脉。

导考指引： 江苏省绝大部分地区在海拔多少米以下？

2）气象气候

江苏属东亚季风气候区，处于亚热带和暖温带气候的过渡地带。江苏省地势平坦，一般以淮河、苏北灌溉总渠一线为界，以北地区属暖温带湿润、半湿润季风气候；以南地区属亚热带湿润季风气候。江苏气候呈现四季分明、季风气候、冬冷夏热、春温多变、秋高气爽、雨热同季、雨量充沛、降水集中、梅雨显著、光热充沛、气象灾害多发等特点。

江苏各地平均气温在13～16 ℃，江南为15～16 ℃，江淮流域为14～15 ℃，淮北及沿海为13～14 ℃，由东北向西南逐渐增高。最冷月为1月，平均气温-1.0～3.3 ℃，其等温线与纬度平行，由南向北递减，7月为最热月，沿海部分地区和里下河腹地最热月在8月，平均气温26～28.8 ℃，其等温线与海岸线平行，温度由沿海向内陆提升。

3）河流水文

江苏地处江、淮、沂、沭、泗五大河流下游，长江横穿江苏省南部，江水系江苏省最可靠的水资源。境内有太湖、洪泽湖、高邮湖、骆马湖、白马湖、石臼湖、微山湖等大中型湖泊，以及大运河、淮沭河、串场河、灌河、盐河、通榆运河、灌溉总渠和通扬运河等各支河，河渠纵横，水网稠密。

9.3.2　江苏人文地理环境

1）历史沿革

夏、商、周时期，江苏分属不同的部落和诸侯国。春秋、战国时期，分属齐、鲁、宋、吴、楚等国。秦代实行郡县制，境内长江以南属会稽郡，以北分属东海郡和泗水郡。西汉初年，郡国并行，江苏省先后分属楚、荆、吴、广陵、泗水等国。唐朝时期，江苏分属河南道、淮南道及江南东道。北宋时期，分属江南东路、两浙路、淮南东路、京东东路和京东西路。元代实行行省制，江苏先后分属江淮行省、江浙行省、河南行省。明朝时，南京是陪都。清初废南京，以南京原辖区域改设江南省。民国元年，中华民国临时政府在南京成立。1949年4月23日，中国人民解放军横渡长江，南京解放。1949年6月，江苏全境解放，设苏北（苏中）、苏南行署区及南京市三个省级行政区。1953年1月，三个省级行政区合并，恢复江苏省建制，南京市降为省辖市，并将省会设在南京市。

导考指引： 江苏省正式建省始于哪一年？

2）人口民族

截止2021年年末，全省常住人口8 505.4万人，在常住人口中，男性人口4 316.2万人，女性人口4 189.2万人。江苏绝大部分人口为汉族，占比99.5%。江苏是少数民族散居省区。江苏少数民族有4个特征：一是少数民族齐全；二是少数民族占江苏总人口的比例小；三是回族人口占少数民族人口的比例较大，占34%；四是少数民族干部数占江苏干部总数的0.4%，高于少数民族占总人口的比例，少数民族人口文化素质也逐步提高。

3）风俗特产

（1）昆曲

昆曲，又称昆剧、昆腔、昆山腔，是中国传统文化艺术中的珍品。昆曲是现存的中国最古老的剧种之一，昆曲的唱腔具有很强的艺术性，对中国近代的所有戏剧剧种，如川剧、京剧都有着巨大的影响。昆曲表演包括唱、念、做、打、舞等，这些内容也是培训京剧演员的基本科目。昆腔及其戏剧结构（旦、丑、生等角色）也被其他剧种所借鉴。昆曲在2001年被联合国教科文组织列为人类口述和非物质遗产代表作。

导考指引：请你列举出我国古典名著中出自江苏籍作者之手或与江苏有关的有哪些？

（2）洞庭碧螺春茶

碧螺春是中国传统名茶，中国十大名茶之一，属于绿茶类，已有1 000多年历史。碧螺春产于江苏省苏州市吴县太湖的东洞庭山及西洞庭山（今苏州吴中区）一带，所以又称"洞庭碧螺春"。唐朝时就被列为贡品，古人们又称碧螺春为"功夫茶""新血茶"。碧螺春茶的特点是条索紧结，白毫显露，色泽银绿，翠碧诱人，卷曲成螺，产于春季，故名"碧螺春"。此茶冲泡后杯中白云翻滚，清香袭人。主要工序为杀青、揉捻、搓团显毫、烘干。

（3）苏绣

苏绣是苏州地区刺绣产品的总称，是我国的四大名绣之一。苏绣具有图案秀丽、构思巧妙、绣工细致、针法活泼、色彩清雅的独特风格，地方特色浓郁。绣技具有"平、齐、和、光、顺、匀"的特点。苏绣装饰性与实用性兼备。在种类上，苏绣作品主要可分为零剪、戏衣、挂屏三大类，其中以"双面绣"作品最为精美。苏绣经常作为馈赠外国元首的礼品，在近百个国家和地区展出，被誉为东方的明珠。

（4）城隍庙灯会

江阴古城每逢上元（元宵）节日，彩灯斗妍，弦歌达旦，尤其是城隍庙一带更是热闹非凡。通常在庙门口安放的是名为"镜台"的大纸灯，其中点燃很多支蜡烛，火光透过糊灯的水晶纸，宛如一座耀眼的立体妆镜。庙中的三座正殿（即戏楼），东、西两厢的"二十四司"、风师、雨伯、雷公、电母诸殿也都挂满了珠灯、玻璃灯、红纱灯，琳琅满目，五彩缤纷。正殿中城隍夫妇头上戴的龙冠与凤冠，是最吸引游客之处，是百年前由7位手艺高超的银匠，费时三年才雕镂而成。龙冠上有大小金龙39条，凤冠上有大小凤凰31只，都是用金片、银线装饰，其设计之奇妙、工艺之精美，令人叹服。

9.3.3 江苏旅游资源

1）旅游资源概览

江苏拥有丰富的旅游资源，自然景观与人文景观交相辉映，有小桥流水人家的古镇水乡，有众口传颂的千年名刹，有精巧雅致的古典园林，有烟波浩渺的湖光山色，有规模宏大的帝王陵寝，有雄伟壮观的都城遗址，纤巧清秀与粗犷雄浑交汇融合，可谓是"吴韵汉风，各擅所长"。

江苏的山虽不高，但多负盛名，其中有常州溧阳南山竹海，南京钟山，镇江北固山、金山，金坛和句容交界处的茅山，南通狼山，苏州天平山，徐州云龙山，新沂马陵山和连云港花果山等。江苏的水兼江河湖海，有中国第一大河——长江；世界上最古老的运河——京杭大运河；我国第二大淡水湖——太湖。连云港的海滨浴场，南通盐城的湿地滩涂则是江苏的沿海旅游资源。江苏的名泉极多，有"天下第一泉"镇江中泠泉，"天下第二泉"无锡惠山泉，苏州虎丘的"天下第三泉"及憨憨泉。江苏省世界及国家级旅游资源如表9-2所示。

表9-2 江苏省世界级及国家级旅游资源

类型	数量	分类	景点
世界遗产	4	世界文化遗产	苏州园林、京杭大运河、明清皇家陵寝
		世界自然遗产	黄（渤）海候鸟栖息地
国家地质公园	4	连云港花果山景区、西山景区、南京市六合国家地质公园、汤山方山国家地质公园	
国家历史文化名城	12	南京、苏州、扬州、徐州、镇江、常熟、淮安、无锡、南通、宜兴、泰州、常州	
国家5A级旅游景区	25	苏州市同里古镇景区、苏州市周庄古镇景区、扬州市瘦西湖风景区、周恩来故里旅游景区、连云港花果山景区、常州市天目湖景区、溱湖旅游景区、南京钟山风景名胜区、无锡灵山大佛景区、苏州园林、苏州金鸡湖景区、春秋淹城旅游景区、徐州市云龙湖景区、句容茅山景区等	

注：数据截至2022年7月。

试一试：请选择一个江苏的历史文化名城介绍给你的同学。

2）重点旅游资源

（1）苏州园林

沧浪亭导游讲解

苏州园林位于江苏省苏州市境内，苏州素有"园林之城"的美誉，境内私家园林始建于公元前6世纪，清末时城内外有园林170多处，现存50多处。其中至今保存完好并开放的有，始建于宋代的沧浪亭、网师园，元代的狮子林，明代的拙政园、艺圃，清代的留园、耦园、怡园、曲园、听枫园等。1997年，苏州古典园林中的拙政园、留园、网师园和环秀山庄被列入世界文化遗产名录；2000年，沧浪亭、狮子林、耦园、艺圃和退思园作为苏州古典园林的扩展项目也被列为世界文化遗产，也是苏州最具代表性的5A级景区之一。

苏州园林宅园合一，可赏，可游，可居。这种建筑形态的形成，是在人口密集和缺乏自然风光的城市中，人类依恋自然、追求与自然和谐相处、美化和完善自身居住环境的一种创造。苏州古典园林所蕴含的中华哲学、历史、人文习俗是江南人文历史传统、地方风俗的一种象征和浓缩，展现了中国文化的精华，在世界造园史上具有独特的历史地位和重大的艺术价值。以拙政园、留园为代表的苏州古典园林被誉为"咫尺之内再造乾坤"，是中华园林文化的翘楚和骄傲。

新视野

世界遗产委员会评价开苏州园林：没有任何地方比历史名城苏州的九大园林更能体现中国古典园林设计"咫尺之内再造乾坤"的理想。苏州园林被公认是实现这一设计思想的杰作。这些建造于11—19世纪的园林，以其精雕细琢的设计，折射出中国文化取法自然而又超越自然的深邃意境。

想一想：请你从艺术特色、艺术思想、文化意味三个方面简述苏州古典园林的特色。

（2）中山陵

中山陵是中国近代伟大的民主革命先行者孙中山先生的陵寝，及其附属纪念建筑群，面积8万余平方米。中山陵自1926年春动工，至1929年夏建成，1961年成为首批全国重点文物保护单位，2006年列为首批国家重点风景名胜区和国家5A级旅游景区。

中山陵位于江苏省南京市玄武区紫金山南麓钟山风景区内，前临平川，背拥青嶂，东毗灵谷寺，西邻明孝陵，整个建筑群依山势而建，由南往北沿中轴线逐渐升高，主要建筑有博爱坊、墓道、陵门、石阶、碑亭、祭堂和墓室等，排列在一条中轴线上，体现了中国传统建筑的风格，从空中往下看，像一座平卧在绿绒毯上的"自由钟"。融汇中国古代与西方建筑之精华，庄严简朴，别创新格。

人物谈

中国民主革命的伟大先驱——孙中山

孙中山（1866年11月12日—1925年3月12日），名文，字载之，号日新，又号逸仙，又名帝象，化名中山樵，他首举彻底反帝反封建的旗帜，"起共和而终两千年封建帝制"，是伟大的民族英雄、伟大的爱国主义者、中国民主革命的伟大先驱，中华民国和中国国民党的缔造者，三民主义的倡导者，创立了《五权宪法》。

孙中山1866年11月12日生于广东省广州府香山县（今中山市）翠亨村。孙中山原在香港学医，并成为西医医师。鸦片战争后，孙中山目睹中华民族有被西方列强瓜分的危险，决定抛弃"医人生涯"，进行"医国事业"。孙中山早期受郑观应的改良思想影响，后看清了清政府的腐败，决心推翻清王朝，建立民主共和国。

1894年11月24日，孙中山在檀香山创立兴中会。1905年（光绪三十一年）成立中国同盟会。1911年10月10日（宣统三年）新军中的革命党人暗中联络，决定当天晚上起义。辛亥革命后被推举为中华民国临时大总统（任期1912年1月1日—1912年4月1日）。1925年3月12日，孙中山因癌症在北京逝世。1929年6月1日，根据其生前遗愿，葬于南京紫金山中山陵。1940年，国民政府通令全国，尊称其为"中华民国国父"。

孙中山著有《建国方略》《建国大纲》《三民主义》等。其著述在逝世后多次被结集出版，有中华书局1986年出版的十一卷本《孙中山全集》，台北1969年、1973年、1985年出版的《国父全集》等。

作为中国近代伟大的革命先行者，他领导的辛亥革命虽然失败了，但让民主观念深入人心，在寻找一条适合中国的道路过程中，开启了寻梦追梦的航程，也激励我们为实现中国梦而不断努力奋斗。

（3）中国黄（渤）海候鸟栖息地——盐城黄海湿地

中国黄（渤）海候鸟栖息地是我国第54处世界遗产，江苏首项世界自然遗产，填补了我国滨海湿地类型遗产空白，成为全球第二块潮间带湿地遗产。

黄（渤）海区域拥有世界上面积最大的连片泥沙滩涂，是亚洲最大、最重要的潮间带湿地所在地。盐城市拥有太平洋西岸和亚洲大陆边缘面积最大、生态保护最好的海岸型湿地，包含陆地生态系统、淡水生态系统和海岸带及海洋生态系统动植物群落演替，是具有普遍突出价值的生物学、生态学过程典型代表，在遗产地区域内有17个物种被列入世界自然保护联盟（IUCN）物种红色名录，其中，极危物种中华凤头燕鸥极度依赖当地的海岸海洋系统。

鉴于黄海湿地在全球生物多样性保护中的地位和面临的威胁，世界保护大会分别于2012年和2016年达成"加强黄海生态区湿地保护"的决议。为守护好大美湿地，盐城市在20世纪先后建立珍禽、麋鹿两个国家级自然保护区，两个保护区先后被列入国际重要湿地，珍禽保护区还是联合国教科文组织人与生物圈网络成员。

新视野

世界自然保护联盟（IUCN）评估后认为：中国黄（渤）海候鸟栖息地是陆地、淡水、海岸和海洋生态系统及动植物群落演变、发展的生态过程的突出代表；是东亚—澳大利西亚候鸟迁飞路线上最重要的自然栖息地，从科学和保护角度看，具有突出普遍价值的濒危物种栖息地。位于盐城的一期位置最重要，面积最大、生态系统相对完整，是多种生态学过程交汇区域，对黄（渤）海生态系统具有全局影响，还是世界上最稀有的迁徙候鸟勺嘴鹬、小青脚鹬的存活依赖地，也是中国丹顶鹤的最大越冬地。

试一试：谈谈湿地的作用表现在哪些方面？

（4）夫子庙—秦淮河风光带

秦淮河是南京的"母亲河"，是孕育金陵古老文化的摇篮，其内秦淮河全长五公里，史称"十里秦淮"，这里也是夫子庙—秦淮风光带精华所在。夫子庙—秦淮风光带是一座集自然风光、山水园林、庙宇学堂、街市民居、乡土人情为一体的国家5A级旅游景区。景区以夫子庙古建筑群为中心，以十里内秦淮河为轴线，东起东水关公园，西至西水关公园（今水西门）。

在这"江南锦绣之邦，金陵风雅之薮"，美称"十里珠帘"的夫子庙—秦淮风光带上，点缀着数不尽的名胜佳景，汇集着说不完的轶闻掌故。她蕴含着南京城市发展2 000

多年的历史文化积淀，是南京城市最早的重要发祥地之一，也是南京历史上最热闹的文化、商业中心，代表了南京历史上的繁华。沿岸有世界最大、保存最完好的瓮城——中华门瓮城；有明代被称为"南都第一园"，在清代与上海豫园、苏州拙政园、留园及无锡寄畅园并称"江南五大名园"，今"金陵第一园"的瞻园，园内坐落着我国唯一的太平天国史专题博物馆；有明代开国功臣中山王徐达的私家花园——白鹭洲公园；有中国古代最大的科举考场——江南贡院等著名景点。在夫子庙—秦淮河风光带上还有东晋豪门贵族王导、谢安故居，明代江南首富沈万三故居，明末清初演绎"桃花扇"的传奇人物李香君的故居，我国最伟大的文学家之一、著有《儒林外史》的吴敬梓的故居，秦大士故居，以及乌衣巷、桃叶渡、东水关、西水关、古长干里、凤凰台遗址……这些历史古迹，仿佛镶嵌在夫子庙—秦淮风光带上的颗颗璀璨的明珠。

3）旅游发展新格局

《江苏省"十四五"文化与旅游发展规划》指出，江苏省旅游发展以水为脉、以文铸魂，发挥江苏奔涌江流、稠密河网、温润湖泊、浩淼海洋的丰富资源优势，构筑大运河文化、海洋文化、长江文化、江南文化等区域文化传承弘扬高地，彰显"水+文化"鲜明融合特质。依托南北贯穿的大运河、海岸线，东西延展的扬子江、陆桥东部联动发展带，以及点缀其间的太湖、洪泽湖、里下河湖荡群等湖泊，构建高能级、高标识度、强带动力的"两廊两带两区"文旅空间体系，系统推动沿江、沿海、沿大运河、沿湖地区文旅特色发展，构建省域宜居宜业宜游的全域魅力空间，充分展现"水韵江苏"之美。

两廊是指培育打造世界级运河文化遗产旅游廊道和世界级滨海生态旅游廊道；两带是指培育打造扬子江世界级城市休闲旅游带和陆桥东部世界级丝路旅游带；两区是指培育打造沿太湖世界级生态文化旅游区和沿洪泽湖世界级生态文化旅游区。

9.4 迎客天下 美好安徽

课前思考

1.安徽省的旅游资源中，你最感兴趣的是什么？

2.请在图9-3中标注出安徽省的世界遗产的大致位置。

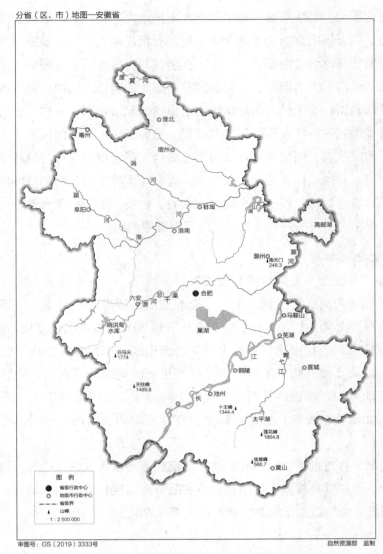

分省（区、市）地图—安徽省

审图号：GS（2019）3333号　　　　　　　　　　　　　　自然资源部 监制

图9-3　安徽省地图

安徽建省于清朝康熙六年（1667年），省名取当时安庆、徽州两府首字合成，因境内有皖山、春秋时期有古皖国而简称"皖"。地处长江、淮河中下游，长江三角洲腹地，居中靠东、沿江通海，东连江苏省、浙江省，西接湖北省、河南省，南邻江西省，北靠山东省，东西宽约450公里，南北长约570公里，土地面积14.01万平方公里，占全国的1.45%，居第22位。地跨长江、淮河、新安江三大流域，全省分为淮北平原、江淮丘陵、皖南山区三大自然区域。境内巢湖是全国五大淡水湖之一，面积近800平方公里。

安徽省现有合肥、淮北、亳州、宿州、蚌埠、阜阳、淮南、滁州、六安、马鞍山、芜湖、宣城、铜陵、池州、安庆、黄山16个地级市，9个县级市、50个县、45个市辖区。

安徽省历史悠久，人文荟萃，山川秀美，区位优越，地理地貌融合中国南北差异，是美丽中国的缩影。安徽省是长三角的重要组成部分，处于全国经济发展的战略要冲和国内几大经济板块的对接地带，经济、文化和长江三角洲其他地区有着历史和天然的联系。安徽文化发展源远流长，由徽州文化、淮河文化、皖江文化、庐州文化四个文化圈组成。

大事记

黄山成功入选世界生物圈保护区

2018年7月在联合国教科文组织"人与生物圈计划"第30届国际协调理事会上，黄山被批准加入世界生物圈保护区网络，成为中国第34个、安徽省首个世界生物圈保护区。至此，黄山成为集世界生物圈保护区、世界文化与自然遗产、世界地质公园于一身的自然保护地，也是目前我国唯一以风景名胜区为主体成功申报世界生物圈保护区的区域。

黄山世界生物圈保护区地处皖南山区腹地，是中国东南部南岭山脉余脉的中低山丘陵地带。保护区总面积为42 558.48公顷，包括黄山风景区和与景区毗邻的12个行政村及1个国有林场。独特的地质地貌和气候条件孕育并保护了黄山令人瞩目的生物多样性。截至目前，黄山世界生物圈保护区有2 385种高等植物和417种脊椎动物。因其占有全国0.044%的陆地面积分布着全国6.92%的植物物种和9.55%的动物物种，被世界自然保护联盟确定为世界108个生物多样性分布中心之一，被认定为中国33个生物多样性保护优先区域（黄山—怀玉山生物多样性保护优先区域）之一。

9.4.1　安徽自然地理环境

1）地形地貌

安徽省地形地貌呈现多样性，中国两条重要的河流——长江和淮河自西向东横贯全境，把全省分为三个自然区域：①淮河以北是一望无际的大平原，土地平坦肥沃；②长江、淮河之间丘陵起伏，河湖纵横；③长江以南的皖南地区山峦起伏，以黄山、九华山为代表的山岳风光秀甲天下。安徽主要山脉有大别山、黄山、九华山、天柱山，最高山峰为黄山莲花峰，海拔1 864米。长江流经安徽中南部，境内全长416公里；淮河流经安徽北部，境内全长430公里；新安江为钱塘江正源，境内干流长240公里。长江水系湖泊众多，较大的有巢湖、龙感湖、南漪湖，其中巢湖面积近800平方公里，为中国五大淡水湖之一。

导考指引：长江、淮河将安徽省分为了哪三大自然区域？

2）气象气候

安徽省在气候上属暖温带与亚热带的过渡地区。在淮河以北属暖温带半湿润季风气候，淮河以南属亚热湿润季风气候。其主要特点是：季风明显，四季分明，春暖多变，夏雨集中，秋高气爽，冬季寒冷。安徽又地处中纬度地带，随季风的递转，降水发生明显季节变化，是季风气候明显的区域之一。

春秋两季为由冬转夏和由夏转冬的过渡时期。全年无霜期200~250天，年平均气温为14~17 ℃，全年平均降水量在800~1 800毫米，有南多北少、山区多、平原丘陵少的特点，夏季降水丰沛，占年降水量的40%~60%。

3）河流水文

安徽省河流的径流年际变化大，丰水年与枯水年径流量的比值差达14~22倍。径流量的地区差异与降水量地区差异相一致，在皖西和皖南丘陵山区平均年径流深600~1 000毫米，淮北仅200毫米左右。

安徽省的河流除南部新安江水系属钱塘江流域外，其余均属长江、淮河流域。长江自江西省湖口进入安徽省境内至和县乌江后流入江苏省境内，由西南向东北斜贯安徽南部，在省境内416公里，属长江下游，流域面积6.6万平方公里。

安徽省共有湖泊500余个，总面积为1 750平方公里，其大型12个、中型37个，湖泊主要分布于长江、淮河沿岸，湖泊面积为1 250平方公里，占全省湖泊总面积的72.1%。安徽省地下水在淮河平原和沿江平原最为丰沛，占全省地下水总储量的78%，尤其淮河平原面积仅占全省总面积26.6%，而地下水储量占全省总储量的55%，即73.89亿吨/年。而皖西、皖南两个丘陵山区和江淮之间台地丘陵区，面积约占全省总面积的55%，但地下水储量仅占22%。

9.4.2 安徽人文地理环境

1）历史沿革

安徽省是中华文明的重要发祥地，是著名的仰韶文化、龙山文化、青莲岗文化和印纹釉陶文化影响的区域。

我国历史上的夏禹，与安徽有密切的关系。史书记载"禹会诸侯于涂山，执玉帛者万国"，涂山即今安徽怀远东南马头城的古当涂。亳州在商代曾为成汤之都，古寿春（今寿县）在战国时曾为楚国后期的首都。秦朝实行郡县制，安徽境内淮北地区属砀郡、泗水郡，江淮之间属九江郡，皖南属鄣郡；两汉时期，安徽地属扬、豫、徐三州；三国时期安徽分属吴、魏；两晋、南北朝和隋朝，安徽分属扬、徐、豫三州；宋朝时，徽商崛起，徽州的经济和文化开始对全国产生重要影响；元朝安徽地属河南、江浙两行省；明朝时，安徽由南京直接管辖；清朝安徽建省时，辖安庆、徽州、宁国、池州、太平、庐州、凤阳等7个府及滁州、和州、广德等3个直隶州，疆域格局基本定型，安庆府作为临时省会的地位已经确立；民国初期，安徽省分为芜湖、安庆、淮泗三道。

中华人民共和国成立之初，安徽分为皖北、皖南两行署，皖北行署驻合肥市，皖南行署驻芜湖市。1952年合并皖南、皖北行署，恢复安徽省，省会设于合肥市。

2）人口民族

截止2021年年末，全省常住人口6 113万人。安徽以汉族为主，占总人口的99.29%。少数民族中回族、满族、畲族为世居少数民族，且呈散居状态。少数民族中，回族人口较多，约占全省少数民族总人口的93%，居全国第九位。少数民族人口呈"大分散、小聚居"状分布。

3）风俗特产

（1）黄梅戏

黄梅戏，旧称黄梅调或采茶戏，是中国五大戏曲剧种之一。也是与庐剧、徽剧、泗州戏并列的安徽四大优秀剧种之一。黄梅戏源于湖北、安徽、江西三省交界处黄梅一带的采茶调、采子、黄梅调等，后称黄梅戏。黄梅戏的唱腔属板式变化体，有花腔、彩腔、主调三大腔系。黄梅戏角色行当的体制是在"二小戏""三小戏"的基础上发展起来的。黄梅戏的服装是汉民族传统服饰的延续，不过是唐宋明时期的为多。黄梅戏妆容重眉眼。黄梅戏最初只有打击乐器伴奏，即所谓"三打七唱"。

导考指引：除黄梅戏享誉海内外，安徽还有被誉为"戏剧活化石"的是什么剧种？

（2）黄山毛峰

黄山毛峰是中国十大名茶之一，属于绿茶，产于安徽省黄山（徽州）一带，又被称为"徽茶"。由清代光绪年间谢裕大茶庄所创制。每年清明谷雨，选摘良种茶树"黄山种""黄山大叶种"等的初展肥壮嫩芽，手工炒制，该茶外形微卷，状似雀舌，绿中泛黄，银毫显露，且带有金黄色鱼叶（俗称黄金片）。入杯冲泡雾气结顶，汤色清碧微黄，叶底黄绿有活力，滋味醇甘，香气如兰，韵味深长。由于新制茶叶白毫披身，芽尖峰芒，且鲜叶采自黄山高峰，遂将该茶取名为黄山毛峰。

导考指引：安徽名茶中被列为中国十大名茶的有哪些？

（3）宣纸

宣纸是一种具有悠久历史的纸品，也是一种特殊的纸张，将宣纸用于创作中国传统的书画具有不可替代的作用。宣纸具有以下特点：①润墨性好，耐久耐老化强，不易变色；②宣纸具有韧而能润、光而不滑、洁白稠密、纹理纯净、搓折无损、润墨性强等特点；③有独特的渗透、润滑性能。写字则骨神兼备，作画则神采飞扬，成为最能体现中国艺术风格的书画纸，所谓"墨分五色"即一笔落成，深浅浓淡，纹理可见，墨韵清晰，层次分明，这是书画家利用宣纸的润墨性，控制了水墨比例，运笔疾徐有致而达到的一种艺术效果；④少虫蛀，寿命长。宣纸自古有"纸中之王、千年寿纸"的誉称。19世纪在巴拿马国际纸张比赛会上获得金牌。

9.4.3 安徽旅游资源

1）安徽旅游资源概览

安徽全省旅游资源丰富，类型齐全，数量众多。拥有黄山、西递、宏村、九华山、天柱山等代表中国水准、具有国际影响力的优质资源，形成了高知名度的旅游吸引物集群。在资源的组合度上，安徽的人文、生态资源相结合，山、水、文、城、乡、泉资源等聚散有度。尤其是在皖南区域，良好的自然生态环境与深厚的人文遗产相交融，在合肥经济圈、皖江城市带和皖北等区域，也存在不少生态人文魅力兼具的资源富集区，有利于开发复合型旅游产品。

安徽省的整体生态环境条件较好。皖南区域有风光秀丽的两山一湖、山水画廊新安江、"华东最后一片原始森林"牯牛降国家自然保护区；皖江城市带有"八百里黄金水道"皖江；合肥经济圈有"中国最大的内陆湖"巢湖、"中国七大基因库之一"的大别山；皖北区域有河湖交错的淮河湿地等。有大尺度的江河湖山，也有小尺度的林泉溪塘，可组合成群，也可独立成章。这些为安徽发展生态旅游和休闲度假奠定了良好的环境基础。

安徽文化底蕴深厚，覆盖了从传统文化到现代时尚等多种文化类型。与其他省份相比，安徽各地方的文化特色都非常鲜明。皖南主要是徽文化、佛教文化和文房四宝等传统文化；皖江城市带旅游区主要是铜文化、钢铁文化、码头文化等产业文化和黄梅戏等戏曲文化；合肥经济圈主要是诗词文化、军事文化、红色文化等；皖北主要是丰富的历史和民俗文化等。多彩的文化资源为安徽发展文化体验旅游提供了良好素材，也有利于建设文化主题的休闲度假产品。安徽省世界及国家级旅游资源如表9-3所示。

表9-3 安徽省世界级及国家级旅游资源

类型	数量	分类	景点
世界遗产	5	世界文化遗产	皖南古村落—西递、宏村、明皇陵（安徽凤阳）、隋唐大运河泗县段
		世界自然与文化遗产	黄山风景名胜区
世界地质公园	3	九华山风景区、黄山风景名胜区、天柱山风景名胜区	
国家历史文化名城	7	亳州、歙县、寿县、安庆、绩溪、黟县、桐城	
国家5A级旅游景区	13	皖南古村落—西递、宏村、合肥市三河古镇景区、六安市万佛湖景区、黄山市古徽州文化旅游区、九华山风景区、阜阳市颍上八里河景区、芜湖市方特旅游区、黄山风景名胜区、天柱山风景名胜区、龙川风景名胜区、六安市天堂寨旅游景区、长江采石矶文化生态旅游区	

注：数据截至2022年7月。

试一试：请你根据旅游资源的不同分类标准对安徽旅游资源进行分类。

2）重点旅游资源

（1）黄山

黄山，位于安徽省黄山市，原名黟山，唐朝时更名为黄山，取自"黄帝之山"之意。黄山是世界自然和文化双遗产、世界地质公园、中国十大名胜古迹之一、国家5A级旅游景区。

黄山720°
全景讲解

黄山风景区面积160.6平方公里，东起黄狮，西至小岭脚，北始二龙桥，南达汤口镇，分为温泉、云谷、玉屏、北海、松谷、钓桥、浮溪、洋湖、福固九个管理区，包括200多个大小景点。黄山集中国各大名山的美景于一身，以奇松、怪石、云海、温泉"四绝"著称于世，现在冬雪则成为了黄山第五绝。黄山千峰竞秀，万壑峥嵘。有名可指的就有72山峰，其中莲花峰、光明顶、天都峰三大主峰，均在海拔1 800米以上，拔地擎天，气势磅礴，雄姿灵秀。黄山不仅自然景观奇特，而且文化底蕴深厚，传说轩辕黄帝曾在此采药炼丹、得道成仙，唐玄宗于是在天宝六年（747年）改"黟山"为"黄山"。千余年来，黄山积淀了浓郁的黄帝文化，轩辕峰、炼丹峰、容成峰、浮丘峰、丹井、洗药溪、晒药台等景名都与黄帝有关。

新视野

世界遗产委员会评价黄山：黄山被誉为"震旦国中第一奇山"。在中国历史上的鼎盛时期，通过文学和艺术的形式（例如16世纪中叶的"山""水"风格）受到广泛的赞誉。今天，黄山以其壮丽的景色——生长在花岗岩石上的奇松和浮现在云海中的怪石而著称，对于从四面八方来到这个风景胜地的游客、诗人、画家和摄影家而言，黄山具有永恒的魅力。

导考指引：请你介绍一下黄山的形成原因。

（2）九华山

九华山与山西五台山、浙江普陀山、四川峨眉山并称为中国佛教四大名山。是"地狱未空誓不成佛、众生度尽方证菩提"的大愿地藏王菩萨的道场，被誉为国际性佛教道场。

九华山又名陵阳山、九子山，位于安徽省池州市青阳县境内，素有"东南第一山"之称，因山峰奇秀，峰峦异状，远望好像并肩站立的9个兄弟，因而又称"九子山"。九华山主体由燕山期花岗岩构成，以峰为主，盆地峡谷、溪涧流泉交织其中。山势嶙峋巍峨，共有99峰，其中以天台、天柱、莲花、罗汉等九峰最为雄伟。十王峰最高，海拔1 342米。

九华山的主要风景集中在100平方公里的范围内，有九子泉声、五溪山色、莲峰云海、平冈积雪、天台晓日、舒潭印月、凤凰古松等。山间古刹林立，香烟缭绕，古木参天，灵秀幽静，素有"莲花佛国"之称。九华山全山以化城寺为中心，有大小寺院80余所。其中主要寺院有化城寺、甘露寺、百岁宫、祇园寺。

（3）隋唐大运河（泗县段）

隋唐大运河途经豫、皖、苏三省，在安徽境内有150多公里。当年隋炀帝开凿大运河通济渠出河南后，经安徽淮北、宿州、泗县，在江苏盱眙入淮。安徽境内的隋唐大运河除个别段落被改造使用至今，其余段落已淤塞。目前，唯一"存活的"的隋唐大运河遗址处在泗县境内，西起唐河交叉点，横穿泗城后向东北至濉河，全长约25公里，遗址基本保持了隋唐大运河通济渠的原貌，功能已经发生改变，但仍发挥着灌溉、分洪的水利作用。2014年6月22日，包括隋唐大运河、京杭大运河、浙东运河在内的三大部分十段河道被列入世界文化遗产，成为中国第46个世界遗产项目。

新视野

世界遗产委员会评价隋唐大运河：隋唐大运河是世界上最长的、最古老的人工水道，也是工业革命前规模最大、范围最广的土木工程项目，它促进了中国南北物资的交流和领土的统一管辖，反映出中国人民高超的智慧、决心和勇气，以及东方文明在水利技术和管理能力方面的杰出成就。历经两千余年的持续发展与演变，大运河直到今天仍发挥着重要的交通、运输、行洪、灌溉、输水等作用，是大运河沿线地区不可缺少的重要交通运输方式，自古至今在保障中国经济繁荣和社会稳定方面发挥了重要的作用。

（4）马鞍山市长江采石矶文化生态旅游区

马鞍山市长江采石矶文化生态旅游区总面积达3.92平方公里，覆盖范围包括采石矶景区、望夫山、荷包山、滨江湿地公园等周边景点。

采石矶，又名牛渚矶，位于马鞍山市西南的翠螺山麓。采石矶绝壁临江，水湍石奇，风景瑰丽，与岳阳城陵矶、南京燕子矶并称为"长江三矶"，而采石矶以独特的自然景观与深厚的文化内涵独领风骚，被誉为三矶之首。诗仙李白一生曾多次登临吟诵，留下"醉酒捉月，骑鲸升天"的传说。千百年来，名流才士，率多来此，或寻诗仙之遗韵，或发思古之幽情，文采风流，至今不绝。

望夫山位于采石镇西北1公里的滨江处，在望夫山的山顶上有个酷似人形的石头，那便是望夫石，石头高约2米。文人刘禹锡和郭祥正曾在此写下诗篇赞美望夫山。

荷包山，俗称宝积山，南邻采石矶，北连望夫山，西临长江，视野十分开阔。山脚镶嵌起长达12米的整片连壁浮雕。

滨江湿地公园北临采石矶，西临长江，整个公园林绿山青，天蓝水碧，空气清新。漫步廊道，一览江畔美景。行走在江边林荫小道上，映入眼帘的是一幅山水相依、绿色宜居的生态画卷。

想一想： 采石文化是我国传统文化中特有的文化类型，谈谈采石文化对我国传统文化所产生的重要影响。

3）旅游发展新格局

《安徽省"十四五"旅游业发展规划》提出：实施"南提、中起、北促"区域开发战略，即皖南提升、皖中崛起、皖北促进。发挥我省沿江近海、居中靠东的区位优势，优化旅游发展布局，打造新版图、新标杆、新格局，进一步提升我省在全国旅游发展大局中的战略地位。按照"点—线—面"区域组织原则，统筹城市、旅游轴带、特色产业板块，强调核心引领、辐射带动，发挥交通干线、发展轴带、旅游线路的要素疏通和联结功能，构筑形成点状发力、线状统筹、面状聚能的高质量旅游产业发展格局。

点状发力是指两个中心，合肥——全省集散枢纽地和黄山——国际化桥头堡；线状统筹是指一张全域统筹共享发展网：三纵三横旅游发展轴带为骨架，旅游廊道和旅游环线串联成网，三纵包括京福高铁旅游大动脉、引江济淮旅游发展带、济广高速旅游纵贯线，三横包括皖江黄金旅游大通道、风情淮河旅游辐射带、皖中国家风景道新干线；面状聚能是指最美皖南、欢乐皖江、红色大别山、休闲皖中、风情淮河、传奇皖北六大特色板块。

9.5　赣鄱大地　美丽江西

1.江西省的红色旅游资源有何优势？

2.请梳理图9-4中汇入鄱阳湖的河流有哪些。

分省（区、市）地图—江西省

审图号：GS（2019）3333号　　　　　　　　　　　　　　自然资源部　监制

图9-4　江西省地图

江西省，简称"赣"，因733年唐玄宗设江南西道而得省名，又因江西最大河流为赣江而得简称，是中国内陆省份之一。江西古称"吴头楚尾，粤户闽庭"，乃"形胜之区"，东邻浙江省、福建省，南连广东省，西靠湖南省，北毗湖北省、安徽省而共接长江。江西省地处中国东南偏中部长江中下游南岸，以山地、丘陵为主，地处中亚热带，季风气候显著，四季变化分明。

江西资源丰富、生态良好。江西97.7%的面积属于长江流域，水资源比较丰富，河网密集，河流总长约18 400公里，有全国最大的淡水湖——鄱阳湖。

江西物产丰富、品种多样。景德镇的瓷器源远流长，以"白如玉、明如镜、薄如纸、声如磬"的特色闻名中外。被周恩来总理赞誉为"清、香、醇、纯"的樟树四特酒；曾获巴拿马国际食品博览会金奖的遂川狗牯脑茶叶等。

江西名人辈出、文化璀璨。在中华文明的历史长河中，江西人才辈出，陶渊明、欧阳修、曾巩、王安石、朱熹等文学家、政治家、科学家若群星灿烂，光耀史册。江西红色文化闻名中外，井冈山是中国革命的摇篮，南昌是中国人民解放军的诞生地，瑞金是苏维埃中央政府成立的地方，安源是中国工人运动的策源地。

试一试： 请简要概括你印象中的江西。

导考指引： 江西省为什么简称"赣"？

9.5.1　江西自然地理环境

1）地质地貌

江西省地形以丘陵、山地为主，盆地、谷地广布。地质与地貌地质构造上，以锦江—信江一线为界，北部属扬子准地台江南台隆，南部属华南褶皱系，志留纪末晚加里东运动使二者合并在一起，后又经受印支、燕山和喜马拉雅运动多次改造，形成了一系列东北—西南走向的构造带，南部地区有大量花岗岩侵入，盆地中沉积了白垩系至老第三系的红色碎屑岩层，并夹有石膏和岩盐沉积；北部地区形成了以鄱阳湖为中心的断陷盆地，盆地边缘的山前地带有第四纪红土堆积。全省地势形成向北倾斜的地质基础。

江西省东、西、南三面环山，中部丘陵和河谷平原交错分布，北部则为鄱阳湖湖积、冲积平原。鄱阳湖平原与两湖平原同为长江中下游的陷落低地，由长江和省内五大河流泥沙沉积而成，北狭南宽，面积近2万平方公里。赣中南以丘陵为主，丘陵之中夹有盆地，多沿河作带状延伸，较大的有吉泰盆地、赣州盆地及于都、瑞金、兴国、宁都、南丰、贵溪等盆地。

2）气象气候

江西省位于长江以南，纬度较低，属亚热带季风湿润气候，四季分明且天气复杂多变。冬季冷空气活动频繁；春季多对流性天气；4—6月降水集中，是江西的雨季，这时期易发生洪涝灾害；雨季结束后全省主要受副热带高压控制，天气以晴热高温为主，常有干旱发生。7—8月有时受台风影响，会出现较明显降水。秋季晴天多、湿度较小、气温适中，是江西省一年中最宜人的季节。江西年平均气温18.0 ℃，年平均日照时数1 637小时，年平均降水量为1 675毫米，年无霜期平均272天。

3）河流水文

江西全省共有大小河流2 400多条，总长度达1.84万公里，除边缘部分分属珠江、湘江流域及直接注入长江外，其余均分别发源于省境山地，汇聚成赣江、抚河、信江、饶河、修水五大河系，最后注入鄱阳湖，构成以鄱阳湖为中心的向心水系，其流域面积达16.22万平方公里。鄱阳湖是中国第一大淡水湖，连同其外围一系列大小湖泊，成为天然水产资源宝库，并对航运、灌溉、养殖和调节长江水位及湖区气候均起重要作用。江西地表径流赣东大于赣西、山区大于平原。

导考指引：被称为江西三颗明珠的分别是什么？

9.5.2　江西人文地理环境

1）历史沿革

江西作为明确的行政区域建制，始于汉高帝初年（约于公元前202年）。时设豫章郡（赣江原称豫章江），郡治南昌，下辖18县。汉武帝时划全国为13个监察区，称13部州，此时的江西属扬州部。291年，即西晋元康元年，改设江州，其主体为江西地区原有郡县。

五代时期，江西地区先辖于吴，后辖于南唐。元朝开始确立行中书省制度（简称"行省"或"省"）。江西行省辖区远远大于今天的江西省区。明朝基本上保留了元朝的省区建制，但改行中书省为布政使司。清代改江西布政使司为江西省，行政区域基本承袭明建制。民国时期，清朝的府、州、厅一律改为县。江西省共辖81县。至1926年北伐军进驻南昌时正式设南昌市。第二次国内革命战争时期，中国共产党领导人民群众先后在江西建立了大片革命根据地。其中著名的有赣西井冈山革命根据地、湘赣革命根据地、赣东北革命根据地以及包括铜鼓、修水、万载、宜丰等县的湘鄂赣革命根据地。当时的中央革命根据地在赣南和闽西地区的21县，中华苏维埃共和国临时中央政府设在瑞金，故瑞金有红都之称。

导考指引：江西被称为四大摇篮，请问是哪四大摇篮？

2）人口民族

截止2021年年末，全省常住人口为4 517.4万人，辖11个设区市、100个县（市、区）。全省共有55个民族，其中汉族人口占99%以上，江西境内少数民族人口相对较多的主要有畲族、回族和苗族等。

导考指引：江西是我国畲族的主要分布区之一，主要分布于江西的哪些地区？

3）风俗特产

（1）萍乡春锣

萍乡春锣流传于江西省萍乡市及其周边地区，系由明末流传于江西西部的"报春"

演变而成，至今已有300余年的历史。萍乡春锣节奏明快，语言诙谐，有"见赞"等重要的表现特征。其表演有站唱和走唱两种形式，演唱者身披一黄色绸袋或布袋，左腹系一面直径约二十厘米的小鼓，鼓边挂一同样大小的铜锣，左手执鼓签，右手持锣槌，不时击打，以作为曲首的过门和段落过渡的间奏音乐。2008年入选第二批国家级非物质文化遗产名录。

（2）庐山云雾茶

庐山云雾茶是汉族传统名茶，是中国名茶系列之一，属于绿茶中的一种。最早是一种野生茶，后东林寺名僧慧远将野生茶改造为家生茶。始于汉朝，宋代列为"贡茶"。因产自中国江西省九江市的庐山而得名。通常用"六绝"来形容庐山云雾茶，即"条索粗壮、青翠多毫、汤色明亮、叶嫩匀齐、香凛持久、醇厚味甘"。云雾茶风味独特，由于受庐山凉爽多雾的气候及日光直射时间短等条件影响，形成其叶厚，毫多，醇甘耐泡等特点。2019年11月15日，庐山云雾茶入选中国农业品牌目录。

导考指引：江西云雾茶驰名中外，除此之外我国获得过巴拿马国际食品博览会金奖的还有什么茶？

（3）景德镇陶瓷

景德镇瓷器，江西省景德镇市特产，中国国家地理标志产品。景德镇瓷器以白瓷为闻名，素有"白如玉，明如镜，薄如纸，声如磬"之称，品种齐全，曾达三千多种品名。瓷质优良，造型轻巧，装饰多样。在装饰方面有青花、釉里红、古彩、粉彩、斗彩、新彩、釉下五彩、青花玲珑等，其中尤以青花、粉彩产品为大宗，颜色釉为名产。釉色品种很多，有青、蓝、红、黄、黑等类。仅红釉系统，即有钧红、郎窑红、霁红和玫瑰紫等，均用"还原焰"烧成，产品驰名世界，是称誉世界的古代陶瓷艺术杰出代表之一。2005年04月15日，原国家质检总局批准对"景德镇瓷器"实施原产地域产品保护。2018年1月16日，联合国教科文组织2017年度亚太地区文化遗产保护奖之创新奖授奖仪式暨首届遗产地DIBO论坛在景德镇陶溪川文创街区举行，景德镇陶瓷工业遗产博物馆被授予该国际奖项。

9.5.3　江西旅游资源

1）江西旅游资源概览

江西省是"红色摇篮、绿色家园"，旅游资源十分丰富。主要旅游景区可概括为"四大名山"：庐山、井冈山、三清山、龙虎山；"四大摇篮"：中国革命的摇篮井冈山、人民军队的摇篮南昌、共和国的摇篮瑞金、工人运动的摇篮安源；"四个千年"：千年瓷都景德镇、千年名楼滕王阁、千年书院白鹿洞、千年古刹东林寺；"六个一"：一湖（鄱阳湖）、一村（婺源）、一海（庐山西海）、一峰（龟峰）、一道（小平小道）、一城（共青城）。江西省世界及国家级旅游资源如表9-4所示。

表9-4 江西省世界级及国家级旅游资源

类型	数量	分类	景点
世界遗产	3	世界文化景观遗产	庐山风景名胜区
		世界自然遗产	三清山风景名胜区、中国丹霞
世界地质公园	3	庐山风景名胜区、龙虎山风景名胜区、三清山风景名胜区	
国家历史文化名城	4	南昌、赣州、景德镇、瑞金	
国家5A级旅游景区	14	庐山风景名胜区、井冈山风景名胜区、龙虎山风景名胜区、三清山风景名胜区、庐山西海风景名胜区、武功山风景名胜区、龟峰风景名胜区、抚州市大觉山景区、滕王阁、上饶市婺源江湾景区、景德镇古窑民俗博览区、瑞金共和国摇篮景区、宜春市明月山旅游区、赣州市三百山景区	

注：数据截至2022年7月。

2）重点旅游资源

（1）三清山

国家级风景名胜区、世界自然遗产、世界地质公园、国家5A级旅游景区、国家绿色旅游示范基地——三清山，位于江西省上饶市东北部，因玉京、玉虚、玉华三峰峻拔，宛如道教玉清、上清、太清三位最高尊神列坐山巅而得名。

联合国教科文组织世界遗产委员会认为：三清山风景名胜区展示了独特花岗岩石柱和山峰，栩栩如生的花岗岩造型石与丰富的生态植被、远近变化的气候奇观相结合，创造了世界上独一无二的景观，呈现了引人入胜的自然美。

景区总面积229.5平方公里，主峰玉京峰海拔1 819.9米。景区内千峰竞秀、万壑奔流、古树茂盛、珍禽栖息，终年云缠雾绕，充满仙风神韵，被誉"世界最美的山"。同时，她又是一座经历了千年人文浸润的道教名山，三清福地景区承载着三清山厚重的道教文化，平均海拔约1 500多米，迄今1 600余年，道教历史源远流长，共有宫、观、殿、府、坊、泉、池、桥、墓、台、塔等古建筑遗存及石雕、石刻230余处。这些古建筑依"八卦"精巧布局、藏巧于拙，是研究我国道教古建筑设计布局的独特典范，被誉为"中国古代道教建筑的露天博物馆"，现为国家级文物保护单位。

想一想：在我国诸多名山中，成因与三清山相同的还有哪些？

（2）婺源江湾景区

江湾位于江西省婺源县境内东北部，距婺源县城28公里。为国家5A级旅游景区、国家级文化与生态旅游景区、中国最美乡村、江西省爱国主义教育基地。江湾文风鼎盛、群贤辈出，由宋至清孕育出状元、进士等38人；传世著作92部，其中15部161卷列入《四库全书》，是一份历史瑰宝。

江湾是一座具有丰厚的徽州文化底蕴的古村落，村中还保存尚好的御史府宅、中宪第等明清时期官邸，又有徽派民居滕家老屋、培心堂等，以及徽派商宅，2003年重修的萧江宗祠。江湾钟灵毓秀，为展示婺源的文化特色，江湾景区新建百工坊、鼓吹堂、公社食堂等景点，让游客体会旧时手工艺匠人的传统技艺，观赏徽剧、婺源民歌等传统剧目，极具历史价值和观赏价值。

谈一谈：徽派建筑的特色是什么？

（3）庐山

庐山720°
全景讲解

庐山，世界文化遗产，又名匡山、匡庐，位于江西省九江市庐山市境内。东偎婺源鄱阳湖，南靠南昌滕王阁，西邻京九铁路，北枕滔滔长江，耸峙于长江中下游平原与鄱阳湖畔，长约25公里，宽约10公里，主峰汉阳峰，海拔1 474米。山体呈椭圆形，典型的地垒式断块山。

庐山以雄、奇、险、秀闻名于世，素有"匡庐奇秀甲天下"之誉。庐山是中华文明的发祥地之一。这里的佛教和道教庙观，以及儒学的里程碑建筑最杰出的大师曾在此授课，完全融汇在美不胜收的自然景观之中，赋予无数艺术家以灵感，而这些艺术家开创了中国文化中对于自然的审美方式。庐山风景秀丽，文化内涵深厚，集教育名山、文化名山、宗教名山、政治名山于一身。从司马迁"南登庐山，观禹所疏九江"，到陶渊明、昭明太子、李白、白居易、苏轼、王安石、黄庭坚、陆游、朱熹、康有为、胡适、郭沫若等文坛巨匠1 500余位登临庐山，留下4 000余首诗词歌赋的文化名山的确立。庐山宗教文化的独特性则在于"一山藏六教，走遍天下找不到"。庐山自古命名的山峰有171座，群峰间散布冈岭26座，壑谷20条，岩洞16个，怪石22处。水流在河谷发育裂点，形成许多急流与瀑布，瀑布22处，溪涧18条，湖潭14处。最为著名的三叠泉瀑布，落差达155米，有"不到三叠泉，不算庐山客"之美句。

（4）景德镇古窑民俗博览区

景德镇古窑民俗博览区位于江西省景德镇市昌江区枫树山蟠龙岗，占地83公顷，是集文化博览、陶瓷体验、娱乐休闲为一体的文化旅游景区，是全国唯一一家以陶瓷文化为主题的国家级旅游景区。

景德镇古窑民俗博览区主要景点有历代古窑展示区、陶瓷民俗展示区、水岸前街创意休憩区三大景区。历代古窑展示区内有古代制瓷作坊、世界上最古老制瓷生产作业线、清代镇窑、明代葫芦窑、元代馒头窑、宋代龙窑、风火仙师庙、瓷行等景点，明清时期景德镇手工制瓷的工艺过程以及传统名瓷精品。陶瓷民俗展示区有十二栋明、清时期古建筑，有陶瓷民俗陈列、天后宫、瓷碑长廊、水上舞台瓷乐演奏等景观。水岸前街创意休憩区内有昌南问瓷、昌南码头、耕且陶焉、前街今生、木瓷前缘等瓷文化创意休闲景观。景德镇的主要特产有：景德镇瓷器、浮梁茶、瑶里嫩蕊茶叶、海泡石、瓷泥煨鸡、蔡家水芋等。

谈一谈：我国有哪些著名的官窑？

（5）井冈山

井冈山位于江西省吉安市，地处湘东赣西边界、南岭北支、罗霄山脉中段，景区面积213.5平方公里，海拔最高处1 779.4米。是集人文景观、自然风光和高山田园为一体的山岳型风景旅游区。

井冈山有11大景区、76处景点，460多个景物景观，其中革命人文景观30多处，革命旧址遗迹100多处，主要景区有黄洋界、五指峰、井冈山革命烈士陵园、茨坪革命旧址群、大井毛泽东同志旧居、井冈山革命博物馆、茅坪八角楼、会师纪念馆、龙潭、主峰、水口、杜鹃山等。

井冈山是毛泽东、朱德、陈毅等老一辈无产阶级革命家率领中国工农红军，创建以宁冈县为中心的中国第一个农村革命根据地，开辟了"以农村包围城市、武装夺取政权"具有中国特色的革命道路，被誉为"中国革命的摇篮""中华人民共和国的奠基石"。"坚定信念、艰苦奋斗、实事求是、敢闯新路、依靠群众、勇于胜利"的井冈山精神也成为了我们宝贵的精神财富。

想一想：井冈山对党的发展、新中国成立有何重要意义？

3）旅游发展新格局

《江西省人民政府办公厅关于印发江西省"十四五"文化和旅游发展规划的通知》中提出，根据江西文化和旅游资源禀赋，依托毗邻粤港澳大湾区、长三角经济区和海西经济区形成的左右逢源的区位优势，以及沪昆高铁（高速）、京九高铁、大广高速、济广高速等形成的综合立体开放大通道，以文化和旅游融合发展为主线，围绕中国革命摇篮井冈山、人民军队摇篮南昌、共和国摇篮瑞金、中国工人运动策源地安源等红色文化资源，建设红色文化和旅游体验带，打造红色旅游首选地；围绕"庐山天下悠、三清天下秀、龙虎天下绝"和鄱阳湖国家湿地公园等绿色生态资源，建设自然人文生态旅游体验带，打造最美生态旅游目的地；围绕陶瓷文化、戏曲文化、书院文化、中医药文化和客家文化等古色文化资源，建设优秀传统文化旅游体验带，打造中华优秀传统文化体验地。推进建设以南昌为旅游中心城市、九江、上饶、萍乡、赣州为旅游门户城市，景德镇、鹰潭、抚州、吉安、宜春、新余为旅游节点城市的城市旅游体系。依托滕王阁、古窑民俗博览区、武功山、大觉山、龟峰等重点旅游景区，连点成线扩面，打造红色经典陶瓷文化、环鄱阳湖最美乡村等旅游线路，推广革命诗人诗路、赣鄱唐宋诗路、江西山水诗路等一批文化和旅游精品线路。

9.6 山水秀丽 诗画浙江

1.结合图9-5分析钱塘江大潮形成的自然地理原因。

2.你知道浙江省除了具有丰富的自然资源外，还有哪些著名的人文景区？

分省（区、市）地图—浙江省

审图号：GS（2019）3333号 自然资源部 监制

图9-5 浙江省地图

浙江省地处中国东南沿海长江三角洲南翼，东临东海，南接福建省，西与安徽省、江西省相连，北与上海市、江苏省接壤。境内最大的河流钱塘江，因江流曲折，称之江、折江，又称浙江，省以江名，简称"浙"。浙江省东西和南北的直线距离均为450公里左右。据全国第二次土地调查结果，浙江土地面积10.55万平方公里，是中国面积较小的省份之一。

浙江是吴越文化、江南文化的发源地，是中国古代文明的发祥地之一。早在5万年前的旧石器时代，就有原始人类"建德人"活动，境内有距今7 000年的河姆渡文化、距今6 000年的马家浜文化和距今5 000年的良渚文化，是典型的山水江南，被称为"丝绸之府""鱼米之乡"。

浙江省是中国经济最活跃的省份之一，在充分发挥国有经济主导作用的前提下，以民营经济的发展带动经济的起飞，形成了具有鲜明特色的"浙江经济"。浙江与江苏、安徽、上海共同构成的长江三角洲城市群已成为国际6大世界级城市群之一。

浙江省下辖杭州、宁波、温州、绍兴、湖州、嘉兴、金华、衢州、舟山、台州、丽水11个地级市，其中杭州、宁波（计划单列市）为副省级城市；下分90个县级行政区，包括37个市辖区、20个县级市、34个县（含1个自治县）。

试一试：请你用8个字对浙江各地级市进行概述。

大事记

2016年世界G20峰会在杭州举行

2016年9月4日至5日G20峰会在中国杭州举行，本次峰会的主题是：构建创新、活力、联动、包容的世界经济。中国从创新增长方式、完善全球经济金融治理、促进国际贸易和投资、推送包容连动式发展等4个重点领域推动工作。

20国集团，又称"G20"，它是一个国际经济合作论坛，于1999年12月16日在德国柏林成立，属于布雷顿森林体系框架内非正式对话的一种机制，由原八国集团以及其余十二个重要经济体组成。峰会旨在推动已工业化的发达国家和新兴市场国家之间就实质性问题进行开放及有建设性的讨论和研究，以寻求合作并促进国际金融稳定和经济的持续增长。按照以往惯例，国际货币基金组织与世界银行列席该组织的会议。2012年6月，在墨西哥举行的G20峰会上，中国宣布支持并决定参与国际货币基金组织增资，数额为430亿美元。

9.6.1 浙江自然地理环境

1）地质地貌

浙江地形自西南向东北呈阶梯状倾斜，西南以山地为主，中部以丘陵为主，东北部是低平的冲积平原，"七山一水两分田"是浙江地形的概貌。地形单元包括浙北平原、浙西丘陵、浙东丘陵、中部金衢盆地、浙南山地、东南沿海平原及滨海岛屿等六个地形区。其中山地占全省陆域面积的74.6%；平原占全省陆域面积的20.3%，平原主要包括杭嘉湖平原（杭州、嘉兴、湖州），宁绍平原（宁波、绍兴）、金丽衢平原（金华、丽水、衢州），温台平原（温州、台州）。

导考指引：浙江是否是全国岛屿最多的省份？

2）气象气候

浙江位于我国东部沿海，处于欧亚大陆与西北太平洋的过渡地带，该地带属典型的亚热带季风气候区。受东亚季风影响，浙江冬夏盛行风向有显著变化，降水有明显的季节变化。由于浙江位于中、低纬度的沿海过渡地带，加之地形起伏较大，同时受西风带和东风带天气系统的双重影响，各种气象灾害频繁发生，是我国受台风、暴雨、干旱、寒潮、大风、冰雹、冻害、龙卷风等灾害影响最严重地区之一。

浙江气候总的特点是：季风显著，四季分明，年气温适中，光照较多，雨量丰沛，空气湿润，雨热季节变化同步，气候资源配置多样，气象灾害繁多。浙江年平均气温15～18 ℃，全省年平均雨量在1 100～2 000毫米，年平均日照时数1 100～2 200小时。

3）河流水文

浙江境内有西湖等容积100万立方米以上湖泊30余个，海岸线（包括海岛）长6 400余公里。自北向南有苕溪、京杭运河（浙江段）、钱塘江、甬江、灵江、瓯江、飞云江和鳌江等八大水系，钱塘江为第一大河，上述8条主要河流除苕溪、京杭运河外，其余均独流入海。

浙江是我国降水较丰富的地区之一。浙江省多年平均水资源总量为937亿立方米，但由于人口密度高，人均水资源占有量只有2 008立方米，最少的舟山等海岛人均水资源占有量仅为600立方米。

导考指引：浙江省最大的河流是哪一条？

9.6.2　浙江人文地理环境

1）历史沿革

浙江历史悠久，文化灿烂，是中国古代文明的发祥地之一。境内已发现有距今7 000年的河姆渡文化、距今6 000年的马家浜文化和距今5 000年的良渚文化。春秋时浙江分属吴、越两国。秦朝在浙江设会稽郡。西汉分属会稽、丹阳郡。东汉分属会稽、吴、丹阳郡。三国时富阳人孙权建立吴国。隋朝属扬州刺史部吴州总管府。唐朝时浙江先后属江南东道、两浙道，渐成省级建制的雏形。五代十国时钱镠建立吴越国，因吴越国内设13个州级行政区，故并称"两浙十三州"。北宋属两浙路，设11州、府。南宋分属两浙东路、两浙西路，迁都临安。元代时浙江属江浙行中书省。明初改元制为浙江承宣布政使司，辖10府，自此大致形成了延续至今的浙江省辖区域。清康熙初年改为浙江省，建制至此确定。

2）人口民族

截止2021年年末，全省常住人口6 540万人。其中，男性人口3 418万人，女性人口3 122万人，分别占总人口的52.3%和47.7%。常住人口中，城镇人口4 752万人，农村人口1 788万人，城镇人口占总人口的比重（即城镇化率）为72.7%。

浙江省属少数民族散杂居省份，人口数在万人以上的少数民族有畲族、土家族、苗族、布依族、回族、壮族、侗族。世居浙江省的少数民族是畲族、回族、满族等。畲族是浙江人口最多的少数民族，占省内少数民族的43%。丽水市景宁畲族自治县是中国唯一的畲族自治县，也是华东地区唯一的少数民族自治县，畲族主要居住于县城鹤溪镇周围低山区。

3）风俗特产

（1）越剧

越剧流行于浙江、上海、江苏等许多省、市、地区，它发源于浙江省绍兴地区嵊县一带，清末在曲艺"落地唱书"的基础上吸收余姚滩簧、绍剧等曲种、剧种的剧目、曲调、表演艺术而初步成型，当时称为"小歌班"或"的笃班"。越剧曲调清悠婉转，优美动听，长于抒情，主要有尺调、四工调、弦下调三大类，其中尺调又分慢板、中板、连板、散板、嚣板、二凡、流水板等。越剧在短短百年内发展成熟起来，成为中华戏曲百花园中的奇葩。2006年入选第一批国家级非物质文化遗产名录。

导考指引： 四大南戏分别是什么？

（2）西湖龙井茶

西湖龙井是中国十大名茶之一，属绿茶，其产于浙江省杭州市西湖龙井村周围群山，并因此得名，具有1 200多年历史。清乾隆游览杭州西湖时，盛赞西湖龙井茶，把狮峰山下胡公庙前的十八棵茶树封为"御茶"。

西湖龙井茶外形扁平挺秀，色泽绿翠，内质清香味醇，泡在杯中，芽叶色绿。素以"色绿、香郁、味甘、形美"四绝称著。特级西湖龙井茶扁平光滑挺直，色泽嫩绿光润，香气鲜嫩清高，滋味鲜爽甘醇，叶底细嫩呈朵。清明节前采制的龙井茶简称明前龙井，美称女儿红，"院外风荷西子笑，明前龙井女儿红"。西湖龙井茶与西湖一样，是人、自然、文化三者的完美结晶，是西湖地域文化的重要载体。

导考指引： 浙江的茗茶有哪些？请至少列举四种。

（3）青田石雕

青田石雕是以青田石为材料的传统石雕艺术，因取材于浙江青田县所产优质叶腊石而得名。青田石质地温润，脆软相宜，色彩丰富，花纹奇特，既是篆刻艺术的最佳印材，又是石雕艺术的理想石料。青田石雕题材广泛，鱼虫花鸟、山水人物皆有，均精雕细刻，神形兼备，写实尚意诸法齐备，大气之中不失精妙，工艺规范，自成一格。2006年入选第一批国家级非物质文化遗产名录。

（4）兰亭书法节

兰亭书法节每年农历三月初三于浙江绍兴举办，书法节主要活动包括晋圣、修禊、曲水流觞、书法展览等。东晋永和九年（353）旧历三月初三，会稽内史王羲之邀约谢安、孙绰、支遁等亲朋子侄共42人聚会于会稽山阴之兰亭，行上巳修禊之礼，作流觞曲水之娱。在这次文人雅集中，产生了三个重要的文化成果：一是诗集，叫《兰亭集》，内收与会者诗作37首；二是散文名作，叫《兰亭集序》，是王羲之为这本诗集所撰的序言，记下了这次聚会的盛况和作者自己的观感；三是书法珍品，叫《兰亭帖》，即王羲之亲笔书写的《兰亭集序》，被后人誉为"天下第一行书"。正是这三个文化硕果，使这次兰亭雅集名闻海内，产生了很大的影响。自此，越中文士名流多于是日仿效于兰亭，历千年而不衰。

9.6.3　浙江旅游资源

1）浙江丰富的旅游资源

浙江是中国著名的旅游胜地，得天独厚的自然风光和积淀深厚的人文景观交相辉映，使浙江获得了"鱼米之乡、丝茶之府、文物之邦"的美誉。全省拥有西湖，两江一湖（富春江—新安江—千岛湖），温州雁荡山、永嘉楠溪江、文成百丈漈，舟山普陀山、嵊泗列岛，绍兴诸暨五泄，台州天台山、仙居，湖州德清莫干山，宁波奉化雪窦山，衢州江郎山，金华双龙洞、永康方岩，丽水仙都等国家级风景名胜区，数量居我国前列。省会杭州是中国七大古都之一，也是中国著名的风景旅游城市，以秀丽迷人的西湖风光闻名于世。所以，浙江以"诗画江南·山水浙江"为主题，形成了文化浙江、休闲浙江、生态浙江、海洋浙江、商贸浙江、红色旅游六大旅游品牌，形成五大旅游区域线路。

2015年，习近平总书记在安吉余村考察时首次提出"绿水青山就是金山银山"的科学论断。习近平总书记指出"我们既要绿水青山，也要金山银山。宁要绿水青山，不要金山银山，而且绿水青山就是金山银山"。这一科学论断，清晰阐明了"绿水青山"与"金山银山"之间的关系，强调"绿水青山就是金山银山"的价值理念，对于新时代加强社会主义生态文明建设，满足人民日益增长的优美生态环境需要，建设美丽中国具有重要而深远的意义。浙江省世界及国家级旅游资源如表9-5所示。

表9-5　浙江省世界级及国家级旅游资源

类型	数量	分类	景点
世界遗产	4	世界文化景观遗产	杭州西湖风景名胜区
		世界文化遗产	良渚遗址、京杭大运河
		世界自然遗产	中国丹霞
世界地质公园	1	雁荡山风景名胜区	
国家地质公园	6	雁荡山风景名胜区、台州市神仙居景区、缙云仙都地质公园、临海国家地质公园、新昌硅化木国家地质公园、常山国家地质公园	
国家历史文化名城	9	杭州、绍兴、宁波、衢州、临海、金华、嘉兴、湖州、温州	
国家5A级旅游景区	20	杭州西湖风景名胜区、乌镇古镇旅游区、南浔古镇景区、西塘古镇旅游景区、嘉兴市南湖旅游区、天台山风景名胜区、杭州千岛湖风景名胜区、雁荡山风景名胜区、杭州西溪湿地旅游区、台州市神仙居景区、普陀山风景名胜区、金华市东阳横店影视城景区、鲁迅故里沈园景区、衢州市江郎山·廿八都景区、宁波市奉化溪口—滕头旅游景区、衢州市开化根宫佛国文化旅游景区、刘伯温故里景区、天一阁—月湖景区、仙都风景名胜区、台州府城文化旅游区	

注：数据截至2022年7月。

想一想：根据浙江省旅游资源的分类，可以设定哪些旅游专线？

2）重点旅游资源

（1）西湖

西湖720°
全景讲解

西湖，位于浙江省杭州市西部，是中国主要的观赏性淡水湖泊，也是中国首批国家重点风景名胜区和中国十大风景名胜区之一，也是我国最著名的5A级景区。西湖三面环山，面积约6.39平方公里，东西宽约2.8公里，南北长约3.2公里，绕湖一周近15公里。湖中被孤山、白堤、苏堤、杨公堤分隔，按面积大小分别为外西湖、西里湖、北里湖、小南湖及岳湖等五片水面，苏堤、白堤越过湖面，小瀛洲、湖心亭、阮公墩三个人工小岛鼎立于外西湖湖心，夕照山的雷峰塔与宝石山的保俶塔隔湖相映，由此形成了"一山、二塔、三岛、三堤、五湖"的基本格局。2011年6月24日，杭州西湖列入世界遗产名录。

想一想：西湖是怎样形成的？

新视野

世界遗产委员会评价西湖文化景区：自公元9世纪以来，西湖的湖光山色引得无数文人骚客、艺术大师吟咏兴叹、泼墨挥毫。景区内遍布庙宇、亭台、宝塔、园林，其间点缀着奇花异木、岸堤岛屿，为江南的杭州城增添了无限美景。数百年来，西湖景区对中国其他地区乃至日本和韩国的园林设计都产生了影响，在景观营造的文化传统中，西湖是对天人合一这一理想境界的最佳阐释。

（2）良渚古城遗址

良渚古城遗址位于浙江省杭州市余杭区瓶窑镇内，是中国长江下游环太湖地区的一个区域性早期国家的权力与信仰中心所在。良渚古城是长江下游地区首次发现的新石器时代城址，在陕西神木石峁遗址发现之前，是中国最大的史前城址，一直被誉为"中华第一城"。

良渚古城外围水利系统，是迄今所知中国最早的大型水利工程，也是世界最早的水坝。良渚文化的年代为距今5 000年，持续发展约1 000年，属于新石器时代晚期的考古学文化。

2018年1月26日，中国联合国教科文组织全国委员会秘书处致函联合国教科文组织世界遗产中心，正式推荐"良渚古城遗址"作为2019年世界文化遗产申报项目。2019年7月6日，中国良渚古城遗址获准列入世界遗产名录。良渚古城遗址是人类早期城市文明的范例，实证中华五千年文明史。此次申遗成功，标志着中华五千年文明史得到国际社会认可。2020年5月，良渚古城遗址入选首批"浙江文化印记"。

（3）乌镇

乌镇曾名乌墩和青墩，具有六千余年悠久历史。乌镇作为中国首批十大历史文化名镇和中国十大魅力名镇、全国环境优美乡镇，素有"中国最后的枕水人家"之誉。拥有7 000多年文明史和1 300年建镇史，是典型的中国江南水乡古镇。中国互联网大会永久举办地。2003年，乌镇被联合国授予亚太地区遗产保护杰出成就奖；2006年，被列入联合国世界文化遗产保护预备清单和中国世界文化遗产预备名单重设目录；2010年，乌镇荣膺嘉兴市首个国家5A旅游景区称号。

（4）西溪国家湿地公园

西溪国家湿地公园位于浙江省杭州市区西部，距西湖不到5公里，规划总面积11.5平方公里，湿地内河流总长100多公里，约70%的面积为河港、池塘、湖漾、沼泽等水域。湿地公园内生态资源丰富、自然景观幽雅、文化积淀深厚，与西湖、西泠并称杭州"三西"，是中国第一个集城市湿地、农耕湿地、文化湿地于一体的国家级湿地公园。

2009年7月7日，浙江杭州西溪国家湿地公园被录入国际重要湿地名录。2012年1月11日，杭州西溪湿地旅游区被正式授予"国家5A级旅游景区"称号，成为中国首个国家5A级景区的国家湿地公园。2013年10月31日被中央电视台评选为中国"十大魅力湿地"。

（5）鲁迅故里—沈园景区

鲁迅故里是鲁迅先生诞生和青少年时期生活过的故土，现为全国百个红色旅游经典景区、全国重点文物保护单位、全国百个爱国主义教育示范基地、国家5A级景区、首批20家"全国研学旅游示范基地"之一。

鲁迅故里—沈园景区作为目前绍兴市区保存最完好、最具文化内涵和古城水乡经典风貌的历史街区之一，资源独特，拥有鲁迅故居、百草园、三味书屋、鲁迅祖居、土谷祠、长庆寺、鲁迅笔下风情园、鲁迅生平事迹陈列厅等一大批与鲁迅有关的人文古迹，是解读鲁迅作品、品味鲁迅笔下风情、感受鲁迅当年生活情境的真实场所。

沈园位于鲁迅中路，距鲁迅祖居约200米。沈园至今已有800年的历史，是绍兴古城内著名的古园林。沈园为南宋时一位沈姓富商的私家花园，故有"沈氏园"之名，因陆游《钗头凤》词成名。分为古迹区、东苑和南苑三大部分，有孤鹤亭、半壁亭、双桂堂、八咏楼、宋井、射圃、问梅槛、琴台等景观。

想一想： 鲁迅对近代中国历史发展产生了哪些影响？

人物谈

中国现代文学的奠基人——鲁迅

鲁迅（1881年9月25日—1936年10月19日），曾用名周樟寿，后改名周树人，字豫山，后改豫才，曾留学日本仙台医科专门学校（肄业）。"鲁迅"是他1918年发表《狂人日记》时所用的笔名，也是他影响最为广泛的笔名，浙江绍兴人。著名文学家、思想家、民主战士，五四新文化运动的重要参与者，中国现代文学的奠基人。毛泽东曾评价："鲁迅的方向，就是中华民族新文化的方向。"

鲁迅一生在文学创作、文学批评、思想研究、文学史研究、翻译、美术理论引进、基础科学介绍和古籍校勘与研究等多个领域具有重大贡献。他对于五四运动以后的中国社会思想文化发展具有重大影响，蜚声世界文坛，尤其在韩国、日本思想文化领域有极其重要的地位和影响，被誉为"20世纪东亚文化地图上占最大领土的作家"。

导考指引：鲁迅的哪篇小说开了现代小说之先河？

3）旅游发展新格局

在国务院发布的《"十四五"旅游业发展规划》中提出，要构建旅游空间新格局，健全长江经济带发展、长三角一体化发展，加强区域旅游品牌和服务整合，支持杭黄世界级自然生态和文化旅游廊道旅游发展，持续推进包括浙皖闽赣生态旅游协作区在内的跨区域特色旅游功能区建设；建设一批包括杭州在内的旅游枢纽城市；建设包括安吉、义乌在内的特色旅游地。

拓展与思考

华东旅游区
导考指引参
考答案

1.江南水乡，清幽古镇，撑一把油纸伞，走在水乡古镇的石板路上，随心而行，这一直是游人的梦想。请给江南水乡著名的六大古镇——乌镇、周庄、西塘、同里、角直、南浔设计一句最美的宣传语。

2.请你简要分析浙江旅游发展与华东地区其他省份相比，有什么独特的优势？

第10章 京华旅游区

——山海胜迹 京鲁重地

京华区旅游
资源概述

学习目标

知识能力目标：

了解京华旅游大区自然与人文旅游地理环境及旅游资源特征；

熟悉本区各省市自然与人文地理概况；

掌握本区各省市重点旅游资源及旅游线路。

思想素质目标：

了解京鲁的历史文化，增强文化自信，厚植爱国主义情感；

理解京津冀协同发展战略，树立大局意识，学会从全局的高度看问题。

京华旅游区，包括北京、天津、河北、山东两市两省。本区全部位于我国第三级阶梯上的华北平原内。本区域西依太行山，东临渤海，整体地势平坦，但也不缺乏名山大川，如泰山、黄河等山川河流。该区气候主要为暖温带半湿润大陆性季风气候，雨热同期，海陆兼备，自然旅游资源丰富；曾为燕赵文化发祥地，人文旅游资源悠久经典；区域经济发达，开放程度高，国外旅游文化影子明显；到本区域旅游你可以获得古今共存、中外对比、人文与自然共享、陆地与海洋同在的美好体验。本区经济发达，对外交流频繁，是我国重要的政治、经济、文化、交通和国际交往重地，其重要的政治、经济、文化、交通、国际交往功能和丰富的、高品位的旅游资源吸引着来自国内和世界各地的大量旅游者。

10.1　京华旅游区概述

10.1.1　旅游地理环境

1）自然地理环境

（1）平原广阔，地形多样

该区域位于燕山以南，淮河以北，太行山以东，濒临渤海和黄海，整体地势西北高、东南低，以平原为主，兼有多种地形。平原地形为华北平原，地势低平，多在海拔50米以下，是典型的冲积平原，主要由黄河、海河、淮河冲击形成，又称为黄淮海平原，是我国第二大平原。本区域还有高原、山地、盆地、丘陵。如：河北省的坝上高原，燕山和太行山两大山脉；山东省的泰山、沂蒙山、山东丘陵；在山地间分布着一些山间盆地。

导考指引：简述华北平原形成的原因。

（2）暖温带半湿润季风气候

该区位于秦淮以北，地处温带，气候为暖温带半湿润大陆性季风气候，降水量在400~800毫米，总量偏少。本区四季分明，冬季受蒙古冷高压控制，盛行西北风，天气寒冷干燥；夏季受西北太平洋副热带高压影响，多偏南风，高温高湿，雨热同期；春秋两季为季风转换期，春季干旱多风，冷暖多变，秋季天高云淡，风和日丽，春秋两季常有寒潮侵袭。由于地理位置偏北，受季风影响，降水季节性差异明显，容易发生夏涝春旱灾害。

2）人文地理环境

（1）悠久经典的历史文化

本区是我国古人类的起源地之一，距今69万年的北京直立人就在这里繁衍生息；创造出颇具特色的旧石器文化，对中国华北地区旧石器文化的发展产生深远的影响。北京是多朝古都，拥有600多年的建都史，现存有当今世界上规模最大、保存最为完整的木质结构古建筑之一、世界五大宫殿之首的故宫。长城被誉为世界中古七大奇迹之一，它是我国古代第一军事工程。在本区你可以感受到我国古代人民卓绝的智慧和伟大的成就。这里有世界最具影响力的思想家之一孔子，他是我国古代伟大的政治家、思想家、哲学家、教育家，他的儒家思想影响着中国几千年，不仅影响着我国，而且影响全世界。

（2）独特的民风民俗文化

本区域民俗文化经典丰富，是燕赵文化的重要发祥地，慷慨悲歌、好气任侠。北京作为多朝古都，留下了丰富悠久的民俗文化，京剧被誉为国粹，宫殿、园林、陵墓、胡同、庙会、冰糖葫芦、北京烤鸭等都是独具特色的区域民俗文化。天津不论是生产、生活、饮食、服饰、民间艺术，还是民居、岁时节日、游艺竞技都有着丰富的内涵和突出的特色。天津拥有北方最大的妈祖庙"后天宫"，古文化街——津门故里，脍炙人口的天津快板等。河北民俗文化与民间艺术源远流长，河北面人堪称一绝，娲皇宫奶奶庙会规模宏大，安国药王庙会被称为"天下第一药市"，沧州吴桥被誉为"杂技之乡"，河北梆子激越、慷慨。"好客山东，礼仪之邦""至圣先师，儒家孔子""山东秧歌，备受喜爱"，山东的民俗文化影响深远。

（3）丰富多彩的国际文化

该区域对外开放程度高，国际交往频繁，首都北京是政治中心、国际大都市，是我国面向世界的最大窗口，吸引着来自世界各地的目光。天津是我国重要的国际港口，对外贸易发达。该区域位于渤海沿岸，是我国重要的经济区，与世界紧密相连。由于本区的对外交往和贸易频繁，因此该区域外国文化气息浓烈，如北京奥林匹克公园，被誉为"万国建筑博览苑"的天津五大道。

10.1.2　旅游资源特征

1）宫殿、陵墓享誉中外

本区是我国古代王朝建都较多的区域，帝王皇权、王公贵族，富商巨贾多居于此，他们修建了当时社会极为奢华的代表了当时中国乃至世界最高艺术和文化水平的宫殿、陵墓。这些宫殿、陵墓不论在结构上，还是在形式上，都显示了皇家的尊严和富丽堂皇的气派。时至今日，部分宫殿和陵墓成为了我们宝贵的文化遗产，甚至成为了全世界绝无仅有的珍贵文物。

2）皇家园林独具一格

本区域还有很多供皇族王公消遣游憩的皇家园林，这些园林与其他地区的园林相比规模浩大、面积广阔、建设恢宏、金碧辉煌，建筑风格多姿多彩；颐和园占地近300公顷，圆明园收藏了无数稀世珍宝。这里的皇家园林既有南方园林的小巧玲珑，也有北方园林的宏伟壮观，甚至还有"西洋景"；皇家园林功能齐全，集处理政务、寿贺、看戏、居住、园游、祈祷、观赏、狩猎于一体，尽显帝王气派。

3）名山、生态景区荟萃

本区除了代表皇权的旅游资源外，还有很多生态的景区、名山。这里有引发了大量文人墨客为其作诗作文的"五岳之首"泰山，"鲁南古城秀，琅琊名士多"的红色沂蒙山，乾隆眼中"早知有盘山，何必下江南"的盘山，"世外桃源"的野三坡，"华北明珠""北国江南、北地西湖"之誉的白洋淀。

4）遗址遗迹数量众多

截至2022年1月，该区拥有17处世界遗产，其中北京7处，天津2处，河北、山东各4处，长城、北京周口店直立人遗址，京杭大运河等众多世界级遗产誉满中外，国家级文物古迹比比皆是。

10.2　东方古都　魅力北京

课前思考

1.请说说你眼中的北京。

2.你知道北京市的哪些景区？请在图10-1中标注出来。你最想了解北京市的哪个旅游景区？

分省（区、市）地图—北京市

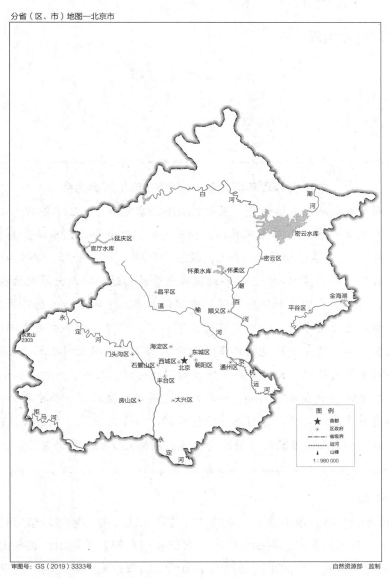

审图号：GS（2019）3333号　　　　　　　　　　自然资源部　监制

图10-1　北京市地图

北京市，简称"京"，中华人民共和国首都、直辖市、国际化大都市、全国政治中心、文化中心、国际交往中心、科技创新中心，是中国共产党中央委员会、中华人民共和国中央人民政府和全国人民代表大会的办公所在地。地处我国华北平原北部，北枕燕山山脉的军都山，西靠太行山山脉余脉的西山，东临渤海，上靠辽东半岛，下临山东半岛，毗邻天津市和河北省。长期的皇权重地，奠定了它千年古都的历史地位。

北京全市面积约1.6万平方公里，截至2022年，北京市共辖16个市辖区，分别是东城区、西城区、朝阳区、丰台区、石景山区、海淀区、顺义区、通州区、大兴区、房山区、门头沟区、昌平区、平谷区、密云区、怀柔区、延庆区。北京历史悠久、文化灿烂、遗产丰富，被称为"东方古都"，是中国旅游资源最富集的省份之一。

导考指引：北京为何被称为"对称的古都"？

10.2.1 北京自然地理

大事记

中华民族百年奥运梦——2008年北京奥运会

第29届夏季奥林匹克运动会，又称2008年北京奥运会，2008年8月8日晚上8时整在中华人民共和国的首都北京举办，24日闭幕。2008年北京奥运会共有参赛国家及地区204个，参赛运动员11 438人，设28个大项、302个小项，共有60 000多名运动员、教练员和官员参加。2008年北京奥运会共创造43项新世界纪录及132项新奥运纪录，共有87个国家和地区在赛事中取得奖牌，中国以51枚金牌居金牌榜首名，是奥运历史上首个登上金牌榜首的亚洲国家。它的成功举办圆了中国人民百年的奥运梦，既促进了中国竞技体育的新跨越以及与不同文明之间的交流，更促进了世界对中国的认识，大大提高了中国的国际地位。此外，2022年2月，第24届冬季奥林匹克运动会在北京举办，世界的目光再次聚焦北京，北京成为世界上首座既举办过夏季奥运会又举办过冬季奥运会的"双奥之城"。经历奥运洗礼的中国人，将以更加自信、开放的姿态，为实现民族伟大复兴而努力奋斗。

1）地形地貌

北京的地势西北高、东南低。北京的西、北和东北，群山环绕，东南是缓缓向渤海倾斜的大平原。西部为西山，属太行山脉；北部和东北部为军都山，属燕山山脉，两山在南口关沟相交，形成一个向东南展开的半圆形大山弯，人们称之为"北京弯"，它所围绕的小平原即为北京小平原。最高的山峰为门头沟区的东灵山，海拔2 303米。最低的地面为通州区东南边界。北京平原的海拔高度在20～60米，山地一般海拔1 000～1 500米，平均海拔43.5米。北京市山区约占总面积的62%，平原区面积约占总面积的38%。古人有言："幽州之地，左环沧海，右拥太行，北枕居庸，南襟河济，诚天府之国。"

2）气象气候

北京的气候为暖温带半湿润半干旱季风气候，夏季高温多雨，冬季寒冷干燥，春、秋短促。全年无霜期180～200天。降水季节分配很不均匀，全年降水的80%集中在夏季6、7、8三个月。

北京年平均日照时数在2 000～2 800小时。最大值在延庆区和古北口，为2 800小时以上，最小值分布在霞云岭，日照为2 063小时。夏季正当雨季，日照时数减少，月日照在230小时左右；秋季日照时数虽没有春季多，但比夏季要多，月日照230～245小时；冬季是一年中日照时数最少季节，月日照不足200小时，一般在170～190小时。

3）河流水文

北京地区主要河流有属于海河水系的永定河、潮白河、北运河、拒马河和属于蓟运河水系的泃河。这些河流都发源于西北山地，乃至蒙古高原。它们在穿过崇山峻岭之后，便流向东南，蜿蜒于平原之上。其中泃河、永定河分别经蓟运河、潮白新河、永定新河直接入海，拒马河、北运河都汇入海河注入渤海。北京没有天然湖泊。北京市有水库85座，其中大型水库有密云水库、官厅水库、怀柔水库、海子水库。北京市地下水多年平均补给量约为29.21亿立方米，平均年可开采量24～25亿立方米。一次性天然水资源年平均总量为55.21亿立方米。

10.2.2　北京人文地理

1）历史沿革

北京周口店直立人遗址说明69万年前我们的祖先就在这里生活繁衍。它作为城市的历史可以追溯到3 000年前，早在西周初年，周武王即封召公于北京及附近地区，称燕，都城在今北京房山区的琉璃河镇，遗址尚存。又封尧之后人于蓟，在今北京西南。后燕国灭蓟国，迁都于蓟，统称为燕都或燕京。秦汉以来，北京地区一直是中国北方的重镇，名称先后称为蓟城、燕都、燕京、大都、北平、顺天府等。辽于会同元年起在北京地区建立了陪都，号南京幽都府，开泰元年改号南京析津府，后又改号燕京。1153年（贞元元年），金朝皇帝海陵王完颜亮正式建都于北京，称为中都。此后元朝、明朝和清朝的都城均建立在北京。1911年辛亥革命后，中华民国定都南京，1912年迁都北京。1949年1月31日，中国共产党军队控制北平。同年9月27日中国人民政治协商会议第一届全体会议通过《关于中华人民共和国国都、纪年、国歌、国旗的决议》，北平重新更名为北京。1949年10月1日，中华人民共和国在北京天安门广场宣告成立，从此北京成为了我们新中国的首都。

导考指引：说说北京有哪些城市职能。

2）人口民族

第七次全国人口普查数据显示，截至2020年11月，北京全市常住人口2 189.3万人，男性人口占51.1%；女性人口占48.9%。北京市民族种类齐全，具有56个民族，汉族人口最多，少数民族中人口数量居前五位的是满族、回族、蒙古族、朝鲜族和土家族。各少数民族居住较为分散，北京市各区都有少数民族分布。

3）风俗物产

（1）京剧

京剧，又称平剧、京戏，是中国影响最大的戏曲剧种之一，流行于全中国，被誉为我国的国粹。清代乾隆五十五年（1790年）起，原在南方演出的三庆、四喜、春台、和春四大徽班陆续进入北京，与来自湖北的汉调艺人合作，同时接受了昆曲、秦腔的部分剧目、曲调和表演方法，又吸收了一些地方民间曲调，通过不断地交流、融合，最终形成京剧。京剧伴奏分文场和武场两大类。京剧的角色分为生、旦、净、丑等行当。2006年5月，京剧被国务院批准列入第一批国家级非物质文化遗产名录。2010年，被列入联合国教科文组织非物质文化遗产名录（名册）人类非物质文化遗产代表作名录。

（2）北京烤鸭

北京烤鸭，起源于南北朝时期，由木炭火烤制，它以色泽红艳，肉质细嫩，味道醇厚，外脆里嫩，肥而不腻的特色，被誉为"天下美味"而驰名中外，2008年入选第二批国家级非物质文化遗产名录。北京烤鸭分为两大流派，挂炉烤鸭和焖炉烤鸭，而北京最著名的烤鸭店"全聚德"和"便宜坊"也即是两派的代表。挂炉烤鸭烤出的鸭子外观饱满，颜色呈枣红色，皮层酥脆，外焦里嫩，并带有一股果木的清香，细品起来，滋味美妙。焖炉烤鸭外皮油亮酥脆，肉质洁白、细嫩，口味鲜美。

导考指引：什么是"满汉全席"？

（3）北京牙雕

北京牙雕，已有3 000多年的历史，明代以来尤为盛行。清代牙雕多是由内廷御用作坊生产，工匠多来自扬州、广州。他们在继承传统技艺的基础上，把圆雕、浮雕和镂空雕等技法结合运用，融为一体，并从古代绘画、石雕、泥塑等艺术形式中吸取丰富的营养，逐渐形成了北京象牙雕刻。故宫珍宝馆的象牙席，是清代牙雕制品的珍品之一。象牙雕刻向以仙姿媚态的古装仕女和秀丽动人的圆雕花卉见长。它彰显了高雅、古朴、精细、遒劲的独特艺术风格。2006年入选第一批国家级非物质文化遗产名录。

（4）北京庙会

北京庙会是中国传统民俗活动。庙会又称庙市或节场。其中最为浓重的是厂甸庙会，庙会作为一种社会风俗的形成，有其深刻的社会原因和历史原因，而庙会风俗则与佛教寺院以及道教庙观的宗教活动有着密切的关系，同时它又是伴随着民间信仰活动而发展、完善和普及起来的。北京庙会起源于辽代的"上巳春游"，史有所载的最早的庙会是都城隍庙庙会。早年北京没有大商场，一切生活日用品，如衣着鞋帽、锅碗瓢勺、儿童玩具、日用杂品，无一不可从庙会上购得。总之，庙会是旧北京一种特有人文景观，是工商业进行物资交流的重要渠道，是我国传统文化、传统民俗的一部分。

10.2.3 北京旅游资源

1）旅游资源概览

北京历经数十个朝代的经营，拥有众多辉煌的帝都景观和丰厚浓郁的文化底蕴，世界最大的皇宫故宫、我国最大的祭天神庙天坛、世所罕见的皇家园林颐和园、世界八大奇迹之一的长城、北京最大的古墓群明十三陵和周口店北京直立人遗址都已被联合国教科文组织列入世界文化遗产。除古都文化外，红色文化、创新文化、京味文化灿烂多姿。北京市世界及国家级旅游资源如表10-1所示。

表10-1 北京市世界及国家级旅游资源

类型	数量	景点
世界文化遗产	7	长城、故宫、天坛、颐和园、大运河、周口店直立人遗址、明十三陵
世界地质公园	2	房山世界地质公园、延庆世界地质公园
国家5A级旅游景区	8	故宫博物院、天坛公园、颐和园、圆明园、北京八达岭长城——慕田峪长城、明十三陵、恭王府、奥林匹克公园
国家生态旅游示范区	2	南宫、野鸭湖

注：数据截至2022年7月。

2）重点旅游资源

（1）故宫博物院景区

北京故宫是中国明清两代的皇家宫殿，旧称紫禁城，位于北京中轴线的中心。以三大殿为中心，占地面积72万平方米，建筑面积约15万平方米，有大小宫殿七十多座，房屋九千余间。以南京故宫为蓝本，于明成祖永乐四年（1406年）开始建设，到永乐十八年（1420年）建成，成为明清两朝二十四位皇帝的皇宫。民国十四年（1925年10月10日）故宫博物院正式成立。北京故宫南北长961米，东西宽753米，四面围有高10米的城墙，城外有宽52米的护城河。紫禁城有四座城门，东面为东华门，南面为午门，西面为西华门。北面为神武门，城墙的四角，各有一座风姿绰约的角楼，民间有九梁十八柱七十二条脊之说，形容其结构的复杂。

北京故宫内的建筑分为外朝和内廷两部分。外朝的中心为太和殿、中和殿、保和殿，统称三大殿，是封建皇帝行使权力，举行盛典的地方。三大殿左右两翼辅以文华

故宫720°
全景讲解

殿、武英殿两组建筑。内廷的中心是乾清宫、交泰殿、坤宁宫，统称后三宫，是皇帝和皇后居住的正宫。其后为御花园。后三宫两侧排列着东、西六宫，是后妃们居住休息的地方。东六宫东侧是天穹宝殿等佛堂建筑，西六宫西侧是中正殿等佛堂建筑。外朝、内廷之外还有外东路、外西路两部分建筑。

北京故宫是世界上现存规模最大、保存最为完整的木质结构古建筑之一，是国家5A级旅游景区，1961年被列为第一批全国重点文物保护单位，1987年被列为世界文化遗产，被誉为世界五大宫殿之首。故宫是中国古代建筑艺术的精华，体现了古代中国的文化精粹。

导考指引：请扼要简介北京故宫营建的原则。

人物谈

故宫设计者——蒯祥

蒯祥（1399—1481年），江苏吴县鱼帆村（今江苏苏州）人，中国明代建筑匠师，世袭工匠之职，公认的天安门城楼的设计者。蒯祥自幼随父学艺。在木工技艺和营造设计上成名，并出任"木工首"，后任工部侍郎。曾参加或主持多项重大的皇室工程，负责建造的主要工程有北京皇宫、皇宫前三殿、长陵、献陵、隆福寺，北京西苑（今北海、中海、南海）殿宇、裕陵，承天门（今之天安门），永乐皇帝称赞为"蒯鲁班"。工部虽然油水很足，但是蒯祥一直都坚持简朴务实的作风，直到他的晚年都曾现场参与施工。对于后辈工匠们的问题也是知无不答，而香山会直到清朝年间都仍然是天下最好的工匠团体。

（2）天坛景区

天坛位于北京市南部，东城区永定门内大街东侧。占地约273万平方米，是中国现存最大的古代祭祀性建筑群。天坛始建于明永乐十八年（1420年），清乾隆、光绪时曾重修改建。现为世界文化遗产，全国重点文物保护单位，国家5A级旅游景区，全国文明风景旅游区示范点。天坛公园在明、清两代是帝王祭祀皇天、祈五谷丰登之场所。天坛是圜丘、祈谷两坛的总称，有坛墙两重，形成内外坛，坛墙南方北圆，象征天圆地方。主要建筑在内坛，圜丘坛在南，祈谷坛在北，二坛同在一条南北轴线上，中间有墙相隔。圜丘坛内主要建筑有圜丘坛、皇穹宇等，祈谷坛内主要建筑有祈年殿、皇乾殿、祈年门等。

（3）颐和园

颐和园主景区由万寿山、昆明湖组成，全园占地3.009平方公里（其中颐和园世界文化遗产区面积是2.97平方公里），水面约占四分之三。园内现存各式宫殿、园林古建7万平方米，并以珍贵的文物藏品闻名于世，是第一批全国重点文物保护单位。

颐和园前身为清漪园，始建于清朝乾隆十五年（1750）。

颐和园集传统造园艺术之大成，借景周围的山水环境，既有皇家园林恢弘富丽的气势，又充满了自然之趣，高度体现了中国园林"虽由人作，宛自天开"的造园准则。1998年12月，颐和园被联合国教科文组织列入世界文化遗产目录，并予以如下评价：北京的颐和园是对中国风景园林造园艺术的一种杰出的展现，将人造景观与大自然和谐地融为一体；颐和园是中国的造园思想和实践的集中体现，而这种思想和实践对整个东方园林艺术文化形式的发展起了关键性的作用；以颐和园为代表的中国皇家园林是世界几大文明之一的有力象征。

（4）八达岭长城

八达岭长城，位于北京市延庆区军都山关沟古道北口。八达岭长城史称天下九塞之一，是中国古代伟大的防御工程万里长城的重要组成部分，是明长城的一个隘口。八达岭长城为居庸关的重要前哨，古称"居庸之险不在关而在八达岭"。

明长城的八达岭是长城建筑最精华的部分，它集巍峨险峻、秀丽苍翠于一体，被称作"玉关天堑"，为明代居庸关八景之一。八达岭长城是明长城向游人开放最早的地段，八达岭景区以八达岭长城为主，兴建了八达岭饭店和中国长城博物馆等功能齐全的现代化旅游服务设施。

八达岭景区是全国文明风景旅游区示范点，以其宏伟的景观、完善的设施和深厚的文化历史内涵而著称于世，是举世闻名的旅游胜地。习近平总书记强调："长城凝聚了中华民族自强不息的奋斗精神和众志成城、坚韧不屈的爱国情怀，已经成为中华民族的代表性符号和中华文明的重要象征。要做好长城文化价值发掘和文物遗产传承保护工作，弘扬民族精神，为实现中华民族伟大复兴的中国梦凝聚起磅礴力量。"

（5）北京奥林匹克公园

北京奥林匹克公园位于北京市朝阳区，地处北京城中轴线北端，北至清河南岸，南至北土城路，东至安立路和北辰东路，西至林翠路和北辰西路，总占地面积11.59平方公里，北京奥林匹克公园分为三部分：北部是6.8平方公里的奥林匹克森林公园、中部是3.15平方公里的中心区、南部是1.64平方公里的奥体中心，它集中体现了"科技、绿色、人文"三大理念，是融合了办公、商业、酒店、文化、体育、会议、居住多种功能的新型城市区域。

2008年夏季奥运会比赛期间，有鸟巢、水立方、国家体育馆、国家会议中心击剑馆、奥体中心体育场、奥体中心体育馆、英东游泳馆、奥林匹克公园射箭场、奥林匹克公园网球场、奥林匹克公园曲棍球场10个奥运会竞赛场馆。此外，还包括奥运主新闻中心（MPC）、国际广播中心（IBC）、奥林匹克接待中心、奥运村（残奥村）等在内的7个非竞赛场馆，是包含体育赛事、会展中心、科教文化、休闲购物等多种功能在内的综合性市民公共活动中心。2022年北京冬奥会期间，部分场馆又有了新的名字并肩负起了新的历史使命。例如，国家体育馆经过对主馆进行改造，增加了制冰功能和除湿系统，得名冰之帆，肩负起举办北京冬奥会冰球项目的使命。而大家熟悉的国家游泳中心水立方，也经过了水冰转换技术的改造，成为了冰立方，游泳赛道变成了冰壶赛道。

（6）明十三陵

明十三陵位于北京市昌平区境内天寿山南麓，地处东、西、北三面环山的小盆地之中，陵区周围群山环抱，中部为平原，陵前有小河曲折蜿蜒，总面积120余平方公里。明十三陵建于1409年至1645年，陵区占地面积达40平方公里，是中国乃至世界现存规模最大、帝后陵寝最多的一处皇陵建筑群。自永乐七年（1409）五月始作长陵，到明朝最后一帝崇祯葬入思陵止，其间230多年，先后修建了十三座皇帝陵墓、七座妃子墓、一座太监墓。共埋葬了十三位皇帝、二十三位皇后、二位太子、三十余名妃嫔、两位太监。明十三陵是世界上保存完整、埋葬皇帝最多的墓葬群，为全国重点文物保护单位，国家5A级旅游景区，被列入世界文化遗产目录。

3）旅游发展新格局

《北京"十四五"文化和旅游发展规划》提出，要推进北京全国文化中心建设，坚持社会主义先进文化前进方向，围绕做好首都文化这篇大文章，立足古都文化、红色文化、京味文化、创新文化的基本格局和"一核一城三带两区"总体框架，助力北京建设成为弘扬中华文明与引领时代潮流的中国特色社会主义先进文化之都、文化名城。充分利用首都古今荟萃、海纳百川、博采众长、兼容并包的文化资源优势，构建"一核一轴、四极四带、多板块"的文化旅游空间格局。

"一核"指老城，将老城建设成为国际一流文化旅游典范区。"一轴"指中轴线，以中轴线申遗为抓手，打造以文化旅游功能为主、展示传统文化精髓、体现现代文明魅力的中轴线文化探访路。"四极"指构建副中心、北京大兴国际机场、新首钢、奥林匹克中心区四大文化旅游增长极。"四带"是指大运河文化旅游休闲带、长城文化旅游休闲带、西山永定河文化旅游休闲带、京张体育文化旅游带。"多板块"指依托新城和生态涵养区的历史文化和自然山水，建设服务市民休闲旅游的城市后花园。打造卢沟桥—宛平城红色旅游、京西文化景观区域（京西古道）、燕山文化景观（明十三陵、银山塔林、汤泉行宫等）、房山文化景观（房山文化线路）、通州运河、怀柔雁栖湖等休闲旅游板块。

10.3 天天乐道 津津有味

课前思考

1. "天津"名称的由来。

2. 京杭大运河贯穿了中国哪五大水系？请在图10-2中标出京杭大运河。

分省（区、市）地图—天津市

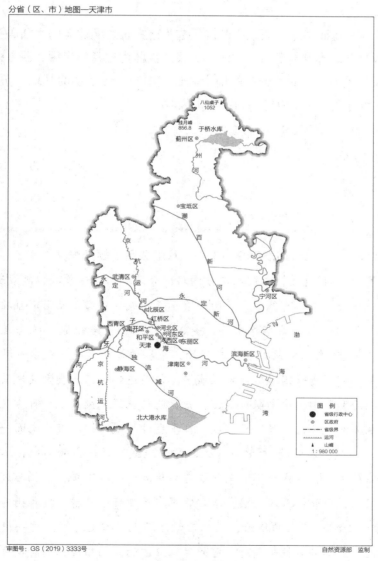

审图号：GS（2019）3333号　　　　　　　　　　　　　　　自然资源部 监制

图10-2 天津市地图

天津市，简称"津"，别称津沽、津门，地处华北平原东北部，海河流域下游，东临渤海，北依燕山，西靠首都北京。是直辖市、国家中心城市、超大城市，环渤海地区的经济中心，亚太区域海洋仪器检测评价中心，国际性综合交通枢纽。我国北方最大的港口城市，国家物流枢纽，全国先进制造研发基地、北方国际航运核心区、金融创新运营示范区、改革开放先行区，首批沿海开放城市，被誉为"渤海明珠"，是中蒙俄经济走廊主要节点、海上丝绸之路的战略支点、"一带一路"交汇点、亚欧大陆桥最近的东部起点，位于海河五大支流南运河、子牙河、大清河、永定河、北运河的汇合处和入海口，素有"九河下梢""河海要冲"之称。

天津有山地、丘陵和平原三种地形，平原约占93%，地貌总轮廓为西北高而东南低。天津下辖16个市辖区，共有街道、乡、镇245个。市辖区分为中心城区、环城区、滨海新区和远郊区。

天津自古因漕运而兴起，唐朝中叶以后成为南方粮、绸北运的水陆码头；是军事重镇和漕粮转运中心；清咸丰十年（1860年）天津被辟为通商口岸后，西方列强纷纷在此设立租界，天津成为中国北方开放的前沿和近代中国洋务运动的基地。历经600多年，造就了天津中西合璧、古今兼容的独特城市风貌。

大事记

天津记忆1900年——八国联军占领天津

1900年7月13日凌晨，八国联军分两路向天津城内发起总攻，凌晨5时，联军向津城猛烈炮击，左路有俄国、德国两国军队组成，从回车站沿河直攻东北角、三叉河口黑炮台一带，右路军由英、美、日、法、奥军组成，从海光寺直扑天津南门。清军2万余人拼死抵抗，南门外，义和团挖开河堤，放水淹灌，一片汪洋。美、英、法、奥等国军队仍攻至城墙。马玉昆部和何永盛部凭城反击，义和团在城外壕沟和芦苇丛中向联军射击，击毙包括美军上校团长、日少佐等多名军官，毙伤联军800余人，7月14日凌晨，日军度过护城河，炸毁城南面一段城墙，自此突入，英军相继跟进，6时许，大队联军级武装教民占领南城，不久，俄军也从东面城厢攻入，城内清军和义和团奋力巷战，战至下午，因牺牲过重力不能敌，撤出战斗，至此，天津沦陷。八国联军在天津烧杀抢掠，繁华街市，变成一片瓦砾废墟。原有5万人的塘沽，杀戮后竟然"无华人足迹"。这一段历史显示了中国人民不屈不挠的抗争精神、誓死保家卫国的爱国精神，同时也告诉我们，落后就要挨打的深刻道理，身处和平年代的我们当不忘历史，缅怀先烈，奋发图强，为把我国建设成为现代化强国而努力奋斗。

10.3.1 天津自然地理

1）地形地貌

天津地势以平原和洼地为主，北部有低山丘陵，海拔由北向南逐渐下降。北部最高，海拔1 052米；东南部最低，海拔3.5米。全市最高峰九山顶（海拔1 078.5米）。地貌总轮廓为西北高而东南低。天津有山地、丘陵和平原三种地形，除北部与燕山南侧接壤之处多为山地外，其余均属冲积平原，蓟州区北部山地为海拔千米以下的低山丘陵。靠近山地是由洪积冲积扇组成的倾斜平原，呈扇状分布。倾斜平原往南是冲积平原，东南是滨海平原。

2）气象气候

天津地处北温带，位于中纬度亚欧大陆东岸，主要受季风环流的影响，是东亚季风盛行的地区，属暖温带半湿润季风性气候。临近渤海湾，海洋气候对天津的影响比较明显。主要气候特征：四季分明，春季多风，干旱少雨；夏季炎热，雨水集中；秋高气爽，冷暖适中；冬季寒冷，干燥少雪，因此，春末夏初和秋天是到天津旅游的最佳季节。冬半年多西北风，气温较低，降水也少；夏半年以偏南风为主，气温高，降水也多。有时会有春旱。天津的年平均气温约为14 ℃，7月最热，月平均温度28 ℃；历史最高温度是41.6 ℃。1月最冷，月平均温度-2 ℃。历史最低温度是-17.8 ℃。年平均降水量在360～970毫米。

3）河流水文

天津地跨海河两岸，而海河是华北最大的河流，上游长度在10公里以上的支流有300多条，在中游附近汇合于北运河、永定河、大清河、子牙河和南运河，五河又在天津金钢桥附近的三岔口汇合成海河干流，由大沽口入海。流经天津的一级河道有19条，还有子牙新河、独流减河、马厂减河、永定新河、潮白新河、还乡新河6条人工河道。二级河道有79条，深渠1 061条。引滦入津输水工程是天津80年代兴修的大型水利工程，把水引到天津，每年向天津输水10亿立方米。天津地下水蕴藏量丰富，山区多岩溶裂隙水，水质最好，矿化度低。全市有大型水库3座，总库容量3.4亿立方米。

10.3.2 天津人文地理

1）历史沿革

天津地区在商周时期即有人类居住，但作为城市则形成较晚。隋朝，修建京杭大运河后，南运河和北运河的交会处（今金刚桥三岔河口），史称三会海口，是天津最早的发祥地。金朝贞祐二年（1214年），在三岔口设直沽寨，直沽是天津城市发展中有史料记载的最早名称。元延祐三年（1316），改直沽为海津镇。明建文二年（1400年），燕王朱棣在此渡过大运河南下争夺皇位，在永乐二年十一月二十一日（1404年12月23日）将此地改名为天津，即天子经过的渡口之意。并开始筑城设卫，称天津卫，后又增设天津左卫和天津右卫。清顺治九年（1652年），天津卫、天津左卫和天津右卫三卫合并为天津卫，设立民政、盐运和税收、军事等建置。雍正三年（1725年）升天津卫为天津州。雍正九年（1731年）升天津州为天津府，辖六县一州。清末时期，天津作为直隶总督的驻地。

民国二年（1913年），天津为直隶省省会。1928年6月，南京国民政府设立天津特别市，同年7月，直隶改称河北，设天津为省会，1930年6月，天津改为南京国民政府行政院直辖市。同年10月，为省辖市。1935年6月，天津又改为直辖市。1937年7月因抗日战争爆发，天津沦陷。1945年，抗战胜利，列强在津租界全部被国民政府收回。1949年1月天津全境解放，划为华北人民政府直辖市。同年10月天津被定为中央直辖市。1958年2月11日，天津改为河北省省辖市，同年4月18日，河北省省会由保定迁到天津。1967年1月2日，天津恢复为直辖市。

导考指引：天津为什么又被称为"天津卫"？

2）人口民族

根据2020年第七次全国人口普查结果，截至2020年11月1日零时，全市常住人口约为1 386.6万人，居住在城镇的人口占84.70%；居住在乡村的人口占15.30%。天津是一个多民族散居、杂居的沿海城市。常住人口中，汉族人口占96.80%；各少数民族人口占3.20%。

3）风俗物产

（1）天津快板

天津快板是由天津时调演变而来，句式灵活，几言皆可，但要求上下句对仗，尾字押韵，可通篇一韵到底，也可中途换韵，创造性地使用了"赋、比、兴"，风格粗犷、明快、幽默，其最高境界可用"平如无风湖面，爆如炸雷闪电，脆如珠落玉盘，美如酒醉心田"中的"平、爆、脆、美"四个字来概括。伴奏乐器：竹板、大三弦和扬琴等。它是由群众自发创造并发展起来的。这种快板完全以天津方言来表演，在形式上采用了数来宝的数唱方式及快板书所用的节子板，同时配以天津时调中"数子"的曲调，用三弦伴奏，别具一格。天津快板有着浓厚的生活气息和地方风味，深受天津人的喜爱，也为其他省市群众所喜爱。

（2）天津小吃

天津小吃种类丰富，品种繁多，尤其以狗不理包子、十八街麻花、耳朵眼炸糕三种传统美食著名，被称为"天津三绝"。狗不理包子可以说是无人不知晓，已经被认定为天津的名牌产品。十八街麻花风味独特，香酥可口。耳朵眼炸糕已经有百余年的历史，其工艺讲究，用料上乘，1997年被中国烹饪协会命名为中华名小吃。此外还有煎饼馃子、被定为津门四绝之一的猫不闻饺子、曹记驴肉、冠生园八珍羊腿、陆记烫面炸糕、白记水饺、芝兰斋糕干、大福来锅巴菜、石头门坎素包、小宝栗子等众多小吃，部分产品出口世界各国。

（3）"泥人张"彩塑

"泥人张"彩塑创始于清代末年。创始人叫张明山，生于天津，他的艺术独具一格而蜚声四海，老百姓都喜爱他的作品，亲切地送给他一个昵称：泥人张。天津的泥人张彩塑，经流传、发展至今已有180多年的历史。面目径寸，不仅形神毕肖，且栩栩如生，形象生动，色彩丰富，令人万分喜爱。"泥人张"的彩塑，把传统的捏泥人提高到圆塑艺术的水平，又装饰以色彩、道具，形成了独特的风格。它是继元代刘元之后，我国又一个泥塑艺术的高峰，其作品艺术精美，影响远及世界各地，在我国传统民间手工艺史上占有重要的地位。2019年11月，《国家级非物质文化遗产代表性项目保护单位名单》公布，天津泥人张彩塑工作室、天津市南开区泥人张美术馆荣获"天津泥人张"项目保护单位资格。

10.3.3 天津旅游资源

1）旅游资源概览

天津历史遗址多，出土文物丰富，是国家历史文化名城，也是一个非常开放的城市，除了古代的遗址、景区外，天津还拥有现代化的景点、众多外国风貌的建筑，如天津之眼、五大道，其中五大道被誉为"万国建筑博览苑"。天津市世界及国家级旅游资源如表10-2所示。

表10-2 天津市世界及国家级旅游资源

类型	数量	景点
世界文化遗产	2	黄崖关古长城、京杭大运河（天津段）
国家5A级旅游景区	2	天津古文化街旅游区（津门故里）、盘山风景名胜区
国家级地质公园	1	天津蓟州区国家地质公园
国家级自然保护区	3	古海岸与湿地自然保护区，蓟州区中、上元古界地层剖面自然保护区，八仙山自然保护区

注：数据截至2022年7月。

试一试：上表提到的旅游景区有你熟悉的吗？如果有，请试一试给同学们介绍一下。

2）重点旅游资源

（1）天津古文化街旅游区（津门故里）

天津古文化导游讲解

古文化街位于天津市南开区东北角。南北街口各有牌坊一座，上书"津门故里"和"沽上艺苑"，长687米，宽5米，是由仿中国清代民间小式店铺组成的商业步行街，国家5A级旅游景区。作为津门十景之一，天津古文化街一直坚持"中国味，天津味，文化味，古味"经营特色，以经营文化用品为主。古文化街内有近百家店堂。是天津老字号店、民间手工艺品店的集中地，有地道美食：狗不理包子、耳朵眼炸糕、煎饼馃子、老翟药糖，张家水铺、天津麻花等。旅游景点有天后宫、"风筝魏"风筝、"泥人张"彩塑等。每逢农历三月二十三（"天后"诞辰吉日）在此举行盛大的皇会，表演龙灯舞、狮子舞、少林会、高跷、法鼓、旱船、地秧歌、武术以及京戏、评剧、梆子等。古文化街无论建筑风貌、店铺装修、匾额楹联，经营商品都带有浓郁的艺术气息。

（2）盘山风景名胜区

盘山风景名胜区，位于天津市蓟州区西北15公里处，占地面积106平方公里，旧名无终、徐无、四正、盘龙。盘山属燕山山脉南部分支山系，海拔高度一般在400～600米。主峰挂月峰，海拔高度864.4米。相传东汉末年，无终名士田畴不受献帝封赏，隐居于此，因此人称田盘山，简称盘山。它是国家级风景名胜区、国家5A级景区，是自然山水与名胜古迹并著、佛教文化与皇家文化相融的旅游休闲胜地。历史上建有72座寺庙和13座玲珑宝塔，一座皇家园林——静寄山庄，早在唐代就以"东五台山"著称佛界，清康熙年间以"京东第一山"驰名中外，民国初年盘山同泰山、西湖、故宫等并列为中国十五大名胜之一。

唐太宗李世民曾吟诗"兹焉可游赏，何必襄城外"，高度赞美盘山的绚丽景色。清朝康熙皇帝第一次巡游盘山时拍案称奇，情不自禁吟出："早知有盘山，何必下江南！"抗日战争时期，盘山许多佛寺等毁于战火和敌人的破坏，但盘山晴岚叠翠的清秀风光依然令人钟情。盘山地区是冀东革命根据地之一。新中国成立后，盘山脚下建立了烈士陵园，供后人瞻仰凭吊。

导考指引：请扼要简介盘山抗日根据地的建立。

（3）五大道

五大道在天津市中心城区，是一个以由南向北并列着的马场道、睦南道、大理道、常德道、重庆道这五条道路为主的一个街区的统称。以"马睦大常重"为主的这个街区，是迄今为止天津乃至中国保留得最为完整的洋楼建筑群，天津人把它称作"五大道"。

五大道地区拥有20世纪二三十年代建成的具有不同国家建筑风格的花园式房屋2 000多所，建筑面积达到100多万平方米。其中最具典型的300余幢风貌建筑中，英式建筑89所、意式建筑41所、法式建筑6所、德式建筑4所、西班牙式建筑3所，还有众多的文艺复兴式建筑、古典主义建筑、折衷主义建筑、巴洛克式建筑、庭院式建筑以及中西合璧式建筑等，被称为"万国建筑博览苑"。

3）旅游发展新格局

根据《天津市国土空间发展战略（2020年）》和天津市"十四五"期间规划建设"津城""滨城"双城发展格局的战略部署，遵循规划继承性、产业集聚性和文旅融合性等原则，"十四五"时期，着力构建天津市"一核一带两园三区六组团"的文旅融合发展空间布局，即突出一个中心城区都市文化和旅游极核，打造一条海河亲水主题旅游发展带，推动两个国家文化公园规划实施，建设三个代表山野乡村文化、滨海休闲文化和绿色生态文化的特色旅游区，形成西青崇文尚武生态田园、宁河乡土文化与湿地游憩、宝坻都市休闲农业、静海"体育+康养"、武清京津时尚文化体验、北辰近郊水镇度假六个组团。

10.4　诚义燕赵、胜境河北

课前思考

1.你印象中的河北省是什么样子的？

2.请在图10-3中标注出雄安新区的大致位置。

分省（区、市）地图—河北省

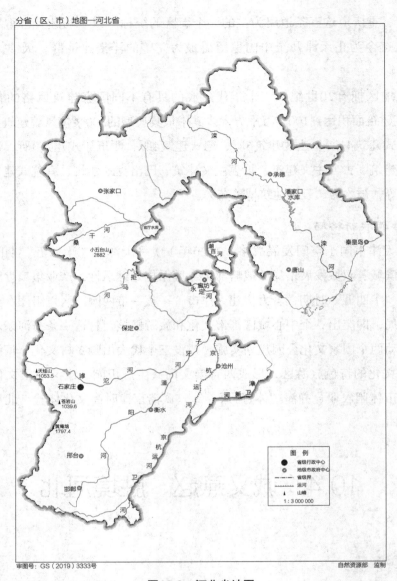

审图号：GS（2019）3333号   自然资源部 监制

图10-3　河北省地图

　　河北省，简称"冀"，地处华北平原，东临渤海、内环京津，西为太行山，北为燕山，燕山以北为张北高原，是中国唯一兼有高原、山地、丘陵、平原、湖泊和海滨的省份。地跨海河、滦河两大水系。地处沿海开放地区，是中国经济由东向西梯次推进发展的东部地带，是中国重要粮棉产区。总面积18.88万平方公里。截至2022年7月，河北省下辖11个地级市，共有49个市辖区、21个县级市、91个县、6个自治县。2017年4月，中共中央、国务院决定设立河北雄安新区。2019年8月，国务院新设中国（河北）自由贸易试验区。

　　导考指引： 河北为何又被称为燕赵之地？

大事记

> **公而忘私、患难与共、百折不挠、勇往直前——唐山大地震**
>
> 1976年7月28日，北京时间3时42分53.8秒。东经118.1度、北纬39.6度，中国河北省唐山市丰南区一带突然发生里氏7.8级强烈地震，震中烈度11度，震源深度12公里，地震持续约23秒。瞬间有656 136间房屋倒塌和受到严重破坏，242 769人死亡，死亡人数位列20世纪世界地震史死亡人数第二，164 851人重伤，4 204个孩子成了孤儿。地震罹难场面惨烈至极，世界罕见。在党和国家的正确领导下，在全国军民的无私援助下，唐山人民展现出了"公而忘私，患难与共，百折不挠，勇往直前"的抗震精神，以最快的速度恢复了灾区生产生活。依靠唐山精神，唐山人民在极端困难的情况下，夺取了抗震救灾、重建家园的巨大胜利；并在短时间内跨入了经济社会快速健康发展的新阶段。唐山抗震精神是唐山人民以及全国军民在抗震斗争中用鲜血、生命和艰苦卓绝的斗争，共同铸造的民族之魂，不仅属于唐山，属于中国，更属于全人类。

10.4.1 河北自然地理

1）地形地貌

河北省地势西北高、东南低，由西北向东南倾斜。地貌复杂多样，高原、山地、丘陵、盆地、平原类型齐全，有坝上高原、燕山和太行山山地、河北平原三大地貌单元。坝上高原属蒙古高原一部分，地形南高北低，平均海拔1 200~1 500米，占河北省总面积的8.5%。燕山和太行山山地，海拔多在2 000米以下，其中小五台山海拔2 882米，为河北省最高峰。山地面积占河北省总面积的48.1%。河北平原区是华北平原的一部分，占河北省总面积的43.4%。

2）气象气候

河北属温带大陆性季风气候，1月平均气温在3 ℃以下，7月平均气温18 ℃至27 ℃，年均降水量484.5毫米，降水量分布特点为东南多西北少；日照时数2 303.1小时，年无霜期81~204天；寒暑悬殊，降雨集中，干湿分明。春季冷暖多变，干旱多风，夏季炎热潮湿；雨量集中；秋季风和日丽，凉爽少雨；冬季寒冷干燥，雨雪较少；大部分地区四季分明。

3）河流水文

河北省河流众多，境内河流大都发源或流经燕山、冀北山地和太行山山区，其下游有的合流入海，有的单独入海，还有因地形流入湖泊不外流者。主要河流有漳卫南运河、子牙河、大清河、永定河、潮白河、蓟运河、滦河等，分属海河、滦河、内陆河、辽河4个水系。其中海河水系最大，滦河水系次之。2020年河北省平均降水量546.7毫米，全省形成水资源总量146.26亿立方米，其中地表水资源量55.71亿立方米，地下水资源量130.31亿立方米。

10.4.2　河北人文地理

1）历史沿革

河北古称冀州。舜分置十二州，河北为幽州。《禹贡》亦为冀州。《周礼·职方》曰幽州。公元前15世纪，商王祖乙迁都于邢。公元前11世纪，河北为燕、邢之地。西晋时，属幽州、冀州、司州。唐代时，属河北道、河东道。北宋时，南部属河北东路和河北西路，北部属于辽国南京道、西京道、中京道。元代河北为中央直属的中书省。明属北直隶、山西、鞑靼，仍属中央直辖，天津开始设县。清代属直隶省，省会在保定。中华民国成立后，今河北境域主要属直隶省，后于1928年改为河北省。

1949年，中华人民共和国成立后，仍为河北省。1952年，撤销察哈尔省，将其原察南专区、察北专区划归河北省。1956年，撤销热河省，将其原大部分辖区划归河北省。1958年，将河北省的顺义、延庆、平谷、通县、房山、密云、怀柔、大兴等县划归北京市。1958年2月，天津划归河北省，1967年1月，天津恢复直辖市。1973年，将河北省的蓟县、宝坻、武清、静海、宁河五县划入天津市，自此形成河北省现辖区规模。2017年4月1日，中共中央、国务院印发通知，决定设立河北雄安新区。

导考指引：简述"河北"得名及"河北省"建制的由来。

2）人口民族

截至2021年末，河北省常住总人口7 448万人，以汉族为主，有满族、回族、蒙古族、壮族、朝鲜族、苗族、土家族等55个少数民族，其中满族、回族、朝鲜族和蒙古族为世居民族。少数民族人口最多的是满族，最少的是乌孜别克族，少数民族人口约占总人口的4%。共有孟村回族自治县、大厂回族自治县、青龙满族自治县、丰宁满族自治县、宽城满族自治县和围场满族蒙古族自治县6个民族自治县。

3）风俗物产

（1）河北梆子

河北梆子是中国梆子声腔的一个重要支脉，形成于清道光年间，清光绪初年进入兴盛时期。河北梆子在剧种方面不仅擅长于表现历史题材，而且能很好地反映现实生活；

在舞台艺术上，无论是音乐、表演以及舞台美术方面，都有极大的变化和明显的提高，从而使河北梆子增添了明朗、刚劲、华丽、委婉的特点，流行于河北、天津、北京以及山东、河南、山西部分地区，成为中国北方影响较大的传统戏曲剧种之一。河北梆子在其兴盛期，还曾传入中国东北三省、江淮地区以及俄罗斯和蒙古国。2006年5月20日，河北梆子经国务院批准列入第一批国家级非物质文化遗产名录。

（2）河北陶瓷

河北陶瓷在我国瓷器发展史上占有很重要的地位，唐代河北邢窑细白瓷的烧制成功，为日后彩瓷的出现和发展创造了条件。宋代"五大名窑"之一的定窑瓷，以其精美的印花工艺独领风骚。我国古代北方最大的民间瓷窑——磁州窑产的白釉黑花瓷，以其浓郁的民间泥土气息深受世人喜爱。唐山陶瓷是古老的传统制瓷技艺，始于明朝永乐年间，距今已有近600年的历史，唐山陶瓷具有造型新颖、装饰多姿、品种齐全、刻意求新之特色。河北陶瓷文化久远、博大精深。邢窑、定窑的白瓷，登峰造极，享誉中外；磁州窑和井陉窑的瓷器，贴近百姓，别具一格。它们分别代表了河北古瓷在中国陶瓷史上的地位。

（3）中国吴桥国际杂技艺术节

河北省吴桥县素有"中国著名杂技之乡""世界杂技艺术摇篮"的美誉。中国吴桥国际杂技艺术节是以"吴桥"命名的国家级国际性艺术盛会，由文化和旅游部、河北省人民政府共同主办。中国吴桥国际杂技艺术节创办于1987年，每两年举办一届，是中国杂技艺术领域举办历史最长、规模最大、影响最广的国家级艺术赛事和文化节庆活动，主要有国际杂技比赛、传统民间艺术表演、国际马戏论坛、杂技艺术交流、参观杂技之乡、杂技图片展览等。其运作水平、节目质量和国际地位得到了杂技界人士的极高评价，被盛誉为"东方杂技大赛场"，比赛所设的最高奖——金狮奖已成为杂技界最为瞩目的奖项之一。

10.4.3 河北旅游资源

1）旅游资源概览

河北陆地、海滨兼具，是我国旅游资源大省。素有"胜境河北"之称。燕赵文化在此流传，是多朝政治重地，是众多帝王皇族休闲的后花园和长眠之处。河北自然风光绚丽多彩，滨海之地，沙软潮平，阳光舒适；山河湖泊，苍翠波澜。璀璨的历史文化与秀美的湖光山色交相辉映，构成了独具特色的河北旅游百花园。现有国家历史文化名城6个，全国重点文物保护单位286处，有数十项民间武术发源于河北。红色太行、壮美长城、诚义燕赵、神韵京畿、弄潮渤海等共同构成了绚丽多姿的河北旅游。河北省世界及国家级旅游资源如表10-3所示。

表10-3　河北省世界及国家级旅游资源

类型	数量	景点
世界文化遗产	4	万里长城、山海关、金山岭，承德避暑山庄及周围寺庙，明清皇家陵寝、清东陵、清西陵、中国大运河、衡水景县华家口夯土险工、沧州东光县连镇谢家坝、沧州至德州段运河河道
世界地质公园	1	野三坡世界地质公园
国家5A级旅游景区	11	白洋淀、承德避暑山庄、山海关、野三坡、西柏坡、清东陵、清西陵、娲皇宫、广府古城、白石山、金山岭长城
国家历史文化名城	6	承德、保定、正定、邯郸、山海关、张家口蔚县
国家级旅游度假区	1	崇礼冰雪旅游度假区

注：数据截至2022年7月。

2）重点旅游资源

（1）承德避暑山庄

承德避暑山
庄720°全
景讲解

　　承德避暑山庄又称热河行宫，是中国四大名园之一，在承德市区北部，建造于清初康熙、乾隆时期，是清朝皇帝夏季避暑并从事朝政的离宫别苑。长达10公里的宫墙内，依热河泉等自然山水，仿北国江南名景，营造的康、乾御题胜景即达72处之多。其东南多水，西北多山，融合南北建筑和造园艺术，是中国自然地貌的缩影，是中国园林史上一个辉煌的里程碑，是中国古典园林艺术的杰作，是中国古典园林之最高范例。山庄宫殿以古朴典雅之特点而有别于京、沈故宫。避暑山庄主要分宫殿区和苑景区两部分，苑景又分为湖泊区、平原区和山峦区。宫殿区位于山庄南部，宫室建筑林立，布局严整，是紫禁城的缩影。在这里，可以欣赏博大精深的园林艺术，品味积淀丰厚的文化底蕴。

新视野

　　世界遗产委员会评价：承德避暑山庄，是清王朝的夏季行宫，位于河北省境内，修建于1703年到1792年。它是由众多的宫殿以及其他处理政务、举行仪式的建筑构成的一个庞大的建筑群。建筑风格各异的庙宇和皇家园林同周围的湖泊、牧场和森林巧妙地融为一体。避暑山庄不仅具有极高的美学研究价值，而且还保留着中国封建社会发展末期的罕见的历史遗迹。

（2）白洋淀景区

白洋淀位于保定安新县（雄安新区）境内，是河北第一大内陆湖，总面积366平方公里，因电影《小兵张嘎》而驰名中外，现为国家5A级旅游景区。淀内主要由白洋淀、马棚淀、烧车淀、藻苲淀等大小不等的143个淀泊和3 700多条壕沟组成。构成了淀中有淀，沟壕相连，园田和水面相间分布的特殊地貌。它既有异于中国南方的内陆湖泊，又不同于北方的人工水库，它不是连在一起的一片汪洋，而是由多条河流将各个淀泊连在一起，从而形成河淀相连，芦荡莲塘星罗棋布，一个个淀泊既相互分割又相互连接的布局。白洋淀景区自古就以物产丰富、风景秀丽闻名于世，素有"日进斗金""四季皆秋"之誉，诗赞"北国江南"，歌咏"鱼米之乡"，江泽民同志亲笔为其题词："华北明珠白洋淀。"

（3）西柏坡景区

西柏坡景区，位于河北省石家庄市平山县中部，总面积为16 440平方米，曾是中共中央、中央军委和中国人民解放军总部所在地，党中央和毛主席在此指挥了决定解放战争走向的辽沈、淮海、平津三大战役，召开了具有伟大历史意义的七届二中全会和全国土地会议，解放全中国，故有"新中国从这里走来""中国命运定于此村"的美誉。西柏坡因其得天独厚的地理条件和自然环境，被选为解放全中国、筹备新中国的指挥中心，西柏坡，是我国革命圣地之一，是全国重点文物保护单位、国家5A级旅游景区。2017年，西柏坡景区入选中国红色旅游经典景区名录。

导考指引： 为什么说新中国从这里（西柏坡）走来？

人物谈

狼牙山五壮士

狼牙山五壮士，为在河北省保定市易县狼牙山战斗中英勇抗击日军和伪满洲国军的八路军5位英雄，他们是马宝玉、葛振林、宋学义、胡德林、胡福才，在战斗中他们临危不惧，英勇阻击，子弹打光后，用石块还击，面对步步逼近的敌人，他们宁死不屈，毁掉枪支，义无反顾地纵身跳下数十丈深的悬崖。他们用生命和鲜血谱写出一首气吞山河的壮丽诗篇。5位战士的壮举，表现了崇高的爱国主义、革命英雄主义精神和坚贞不屈的民族气节，被人民群众誉为"狼牙山五壮士"。

（4）山海关景区

山海关古称榆关，也作渝关，又名临闾关，因其北倚燕山，南连渤海，依山襟海，故得名山海关。山海关汇聚了中国古长城之精华，有"天下第一关"之称。与万里之外的嘉峪关遥相呼应，闻名天下。山海关城，周长约4公里，与长城相连，以城为关，城高14米，厚7米，有四座主要城门，多种防御建筑，2001年，国务院将山海关列为国家历史文化名城旅游景区，"老龙头""孟姜女庙""角山""天下第一关"等六大风景区对中外游客开放，闻名国内外。

3）旅游发展新格局

《河北省"十四五"旅游发展规划》以全域旅游和质量强旅理念为引领，以京津冀协同发展空间格局为框架，以自然肌理、文化脉络、市场圈层、交通体系、产业布局等为因子，优化旅游发展格局，构建"一体、两翼、六带、多区"的旅游布局。

一体协同：立足京津冀协同发展，深入对接京津地区旅游资源、产品、产业和品牌，健全京津冀旅游协同发展重大平台机制，共同推进京津冀旅游发展协同体建设，共同打造世界级旅游品牌、世界一流的"一周美丽生活圈"、世界级旅游目的地和全球旅游复合枢纽。

两翼带动：紧抓雄安新区规划建设、京张联合承办2022年冬奥会两大发展机遇，打造雄安新区旅游创新发展示范区和张北地区国际冰雪运动休闲区，形成拉动河北旅游跨越发展的新两翼。

六带串联：即环京津休闲度假旅游带、长城文化旅游带、大运河文化旅游带、太行山地旅游带、渤海滨海旅游带、坝上草原旅游带，打造串联河北旅游业发展的六大隆起带。

多区支撑：重点打造十二个特色鲜明的旅游片区（带），促进河北旅游产业转型发展。

10.5　文化圣地　好客山东

课前思考

1.在图10-4中标注出泰山的大致位置，并想一想，为什么泰山能成为五岳之首？
2.谈谈你对"好客山东"的理解。

分省（区、市）地图—山东省

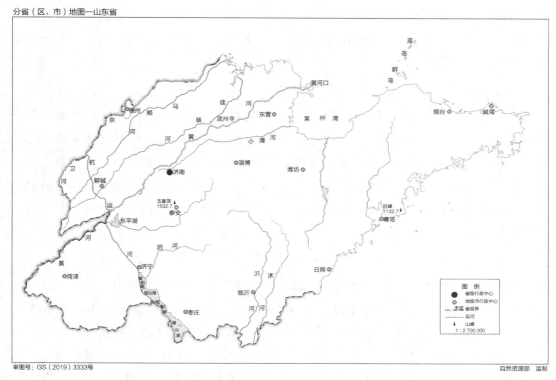

审图号：GS（2019）3333号   自然资源部 监制

图10-4 山东省地图

山东省，简称"鲁"，省会济南，位于我国东部，黄河下游，东临海洋，西靠大陆。自北而南与河北、河南、安徽、江苏4省接壤。山东中部山地突起，西南、西北低洼平坦，东部缓丘起伏，地形以山地丘陵为主，东部是山东半岛，西部及北部属华北平原，中南部为山地丘陵；地跨淮河、黄河、海河、小清河和胶东五大水系。截至2022年7月底，山东省辖济南、青岛、淄博、枣庄、东营、烟台、潍坊、济宁、泰安、威海、日照、临沂、德州、聊城、滨州、菏泽16个设区的市，县级政区136个。山东不仅有名山大川，碧波海洋，而且是中国古老文化的发祥地之一，在历史的长河中孕育了灿烂的中国文化，儒家文化享誉中外，这里自然与人文共享，旅游与文化共融。

导考指引："齐鲁之乡，礼仪之邦"是指哪里？为什么有这样的称谓？

10.5.1 山东自然地理

1）地形地貌

山东省境内中部山地突起，西南、西北低洼平坦，东部缓丘起伏，形成以山地丘陵为骨架、平原盆地交错环列其间的地形大势。泰山雄踞中部，主峰海拔1 532.7米，为山东省最高点。黄河三角洲一般海拔2～10米，为山东省陆地最低处。境内地貌复杂，大体可分为中山、低山、丘陵、台地、盆地、山前平原、黄河冲积扇、黄河平原、黄河三角洲9个基本地貌类型。平原面积占全省面积的65.56%，主要分布在鲁西北地区和鲁西南局部地区。台地面积占全省面积4.46%，主要分布在东部地区。丘陵面积占全省面积15.39%，主要分布在东部、鲁西南局部地区。山地面积占全省面积14.59%，主要分布在鲁中地区和鲁西南局部地区。

2）气象气候

山东属暖温带湿润性季风气候类型，降水集中，雨热同季。夏季高温多雨。冬季盛行偏北风，加之临近海洋，冬季冷湿。春秋短暂，冬夏较长。年平均降水量一般在550～950毫米，由东南向西北递减。夏季易形成涝灾；冬、春及晚秋易发生旱象。山东省年平均气温11～14 ℃，气温地区差异东西大于南北。全年无霜期由东北沿海向西南递增。山东省光照资源充足，光照时数年均2 290～2 890小时，热量条件可满足农作物一年两作的需要。

3）河流水文

山东水系比较发达，干流长10公里以上的河流有1 500多条，其中在山东入海的有300多条。这些河流分属于淮河流域、黄河流域、海河流域、小清河流域和胶东水系，较重要的有黄河、徒骇河、马颊河、沂河、沭河、大汶河、小清河、胶莱河、潍河、大沽河、五龙河、大沽夹河、泗河、万福河、洙赵新河等。湖泊集中分布在鲁中南山丘区与鲁西南平原之间的鲁西湖带。以济宁为中心，分为两大湖群，以南为南四湖，以北为北五湖。南四湖包括微山湖、昭阳湖、独山湖、南阳湖，北五湖自北而南为东平湖、马踏湖、南旺湖、蜀山湖、马场湖。山东省濒临渤海和黄海。大陆海岸线北起冀、鲁交界处的漳卫新河河口，南至鲁、苏交界处的绣针河河口，海岸线长达3 345公里，海洋面积15.96万平方公里。

10.5.2　山东人文地理

1）历史沿革

山东历史悠久，距今四五十万年前就有直立人在沂源县生活，后有石器时代文明。夏朝山东属于青州；山东西南部是商王朝统治的中心区域之一。战国时代，山东的大部分地区都由齐、鲁两国拥有。齐国有"冠带衣履天下"的美誉。鲁国都于曲阜，是尊尚仁义、传统、伦理、人和的"礼仪之邦"。生于鲁都曲阜的孔夫子在这里开创了儒家思想，成为后来中国社会框架与价值观的基石。公元前221年，秦在山东地区设置了7郡。汉武帝在山东地区设置了北部的青州和南部的徐州、兖州。隋朝山东省分属15个郡，共166个县。唐朝山东省分属河南道和河北道。宋朝，山东隶属于京东路和河北路，后又增置京东西路，曹州、郓州属京东西路。北宋末年发生了宋江领导的梁山起义。金朝设置山东东路及山东西路，东路治益都，西路治东平。元朝，在山东地区设立了东平行省、济南行省、山东淮南楚州行省、益都行省、山东行省等。明朝开始设立山东布政使，清朝初设置山东省，"山东"才成为本省的专名。1949年8月18日，山东省全部解放。1949年8月，山东部分地区划出，与河南、河北的部分地区成立平原省。新中国成立后，今山东的菏泽、聊城等地区划归平原省管辖；1952年撤销平原省，菏泽、聊城、湖西3专区划归山东省。

导考指引：请简述"山东"得名及为什么简称"鲁"。

2）人口民族

根据山东省第七次全国人口普查结果，2020年11月1日零时全省常住人口为10 152.7万人。全省常住人口中，汉族人口占99.11%；各少数民族人口占0.89%。山东省属于少数民族杂居散居省份，全省56个民族齐全。

3）风俗物产

（1）鲁菜

鲁菜，是中国传统四大菜系（也是八大菜系）中唯一的自发型菜系（相对于淮扬、川、粤等影响型菜系而言），是历史最悠久、技法最丰富、难度最大、最见功力的菜系，是黄河流域烹饪文化的代表。明清时期大量山东厨师和菜品进入宫廷，使鲁菜雍容华贵、中正大气、平和养生的风格特点进一步得到升华。鲁菜讲究原料质地优良，以盐提鲜，以汤壮鲜，调味讲求咸鲜纯正，突出本味。鲁菜的突出烹调方法为爆、扒、拔丝，尤其是爆、扒素为世人所称道。鲁菜以汤为百鲜之源，讲究"清汤""奶汤"的调制，清浊分明，取其清鲜。对海珍品和小海味的烹制堪称一绝。山东民风朴实，待客豪爽，在饮食上大盘大碗丰盛实惠，注重质量，受孔子礼食思想的影响，讲究排场和饮食礼仪。

导考指引：请简述"九转大肠"的来历。

（2）潍坊风筝

潍坊风筝制作的源头大致可以追溯到鲁国大思想家墨翟制作的第一只"木鸢"，至今已有两千多年的历史，但真正开始兴盛，走向民间却是在明代。到清朝中叶，潍坊开始出现专门从事风筝制作的民间艺人。用竹子扎制骨架，高档丝绢蒙面，手工绘画，潍坊风筝是工艺与美术的结合，其种类更细分出了软翅类、硬翅类、龙头串式类、板子类和立体桶子类等。随着国际风筝交流的逐渐频繁，风筝这一古老的民间艺术，不仅被广泛用于放飞、比赛、娱乐，而且已经成为美化人们生活的时尚装饰品。

（3）中国曲阜国际孔子文化节

中国曲阜国际孔子文化节始创于1989年9月，其前身是孔子诞辰故里游，该活动主要是以纪念孔子，弘扬民族优秀文化为主题，达到纪念先哲，交流文化，发展旅游，促进开放，繁荣经济，增进友谊的目的。融文化、教育、旅游、学术、经贸、科技活动于一体，文化特色显著，活动精彩纷呈，每年吸引百万儒客信众前来研习与旅游。

中国曲阜国际孔子文化节是中华人民共和国确定的国家级、国际性"中国旅游节庆精选"之一。于每年孔子诞辰（公历9月28日）前后，在孔孟之乡著名历史文化名城曲阜市举行。

10.5.3　山东旅游资源

1）旅游资源概览

山东省的旅游资源极为丰富，名胜古迹、山水风光不胜枚举，是我国旅游资源大省。自然山水，出类拔萃；历史人文，享誉中外，黄河文明哺育出山东地区璀璨的历史文化及民族民俗文化。北辛文化、大汶口文化、龙山文化遗址，"城子崖龙山古城""齐长城""桓台县唐山遗址甲骨文"，彰显了山东早期辉煌的文明。潍坊风筝、扑灰年、泥塑、诸城古琴、木版年画等被列入国家级非物质文化遗产名录项目。山东省世界及国家级旅游资源如表10-4所示。

表10-4　山东省世界及国家级旅游资源

类型	数量	分类	景点
世界遗产	4	世界文化遗产	齐长城、大运河（山东段）、曲阜孔庙孔林孔府
		世界自然与文化遗产	泰山
世界地质公园	2	泰山世界地质公园、沂蒙山世界地质公园	
国家5A级旅游景区	14	威海刘公岛、烟台龙口南山景区、东营市黄河口生态旅游区、临沂市萤火虫水洞·地下大峡谷旅游区、威海市华夏城旅游景区、沂蒙山旅游区、潍坊市青州古城旅游区、青岛崂山景区、枣庄市台儿庄古城景区、泰安市泰山景区、济南市天下第一泉景区、济宁市曲阜明故城（三孔）、烟台市蓬莱阁旅游区（三仙山—八仙过海）、济宁市微山湖旅游区	
国家级旅游度假区	4	凤凰岛旅游度假区、海阳旅游度假区、烟台市蓬莱旅游度假区、青岛石老人国家旅游度假区	

注：数据截至2022年7月。

2）重点旅游资源

（1）泰山风景区

泰山，又名岱山、岱宗、岱岳、东岳、泰岳，位于山东省中部，绵亘于泰安、济南、淄博三市之间，总面积2.42万公顷，主峰玉皇顶海拔1 532.7米。泰山气势雄伟磅礴，有"五岳之首""五岳之长""五岳之尊""天下第一山"之称。泰山风景旅游区包括幽区、旷区、奥区、妙区、秀区、丽区六大风景区，有四个奇观：泰山日出、云海玉盘、晚霞夕照、黄河金带。泰山被道教、佛教视为"仙山佛国"，被古人视为"直通

泰山720°
全景讲解

帝座"的天堂，成为百姓崇拜，帝王告祭的神山，有"泰山安，四海皆安"的说法。自秦始皇开始到清代，先后有13代帝王依次亲登泰山封禅或祭祀，另外有24代帝王遣官祭祀72次。山体上留下了20余处古建筑群，2 200余处碑碣石刻。1987年12月12日，泰山被列为世界文化与自然双重遗产。泰山是中华民族的象征，是东方文化的缩影，是"天人合一"思想的寄托之地，是中华民族精神的家园。"天人合一"的山川文化，"国泰民安"的封禅文化，"一览众山小"的名人文化，"登泰山保平安"的信仰文化，这四个主要方面构成了泰山文化的基本特征。

（2）蓬莱阁

蓬莱阁，位于山东省烟台市蓬莱区，是由三清殿、吕祖殿、苏公祠、天后宫、龙王宫、蓬莱阁、弥陀寺等几组不同的祠庙殿堂、阁楼、亭坊组成的建筑群，这一切统称为蓬莱阁。秦始皇访仙求药的历史故事和八仙过海的神话传说，给蓬莱阁抹上了一层神秘的色彩，世传蓬莱、方丈、瀛洲在海之中，皆神仙所居，人莫能及其处，因而古来素以"人间仙境"著称于世，其"八仙过海"传说和"海市蜃楼"奇观享誉海内外。蓬莱阁历经风雨沧桑，如今已发展成以古建筑群为中轴，蓬莱水城和田横山为两翼，四种文化（神仙文化、精武文化、港口文化、海洋文化）为底蕴，山（丹崖山）、海（黄渤二海）、城（蓬莱水城）、阁（蓬莱阁）为格局，登州博物馆、古船博物馆、田横山、合海亭及黄渤海分界坐标等20余处景点为点缀，融自然风光、历史名胜、人文景观、休闲娱乐于一体的风景名胜区和休闲度假胜地。

（3）曲阜孔府、孔庙、孔林

山东济宁曲阜的孔府、孔庙、孔林，统称曲阜"三孔"，是中国历代纪念孔子，推崇儒学的表征，以丰厚的文化积淀、悠久历史、宏大规模、丰富文物珍藏，以及科学艺术价值而著称。"三孔"建筑群凝聚了历代建筑的精华，也反映出儒家思想的精髓。历经2 500多年的社会变迁，它在不断地修建与扩建中发展，今天展现给世人一幅优美的人文景观画卷。"三孔"景观主要涵盖儒家文化、物质文脉、精神文脉、天人合一等精神内涵。

孔庙，公元前478年始建，后不断扩建，至今成为一处占地14公顷的古建筑群，包括三殿、一阁、一坛、三祠、两庑、两堂、两斋、十七亭与五十四门坊，气势宏伟、巨碑林立，堪称宫殿之城。

孔府，建于宋代，是孔子嫡系子孙居住之地，西与孔庙毗邻，占地约16公顷，共有九进院落，有厅、堂、楼、轩463间，旧称"衍圣公府"。

孔林，亦称"至圣林"，是孔子及其家族的专用墓地，也是世界上延续时间最长的家族墓地，林墙周长7公里，内有古树2万多株，是一处古老的人造园林。

人物谈

至圣先师——孔子

孔子，子姓，孔氏，名丘，字仲尼，鲁国陬邑（今山东曲阜市）人，祖籍宋国栗邑（今河南省夏邑县），中国古代思想家、政治家、教育家，儒家学派创始人、"大成至圣文宣王先师"。孔子开创私人讲学之风，倡导仁义礼智信。有弟子三千，其中贤人七十二。在世时就被尊奉为"天纵之圣""天之木铎"，更被后世统治者尊为孔圣人、至圣、至圣先师、大成至圣文宣王先师、万世师表。其思想对中国和世界都有深远的影响，其人被列为"世界十大文化名人"之首。

（4）沂蒙山景区

沂蒙山旅游区位于山东省中南部，包括沂山和蒙山，主要包含沂山风景区、蒙山云蒙景区、龟蒙景区，核心景区面积148平方公里，是世界文化遗产齐长城所在地、世界著名养生长寿圣地，现为国家5A级旅游景区、国家森林公园、国家地质公园、国家水利风景区。主峰龟蒙顶位于蒙山，海拔1 156米，是山东省第一大山和第二高山。

蒙山的道教和佛教都非常兴盛，是历史文化名山，2 000余年来，一直为文人骚客、帝王将相所瞩目。沂山风景区共分为五大景区，自东向西依次是：以东镇碑林、庙宇古建为主的东镇庙景区，以飞瀑流泉、古亭石刻为主的百丈崖景区，以古寺佛雕、古松名树为主的法云寺景区，以极顶览胜、天然景观为主的玉皇顶景区，以古庙神刹、奇峰怪石为主的歪头崮景区。五大景区交相辉映，具有南险、北奇、东秀、西幽之特点。

在战争年代，蒙山是沂蒙山区革命根据地的重要组成部分，沂蒙人民为抗击外来侵略和中国革命的胜利作出了巨大的贡献和牺牲，三万沂蒙的优秀儿女献身疆场。沂蒙是一块红色的热土，在中国共产党的领导和培育下，沂蒙人民与山东党政军一起，共同创造了"爱党爱军、开拓奋进、艰苦创业、无私奉献"的沂蒙精神。沂蒙精神与井冈山精神、长征精神、延安精神、西柏坡精神一样，都是中华民族精神的具体表现，体现了崇高的社会主义价值观念和道德要求。

导考指引：什么是沂蒙精神？

3）旅游发展格局

为统筹谋划做好"十四五"工作，山东省文化和旅游厅确定了一个总体规划和8个专项规划的"1+8"规划体系。具体工作中，将立足新发展阶段、贯彻新发展理念、构建新发展格局，着眼发挥山东文化和旅游资源特色优势，以推动文化和旅游融合发展为主攻方向，重点从六个方面深化拓展文旅融合的深度和广度。

推进发展布局融合。以建设红色文化旅游基地、优秀传统文化旅游基地为引领，突出济南省会经济圈和青岛胶东经济圈两大文化旅游发展极，打造文化旅游示范标杆，建设一批国际化旅游城市、特色旅游城市、知名旅游城市和特色文旅小城镇，布局一批经典文化旅游线路，"点线面"结合，形成文化旅游融合发展新格局。

推进产品业态融合。积极推动文化资源"活化"利用，发展城市旅游、乡村旅游、海洋旅游、红色旅游、工业旅游、康养旅游、研学旅游，构建全域文化旅游产品体系。增强文化"赋能"，大力培育旅游演艺、非遗旅游、会展旅游、博物馆旅游等文旅融合发展业态，打造集文化创意、度假休闲、康体养生等于一体的文化旅游综合体。努力建设富有文化底蕴的世界级旅游景区和度假区，打造一批文化特色鲜明的国家级旅游休闲城市和街区。

拓展与思考

京华旅游区
导考指引参
考答案

1.请结合京华旅游区的旅游资源，设计一条冰雪旅游线路。

2.查找资料，了解京津冀都市圈，思考其对旅游带来的影响。

第11章 东北旅游区

东北区旅游
资源概述

——林海雪原 关东风情

学习目标

知识能力目标：

了解本区自然与人文旅游地理环境及旅游资源特征；

熟悉本区各省市自然与人文地理概况；

掌握本区各省市重点旅游资源及旅游线路。

思想素质目标：

领会抗联精神内涵；

弘扬大庆铁人精神；

讴歌抗美援朝热血。

东北旅游区位于我国东北部，包括黑龙江、吉林、辽宁三省，面积80.8万平方公里。因地处山海关以东，故传统上也称关东地区（或关外地区）。这片白山黑水、冰雪林海、黑土沃野的中华大地，是我国重要的工农业基地。

11.1 东北旅游区概述

11.1.1 旅游地理环境

1）自然地理环境

（1）山环水绕、平原中开

本区西北边以海拔1 000多米的大兴安岭山脉与内蒙古高原相连，东北边延伸500—800米的小兴安岭山脉，东南的长白山山脉，三山半环状合围而向南部渤海、黄海开敞；东和北面有鸭绿江、图们江、乌苏里江和黑龙江环绕。山环水绕成为一道自然屏障，故山海关成为关内关外的咽喉要道。在山环的内部，分布着我国面积最大、土壤最肥沃的东北平原。东北平原可分为松嫩平原、辽河平原、三江平原。其中三江平原是指黑龙江、乌苏里江、松花江三条江冲积而成的这块低平沃土，多沼泽湿地，有东北"北大荒"之称。辽河平原位于辽河流域，地势低平，易内涝积水，有东北"南大荒"之称。新中国成立后经过不断地拓荒和治理，"北大荒"和"南大荒"现已成为东北重要的农耕区。

（2）中温带、寒温带季风气候

本区气候特征为冬季寒冷漫长，夏季温暖短促。冬季一般长达半年左右，1月平均气温在-30～-12℃，是世界同纬度陆地气温最低的地区，漠河曾记录了-52℃的全国最低值，称为"中国寒极"。夏季全区气温不高，7月平均只有20～24℃，基本无夏。其气温年较差居世界同纬度地区之冠。春秋二季甚短，春季多大风，秋季天高气爽。

（3）茫茫林海、沃野遍布

该区由于山地广阔，气候湿润，适宜林木生长，处于寒温带针叶林的最南端和暖温带落叶阔叶林的最北端，是我国森林分布最广的地区。在大小兴安岭和长白山地分布大面积的原始森林，东北的森林具有独特的物种组成、丰富的植被类型、辽阔的面积、巨大的木材蓄积和重要的生态服务功能。莽莽林海、草甸草原，正是在冷湿性气候与植被条件下，才形成了腐殖质层深厚、广阔而肥沃的"黑土地"。形成了茫茫林海、沃野遍布的东北自然景观又一显著特征。

导考指引：请简答"白山黑水"的含义。

2）人文地理环境

（1）多元复合的关东文化

"关东"这一特指东北地区的地理概念发端于明初建山海关之后，明朝人开始用"关东"一词专指东北。清朝入关后，从顺治朝起直至清末，均用关东指称东北。清末民国以来，随着中原以至大江南北的大批移民"闯关东"进入东北，"关东"之称更深深地注入民间传统习惯用语。因此，关东文化一般是指明清以来的移入文化和原先各民族留下的传统文化经过长期相互交汇和多元碰撞而形成的，使关东地区的文化具有了兼容性、包容性和开放性，奠定了多元的新型关东文化的基础，最终形成了关东地区极富特色的多元文化。直至新中国成立后对东北地区的大规模工农业开发，关东文化又有了新的时代特征。

（2）雄厚的工农业基础

由于有丰富的煤、铁、石油等矿产资源，东北曾是新中国工业的摇篮，迅速建成了独立、完整的工业体系和国民经济体系，作为我国经济较发达的地区同时也是我国重要的工业基地，为国家的改革开放和现代化建设作出了历史性的重大贡献。然而随着改革开放的深入，东北老工业基地企业设备和技术老化，竞争力下降，资源型城市主导产业衰退，经济发展步伐相对仍较缓慢，与沿海发达地区的差距在扩大，目前国家提出科技创新、振兴东北老工业基地。

东北地区盛产大米、玉米、大豆、马铃薯、甜菜、高粱等，成为我国重要的商品粮生产基地和温带水果产区。大、小兴安岭和长白山是我国重要的木材生产基地；辽宁沿海地区还盛产海参、鲍鱼、牡蛎、对虾及各种海产品。

11.1.2 旅游资源特征

1）茫茫的林海雪原

本区的大、小兴安岭和长白山地是我国最大的原始森林区，在原始森林中不仅栖息着东北虎、紫貂、黑熊、猞猁等珍稀动物，还有大量可作为狩猎对象的野生动物，狩猎活动在东北得天独厚。东北地区冬季寒冷而漫长，降雪天数多，积雪期长，积雪深，有雾凇，冰雪资源十分丰富，是我国重要的冰雪旅游基地。在这里可以滑雪、滑冰、打冰球、赏冰雕、乘坐雪橇、坐冰橇、乘冰帆、堆雪人等，是一种难得的享受。

林海雪原让人感受山的宁静、雪的洁白，山林馈赠丰厚，使这里的人们生活简单至极。走进寂静的山林，踏入及膝的雪径，在从天而降的雪道上飞驰，在童话般的雪堡中嬉戏，这里是雪的世界，这里是银色的乐园。一路风景一路行，在行走的路上看浩瀚的林海、苍茫的雪原，总会有一种恍惚，仿佛穿越了时空。

2）奇特的火山温泉

本区位于太平洋板块西缘向欧亚大陆板块的俯冲地带，火山地震活动在地质历史时期极为剧烈频繁。全区现有火山锥230多座，组成约20个火山群，占全国总数的30%，是我国火山熔岩地貌类型最丰富、数量最多、分布最广的区域。主要集中分布于吉林和黑龙江两省，其中以五大连池最为著名。长白山地一带也有风光绮丽的休眠火山群。这些火山群均为东北著名的火山遗迹游览区。镜泊湖、五大连池、长白山天池等东北著名风景地均与火山活动有关，其中的地下熔岩隧道和古火山口"地下森林"更是罕见的世界奇观。

火山活动区地热资源丰富，温泉相伴而生。五大连池地热洞、长白山温泉、鞍山汤岗子温泉、本溪温泉、兴城温泉等，都是全国著名的温泉。本区的温泉一般水温较高，富含矿化物，可供洗浴、饮用、辅助治疗疾病等；且东北温泉区一般环境清幽，气候宜人，可供疗养和避暑。

3）优美的海滨风光

本区南部辽东半岛伸入黄海与渤海之间。海岸线曲折漫长，其山、海、岛、礁和沙滩浑然一体。夏季的海滨凉爽宜人，是避暑胜地，这里有大连海滨—旅顺口风景名胜区，兴城古城及海滨风景名胜区，盘锦鹤乡"红海滩"国家级自然保护区，庄河冰峪沟风景区以及蛇岛、长海等诸多岛屿。美丽的海滨风光、优质的海水浴场，每年吸引了大量的海内外游人到此观光旅游。

4）多彩的民俗风情

农耕与渔猎文化交织而成的民族风情，展开了一幅幅独具特色的多彩生活画面。最能代表关东农耕文化的民俗风情，当数乡土气息极为浓郁的"二人转"。东北"二人转"作为一种自娱性民间歌舞艺术形式，直接源于东北农村民间歌舞"大秧歌"，至今已有两百多年历史。深受东北广大群众尤其是当地农民的欢迎。长期生活在大森林中的鄂伦春、鄂温克两个民族，吃兽肉、穿兽皮、乘驯鹿拉的雪橇，生活充满了洪荒时代的山野气息。他们判断野兽行踪的能力也令人称奇。长期生活在乌苏里江上的赫哲族人，则是我国唯一靠打鱼为生、使用狗拉爬犁的民族。世世代代的水上劳作，使他们的叉鱼技术举世罕见，冬季凿冰网鱼的巧妙方法也颇具奇趣。

11.2　乐游辽宁　不虚此行

课前思考

1.请在图11-1中找出辽宁省主要的河流，并思考其中哪条河与辽宁省的名称有关系。

2.你最想去辽宁省哪个城市旅游？为什么？

分省（区、市）地图—辽宁省

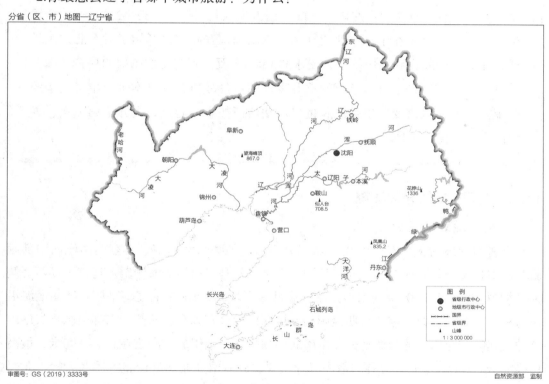

审图号：GS（2019）3333号　　　　　　　　　　　　　　　　　　　　自然资源部　监制

图11-1　辽宁省地图

辽宁省，简称"辽"，省会沈阳，取辽河流域永远安宁之意而得其名。位于中国东北地区南部，南濒黄海、渤海二海，西南与河北接壤，西北与内蒙古毗连，东北与吉林为邻，东南以鸭绿江为界与朝鲜隔江相望。辽宁省面积约14.8万平方公里，有汉、满、蒙古、锡伯等民族。共辖14个地级市（沈阳、大连为副省级市），共有59个市辖区、16

个县级市、17个县、8个自治县。辽宁生物、矿产、旅游资源丰富，新中国成立后，辽宁是新中国工业的摇篮，被誉为"共和国长子""辽老大"。

导考指引： 辽宁最南端的城市是哪一个？该城市为何成为我国著名的避暑胜地？

大事记

铭记历史　勿忘国耻——九一八事变

1931年9月18日夜，盘踞在中国东北的日本关东军按照精心策划的阴谋，由铁道"守备队"炸毁沈阳柳条湖附近日本修筑的南满铁路路轨，并嫁祸于中国军队，日军以此为借口，炮轰中国东北军北大营，制造了震惊中外的"九一八事变"。次日，日军侵占沈阳，又陆续侵占了东北三省。1932年2月，东北全境沦陷。此后，日本在中国东北建立了伪满洲国傀儡政权，开始了对东北人民长达14年之久的奴役和殖民统治，使东北3 000多万同胞饱受亡国奴的痛苦滋味。"九一八事变"是由日本蓄意制造并发动的侵华战争，是日本帝国主义侵华的开端。"九一八事变"也标志着世界反法西斯战争的起点，揭开了第二次世界大战东方战场的序幕。

11.2.1　辽宁自然地理环境

1）地形地貌

全省地形概貌大体是"六山一水三分田"。地势自北向南，自东西两侧向中部倾斜，山地丘陵分列东西两厢，向中部平原下降，呈马蹄形向渤海倾斜。辽东、辽西两侧为平均海拔800米和500米的山地丘陵；中部为平均海拔200米的辽河平原；辽西渤海沿岸为狭长的海滨平原，称"辽西走廊"。境内山脉分别列东西两侧。东部山脉是长白山支脉哈达岭和龙岗山的延续部分，由南北两列平行山地组成，海拔在500～800米，最高山峰海拔1 300米以上，为省内最高点。主要山脉有清原摩离红山，本溪摩天岭、龙岗山，桓仁老秃子山、花脖子山，宽甸四方顶子山、凤城凤凰山，鞍山千朵莲花山和旅顺老铁山等。西部山脉是由内蒙古高原向辽河平原过渡构成的，海拔在300～1 000米，主要有努鲁儿虎山、松岭、黑山和医巫闾山等。

2）气象气候

辽宁省地处欧亚大陆东岸、中纬度地区，属于温带大陆性季风气候区。境内雨热同季，日照丰富，积温较高，冬长夏暖，春秋季短，四季分明。雨量不均，东湿西干。全省年日照时数2 100～2 600小时。春季大部地区日照不足；夏季前期不足，后期偏多；秋季大部地区偏多；冬季光照明显不足。全年平均气温在7～11 ℃，最高气温30 ℃，极端最高可达40 ℃以上，最低气温–30 ℃。年平均无霜期130～200天，辽宁省是东北地区降水量最多的省份，年降水量在600～1 100毫米。

3）河流水文

辽宁境内有大小河流300余条，其中，流域面积在5 000平方公里以上的有17条，在1 000～5 000平方公里的有31条。主要有辽河、浑河、大凌河、太子河、绕阳河以及中朝两国共有的界河鸭绿江等，形成辽宁省的主要水系。辽河是省内第一大河流，全长1 390公里，境内河道长约480公里，流域面积6.92万平方公里。境内大部分河流自东、西、北三个方向往中南部汇集注入海洋。

11.2.2 辽宁人文地理环境

1）历史沿革

据我国最早的史书《禹贡》记载，夏商为幽州、营州之地。周分封属燕国。春秋战国，燕置辽东、辽西两郡。秦置辽东、辽西、右北平三郡。唐属河北道，设安东都护府。隋代，设柳城郡、辽西郡、辽东郡。唐代，归河北道管辖。辽代，设上京道、中京道、下京道。金代，设上京路、咸平路、东京路、北京路等。元代，设辽阳行省。明朝，设辽东都司。清代，划归盛京特别行政区，清末改为奉天省。1929年，中华民国改奉天省为辽宁省，为辽宁得名的开始。中华人民共和国成立之后，辽宁的地方行政建制日趋完善，基本上为省、市（地区）、县三级制。

导考指引：简述"辽宁"得名及"辽宁省"建制的由来。

2）人口民族

根据第七次全国人口普查数据显示，截至2020年11月1日，辽宁省常住总人口约4 259万人是中国少数民族人口较多的省份之一。除汉族以外，主要有满族、蒙古族、回族、朝鲜族、锡伯族等少数民族，少数民族人口绝对数列全国第五位。辽宁省有8个少数民族自治县，其中6个满族自治县（新宾、岫岩、清原、本溪、桓仁、宽甸）、2个蒙古族自治县（喀左、阜新）。还有2个在省内享受民族自治县待遇的市（凤城、北镇市）。

导考指引：辽宁省人口最多的少数民族是哪个？

3）风俗物产

（1）辽菜

辽菜是继八大菜系之后推出的新菜系。受气候和物产影响，辽宁人的口味偏重，做饭时重调味、讲火功，必须紧烧、慢煮，让菜酥烂入味。辽宁省传统菜有猪肉炖粉条、小鸡炖蘑菇、锅包肉、酸白菜氽白肉、咸鱼饼子、沟帮子熏鸡、兰花熊掌、麒麟送子、红梅鱼肚、游龙戏凤等名菜。还有东北大锅炖、酸菜血肠五花肉等乡村特色菜。

导考指引： "辽菜"受我国哪个省的菜系影响比较大？

（2）海城高跷

海城高跷又称海城秧歌，是辽南高跷的一支，是广大群众最为喜闻乐见的一种民间艺术形式，集舞蹈、音乐、戏剧、杂技为一体，迄今已有300多年的历史。海城高跷具有深厚的群众基础，无论是旧时的祭祀祈福、迎神赛会，还是今天的喜庆节日、集会庆典，都少不了高跷表演。

（3）岫岩玉

岫岩玉，辽宁省鞍山市岫岩满族自治县特产，中国国家地理标志产品。岫岩玉为中国历史上的四大名玉之一（其三为陕西蓝田玉、新疆和田玉和河南独山玉），因产于辽宁岫岩而得名，最早的玉名见自西汉《尔雅》："东方之美者，有医无闾之珣玗琪焉。"岫岩玉广义上可以分为两类，一类是老玉，老玉中的籽料称作河磨玉，属于透闪石玉，其质地朴实、凝重、色泽淡黄偏白，是一种珍贵的璞玉；另一类是岫岩碧玉，其质地坚实而温润，细腻而圆融，多呈绿色至湖水绿，其中以深绿、通透少瑕为珍品。

（4）辽剧

辽剧，原称辽南影调戏、辽南戏，是一种新兴的地方戏曲剧种。主要源于辽宁省辽南皮影戏，是该地区农村祭祀娱人的一种主要演出形式。演出时照本宣唱，唱腔曲调吸收和借鉴了河北省皮影的成分，唱腔以板式变化为主。四台子村业余剧团的皮影艺人以真人上台唱影调的形式演出了业余作者翁景树编写的现代戏《白杨树下》，把影窗艺术变成舞台艺术，取名影调戏。辽南戏经过不断的探索和实践，得到了很大的发展。辽宁省现有瓦房店市辽剧团（现代）和盖州辽南戏剧团（古装）。2002年1月，辽南戏正式定名为辽剧。

11.2.3 辽宁旅游资源

1）旅游资源概览

辽宁历史悠久，人杰地灵，自然风光秀美，山海景观壮丽，文化古迹别具特色，旅游资源十分丰富。山岳风景区有千山、凤凰山、医巫闾山、龙首山、辉山、大孤山、冰峪沟等；湖泊风景区有萨尔浒、汤河、清河等；海岸风光有大连滨海、金州东海岸、大黑山风景区、兴城滨海、笔架山、葫芦岛、鸭绿江等；岩洞风景有本溪水洞、庄河仙人洞；泉水名胜有汤岗子温泉、五龙背温泉、兴城温泉等；特异景观有金石滩海滨喀斯特地貌景观、蛇岛、鸟岛、怪坡、响山等；人文景观有以沈阳为中心的遗迹（陵、庙、寺、城）50余处；旅游度假区有大连金石滩、葫芦岛碣石、沈阳辉山、庄河冰峪沟、瓦房店仙浴湾、盖州白沙湾等。辽宁省世界及国家级旅游资源如表11-1所示。

表11-1 辽宁省世界及国家级旅游资源

类型	数量	景点
世界文化遗产	4	九门口长城、沈阳故宫、盛京三陵（昭陵、福陵、永陵）、高句丽王城之一的五女山城
世界生物圈保护区	1	蛇岛—老铁山世界生物圈保护区
国家5A级旅游景区	6	沈阳植物园、大连老虎滩海洋公园、大连金石滩景区、鞍山市千山景区、本溪水洞、红海滩风景廊道景区

注：数据截至2022年7月。

试一试：以上提到的旅游景区有你熟悉的吗？如果有，请试着给同学们介绍一下。

2）重点旅游资源

（1）沈阳故宫景区

沈阳故宫位于辽宁省沈阳市沈河区，又称盛京皇宫，为清朝初期的皇宫。沈阳故宫始建于清太祖天命十年（1625年），建成于清崇德元年（1636年）。总占地面积63 272平方米，建筑面积18 968平方米。它不仅是中国仅存的两大皇家宫殿建筑群之一，也是中国关外唯一的一座皇家建筑群。

沈阳故宫
720° 全景讲解

清朝迁都北京后，故宫被称作"陪都宫殿""留都宫殿"，后来就称之为沈阳故宫。共经历努尔哈赤、皇太极、乾隆三个建造时期，历时158年。建筑100余座、500余间。入关以后，康熙、乾隆、嘉庆、道光诸帝，相继十次"东巡"时作为驻跸所在。沈阳故宫按照建筑布局和建造先后，可以分为3个部分：东路、中路和西路。东路包括努尔哈赤时期建造的大政殿与十王亭，是皇帝举行大典和八旗大臣办公的地方。中路为清太宗时期续建，是皇帝进行政治活动和后妃居住的场所。西路则是清朝皇帝"东巡"盛京时，读书看戏和存放《四库全书》的场所。在建筑艺术上承袭了中国古代建筑传统，集汉族、满族、蒙古族建筑艺术于一体，具有很高的历史和艺术价值。

1961年，国务院将沈阳故宫确定为国家第一批全国重点文物保护单位。2004年7月1日，在中国苏州召开的第28届世界遗产委员会会议批准沈阳故宫作为明清皇宫文化遗产扩展项目列入世界文化遗产名录。2017年，沈阳故宫博物院成功晋级"国家一级博物馆"。

（2）老虎滩海洋公园

老虎滩海洋公园位于大连市南部海滨，占地面积118万平方米，4 000余米海岸线，是中国最大的一座现代化海滨游乐场。园区自然风光秀丽，山海互映，景色迷人。这里有亚洲最大的展示珊瑚礁生物群馆舍，中国最大的半自然状态人工鸟馆。在海底通道可以360°体验水下海底世界的神秘，还有刺激的侏罗纪急流勇进等。现代科技给旅游注入了活力，彰显科技创新的力量。老虎滩海洋公园景区共有极地馆、珊瑚馆、鸟语林、欢乐剧场、海兽馆五大主题景区，还有广场文艺表演、根雕艺术馆等配套景点。

大连老虎滩海洋公园是滨城一道亮丽的风景，每年接待海内外游客200多万人次，为国家首批5A级景区。它是中国旅游知名品牌，并通过了ISO9001和ISO14001两个管理体系的认证。老虎滩海洋公园是展示海洋文化，突出滨城特色，集观光、娱乐、科普、购物、文化于一体的现代化主题海洋公园。

（3）本溪水洞景区

本溪水洞，位于辽宁省本溪市东北35公里处，国家5A级旅游景区，国家重点风景名胜区，国际旅游洞穴协会亚洲会员单位，是至今发现的世界第一长地下充水溶洞，被赞誉为"钟乳奇峰景万千，轻舟碧水诗画间；钟秀只应仙界有，人间独一此洞天"。

本溪水洞由水洞、温泉寺、汤沟、关门山、铁刹、庙后山6个景区组成，融山、水、洞、泉、湖、古人类文化遗址于一体，沿太子河呈带状分布，总面积200平方公里。水洞景区是数百万年前形成的大型石灰岩充水溶洞，洞内深邃宽阔，现开发地下暗河长3 000米，水流终年不竭，清澈见底，洞顶和岩壁钟乳石发育较好，千姿百态，泛舟游览，使人流连忘返。温泉寺景区，泉水温度可达44 ℃，日流量400吨，有较高的医疗价值。庙后山古文化遗址，是中国东北地区旧石器时代早期洞穴遗址，对研究辽东古人类分布、古代地理有重要价值。

（4）抗美援朝纪念馆

抗美援朝纪念馆位于辽宁省丹东市振兴区桃源街附近，是一座塔楼式建筑群。丹东市抗美援朝纪念馆是中国唯一一座全面反映抗美援朝战争的专题纪念馆，始建于1958年10月，1993年7月27日，新馆落成并正式开馆。纪念馆坐落在丹东市市中心北部风景秀丽的英华山上。抗美援朝纪念馆以抗美援朝战争史为基本陈列，主要陈列内容分布在陈列馆、空军专馆、全景画馆和露天兵器陈列场。陈列馆以新颖的艺术形式和现代陈列手段，通过翔实的历史资料、丰富的文物，全面地反映了伟大的抗美援朝战争和抗美援朝运动。

抗美援朝战争的胜利，维护了亚洲和世界和平，巩固了中国新生的人民政权，打破了美帝国主义不可战胜的神话，顶住了美国侵略扩张的势头，使中国的国际威望空前提高，极大地增强了中国人民的民族自信心和自豪感，为国内经济建设和社会改革赢得了相对稳定的和平环境。

3）旅游发展新格局

《辽宁省"十四五"文化和旅游发展规划》提出，辽宁省坚持区域互补、点线面结合，优化全省文化和旅游空间布局，以长城国家文化公园（辽宁段）建设为重点，以创建辽河文化生态保护区为牵动，形成区域联动、城乡融合、均衡协调的文化和旅游发展格局。严格实施国土空间规划，进一步完善区域发展政策和空间布局，构建体现各地文化和旅游资源禀赋、适应高质量发展要求的文化和旅游空间布局。对接东北全域旅游规划，依托全省综合立体交通网，促进文化、旅游与交通融合发展，形成互联互通、优质高效、一体协作的文化和旅游网络布局。建设全省风景道体系，打造具有广泛影响力的自然风景线和文化旅游廊道，融入沈阳、大连"双核"牵引的"一圈一带两区"全省区域发展布局。依托重点区域和城市群，构建沈阳、大连文化和旅游发展极，形成沈阳现代化都市圈文化旅游一体化、滨海文化旅游带、辽东生态和鸭绿江边境文化旅游带、辽西文化旅游大环线，推动沈阳、大连、辽东地区文化和旅游率先实现高质量发展，加快在创新引领上实现突破。支持辽西地区文化遗产保护传承和利用，建设辽西文化走廊，加快推进辽西文化旅游大环线建设。

11.3　白山松水　豪爽吉林

课前思考

1.你印象中的吉林省是什么样子？

2.在吉林省，火山岩溶地貌十分丰富，请在图11-2中找到最具代表性的火山岩溶地貌景观的大致位置。

分省（区、市）地图—吉林省

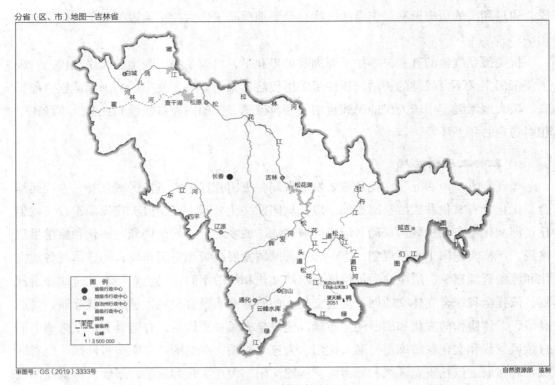

审图号：GS（2019）3333号　　　　　　　　　　　　　　　　　　自然资源部　监制

图11-2　吉林省地图

吉林省，简称"吉"，省会长春，源于满语"吉林乌拉"，意为"松花江沿岸"。位于中国东北地区中部，北接黑龙江省，南接辽宁省，西邻内蒙古自治区，东与俄罗斯接壤，东南部以图们江、鸭绿江为界，与朝鲜民主主义人民共和国隔江相望。吉林省面积约18.7万平方公里，现辖8个地级市：长春市、吉林市、四平市、辽源市、通化市、白山市、松原市、白城市；1个自治州：延边朝鲜族自治州。吉林省具有沿边近海优势，是全国9个边境省份之一，是国家"一带一路"向北开放的重要窗口。

导考指引：哪个省成为全国唯一的省名与本省一个市重名的省份？

11.3.1　吉林自然地理环境

1）地形地貌

吉林省地貌形态差异明显。地势由东南向西北倾斜，呈现明显的东南高、西北低的特征。以中部大黑山为界，可分为东部山地和中西部平原两大地貌。地貌类型种类主要由火山地貌、侵蚀剥蚀地貌、冲洪积地貌和冲积平原地貌构成。吉林省主要山脉有大黑山、张广才岭、吉林哈达岭、老岭、牡丹岭等。主要平原以松辽分水岭为界，以北为松嫩平原，以南为辽河平原。吉林省海拔最高点是长白山的白云峰（2 691米）。

2）气象气候

吉林省位于中纬度欧亚大陆的东侧，属于温带大陆性季风气候，四季分明，雨热同季。春季干燥风大，夏季高温多雨，秋季天高气爽，冬季寒冷漫长。从东南向西北由湿润气候过渡到半湿润气候再到半干旱气候。吉林省气温、降水、温度、风以及气象灾害等都有明显的季节变化和地域差异。冬季平均气温低于-11℃。夏季平原平均气温高于23℃。

3）河流水文

吉林省河流众多，长白山天池周围火山锥体是松花江、鸭绿江、图们江发源地，素有"三江源"的美誉。主要为五大水系。东部延边州主要为图们江水系，东南部鸭绿江水系，西南部四平辽源一带为辽河水系，延边州汪清和敦化一小部分是绥芬河水系，其余均为松花江水系。

11.3.2　吉林人文地理环境

1）历史沿革

从先秦开始，吉林就被历代中央政权划入行政区域管辖之下。在汉朝时就设置了郡县，唐朝的渤海及后来的辽、金、元各代也都设立府、州、县。明朝设立都司、卫所。清初东北不设行省，清顺治十年（1653年），吉林市隶属宁古塔将军统辖，康熙十五年（1676年）宁古塔将军移至吉林市。清乾隆二十二年（1757年）宁古塔将军正式改为吉林将军，光绪三十三年（1907年）改吉林将军衙门为吉林省公署。1931年，"九一八事变"，东北沦陷，被肢解为19省。吉林省仅辖一市一旗17县。长春当时称新京特别市，伪满洲国都。1945年日本投降，同年12月成立吉林省人民政府；翌年，国民党占领吉林市，成立吉林省政府。1948年3月吉林省人民政府迁回吉林市。中华人民共和国成立以后，吉林省会仍在吉林市。1954年，长春划归吉林省。省会迁至长春市，成为全国唯一的省与本省一个市重名的省份。

导考指引：简述"吉林"得名及"吉林省"建制的由来。

2）人口民族

根据第七次全国人口普查显示，截至2020年11月1日，吉林省常住总人口约2 407万人。吉林省是多民族省份，除了汉族外，有朝鲜族、满族、蒙古族、回族和锡伯族等55个少数民族，少数民族人口占总人口的7.96%。其中，朝鲜族、满族、蒙古族、回族、锡伯族为世居民族。

导考指引：朝鲜族主要分布在我国哪个省？

3）风俗物产

（1）吉林菜

吉林菜属于东北菜的子类，主要受鲁菜和其他菜系影响，再结合当地人民的风俗习惯逐渐形成的。吉林菜善制野味，讲究火候，醇厚香浓，朴素实惠是吉林菜的风味特色。吉林菜兼取京、鲁和西式烹调的精华，结合当地人民的饮食习惯，充分利用吉林丰富的物产，形成了自己的特色，用料广泛而讲究。吉林用特产烹制的长白山珍宴、松江水味宴、江城蚕宝宴、参芪药膳席、梅花鹿全席等名扬四海。吉林的清真菜和朝鲜族菜点小吃也颇具特色。

导考指引： "吉林菜"受我国哪个省的菜系影响比较大？

（2）吉林国际雾凇冰雪节

吉林国际雾凇冰雪节是由吉林省旅游局和吉林市人民政府共同举办的雾凇冰雪节，借大自然雾凇资源，打造的特色旅游品牌现已成为提升吉林省旅游形象的亮丽名片。吉林市雾凇冰雪节，是一个充满关东风情、冰雪奇趣的旅游文化节日，以观赏中国四大自然奇观之一的吉林雾凇为主，每年1月份举办，节庆活动时间约1个月。期间举办盛大的东北大秧歌会、松花江上放河灯、彩灯，五彩缤纷的彩船游江会，焰火晚会，国际及全国性的滑冰滑雪及冰球赛事，各种大型的商品订货、洽谈会和旅游产品交易会以及冰灯、冰雕游园盛会。

导考指引： 吉林市雾凇为何闻名天下？

11.3.3　吉林旅游资源

1）旅游资源概览

巍巍长白山、滔滔松花江及浓郁的朝鲜族风情赋予吉林大地以独特的魅力。全省旅游资源主要分布于长白山、吉林、长春及西部草原地带和边境地带，主要名胜有长春伪满皇宫、净月潭风景区、吉林松花湖、北山、龙潭山，以及以天池为中心的长白登山旅游胜地、集安高句丽都城遗址、将军坟等，其中高句丽王城、王陵及墓葬于2004年7月被列入世界文化遗产名录。吉林省世界及国家级旅游资源如表11-2所示。

表11-2　吉林省世界及国家级旅游资源

类型	数量	景点
世界文化遗产	1	集安高句丽都城遗址
世界生物圈保护区	1	长白山世界生物圈保护区
国家5A级旅游景区	7	高句丽遗址、世界雕塑公园、六鼎山、长影世纪城、净月潭、长白山、伪满皇宫博物院
国家级旅游度假区	1	长白山旅游度假区

注：数据截至2022年7月。

2）重点旅游资源

（1）高句丽王城、王陵及贵族墓葬

高句丽王城文化遗址位于吉林省集安市，包括国内城、丸都山城、王陵（14座）及

贵族墓葬（26座）。国内城、丸都山城（始名尉那岩城）是高句丽早中期（公元1—5世纪）的都城。其特点是平原城与山城相互依附共为都城。位于集安市的高句丽古迹，是高句丽王朝的遗迹。在集安市周围的平原上，分布了一万多座高句丽时代的古墓，这就是闻名海内外的"洞沟古墓群"。

新视野

世界遗产委员会评价：高句丽王城、王陵及贵族墓葬体现了人类创造和智慧的杰作；作为历史早期建造的都城和墓葬，它反映了汉民族对其他民族文化的影响以及风格独特的壁画艺术；它也体现了已经消失的高句丽文明；高句丽王朝利用石块、泥土等材料建筑的都城，对后来产生了深远影响；它展现了人类的创造与大自然的完美结合。

导考指引：请扼要归纳高句丽遗址的特色。

（2）长白山景区

长白山最早见于中国4 000多年前的文字记载中，《山海经》称"不咸山"，北魏称"徒太山"，唐称"太白山"，金始称"长白山"。长白山位于吉林省东南部，是多次火山喷发而成，为东北山地最高部分，是鸭绿江、松花江和图们江的发源地，是中国满族的发祥地和满族文化圣山。长白山因夏季白岩裸露、冬季白雪皑皑，终年长白而得名。"长白"二字还有一个美好的寓意，即为长相守，到白头，代表着人们对忠贞与美满爱情的向往与歌颂。

长白山火山地貌景观神奇壮观，山水风光别具一格；完整的山地森林生态系统具有典型性；动植物资源种类繁多、品种齐全；北国独特奇异的冰雪风光；火山矿泉、瀑布与河湖广泛分布；人文景观、历史遗迹和民俗文化风情独具特色。其中，有海拔最高的火山湖——长白山天池、落差最大的火山湖瀑布两项吉尼斯世界之最；中华十大名山，东北第一山（关东第一山）之誉；国家首批5A级旅游景区。长白山有"四保临江"战役指挥部旧址（陈云同志旧居）、"四保临江"战役纪念馆等红色旅游品牌。

导考指引：请简答"长白山"名称的由来。

（3）净月潭景区

净月潭景区位于吉林省长春市东南部长春净月经济开发区，净月潭因形似弯月状而得名，与台湾日月潭互为姊妹潭，是"吉林八景"之一，被誉为"净月神秀"。净月潭是在1934年由人工修建的第一座为长春市城区供水的水源地，景区内的森林为人工建造，含有30个树种的完整森林生态体系，得天独厚的区位优势，使之成为"喧嚣都市中的一块净土"，有"亚洲第一大人工林海""绿海明珠""都市氧吧"之美誉，是长春市的生态绿核和城市名片。净月潭景区处处皆景致，四季貌不同。亚洲最大的人工森林与山、水相依的生态景象构成了净月潭四季变换的风情画卷。净月潭已然成为春踏青、夏避暑、秋赏景、冬玩冰雪的理想去处。2011年被评为国家5A级旅游景区。目前已成为国家级风景名胜区、国家森林公园、全国文明风景旅游区示范点、国家级水利风景区、国家级全民健身户外活动基地。

导考指引：请简答净月潭的四季特色。

（4）伪满皇宫博物院

伪满皇宫博物院成立于1962年，位于吉林省长春市光复路北路5号，是建立在伪满皇宫旧址上的宫廷遗址型博物馆，是中国现存的三大宫廷遗址之一，伪满皇宫是中国清朝末代皇帝爱新觉罗·溥仪在1932年到1945年间充当伪满洲国皇帝时居住的宫殿，主要建筑分外廷（溥仪处理政务的场所）、内廷（溥仪及其家属日常生活的区域）及花园、游泳池、网球场、高尔夫球场、跑马场以及书画库等其他附属场所。伪满皇宫博物院收藏了大批伪满宫廷文物、日本近现代文物、东北近现代文物、民俗文物、近现代有代表性的书画、雕刻、非遗传承人作品等艺术精品。

伪满皇宫博物院720°全景讲解

2007年，伪满皇宫博物院被评为国家5A级旅游景区，2009年被评为第四批全国爱国主义教育示范基地，2013年，被评为全国重点文物保护单位，2017年5月18日，被评为国家一级博物馆，2018年10月11日，入选"全国中小学生研学实践教育基地"名单。

导考指引：请扼要简介伪满皇宫的特色。

人物谈

抗联英魂——杨靖宇

杨靖宇（1905年2月—1940年2月23日），男，汉族，河南省确山人，中共党员。1932年，受党中央委托到东北组织抗日联军，历任抗日联军总指挥政委等职。率领东北军民与日寇血战于白山黑水之间，他在冰天雪地、弹尽粮绝的紧急情况下，最后孤身一人与大量日寇周旋战斗几昼夜后壮烈牺牲。1940年2月23日，在吉林濛江三道崴子壮烈牺牲，时年35岁。为纪念他，1946年东北民主联军通化支队改名为杨靖宇支队，濛江县改名为靖宇县。2014年9月1日，被列入民政部公布的第一批300名著名抗日英烈和英雄群体名录。

3）旅游新格局

根据《吉林省文化和旅游发展"十四五"规划》，结合吉林省文化产业区域分布特征，结合国家战略，打造"一核引领、一极带动、一区协同、三带辐射"的文化产业空间布局。一核引领：即长春经济圈引领。充分发挥长春区位优势、产业优势和引擎作用，拉开发展框架、拓展战略视野、壮大规模总量、形成辐射效应。一极带动：即长白山文化产业增长极带动。通过对长白山文化体系进行创新性提炼及创造性转化，发展长白山特色文化产业，培育文化产业新增长点，打造长白山文化IP品牌，实现文化资源和文化遗产的历史再现、文化再生、艺术再植，带动全省文化产业的创新发展。一区协同：即东辽河文化产业协同区建设。在四平、辽源地区建设东辽河流域满族特色文化产业协同区，引领双辽市、梨树县、伊通县、东丰县、东辽县等县（市、区）大力发展满族民俗文化产业项目，与长春市建立协同发展机制，实现三地文化产业深度合作、共赢发展。三带辐射：即长—吉—图—珲—（俄日朝韩）"冰雪丝路"文化产业带建设，以长春、吉林、图们、珲春等沿线城市为依托，充分挖掘长吉图珲区域文化特色、技艺传承、历史价值，提炼文化符号、增加经济效益。

11.4　北国风光　自然龙江

课前思考

1.黑龙江省名称的由来。

2.图11-3中哪些是我国和邻国的界河？

分省（区、市）地图—黑龙江省

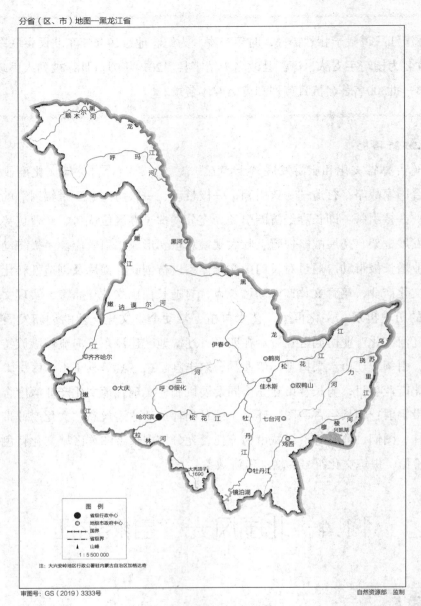

图11-3　黑龙江省地图

　　黑龙江省，简称"黑"，省会哈尔滨，因境内东北有黑龙江而得名。北、东部与俄罗斯隔江相望，西部与内蒙古自治区相邻，南部与吉林省接壤，是中国最北端以及陆地最东端的省级行政区。2020年，黑龙江省下辖12个地级市、1个地区，共54个市辖区、21个县级市、45个县、1个自治县，辖区总面积47.3万平方公里。黑龙江省位于东北亚区域腹地，是亚洲与太平洋地区陆路通往俄罗斯和欧洲大陆的重要通道，是中国沿边开放的重要窗口，现已成为我国对俄罗斯及其他周边国家开放的前沿。

　　导考指引："龙江文化"是指哪个地域文化？

大事记

艰苦奋斗　勇于开拓——屯垦北大荒

20世纪50年代初，我国十万转业官兵在东北三江平原的亘古荒原上发起了"向地球开战，向荒原要粮"的伟大壮举。半个世纪来，几代拓荒人承受了难以想象的艰难困苦，战天斗地，百折不挠，用火热的激情、青春和汗水把人生道路上的句号划在了祖国边陲那曾经荒芜凄凉的土地上，他们以"艰苦奋斗、勇于开拓、顾全大局、无私奉献"为内容的北大荒精神，献了青春献终身，献了终身献子孙。垦荒英雄们跋山涉水、勇往直前，他们已把生命融入了这片荒原，用青春和智慧征服了这片桀骜不驯的黑土地，实现了从北大荒到北大仓的历史性巨变。

11.4.1　黑龙江自然地理环境

1）地形地貌

黑龙江省地貌特征为"五山一水一草三分田"。地势大致是西北、北部和东南部高，东北、西南部低，主要由山地、台地、平原和水面构成。西北部、北部临外兴安岭等，西北部为东北—西南走向的大兴安岭山地，北部为西北—东南走向的小兴安岭山地，东南部为东北—西南走向的张广才岭、老爷岭、完达山脉。兴安山地与东部山地的山前为台地，东北部为三江平原（包括兴凯湖平原），西部是松嫩平原。黑龙江省山地海拔高度大多在300～1 000米，面积约占全省总面积的58%；台地海拔高度在200～350米，面积约占全省总面积的14%；平原海拔高度在50～200米，面积约占全省总面积的28%。

2）气象气候

黑龙江省属于寒温带与温带大陆性季风气候。全省从南向北，依温度指标可分为中温带和寒温带。从东向西，依干燥度指标可分为湿润区、半湿润区和半干旱区。全省气候的主要特征是春季低温干旱，夏季温热多雨，秋季易涝早霜，冬季寒冷漫长，无霜期短，气候地域性差异大。黑龙江省的降水表现出明显的季风性特征。夏季受东南季风的影响，降水充沛，冬季在干冷西北风控制下，干燥少雨。

3）河流水文

黑龙江省地处黑龙江、松花江、乌苏里江和绥芬河四大水系组成的黑龙江流域，主要河流有松花江、嫩江、乌苏里江、牡丹江、呼兰河、蚂蚁河、倭肯河、通肯河、安邦河、挠力河、海浪河、呼玛河、额木尔河、讷谟尔河、汤旺河、拉林河、乌斯浑河、乌裕尔河、穆棱河等；主要湖泊有兴凯湖、镜泊湖、连环湖和五大连池4处较大湖泊及星罗棋布的泡沼。

11.4.2　黑龙江人文地理环境

1）历史沿革

先秦时代，肃慎、东胡、秽貊三大族系的部分先民，已定居在黑龙江地区。公元前4世纪至公元前3世纪，夫余政权建立，地跨今黑龙江省东部和南部。秦以后，在黑龙江地区生息活动的先后有挹娄人、夫余人、鲜卑人、勿吉人和靺鞨人等。隋唐时期，黑龙江在河北道管辖之下，先后设立了渤海、黑水、室韦3个都督府。1115年，女真完颜部首领阿骨打击败辽军后称帝，国号大金，都会宁（今阿城区白城古城）。金朝在黑龙江流域的统治，以上京路下辖三路；在两个地区设泰州和肇州。元设开元路、水达达路。明设奴儿干都司。清设黑龙江将军和吉林将军，管辖黑龙江地区。清末开禁后，关内大批汉族人移居黑龙江。民国以后，以松花江为界设黑龙江省和吉林省。伪满洲国成立后，划分为龙江、滨江、黑河、北安、三江、东安省。解放战争时期，分为黑龙江、松江、嫩江、合江、绥宁五省。中华人民共和国成立后，设立黑龙江省（省会齐齐哈尔）和松江省（省会哈尔滨）。1954年，两省合并为黑龙江省，省会哈尔滨市。

导考指引：请简述"黑龙江"得名及"黑龙江省"建制的由来。

2）人口民族

第七次全国人口普查数据显示，截至2020年11月1日，黑龙江省常住总人口约3 185万人。黑龙江省是一个多民族、散杂居边疆省份，全省除汉族以外，共有53个少数民族，其中世居本省的有满、朝鲜、蒙古、回、达斡尔、锡伯、赫哲、鄂伦春、鄂温克和柯尔克孜等10个少数民族。

导考指引：请简答分布在黑龙江省的主要少数民族有哪些？

3）风俗物产

（1）龙江菜

黑龙江省物产丰富，烹调原料门类齐全。人们称它"北有粮仓，南有渔场，西有畜群，东有果园，一年四季食不愁"。习惯上多食杂粮，副食品种多，喜食鱼虾和野味，口味以咸鲜为主。食法多蘸、拌，喜食渍酸菜和火锅，菜码大，分量足。龙江菜以烹制山蔬、野味、肉禽和淡水鱼虾技艺见长，讲究口味的香醇、鲜嫩、爽润、咸淡相宜，以珍、鲜、清、补和绿色天然食品著称。黑龙江菜品炖菜较多，有小鸡炖蘑菇、酸菜白肉炖粉条、鲶鱼炖茄子、牛肉炖柿子、汆白肉血肠、排骨炖豆角、东北乱炖等。

导考指引：龙江菜为什么以炖菜为主？

（2）哈尔滨国际冰雪节

哈尔滨国际冰雪节，是我国历史上第一个以冰雪活动为内容的国际性节日，持续一个月。中国·哈尔滨国际冰雪节与日本札幌雪节、加拿大魁北克冬季狂欢节和挪威奥斯陆滑雪节并称世界四大冰雪节。1985年1月5日创办，成为世界冰雪盛会。经地方立法，1月5日已成为哈尔滨人的盛大节日。哈尔滨国际冰雪节内容丰富，形式多样。如在松花江上修建的"冰雪迪士尼乐园"——哈尔滨冰雪大世界、斯大林公园展出的大型冰雕、在太阳岛举办的雪雕游园会；在兆麟公园举办的规模盛大的冰灯游园会等皆为冰雪节内容。冰雪节期间举办冬泳比赛、冰球赛、雪地足球赛、高山滑雪邀请赛、国际冰雕比赛、冰上速滑赛、冰雪节诗会、冰雪摄影展、图书展、冰雪电影艺术节、冰上婚礼等。冰雪节已成为向国内外展示哈尔滨社会经济发展水平和人民精神面貌的重要窗口。

（3）冰雕艺术

冰雕是中国北方的民间艺术，它是以冰块作原料，用雕刻工具将冰雕刻成立体形象，然后摆在户外，供人们观赏。冰雕艺术自20世纪60年代初在哈尔滨发展起来，产生了广泛影响。哈尔滨的冬天，气温很低，江河结冰厚1米多，将冰开凿下来，就可雕成各种艺术品，故哈尔滨有"冰城"之称。

11.4.3　黑龙江旅游资源

1）旅游资源概览

黑龙江省是中国北方森林覆盖率最高的省份，拥有全国最大的连片林区（大、小兴安岭）、全国最大的湿地群、种类众多的生物资源和各种类型保护地资源；以黑龙江、乌苏里江、松花江三大水系和兴凯湖、镜泊湖、连环湖和五大连池为代表的河流、湖泊旅游资源丰富；黑龙江省作为中国最北的省份以极寒气候、冰雪人文主题、冰雪自然环境为代表的顶级冰雪旅游资源独具魅力；黑龙江省是世界著名的三大黑土带之一和中国粮食产量第一大省，以三江平原为代表的绿色农业旅游资源特色突出；黑龙江省以界江、百年口岸为代表的边境旅游资源优势明显，是中国最重要的对俄边境旅游区和"一带一路"中蒙俄经济走廊的重要节点；黑龙江省历史悠久，是唐渤海国上京龙泉府和金上京会宁府所在地，鄂伦春族、赫哲族等世居少数民族文化特色明显，发源于黑龙江省的抗联文化、北大荒文化具有重要的文化影响力和知名度。黑龙江省世界及国家级旅游资源如表11-3所示。

表11-3　黑龙江省世界及国家级旅游资源

类型	数量	景点
世界生物圈保护区	2	五大连池世界生物圈保护区、兴凯湖世界生物圈保护区
世界地质公园	2	五大连池世界地质公园、镜泊湖世界地质公园
国家5A级旅游景区	6	哈尔滨太阳岛景区、漠河北极村旅游区、汤旺河林海奇石景区、牡丹江镜泊湖景区、黑河五大连池景区、虎头山旅游区
国家级旅游度假区	1	亚布力滑雪旅游度假区

注：数据截至2022年7月。

2）重点旅游资源

（1）北极村景区

北极村位于黑龙江省大兴安岭地区漠河市漠河乡，国家5A级旅游景区，素有"金鸡之冠""神州北极"和"不夜城"之美誉，是全国唯一观赏北极光和极昼极夜的最佳观测点，是中国"北方第一哨"所在地，战士们在这边远的偏僻哨所，几十年如一日地守卫着国土，单调而枯燥的生活、恶劣高寒的北方天气，磨炼了他们钢铁般的意志，使他们成为新时代最可爱的人。北极村也是中国最北的城镇，每年夏至前后，一天24小时几乎都是白昼，午夜向北眺望，天空泛白，像傍晚又像黎明。夏至前后以及深秋朗月夜常常万里晴空，是观赏北极光的最佳时节。北极村不仅是一个历史悠久的古镇，它逐渐成了一种象征、一个坐标，北极村凭借中国最北、神奇天象、极地冰雪等国内独特的资源景观。每年都吸引很多从世界各地到这里的游客，来体会那份最北的幸福。

导考指引：我国的最北点是哪里？

（2）镜泊湖景区

镜泊湖720°
全景讲解

镜泊湖，国家5A级旅游景区，是著名旅游、避暑和疗养胜地，全国文明风景旅游区示范点，国家重点风景名胜区，国际生态旅游度假避暑胜地，世界地质公园。镜泊湖位于黑龙江省牡丹江市宁安市境西南部，距宁安市50公里，海拔351米。远在1 000年前的唐代，居住在这里的满族先民——靺鞨人称镜泊湖为忽汗海，辽称扑鷰水，金称必尔腾湖，清初宁古塔流入，以湖水照人如镜而命名为镜泊湖。

镜泊湖以湖光山色为主，兼有火山口地下原始森林、地下熔岩隧道等地质奇观，及唐代渤海国遗址为代表的历史人文景观，是可供科研、避暑、游览、观光、度假和文化交流活动的综合性景区。镜泊湖宛如一颗璀璨夺目的明珠镶嵌在祖国北疆上，以独特的、朴素无华的自然美闻名于世。

（3）五大连池风景区

五大连池风景区位于黑龙江省黑河市五大连池市，地处小兴安岭山地向松嫩平原的过渡地带，总面积为1 060平方公里，其中林地32.1万亩，草原5.73万亩，湿地15万亩。因火山喷发，熔岩阻塞白河河道，形成五个相互连接的湖泊，因而得名五大连池。五大连池风景区由五大连池湖区——莲花湖、燕山湖、白龙湖、鹤鸣湖、如意湖组成串珠状的湖群，以及周边火山群地质景观、相关人文景观、植被、水景等组成。植物618种，野生动物397种，与同纬度地区相比，动植物种类十分丰富，成为生态演变过程的主要见证，展示了大自然顽强的生命力，是世界上研究物种适应和生物群落演化的最佳地区。

五大连池风景区不仅是国家5A级旅游景区、世界地质公园、世界人与生物圈保护区、国际绿色名录、国家重点风景名胜区、国家级自然保护区、国家森林公园、国家自然遗产、中国矿泉水之乡、中国著名火山之乡，还是第一批全国中小学生研学实践教育基地。

导考指引： 请扼要解释五大连池、镜泊湖的成因。

（4）太阳岛景区

太阳岛风景区坐落于黑龙江省哈尔滨市松花江北岸，总面积为88平方公里，其中规划面积为38平方公里，外围保护区面积为50平方公里。太阳岛是一处由冰雪文化、民俗文化等资源构成的多功能风景区，也是中国国内的沿江生态区。

太阳岛独具特色、细软金黄的阳光沙滩，给人以北国海滨的感受，是享受"野浴"和畅游的最佳去处；岛上郁郁葱葱的白桦林、木质的欧式别墅把人带入童话般的世界；俄罗斯风情小镇则彰显着历史、文化、风情、休闲的魅力，原汁原味地再现了昔日太阳岛醇厚的俄罗斯风情；赵朴初题写的"太阳岛"三个遒劲大字的太阳石已成为太阳岛标志性景观之一；音乐名人堤为素有"音乐之城"的哈尔滨增加了一道亮丽的风景；鹿苑、松鼠岛更为游人和孩子们提供亲近自然，关爱动物的理想场所；东北抗联纪念园是东北最大的抗日教育和纪念基地，东北抗联纪念园体现的抗联精神包括：东北抗联忠贞报国、勇赴国难的爱国主义精神；勇敢顽强、前赴后继的英勇战斗精神；坚贞不屈、勇于献身的不畏牺牲精神；不畏艰苦、百折不挠的艰苦奋斗精神；休戚与共、团结御侮的国际主义精神；由"悠悠牧羊曲"等6座雪雕精品仿真雕塑为主景的雪雕艺术园，再现了"都市雪乡"的迷人景色；还有荷花湖、水阁云天、避雨长廊、花卉园、丁香园、中日友谊园、湿地植物观赏区、自然生态保护观赏区、于志学美术馆、太阳岛艺术馆、俄罗斯民间艺术收藏馆、太阳岛冰雪艺术馆、网球俱乐部、卡丁赛车场等人文、自然景观和游乐项目，也都以其特有的原野自然风光、浓郁的欧陆风情、太阳文化、冰雪艺术、北方文化，向游人展示着独具的个性和魅力，使人流连忘返。

人物谈

"白山黑水"民族魂——赵一曼

赵一曼（1905年10月27日—1936年8月2日），女，汉族，原名李坤泰，又名李一超，人称李姐。四川省宜宾县白花镇人（今四川省宜宾市翠屏区白花镇）。中国共产党党员，抗日民族英雄，曾就读于莫斯科中山大学，毕业于黄埔军校六期。赵一曼1935年担任东北抗日联军第三军二团政委，在与日寇的斗争中于1936年8月被捕就义。赵一曼留有诗篇《滨江述怀》，其故里宜宾有"赵一曼纪念馆"，相关电影有《赵一曼》《我的母亲赵一曼》等。2009年9月10日，被评为"100位为新中国成立作出突出贡献的英雄模范人物"之一。

3）旅游发展新格局

黑龙江省文化和旅游厅关于印发《"十四五"文化和旅游发展规划》的通知中提出，要优化旅游发展空间新格局，具体包括三个层面推进旅游枢纽城市建设：哈尔滨一级枢纽，齐齐哈尔、牡丹江、佳木斯、大庆、鸡西、伊春、黑河7个二级枢纽，双鸭山、鹤岗、加格达奇3个三级枢纽。两个类别推进旅游集群发展：哈尔滨、大庆—齐齐哈尔、亚布力—牡丹江、伊春、三江5个综合旅游集群，黑河跨境商贸、五大连池地质生态康养、漠河极地生态、抚远东极文化旅游、镜泊湖生态文化旅游、绥芬河—东宁边境商贸文化旅游、兴凯湖湖泊度假、虎林—饶河界江民俗文化旅游八个主题旅游集群。推进省级层面旅游廊道建设，在全省"一城四线"旅游线路框架下，建设"醉美331边防路"自驾旅游、冰雪景观、乌苏里江漫游观光、五大连池—伊春山地探险、东部湿地与现代农业、中东铁路文化遗产、黄金古驿路7条主题旅游廊道。重点打造"必到必游"的重要旅游节点：主要有太阳岛旅游区、五大连池旅游区、哈尔滨极地馆、北极村景区、亚布力滑雪旅游度假区等25个具有核心旅游吸引力的景区景点。

拓展与思考

东北旅游区导考指引参考答案

1.请你挑选东北旅游区其中的一个旅游景点，为其写一篇导游词。

2.请查找资料，挑选东北旅游区中你最感兴趣的5个5A级旅游景区，分别用一句宣传口号或几个词语来形容。如：老虎滩海洋公园——中国最大海滨游乐场、本溪水洞——人间独一此洞天。

第12章　港澳台旅游区

—— 一国两制　海天归一

港澳台旅游
资源概述

学习目标

知识能力目标：

了解港澳台旅游区自然与人文旅游地理环境及旅游资源特征；

熟悉本区各省市自然与人文地理概况；

熟悉本区各省市重点旅游资源及旅游线路。

思想素质目标：

关注两岸关系及"一国两制"方针；

增强国土安全意识及和平解决争端的理念。

港澳台旅游区，包括我国香港特别行政区、澳门特别行政区和台湾省，位处我国南部亚热带、热带地区。本区面对广阔海洋，同时又依托祖国大陆，是我国面向世界、沟通海外的重要窗口，但在行政管理体制上均具有一定的特殊性。香港和澳门分别于1997年、1999年回归祖国，实现了"一个国家，两种制度"的构想。台湾岛是我国第一大岛屿，是三个地区中面积最大的，旅游资源比较丰富，香港和澳门均地域狭小，但具有地理位置优越、自由港地位、交通便利、进出口贸易活跃等方面优势，旅游业独具特色，发展迅速。

12.1　港澳台旅游区概述

12.1.1　旅游地理环境

1）自然地理环境

（1）地理位置优越

本区背靠祖国大陆，面临浩瀚的太平洋，正处于东亚、东南亚和大陆的中心位置，并在远东若干国际航线之上。北有日本、朝鲜、韩国，西有祖国大陆，南有菲律宾、印度尼西亚，西南有马来西亚、泰国、新加坡。各国环球旅行的游客，前往上述国家和地区时，均可在我国的港澳台地区停留观光，这为本区拥有众多的旅游客源创造了良好条件。

（2）优良海港及丰富的海滨景观

临海位置为本区提供了许多优良海港和丰富的海滨旅游资源。海港有我国香港的维多利亚港，澳门的内外港口，台湾省的高雄港、基隆港等。台湾省海岸线长1 140公里，北部和南部的海岸地形有各种形态的奇岩和海蚀洞穴；西部海岸沙滩绵长，有许多理想的海滨浴场；东部海岸断层发育，断崖峭壁插天，俯临大洋。台湾省位于亚欧板块和太平洋板块的接触带，为环太平洋火山地震带的一部分，近代火山地貌景观典型，地热资源丰富，是我国温泉密度最高的省份。香港岛的南部海滩则是香港著名的风景区和海滨浴场。

2）人文地理环境

（1）"一国两制"的政治制度

台湾省自古为我国领土的一部分，清初设置台湾府，属福建省。1895年被侵占，1945年抗日战争胜利后归还中国。我国香港在清代属广东省新安县（今深圳市），1842年鸦片战争后，英国先后通过三个不平等条约占去了包括香港岛、九龙半岛、新界三部分的今香港地区，租期为99年。1997年7月1日中国政府对香港恢复行使主权，并设特别行政区，由特区政府进行管辖，实现了港人治港。我国澳门旧属广东香山县（今珠海市），16世纪被葡萄牙以晾晒水浸货物为借口而占领。1999年12月20日，中国政府对澳门恢复行使主权，并设特别行政区。特别行政区的政府和立法机关由当地人组成，除了由中央人民政府负责外交和国防事务外，特别行政区可享有高度的自治权。根据"一国两制"方针，我国港澳地区现行的社会、经济制度及生活方式将维持50年不变。

（2）活跃的进出口贸易

狭小的地域、优越的地理位置和众多的良港，决定了本区经济以对外贸易为本。香港和台湾省对外贸易发达，与160多个国家和地区都有贸易往来。香港是自由贸易港，除少数商品如烟草、乙醇、甲醇和若干碳氢油类征税外，一般消费品均可免税进口。因此，市场上各国产品云集，被称为"世界商品橱窗"和"购物天堂"。澳门是国际自由港、世界旅游休闲中心、世界四大赌城之一，也是世界人口密度最高的地区之一。其著名的轻工业、旅游业、酒店业和娱乐场使澳门长盛不衰，成为全球最发达、富裕的地区之一。台湾是中国不可分割的一部分，是一个以出口为导向的海岛型资本主义经济体，对外贸易对台湾经济的发展举足轻重。台湾的电子信息产业在全球产业链中地位至关重要。活跃的贸易往来，刺激了游客增加，促进了旅游业的发展。

（3）国际金融、经济发达

本区的香港是国际金融、航运和贸易中心，经济发达。香港是全球主要银行中心之一，2019年底香港金融管理局认可的银行业机构共194家，香港股市在全球具有较大影响力，2019年底在香港交易所挂牌（主板和创业板）的上市公司达2 449家，股票总市值达38.2万亿港元。内地是香港最大的贸易伙伴，香港是内地最重要的贸易转口港，同时，香港和内地互为最大的外资来源地。近年来，随着"沪港通""深港通""债券通"和基金互认等先行先试政策不断推出，两地资本市场互联互通渠道逐步增多，机制不断完善。

12.1.2 旅游资源特征

1）以传统文化为基调的多元文化旅游资源

我国香港、澳门文化呈现以传统文化为基础的东西方文化并蓄的多元化特征。香港人普遍敬祖先神位，门口供土地神。香港现有庙宇道观360余间，还有基督教堂、天主教堂等约300家。澳门的宗教建筑也风貌各异。澳门宗教体现了中西文化交融的特征，除佛教、道教、儒教外，也有传入的天主教、基督教、伊斯兰教等，历史源远流长。

香港、澳门都是"不夜之城"，许多商店、酒吧、餐厅都通宵营业。夜生活多姿多彩，既神秘迷人，又富有大都会色彩，闻名中外。香港、澳门的节日、假日多种多样，具有中西合璧、华洋杂处、中西文化交汇的特点。

2）丰富的海洋旅游资源

香港、澳门和台湾省均为临海型旅游地域，除了形成适宜旅游的夏凉性海洋气候外，还产生了丰富的海洋性旅游资源。如香港的海洋公园、浅水湾，澳门的路环岛、黑沙踏浪，台湾省的太鲁阁公园、野柳风景区、澎湖渔火、清水断崖等旅游点。

3）繁荣的购物旅游资源

我国香港、澳门和台湾省都是长期立足于发展市场经济和外向型经济，加之良好的投资环境吸引了大量的外来投资和外来商品，因而市场繁荣，贸易发达。尤其是香港，作为我国的一个特别行政区和国际自由贸易港，已日益成为举世闻名的动感之都，是一个生活的天堂，集各式各样的欢乐于一地。香港是自由贸易港，没有关税，香港各区都有大型商场，如太古城、沙田新城市广场、乐富和蓝田地铁站等，其内除有大型百货公司之外，还有各类商店和食肆，有些更有游乐设备，享有"购物天堂"的美誉。

4）现代化的都市旅游资源

中环是香港的金融中心，区内银行、商行、股票交易所、酒店等满街林立，一派繁华的现代都市景象。皇后大道中市容风貌古朴典雅，而干诺道中则富有现代气息。与香港的高楼大厦、车水马龙的繁华气象不同，澳门环境幽静，景致别具特色，繁华的地段集中在市政厅一带，东西方文化长期在此汇聚交流，留下不少可追忆的痕迹，其中圣保罗教堂的牌坊已成为澳门的象征。澳门经历了数个世纪的变迁，也逐渐向现代化国际城市迈进，设施先进完备，高楼林立。台湾省的台北、高雄等大城市也具有同样的现代化都市风光特色。

12.2　动感之都　万象香港

课前思考

1.提到香港，你想到了哪些关键词？
2.结合资料分析香港的区位优势。

香港，简称"港"，全称中华人民共和国香港特别行政区，坐落于中国的东南海岸线上，珠江口东侧，南临珠海市万山群岛，北面与广东省深圳市相接。香港陆地总面积为1 106.34平方公里，区域范围包括香港岛、九龙、新界和周围的262个岛屿。位于香港岛和九龙半岛之间的维多利亚港，是举世知名的深水海港。香港虽然面积小，但经济发达，它不仅是国际贸易和航运中心，而且是国际金融、信息、旅游、购物中心，是世界第三大金融中心。由于高度开放的对外贸易政策，成为著名的"自由港"，号称"东方之珠"。香港旅游业起步较早，发展迅速，是世界著名的旅游胜地，被誉为"购物天堂""美食之都""观光者的乐园"。

大事记

香港回归　庄严时刻——中英香港政权交接仪式

中英香港政权交接仪式于1997年6月30日午夜举行。23时42分，交接仪式正式开始。

23时56分，中英双方护旗手入场，象征两国政府香港政权交接的降旗、升旗仪式开始。出席仪式的中外来宾全体起立。全场的目光都集中到竖立在主席台主礼台前东西两侧的旗杆上。

23时59分，英国国旗和香港旗在英国国歌乐曲声中缓缓降落。随着"米字旗"的徐徐降下，英国在香港一个世纪的殖民统治宣告结束。

1997年7月1日零点事，激动人心的神圣时刻到来了：中国人民解放军军乐团奏起雄壮的中华人民共和国国歌，中华人民共和国国旗和香港特别行政区区旗一起徐徐升起。

接着，江泽民席走到镶嵌着中华人民共和国国徽的讲台前发表讲话。他说，中华人民共和国香港特别行政区正式成立，这是中华民族的盛事，也是世界和平与正义事业。1997年7月1日这一天，将作为值得人们永远纪念的日子载入史册。香港政权交接仪式结束。

凌晨

地理环境

12.2.1

为丘陵，最高点为海拔958米的大帽山。香港的平地较少，约有两成要集中在新界北部，分别为元朗平原和粉岭低地，都是由河流自然形其次是位于九龙半岛及香港岛北部，从原来狭窄的平地外扩张的填海土名取自香港岛，但香港最大的岛屿却是面积比香港岛大2倍多的大屿山。

候

亚热带季风气候，冬季气温可降至10 ℃以下，夏季气温则升至31 ℃以季天气晴朗，和暖干爽；冬季天气稍冷而且干燥；春季天气温暖潮湿；夏热而多雨。平均年降雨量约为2 400毫米，雨量最多的月份为6月和8月。影响香劣天气包括热带气旋、强烈冬季及夏季季候风、季风槽及经常在4月至9月发生的雷暴。

3）河流水文

香港地区处于潮湿的亚热带环境，径流丰富，地表水系发达。但水系作用范围有限，无大河流。除作为香港与深圳界河的深圳河外，主要有城门河、梧桐河、林村河、元朗河和锦田河等。

12.2.2　香港人文地理环境

1）历史沿革

香港在东晋时设为宝安县，为广东省所辖。至唐朝至德二年（757年），改宝安县为东莞县，明清时期从东莞县划出部分成立新安县，为后来的香港地区。1842年鸦片战争时期被英国侵占。1997年7月1日，中华人民共和国恢复对香港行使主权，设香港特别

行政区，《基本法》同时生效。《基本法》是香港特别行政区的宪制文件，以法律形

订明"一国两制""港人治港"和高度自治的重要理念。根据《基本法》，香港保持原

有制度和生活方式，五十年不变，以公正的法治精神和独立的司法机构维持香港市民的

权利和自由。

2）人口民族

截至2021年年底，香港人口约有741万，是世界上人口最高的地区之一，其中

绝大部分为中国国籍，占比约92%，剩余部分为菲律宾人、美国人及印度人等其他国

籍人士。

3）风俗物产

（1）港式文化

香港，新旧交融，中西并蓄，一百多年来发展出独特的港式文化

秋冬滋养进补，诸事不顺"打小人"……这些港剧港片里熟悉的事物，喝茶，

生活的一部分，也是充满活力的地道文化。数百年来，林立于广东、香港等

铺，形成了一条岭南文化的独特风景线。王老吉、上清饮、健生堂、邓老、

振龙、徐其修、春和堂、金葫芦、星群、润心堂、沙溪、李氏、清心堂、杏

堂16个凉茶品牌的54个配方及其所构成的凉茶文化得到了民众的广泛认可。

香港汇聚了世界各地的美食，是中西美食和环球美酒汇聚之都，香港旺角

湾、尖沙咀东部和九龙城等地有些街道尽是食肆。《米芝莲指南香港澳门2020

219间香港食肆。大排档的平民风味跟茶楼点心、茶餐厅港式美食、街边小吃共同

了本地饮食文化中的重要部分。

（2）赛马

赛马是很多香港市民参与的娱乐，由英国人在殖民时期带来的赛马，早已成为香港

活的一部分。每年由9月开始至翌年6月为止的一个马季内，共60多天的赛马。日赛多

星期六及星期日在沙田举行，夜赛则多于星期三晚在跑马地进行，观众可购票入场观

投注。赛马日有火车直达沙田马场。

3）香港电影

港电影始于1913年的首部香港电影《庄子试妻》。第二次世界大战后，大批内地

及资金南下，香港先后成立多家电影公司，粤语片在1950年代异常繁荣。1949

《黄飞鸿》系列电影，连拍60多部，成为世界史上最长寿的系列电影。有一段

各国政府一度只容许香港电影进口，香港享有"东方好莱坞"之称。每年3

的香港国际电影节及香港电影金像奖颁奖典礼，是香港电影界每年一度的

80年代是香港电影的全盛时期，高峰期港产片年产达300部电影，超越当

全球第一的印度。

23时59分，英国国旗和香港旗在英国国歌乐曲声中缓缓降落。随着"米字旗"的徐徐降下，英国在香港一个世纪的殖民统治宣告结束。

1997年7月1日零点整，激动人心的神圣时刻到来了：中国人民解放军军乐团奏起雄壮的中华人民共和国国歌，中华人民共和国国旗和香港特别行政区区旗一起徐徐升起。

接着，江泽民主席走到镶嵌着中华人民共和国国徽的讲台前发表讲话。他说，中华人民共和国香港特别行政区正式成立，这是中华民族的盛事，也是世界和平与正义事业的胜利。1997年7月1日这一天，将作为值得人们永远纪念的日子载入史册。

凌晨0时12分，香港政权交接仪式结束。

12.2.1　香港自然地理环境

1）地形地貌

香港地形主要为丘陵，最高点为海拔958米的大帽山。香港的平地较少，约有两成土地属于低地，主要集中在新界北部，分别为元朗平原和粉岭低地，都是由河流自然形成的冲积平原；其次是位于九龙半岛及香港岛北部，从原来狭窄的平地外扩张的填海土地。虽然香港一名取自香港岛，但香港最大的岛屿却是面积比香港岛大2倍多的大屿山。

2）气象气候

香港属于亚热带季风气候，冬季气温可降至10 ℃以下，夏季气温则升至31 ℃以上。香港的秋季天气晴朗，和暖干爽；冬季天气稍冷而且干燥；春季天气温暖潮湿；夏季天气炎热而多雨。平均年降雨量约为2 400毫米，雨量最多的月份为6月和8月。影响香港的恶劣天气包括热带气旋、强烈冬季及夏季季候风、季风槽及经常在4月至9月发生的狂风雷暴。

3）河流水文

香港地区处于潮湿的亚热带环境，径流丰富，地表水系发达。但水系作用范围有限，无大河流。除作为香港与深圳界河的深圳河外，主要有城门河、梧桐河、林村河、元朗河和锦田河等。

12.2.2　香港人文地理环境

1）历史沿革

香港在东晋时设为宝安县，为广东省所辖。至唐朝至德二年（757年），改宝安县为东莞县，明清时期从东莞县划出部分成立新安县，为后来的香港地区。1842年鸦片战争时期被英国侵占。1997年7月1日，中华人民共和国恢复对香港行使主权，设香港特别行政区，《基本法》同时生效。《基本法》是香港特别行政区的宪制文件，以法律形式订明"一国两制""港人治港"和高度自治的重要理念。根据《基本法》，香港保持原有制度和生活方式，五十年不变，以公正的法治精神和独立的司法机构维持香港市民的权利和自由。

2）人口民族

截至2021年年底，香港人口约有741万，是世界上人口密度最高的地区之一，其中绝大部分为中国国籍，占比约92%，剩余部分为菲律宾人、印尼人及印度人等其他国籍人士。

3）风俗物产

（1）港式文化

香港，新旧交融，中西并蓄，一百多年来发展出独特的港式文化。春夏喝凉茶，秋冬滋养进补，诸事不顺"打小人"……这些港剧港片里熟悉的事物，都是香港人日常生活的一部分，也是充满活力的地道文化。数百年来，林立于广东、香港、澳门的凉茶铺，形成了一条岭南文化的独特风景线。王老吉、上清饮、健生堂、邓老、白云山、黄振龙、徐其修、春和堂、金葫芦、星群、润心堂、沙溪、李氏、清心堂、杏林春、宝庆堂16个凉茶品牌的54个配方及其所构成的凉茶文化得到了民众的广泛认可。

香港汇聚了世界各地的美食，是中西美食和环球美酒汇聚之都，香港旺角、铜锣湾、尖沙咀东部和九龙城等地有些街道尽是食肆。《米芝莲指南香港澳门2020》推介219间香港食肆。大排档的平民风味跟茶楼点心、茶餐厅港式美食、街边小吃共同组成了本地饮食文化中的重要部分。

（2）赛马

赛马是很多香港市民参与的娱乐，由英国人在殖民时期带来的赛马，早已成为香港生活的一部分。每年由9月开始至翌年6月为止的一个马季内，共60多天的赛马。日赛多于星期六及星期日在沙田举行，夜赛则多于星期三晚在跑马地进行，观众可购票入场观看及投注。赛马日有火车直达沙田马场。

（3）香港电影

香港电影始于1913年的首部香港电影《庄子试妻》。第二次世界大战后，大批内地电影人才及资金南下，香港先后成立多家电影公司，粤语片在1950年代异常繁荣。1949年开创的《黄飞鸿》系列电影，连拍60多部，成为世界史上最长寿的系列电影。有一段时期，东亚各国政府一度只容许香港电影进口，香港享有"东方好莱坞"之称。每年3至4月间举行的香港国际电影节及香港电影金像奖颁奖典礼，是香港电影界每年一度的盛事。20世纪80年代是香港电影的全盛时期，高峰期港产片年产达300部电影，超越当时的电影产量全球第一的印度。

12.2.3　香港旅游资源

1）旅游资源概览

香港中西荟萃，中国传统文化、欧美文化、现代先进科技和广东民族风尚共冶一炉。旅客除可购物和享用佳肴美食外，还可畅游主题公园、游览景色宜人的郊野，以及参加各项文化、艺术和体育活动。香港亦有各式各样引人入胜的人文类景点，包括寺庙、围村、祠堂及西式建筑等。

2）重点旅游资源

（1）海洋公园

香港海洋公园位于香港港岛南区黄竹坑，是一个世界级的海洋动物主题乐园，在1977年1月10日开幕，是一座集海陆动物、机动游戏和大型表演于一身的世界级主题公园，也是全球最受欢迎、入场人次最高的主题公园。2012年，香港海洋公园获国际游乐园及景点协会博览会（IAAPA）颁发顶尖荣誉大奖"全球最佳主题公园"，成为亚洲首家获得此项殊荣的主题公园。

公园分为"海滨乐园"及"高峰乐园"两个景区，以登山缆车和海洋列车连接，园内景点逾80个，不但居住了鲨鱼、企鹅、大熊猫、考拉等动物，还设有多款机动游戏，刺激好玩。此外，香港海洋公园万豪酒店已于2019年2月启用。为进一步加强公园的吸引力和接待能力，海洋公园正于大树湾发展全天候户内及户外水上乐园及香港富丽敦海洋公园酒店。海洋公园未来的发展将会更着重发挥教育和保育功能。

（2）维多利亚港

举世闻名的维多利亚港，以及其两岸耸立的无数摩天大楼，交织出让人惊叹及难忘的城市美景。没有什么比维多利亚港的天际线更能代表香港。这个位处九龙以南、港岛以北的深水港，可以说是主导着香港由昔日的小渔村，蜕变而为今日的国际大都会。如今，维港不仅仍然是香港人的瑰宝，更是许多旅客拍照打卡的热门地标。观赏维多利亚港风景最经典的位置是从九龙的尖沙咀海滨望向对岸。从天星码头漫步到尖沙咀东部，途经前九广铁路钟楼、星光大道、香港文化中心及尖沙咀海滨花园等多个景点，白天可以近距离欣赏维港两岸的摩登建筑群，晚上则可看到璀璨灯火的迷人景象，以及大型灯光音乐汇演"幻彩咏香江"。

星光大道为表扬香港电影界的杰出人士的特色景点，仿效好莱坞星光大道，杰出电影工作者的芳名与手掌印镶嵌在特制的纪念牌匾，以年代依次排列在星光大道上，星光大道可容纳100名电影工作者的纪念牌匾。此外，星光大道也有多尊以电影拍摄情况及香港知名艺人为题材的塑像，供游人拍照留念，是热门的旅游景点。

（3）香港联合国教科文组织世界地质公园

中国香港世界地质公园是位于香港东北部，面积49.85平方公里。2011年9月18日经联合国教科文组织批准为第七批世界地质公园。由西贡火山岩园区和新界东北沉积岩园区组成，包括8个景区。西贡火山岩园区包括粮船湾、瓮缸群岛、果洲群岛和桥咀洲4个景区，地质遗迹有中生代白垩纪六边形酸性火山岩柱状节理。在西贡火山岩园区，湛蓝的海面上出现了鬼斧神工的火山岩地貌。大约在1.4亿年前，香港经历了极度猛烈的超级火山爆发，形成了西贡园区神奇的地形兼海洋景观，西贡海滨公园的火山探知馆介绍了西贡独特的六角形火山岩柱群的形成过程，以及其他地质景点（如海蚀洞、海蚀拱与造型奇特扭曲的岩壁）的特征等。新界东北沉积岩园区包括东平洲、印洲塘、赤门和赤洲—黄竹角咀景区，以古生代泥盆纪、二叠纪，中生代侏罗纪、白垩纪至新生代古近纪的地层、古生物、沉积和构造地质遗迹为特色。香港世界地质公园是以香港郊野公园、海岸公园和特别地区为基础建立起来的，基础设施完善，管理制度规范。珍贵的地质遗迹，优美的海岛风光，多样的生态环境，使这里成为天然的地质学博物馆和休闲旅游胜地。

（4）香港会议展览中心

位于香港湾仔的香港会议展览中心，是香港特区海边最新建筑群中的代表者之一。除了作大型会议及展览用途之外，这里还有两间五星级酒店、办公大楼和豪华公寓各一幢。而它的新翼则由填海扩建而成，内附大礼堂及大展厅数个，分布于三层建筑之中，是世界最大的展览馆之一。1997年7月1日香港回归中国大典亦在该处举行，成为国际瞩目的焦点，而它独特的飞鸟展翅式形态，也给美丽的维多利亚港增添了不少色彩。香港会议展览中心曾作为多项世界性会议的主要会议场地，包括1997年世界银行年会，2000年亚洲电讯展等。2005年世界贸易组织部长级会议亦以香港会议展览中心作主要场地。

香港会议展览中心位于湾仔的金紫荆广场上，矗立着"永远盛开的紫荆花"大型雕塑，是香港特别行政区成立的重要地标。它是中央人民政府赠予香港特别行政区政府的贺礼，纪念1997年香港回归。雕塑附近又有一座"香港回归祖国纪念碑"，柱身正面刻有江泽民同志亲题的碑名。每天上午7:50至8:03（每月第一天除外），身穿礼服的警务人员会在广场上主持升旗仪式，神圣庄严，加上有维港衬托，更显得雄伟壮观。

查一查：请查找资料，了解香港特别行政区区旗、区徽的含义。

3）旅游发展新格局

国务院日前印发《"十四五"旅游业发展规划》，提出完善旅游开放合作体系，深化与港澳台地区合作，推进粤港澳大湾区旅游一体化发展，支持香港发展中外文化艺术交流中心等举措，支持港澳旅游业发展。

《规划》指出，在全球新冠肺炎疫情得到有效控制的前提下，依托我国强大旅游市场优势，统筹国内国际两个市场，分步有序促进入境旅游，稳步发展出境旅游，持续推进旅游交流合作。其中就"深化与港澳台地区合作"提出七点要求，与香港有关的包括：推进粤港澳大湾区旅游一体化发展，提升大湾区旅游业整体竞争力，打造世界级旅游目的地；深化港澳与内地旅游业合作，创新粤港澳区域旅游合作协调机制，推动资源共享；支持香港旅游业繁荣发展，加强内地与香港旅游业在客源互送、宣传营销等方面合作；支持香港发展中外文化艺术交流中心；支持港澳青少年赴内地进行游学交流活动。

面对目前疫情形势，香港旅发局提出将通过三个阶段规划，重振香港旅游业，具体时间将视疫情发展情况而定，包括：第一阶段，同心抗疫。即现阶段，旅发局正在积极筹备复苏规划；第二阶段，重建信心。疫情消退后，旅发局将从香港本地开始，鼓励港人重新探索小区文化特色，带动当地气氛，并向旅客发出正面信息，恢复其来港旅游信心，同时根据不同市场的恢复情况，与业界合作推出针对不同市场的促销宣传，增加旅客访港意愿；第三阶段，重新出发。旅发局将通过推出大型活动及全新旅游品牌宣传计划，重建香港旅游形象。

12.3　中西交汇　缤纷澳门

课前思考

1.关于澳门你都了解些什么？

2.你知道澳门都有哪些旅游资源？

澳门特别行政区，简称"澳"，被誉为"海上花园""东方赌城"。位于祖国东南沿海，地处珠江三角洲的西岸，毗邻广东省，与香港相距约60公里，距离广州约145公里。澳门的总面积因为沿岸填海造地而一直扩大，自有记录的1912年的11.6平方公里逐步扩展，截至2020年6月，澳门土地总面积已扩展为32.9平方公里，海域面积为85平方公里。澳门特别行政区由澳门半岛、凼仔岛和路环岛组成。澳门半岛与凼仔岛之间通过澳凼大桥、友谊大桥和西湾大桥连接。凼仔岛与路环岛因填海而连为一体。

12.3.1　澳门自然地理环境

1）地形地貌

澳门地貌类型由低丘陵和平地组成，地势南高北低，澳门全区最低点为南海海平面，海拔0米，最高点为路环岛塔石塘山，海拔172.4米。澳门过去是广东省中山市（古称香山县）南端的一个小岛，屹立海中，其后由于西江的泥沙冲积，成为一个半岛。在澳门半岛有莲花山、东望洋山、炮台山、西望洋山和妈阁山，在凼仔岛有观音岸、大凼山（鸡颈山）、小凼山，在路环岛有九澳山、叠石塘山。澳门海岸线长达937.5公里，形成了南湾、东湾、浅湾、北湾、下湾（以上位于澳门半岛）、大氹仔湾（氹仔）、九澳湾、竹湾、黑沙湾、荔枝湾（以上位于路环）等多处可供船只湾泊的地方。

2）气象气候

澳门位于亚热带地区，北靠亚洲大陆，南临广阔热带海洋，冬季主要受中、高纬度冷性大陆高压影响，多吹北风，天气较冷而且干燥，雨量较少。夏季主要受来自海洋的热带天气系统影响，以吹西南风为主，气温较高，湿度大，降雨量充沛。澳门年平均气温为22.6 ℃，气温最低的1月份平均温度为15.1 ℃，但有时也会出现最低温度在5 ℃以下的天气。月平均温度在22 ℃以上的月份则多达7个月。澳门常受台风吹袭，台风季节为每年5—10月，其中7—9月是台风吹袭最多的月份。

12.3.2 澳门人文地理环境

1）历史沿革

澳门原属于广东省香山县（今珠海市），早在春秋战国时期，香山已属百越海屿之地。约公元前3世纪（即秦始皇一统中国之时），澳门被正式纳入中国版图，属南海郡番禺县地。1557年被葡萄牙租借。1999年12月20日零时，在中葡两国元首见证下，第127任澳门总督韦奇立和第一任中华人民共和国澳门特别行政区行政长官何厚铧于澳门新口岸交接仪式会场场内交接澳门政权。翌日（12月21日）早上，澳门群众欢迎中国人民解放军驻澳门部队进驻澳门，至此，中华人民共和国正式恢复对澳门行使主权。

大事记

历史回顾——中葡谈判

"中葡谈判"，是指1986年6月30日至1987年3月23日期间，中华人民共和国与葡萄牙共和国之间就澳门回归进行的领土归属问题的谈判。

1986年5月20日，中国与葡萄牙政府正式发布新闻公报，宣布6月30日在北京展开澳门问题的谈判，解决澳门问题。到6月，中国代表团由周南率领欢迎葡萄牙代表团，并在欢迎词指出："中葡两国就澳门问题的谈判，将是伙伴之间的关系，而不是对手之间的关系。"自此，中葡两国正式就澳门问题举行会谈。

四轮会谈全在中国首都北京举行，分别举行于：第一轮会谈于1986年6月30日—7月1日；第二轮会谈于1986年9月9—10日；第三轮会谈于1986年10月21—22日；第四轮会谈于1987年3月18—23日。

1987年4月13日，中国总理和葡萄牙总理分别代表中葡两国政府在北京人民大会堂西大厅正式签署《中葡联合声明》。1987年，中葡两国各在各自政府内取得《中葡联合声明》的批准。中葡两国政府终于在1988年1月15日互换批准书，《中葡联合声明》正式生效。

2）人口民族

截至2020年末，澳门人口总数约为68.3万人。人口密度每平方公里20 763人。人口密度最高的仍是黑沙环及祐汉区。根据2016中期人口统计结果，中国籍居民占88.4%，葡国籍占1.4%，菲律宾籍占4.6%。

3）风俗物产

（1）土生葡人美食技艺

澳门的饮食文化体现了中西文化的交汇，各种不同类别的饮食店铺，包括传统的茶餐厅及粥面店、中式餐厅、西式餐厅，以及其他亚洲菜式的餐厅，共同组成澳门中西饮食文化交汇的特色。土生葡人的美食是以葡萄牙式烹调为基础的一种饮食文化，融合非洲、印度、马来西亚以及本地中华饮食所用的物料及烹调方式，结合各地烹调所长，展现一个独特的发展形式，是经历数百年融会贯通而成的一种饮食文化，也是葡萄牙航海文化的一个重要历史产物，是澳门独有的饮食文化。"土生葡人美食技艺"亦在2021年列入第五批国家级非物质文化遗产名录，不但在澳门已得到广泛的认可，同时这一技艺也随着土生葡人移居而传播到世界各地，成为具有国际影响和特色的美食技艺之一。

（2）鱼行醉龙节

澳门鱼行醉龙节是澳门鲜鱼行独有的一项民间传统节庆活动，又称澳门鱼行醉龙醒狮大会。每年每逢四月初七的傍晚，澳门从事渔业批发或零售的居民，便汇聚在菜市场，无分彼此，个个席地而坐，围台进餐，形成"龙船头长寿饭"传统。酒席间，行友们舞动香案上的木龙祈福；四月初八，则由全行会成员在澳门三街会馆举办舞醉龙醒狮活动，进行祭祀、舞醉龙醒狮表演、街道巡游、派发龙船头饭等仪式。

（3）南音说唱

又称"南音"，在清代中叶即已形成，流传于珠江三角洲地区及香港和澳门一带，以广东白话表演，是与流行于闽南地区的南音重名而实不相同的另一个曲艺品种。南音说唱的传统表演形式为一人自弹秦筝、椰胡、三弦或秦胡等说表唱叙。早期节目多为长篇，后来也有二人对唱的情形，节目趋向演唱短段，并加入了扬琴、拍板、洞箫等伴奏。唱词为七言韵文，唱腔分为"本腔""扬州腔"和"梅花腔"，并依不同的唱腔采用和流布区域而有"地水南音"等的分支与别称。南音说唱独特的调式和取音方法，最能传达出广东珠三角居民的语言特质；它众多出色的作品最能反映出生活在社会底层人士共有的无助困境和漂泊心绪。今日南音说唱虽然已少有瞽（gǔ）师的即兴说唱，也不再有故事文本的长篇形式，但它所独有的地方特色及其文化艺术价值正在受到人们更为广泛的关注、认识和充分肯定。

12.3.3 澳门旅游资源

1）旅游资源概览

澳门既有传统风格的宅第、历史悠久的古庙，也有南欧情调的建筑、欧陆巴洛克式建筑形式的教堂，这些都成为了别具特色的旅游景观。比如大三巴牌坊、圣安多尼教堂、圣奥斯定教堂、圣老楞佐堂、主教座堂等教堂；大炮台、东望洋炮台、妈阁炮台；澳门的三大古刹妈阁庙、普济禅院（观音堂）和莲峰庙这些都是澳门著名的旅游景点，而且极具历史文化价值。除此以外，澳门别具特色的旅游景点还有：位于炮台山上的澳门博物馆，其收藏了展现澳门历史的物品，并定期举办与澳门历史有关的展览。此外，还有多所专题博物馆，例如大赛车博物馆、葡萄酒博物馆、海事博物馆、澳门艺术博物馆等，再加上位于新口岸填海区的观音像、矗立于路环最高点的汉白玉妈祖像、南湾湖的音乐喷泉，向旅客展现了澳门多姿多彩的不同面貌。2005年7月，在中央人民政府的大力支持下，澳门历史城区正式被联合国教科文组织列入世界遗产名录。澳门历史城区一直是澳门宝贵的旅游资源之一，自列为世界文化遗产以后，特区政府即系统地以此打造"世遗游"，积极向全世界宣传推荐澳门的历史文化遗产，进一步开拓澳门旅游的多元性。

2）重点旅游资源

（1）澳门历史城区

澳门历史城区是中国境内现存年代最古老、规模最大、保存最完整和最集中的东西方风格共存建筑群，它以澳门的旧城为中心，通过相邻的广场和街道，串连起逾20个历史建筑。当中包括中国最古老的教堂遗址和修道院、最古老的基督教坟场、最古老的西式炮台建筑群、第一座西式剧院、第一座现代化灯塔和第一所西式大学等。作为欧洲国家在东亚建立的第一个领地，城区见证了澳门四百多年来中华文化与西方文化互相交流、多元共存的历史。正因为中西文化共融的缘故，城区当中的大部分建筑都具有中西合璧的特色。城区内的建筑大部分至今仍完好地保存或保持着原有的功能。

大三巴牌坊是天主之母教堂（即圣保禄教堂）正面前壁的遗址。圣保禄教堂附属于圣保禄学院。该学院于1594年成立，1762年结束，是远东地区第一所西式大学。1835年一场大火烧毁了圣保禄学院及其附属的教堂，仅剩下教堂的正面前壁、大部分地基以及教堂前的石阶。自此，这便成为世界闻名的圣保禄教堂遗址。本地人因教堂前壁形似中国传统牌坊，将之称为大三巴牌坊。这座中西合璧的石壁在全世界的天主教教堂中是独一无二的。

妈阁庙是澳门现存庙宇中有实物可考的最古老的庙宇，也是澳门文物中原建筑物保存至今时间最长的。该庙包括"神山第一"殿、正觉禅林、弘仁殿、观音阁等建筑物。早期称娘妈庙、天妃庙或海觉寺；后定名"妈祖阁""妈阁庙"。

东望洋山与西望洋山遥相对峙，成掎角之势。该山遍植松树，故又名"万松山"。此处有三大名胜古迹，即东望洋炮台、芝也圣母殿及东望洋灯塔，以东望洋灯塔最具代表性。该灯塔建于1868年，为远东最早的一座灯塔，塔址为澳门最高点。在此远眺，澳门全景及珠江口的壮丽景色尽收眼底。

（2）**澳门渔人码头**

澳门渔人码头是澳门首个主题文化创意娱乐旅游综合体。坐落于外港新填海区海岸，占地超过13.3万平方米，集美食、购物、娱乐和主题公园、住宿及会展设施于一体，结合不同建筑特色及中西文化，务求使游客突破地域界限，体验不同地区的特色。景区内主要分为三个特色区域："唐城""东西汇聚"和"励骏码头"。气势宏大的"唐城"是仿照唐朝建筑风格而建成的中式城楼；"东西汇聚"糅合东方传统与西方建筑风格的设计特色，包括人造火山、瀑布、希腊建筑、比塞塔、古战船、阿拉伯式儿童游乐区、罗马广场、特色购物商场及会展设施；"励骏码头"以海岸设计为主题，由欧陆及拉丁式建筑群组成，设有各式各样的休闲娱乐设施，包括现代化水上表演场及电子游戏机中心等，还有博物馆、餐厅、音乐厅、印度园林、中国式的四合院、园林和其他游玩场馆。

查一查：查找资料，了解填海造陆，并探讨其利弊。

（3）**冼星海纪念馆**

冼星海是我国近代音乐史上作出伟大贡献的人民音乐家，他出生于澳门一个渔民家庭，经过刻苦和精进的探索，融合中西音乐技法，在短暂的四十年创作出众多脍炙人口的音乐作品，洋溢着根植澳门的兼容并蓄的人文气质。其代表作之一的《黄河大合唱》在抗战期间广为传唱，鼓舞全国人民抗战的士气，激发爱国情怀。澳门特区政府设立冼星海纪念馆，位于澳门特别行政区俾利喇街151—153号，作为庆祝中华人民共和国成立七十周年及澳门回归祖国二十周年献礼，以表彰冼星海对国家所作的贡献，传扬他的音乐成就，为青少年树立榜样。2020年9月1日，澳门冼星海纪念馆入选第三批国家级抗战纪念设施、遗址名录。

人物谈

革命音乐家——冼星海

冼星海（1905—1945年）是20世纪中国最杰出的音乐家之一。他的一生，是刻苦学习和勤勉实践的一生，是努力奋斗和献身民族的一生。在短暂的四十年里，为我们留下大量音乐作品。他的乐曲对中国命运的深度思考，对民族精神的高度礼赞，对人民团结奋战的极力呼唤，对人类未来的无限憧憬，显示着一位人民音乐家的爱国情怀、社会担当、思想境界和人格力量。七十多个寒暑逝去，我们的耳畔还震响着黄河的"怒吼"，心头还奔涌着黄河的"巨浪"，那"伟大、坚强"的旋律，在"红日照遍了东方"的新时代，还在"纵情歌唱，纵情歌唱"！冼星海与澳门的关系渊源匪浅。他出生在澳门，孕育于镜海莲舟一位渔家女的怀抱，带着澳门母亲的温暖飞向世界。小城赋予他的善良天性和淳朴童真，作为一种美的极致，融入其灵慧神思，以喷珠溅玉般的音符，汇为震古烁今的不朽乐章。

澳门特别行政区政府和广大市民，十分珍惜与冼星海的因缘际会，将之视为小城的光荣和自豪。建立冼星海纪念馆，其意义即在于以此为契机，通过这位音乐家人生道路、精神品格和艺术成就的展示，葆有文化记忆，焕发人文精神，树立学习榜样，优化文明生态，推动澳门文化艺术发展。

（4）澳门旅游塔会展娱乐中心

坐落于南湾新填海区，塔高338米的旅游塔，是一个集旅游、观光、表演、会议、展览、购物、餐饮和娱乐于一体的综合设施。塔楼高达四层，包括两层高的观光主层，内有玻璃地面，可从观光层鸟瞰澳门；还有一个可容纳250人的旋转餐厅，视野55公里，让人尽览澳门地区、珠江三角洲和部分香港离岛的景致。旅游塔设有玻璃升降机，由地面至观光主层约45秒，乘客感受景物迅速离开自己的脚底，有一飞冲天的感觉。旅游塔还设有"蹦极跳""高飞跳""空中漫步X版"及"百步登天"等冒险活动。

谈一谈： 如何看待如蹦极、攀岩、高空飞越等各类极限运动旅游项目的兴起？

3）旅游发展新格局

国务院日前印发《"十四五"旅游业发展规划》指出，在全球新冠肺炎疫情得到有效控制的前提下，依托我国强大旅游市场优势，统筹国内国际两个市场，分步有序促进入境旅游，稳步发展出境旅游，持续推进旅游交流合作。其中就"深化与港澳台地区合作"提出七点要求，与澳门有关的包括：推进粤港澳大湾区旅游一体化发展，提升大湾区旅游业整体竞争力，打造世界级旅游目的地；深化港澳与内地旅游业合作，创新粤港澳区域旅游合作协调机制，推动资源共享；支持港澳青少年赴内地进行游学交流活动；推动澳门世界旅游休闲中心建设，支持澳门举办世界旅游经济论坛、国际旅游（产业）博览会等，打造以中华文化为主流、多元文化共存的交流合作基地。

12.4 日月阿里 宝岛台湾

课前思考

关于台湾省你都知道些什么？

台湾省位于祖国大陆架的东南缘。北临东海；东濒太平洋；南界巴士海峡，与菲律宾相邻；西隔台湾海峡与大陆福建省相望，最近处仅130公里。全省恰扼西太平洋航道的中心，在战略上，素有我国"七省藩篱"之称。台湾是中国一个由岛屿组成的海上省份，全省由台湾本岛和周围属岛以及澎湖列岛两大岛群所组成。陆地总面积36 000平方公里。其中，台湾本岛南北长394公里，东西最宽处144公里，绕岛一周的海岸线长1 139公里，是中国第一大岛。

12.4.1 台湾自然地理环境

1）地形地貌

台湾省的地形从飞机上看，好似一把芭蕉扇，南北长、东西窄。山地、丘陵占总面积的三分之二，平原占三分之一。但由于高山多集中在中部偏东地区，就形成了东部多山地，中部多丘陵，西部多平原的地形特征。有五条巨龙之美誉的台东山脉、中央山脉、雪山山脉、玉山山脉和阿里山山脉五大山脉，蜿蜒起伏，自东北至西南平行伏卧在台湾岛上。这些山脉的走向与祖国大陆沿海地区的山脉走向一致，都是有规律地从东北向西南方向平行排列。台湾岛地形，中间高，两侧低，中央山脉由北到南纵贯全岛，是台湾东、西部河川的分水岭；其西侧的玉山山脉，主峰接近4 000米，为东北亚第一高峰。

2）气候特征

台湾跨温带与热带之间，气候特点与处于同一纬度的云南、广西和广东等地一样，但它四面环海，受海洋性季风调节，属于亚热带海岛型气候，终年温暖潮湿，年平均温度在22 ℃左右。台湾是我国多雨的湿润地区之一，年平均降雨量多在2 000毫米以上。北部是我国少见的冬雨区。基隆平均每年有200多天下雨，素有"雨港"之称。中部高山地区多暴雨，中央山脉个别地区年降雨量高达6 000毫米。西部低平地区的雨水比北部少。大部分地区降雨时间集中在夏季，尤以6—8月为最多。台湾是我国受台风影响最多的省份，附近海面为夏季台风的主要通道。每年6—10月是台风季节，其中7—9月台风次数最为频繁。

3）河流水系

随着高山的形成和存在，也造就了很多的河流，台湾总共有150多条河流，其特点是河床坡陡、流量大，瀑布、险滩多。台湾主要河流有浊水溪、淡水河、大甲溪、高屏溪、曾文溪等。

12.4.2 台湾人文地理环境

1）历史沿革

台湾先住民系古越人的一支，从中国大陆直接或间接移居而来。台湾有文字记载的历史，可以追溯到公元230年。三国时代吴王孙权派1万多名官兵到达台湾（夷洲），吴人沈莹《临海水土志》留下了世界上关于台湾最早的记述。隋朝曾三次派兵到台湾。公元610年左右（隋朝大业年间），大陆沿海居民开始迁居澎湖。12世纪中叶，南宋王朝将澎湖划归福建泉州晋江县管辖，并派兵戍守。公元1335年，元朝政府正式在澎湖设巡检司，管辖澎湖、台湾民政，隶属福建泉州同安县（今厦门）。大陆沿海居民于宋元时期开始移居台湾拓垦，明代时期逐渐增多，规模越来越大。明万历年间公文开始正式使用"台湾"称谓。1624年荷兰殖民者侵占台湾南部，1626年西班牙殖民者入侵台湾北部，1642年荷兰取代西班牙占领台湾北部。1661年郑成功率部进军台湾，次年驱逐盘踞台湾的荷兰殖民者，收复台湾。1684年，清政府在福建省建制内设立台湾府，下辖台湾、凤山、诸罗三县，台湾开发进入新时期。1885年，清政府划台湾为单一行省，为当时中国第20个行省。首任台湾巡抚刘铭传。

1894年，日本发动侵略中国的"甲午战争"，并于第二年4月迫使战败的清政府签订不平等的《马关条约》，割让台湾及澎湖列岛。1945年8月15日，日本宣布接受《波茨坦公告》，无条件投降。1945年10月25日，同盟国中国战区台湾省受降仪式在台北举行，中国受降官代表中国政府宣告："自即日起，台湾及澎湖列岛已正式重入中国版图，所有一切土地、人民、政事皆已置于中国主权之下。"1949年10月1日，中华人民共和国成立。同年底，国民党统治集团败退台湾。正当中国人民解放军着手进行解放台湾的准备时，1950年6月25日，朝鲜内战爆发。美国借机派军队进入台湾海峡，阻挠人民解放军解放台湾，并扶持国民党统治集团，由此产生了台湾问题。

2）人口民族

台湾民众因祖籍地的不同、迁居台湾的时间先后，形成不同族群。2019年底，台湾地区户籍登记人口为2 360.31万人，分为四大族群——闽南人、客家人、外省人、少数民族。闽南人、客家人和外省人基本上都是汉民族，约占台湾总人口97%。闽南人、客家人大多是1945年以前移居台湾的，又被称为本省人。闽南人约占总人口的近70%，祖籍地多为福建泉州、漳州；客家人约占总人口的15%，祖籍地多为福建龙岩和广东梅县。所谓外省人，是指1945年以后特别是1949年前后跟随国民党统治集团到台湾的各省人士及其后代，约占总人口的12%。台湾少数民族包括16个支族，约占总人口2%。此外，来自大陆的少数民族及外籍配偶，约占总人口1%。

人物谈

民族英雄——郑成功

　　郑成功是郑芝龙之子。生于1624年，早年郑成功以厦门为根据地，起兵抗清，被明桂王封为延平郡王。因进攻南京受挫，后回师厦门，大修船舰，倾力筹划驱逐侵据台湾的荷兰人，收复国土。1661年（清顺治十八年）农历四月二十一，郑成功留下部分兵力守卫厦门、金门，亲自率领2.5万名将士及数百艘战船，从金门料罗湾出发，经澎湖，向台湾进军。农历四月二十九，郑军在台南鹿耳门内禾寮港登陆，在台湾同胞的积极支援下，与荷军展开多次激战，最后将荷兰殖民总督和残敌围困在热兰遮城内。郑成功在致荷兰殖民总督揆一的"谕降书"中严正指出："然台湾者，早为中国人所经营，中国之土地也，……今余既来索，则地当归我。"在围城9个月之后，荷兰殖民总督于1662年（清康熙元年）农历二月初一不得不签字投降。自此，中国人民收回了被荷兰殖民者侵占的台湾宝岛。

2）风俗物产

　　台湾汉族同胞的生活习惯和社会风俗许多与大陆基本相同，一般保持着闽、粤地区的特征。

（1）饮食特产

　　台湾省的酒楼饭店经营川、粤、京、津、苏、浙、湘、闽等地风味饭菜。风味菜肴有盐酥海虾、火把鱼翅、当归鸭、烧酒鸡、糯米八宝鸭。风味小吃有嘉义新港馅、台中凤梨酥和太阳饼、宜兰金枣糕、新竹米粉等。台湾省由于地处亚热带，名特产品丰富，尤多水果，著名品种有新竹柑橘、屏东菠萝（凤梨）、玉井红芒果、苗栗大湖草莓、旗山香蕉等。此外，南投冻顶乌龙茶和阿里山的神木、兰花等也很有名。手工艺品有台北士林名刀、玻璃器皿，北投艺术陶器，澎湖珊瑚、文石，台中竹艺品和大甲草编等。

（2）丰年祭

　　丰年祭是台湾高山族最隆重、规模最大的传统祭典，和汉族的春节地位相当。丰年祭又称为"丰收节""丰收祭"或"收获节"，在每年秋收季节举行，为期一周左右。为庆祝丰收而举办的丰年祭，各个部族都有自己的特色，成为民俗文化的窗口，尤以花莲台东一带与台中阿里山一带的丰年祭最为热闹。丰年祭大多集中于七八月份，大大小小上百个村落，每个村落都会错开时间举办。和其他祭拜一样，丰收节祭拜同样起源于祖先信仰和神灵信仰。

12.4.3 台湾旅游资源

1）旅游资源概览

台湾省旅游资源极为丰富，不仅可探访太鲁阁气势磅礴的险峻高山峡谷；还可观看阿里山的日出、云海；或攀登东北亚第一高峰——玉山，见证雄伟山岳和四季景致之变幻；垦丁浓厚的海洋度假气息让人感到轻松自在；日月潭则是一颗耀眼的山中明珠，湖山共融的景色教人叹绝！而花东海岸和纵谷则保留了最纯净的自然气息；离岛的金门与澎湖，则以丰富的地方特色、人文史迹拼凑出与众不同的风情……这些都是宝岛美丽的召唤与邀约！在人文风貌方面，由于兼容不同的族群，形成多姿多彩的人文色彩，无论在宗教信仰、建筑、语言、生活习惯及饮食风味上，均处处展现和谐共荣的缤纷景象。

2）重点旅游资源

（1）台北故宫博物院

台北故宫博物院位于台北市北基隆河北岸土林镇外双溪，其收藏品始自1 000多年前的宋朝，博物院内60多万件收藏品中，大多数是昔日中国皇室的收集品。如西周毛公鼎、散氏盘，镇宫之宝的玉器翠玉白菜、辟邪雕刻、《核舟记》的原型，王羲之、颜真卿、宋徽宗书法手迹等。

（2）日月潭

日月潭，全潭面积8.27平方公里，湖面周长约33公里，北半部形如日轮，南半部形如月钩，故而得名。日月潭的水源来自浊水溪上游，而浊水溪发源于合欢山，故日月潭的源头为合欢山。日月潭是利用洼地注水成潭，水域由山峦环绕，层层相夹，水道蜿蜒，远观近游，处处是景。此外，由于它是活水库，水库的水每日抽蓄发电循环使用，不但藻类植物不易滋生，水质透明度佳，故能繁殖肉质鲜美的鱼虾。748米的海拔，造就日月潭宛如图画山水的氤氲水气及层次分明的山景变化，唯能乘船游湖、亲近潭水，才能完全体会日月潭之晨昏美景。

（3）北回归线纪念碑

北回归线横贯台湾省嘉义市与花莲县，两地为标示北回归线的通过而立碑纪念，共设有三座标塔，分别位于嘉义市水上乡、花莲县瑞穗乡及丰滨乡。位于花莲瑞穗乡舞鹤村的北回归线标志塔建于1933年，白色八爪造型的北回归线标志，造型优美，高耸的标志碑自远处可见，周边遍植花木，目前已建成小型公园，往来游客多在此稍事停留观赏并摄影留念。每年夏至正午，太阳直射北回归线，此地就可看到"立竿不见影"的天文奇景，也就是大家站在阳光下，会完全没有影子。

试一试：请思考如何做好科普旅游。

3）旅游发展新格局

国务院日前印发《"十四五"旅游业发展规划》，提出完善旅游开放合作体系，深化与港澳台地区合作，《规划》指出，在全球新冠肺炎疫情得到有效控制的前提下，依托我国强大旅游市场优势，统筹国内国际两个市场，分步有序促进入境旅游，稳步发展出境旅游，持续推进旅游交流合作。其中就"深化与港澳台地区合作"提出七点要求，与台湾有关的包括：推进海峡两岸乡村旅游、旅游创意产品开发等领域合作，探索海峡两岸旅游融合发展新路，让旅游成为增进中华文化认同、增强中华民族凝聚力的有效途径。

拓展与思考

请结合台湾省旅游资源分布及道路交通情况，设计一条详细的环岛旅游线路。

参考文献

［1］杨载田，刘天曌.中国旅游地理［M］.北京：机械工业出版社，2009.

［2］刘杰英.中国旅游地理［M］.2版.大连：大连理工大学出版社，2009.

［3］刘琼英.中国旅游地理［M］.上海：上海交通大学出版社，2012.

［4］罗兹柏，杨国胜.中国旅游地理［M］.2版.天津：南开大学出版社，2011.

［5］刘振礼，王兵.中国旅游地理［M］.5版.天津：南开大学出版社，2015.

［6］彭淑清.中国旅游地理［M］.桂林：广西师范大学出版社，2014.

［7］周凤杰，周宜君.中国旅游地理［M］.2版.北京：中国林业出版社，2016.

［8］杨宇.中国旅游地理［M］.大连：大连理工大学出版社，2005.

［9］徐永红，马运彩.中国旅游地理［M］.北京：中国人民大学出版社，2014.

［10］芦爱英，王雁.中国旅游地理［M］.北京：高等教育出版社，2015.

［11］曹培培.中国旅游地理（修订版）［M］.北京：.清华大学出版社，2016.

［12］庞规荃.中国旅游地理［M］.4版.北京：旅游教育出版社，2016.

［13］王辉.中国旅游地理［M］.2版.北京：北京大学出版社，2017.

［14］王丽娟.中国旅游地理［M］.北京：中国经济出版社，2016.

［15］李娟文.中国旅游地理［M］.7版.大连：东北财经大学出版社，2021.

［16］赵江洪，孙铭悦，董岩.新编中国旅游地理［M］.北京：旅游教育出版社，2020.

［17］李天元.旅游学概论［M］.7版.天津：南开大学出版社，2014.

［18］杨阿莉.旅游资源学［M］.北京：北京大学出版社，2016.

［19］肖星，王景波.旅游资源学［M］.天津：南开大学出版社，2013.

［20］全国导游资格考试编统教材专家编写组.地方导游基础知识［M］.北京：中国旅游出版社，2021.

［21］全国导游资格考试编统教材专家编写组.全国导游基础［M］.北京：中国旅游出版社，2021.

［22］陈安泽.旅游地学大辞典［M］.北京：科学出版社，2013.

附　件

1.中国地图对开横版
2.中国地势图
3.中国主要河流、湖泊分布图
4.长江经济带区域图
5.京津冀都市圈区域图
6.粤港澳大湾区区域图